Uta Meier · Heide Preuße · Eva Maria Sunnus

Steckbriefe von Armut

Uta Meier · Heide Preuße · Eva Maria Sunnus

Steckbriefe von Armut

Haushalte in prekären Lebenslagen

Westdeutscher Verlag

Bibliografische Information Der Deutschen Bibliothek
Die Deutsche Bibliothek verzeichnet diese Publikation in der Deutschen
Nationalbibliografie; detaillierte bibliografische Daten sind im Internet über
<http://dnb.ddb.de> abrufbar.

1. Auflage Oktober 2003

Alle Rechte vorbehalten
© Westdeutscher Verlag/GWV Fachverlage GmbH, Wiesbaden 2003

Lektorat: Frank Engelhardt

Der Westdeutsche Verlag ist ein Unternehmen der
Fachverlagsgruppe BertelsmannSpringer.
www.westdeutscher-verlag.de

Umschlaggestaltung: Horst Dieter Bürkle, Darmstadt
Gedruckt auf säurefreiem und chlorfrei gebleichtem Papier

ISBN 978-3-531-14143-5   ISBN 978-3-322-80520-1 (eBook)
DOI 10.1007/978-3-322-80520-1

Danksagung

Wir möchten uns an dieser Stelle bei allen bedanken, die zum Gelingen des vorliegenden Buchprojektes beigetragen haben. Zu nennen sind die ExpertInnen aus Politik und Verwaltung, die uns bereitwillig über ihre Berufserfahrungen Auskunft gaben. Wir danken auch denen, die uns den Zugang zu den befragten Haushalten vermittelt haben, vor allem aber den Frauen und Männern selbst, die uns mit großer Offenheit begegnet sind, um über ihren Lebensalltag zu berichten. Ohne ihre Bereitschaft wäre es nicht möglich gewesen, detaillierte Einblicke in den schwierigen Familienalltag von Haushalten in armen und prekären Lebenslagen zu gewinnen.

Wir danken darüber hinaus Frau Dipl. oec. troph. Silke Mardorf und Frau Dipl. oec. troph. Ramona Thiele für ihre tatkräftige Mitarbeit und ihre produktiv anregenden Statements, die unser Armutspräventionsprojekt und seine Veröffentlichung bereichert haben.

Hervorzuheben ist schließlich die Mitwirkung von Frau cand. oec. troph. Iris Hirsch, deren Diplomarbeit eine detaillierte und kundige Auswertung der ExpertInneninterviews umfasst, auf die wir zurückgreifen konnten.

Last but not least gilt unser Dank Frau Gisela Beigi und Frau Ursula Ohm, die uns bei der computertechnischen Fertigstellung und den Endkontrollen tatkräftig zur Seite gestanden haben.

Wir bedanken uns schließlich bei unseren AuftraggeberInnen im Bundesministerium für Familie, Senioren, Frauen und Jugend für die Förderung unseres Projektvorhabens und das dadurch zum Ausdruck gebrachte Vertrauen in unser Forschungsteam. Besonderer Dank gilt Herrn Albert Klein-Reinhardt, der uns in allen Projektphasen mit fachlichem Rat und Interesse an der Thematik unterstützt hat.

Uta Meier   Heide Preuße   Eva Maria Sunnus

Gießen, den 1. August 2003

Inhaltsverzeichnis

Abbildungsverzeichnis
Abkürzungsverzeichnis

Abbildungsverzeichnis

Abkürzungsverzeichnis

ABM	Arbeitsbeschaffungsmaßnahme
Ak	Arbeitskraft
Akh	Arbeitskraftstunden
ASD	Allgemeiner sozialer Dienst
BMA	Bundesministerium für Arbeit und Sozialordnung
BMFSFJ	Bundesministerium für Familie, Jugend, Frauen und Senioren
BSHG	Bundessozialhilfegesetz
cand. oec. troph.	Studierende/r der Ökotrophologie
Diakonie	Diakonisches Werk Gießen
Dipl. oec. troph	Diplom-Oecotrophologin
DM	Deutsche Mark
DWHN	Diakonisches Werk in Hessen und Nassau
e. V.	eingetragener Verein
et al.	et alii (und andere)
EU	Europäische Union
FLA	Familienleistungsausgleich
GmbH	Gesellschaft mit beschränkter Haftung
HGO	Hessische Gemeindeverordnung
Hh	Haushalt
i.d.R.	in der Regel
Kita	Kindertagesstätte
KJHG	Kinder- und Jugendhilfegesetz
LVA	Landesversicherungsanstalt für Angestellte
m.o.w.	mehr oder weniger
p.m.	pro Monat
S.	Seite
SPFH	Sozialpädagogische Familienhilfe
Stadtteilbüro	Stadtteilbüro Gießener Nordstadt
Trägerverbund	Trägerverbund Gießener Nordstadt
Vve	Vollversorgungseinheit
Wohnbau	Wohnbau Gießen GmbH
ZAUG	Zentrum für Arbeit und Umwelt Gießen GmbH

I. Das Forschungsprojekt im Überblick

1. Auftrag, Phasen und Verknüpfungen des Projekts

Armutsberichterstattung und Armutsprävention haben mit dem Regierungswechsel 1998 politisch einen neuen Stellenwert erhalten. Vom Bundesministerium für Familie, Senioren, Frauen und Jugend (BMFSFJ) wurde daraufhin ein „Maßnahmenkonzept zur Armutsprophylaxe" initiiert, das unter dem Leitthema: „Armutsprävention und Milderung defizitärer Lebenslagen durch Stärkung von Haushaltsführungskompetenzen" steht. Dieses so genannte „Armutspräventionsprogramm" zielt darauf ab, Allianzen mit gesellschaftlichen Gruppen zu knüpfen, MultiplikatorInnen zu mobilisieren, die Feldarbeit durch hauswirtschaftliche Praxisprojekte zu intensivieren und Maßnahmen zu vernetzen, aber auch Grundlagenforschung zu unterstützen (Bertsch 2000). In diesem letztgenannten Kontext ist das Projekt „Haushaltsführung im Versorgungsverbund der Daseinsvorsorge – Stärkung von Haushaltsführungskompetenzen durch Aufzeigen von Handlungsalternativen" angesiedelt, über das im Folgenden berichtet wird.

Ziel dieses vom BMFSFJ geförderten Projektes ist die Erarbeitung von haushaltswissenschaftlichem ExpertInnenwissen für zielgruppenorientierte und handlungsrelevante Empfehlungen zur

- individuellen Beratung, Hilfe und Unterstützung von Haushalten in prekären Lebenslagen,
- Bildungs- und Präventionsarbeit (Schule, Projektarbeit in Stadtteilen),
- Familien- und Sozialpolitik (Familienleistungsausgleich).

Das Kernstück des Projektes besteht in der Beschreibung und Typisierung von praktizierten Handlungsmustern alltäglicher Lebens- und Haushaltsführung und ihrer internen Logik im Kontext von Wertorientierungen, Ressourcen und Handlungsalternativen bei wirtschaftlich und sozial benachteiligten Privathaushalten.

Der Projekttitel „Haushaltsführung im Verbundsystem der Daseinsvorsorge" signalisiert die enge Verflochtenheit privater Haushalte mit ihrem Umfeld. Alltagsversorgung wird von privaten Haushalten in unserer Gesellschaft im Verbund mit marktförmig organisierten Unternehmen, bedarfswirtschaftlich ausgerichteten Großhaushalten, von Vereinen und Verbänden („Dritter Sektor") sowie den staatlichen Institutionen auf Bundes-, Landes- und kommunaler Ebene geleistet (vgl. Schweitzer 1991, S. 222).

Haushaltsführung erfolgt demnach in einem Spannungsfeld zwischen den einzelhaushaltsspezifischen Gestaltungsmöglichkeiten einerseits und einem Set an sozioökonomischen und infrastrukturellen Rahmenbedingungen andererseits, die diesen Handlungsspielraum begrenzen.

In diesem Projekt sollen die Besonderheiten des genannten Spannungsfeldes für Haushalte in prekärer wirtschaftlicher und sozialer Lebenssituation herausgearbeitet werden, um sie für die Stärkung von Haushaltsführungs- bzw. Alltagskompetenzen nutzen zu können.

Der Projektverlauf gliedert sich in vier Phasen, die sich zeitlich teilweise überschneiden und inhaltlich unterschiedliche Sichtweisen auf Haushalte in prekären Lebenslagen widerspiegeln:

1. Theoretische Vorarbeiten, dazu zählen die Auswertung des Stands der Armutsforschung sowie der Theorie und Praxis der sozialen Arbeit im Umgang mit Armut. Zentrale Begriffe des Projekts wurden definiert.
2. ExpertInneninterviews zur Einschätzung der derzeitigen Situation von Menschen in prekären Lebenslagen, zu den Erfahrungen der ExpertInnen in der Zusammenarbeit mit dieser Zielgruppe (Sicht von Professionellen) sowie zur Gewinnung von Kenntnissen über Arbeitsweisen von Behörden- und Beratungsinstitutionen;
3. Haushaltserhebungen, um die Sichtweise der Haushalte selbst in Erfahrung zu bringen und ihre Haushaltsstile zu untersuchen (Betroffenenperspektive). Wir benutzen hierfür die Methode der Haushaltsanalyse und -simulation. Es handelt sich um ein einzelfallbezogenes Forschungs- und Beratungsinstrument. Mit diesem Analyse-Instrument werden die interviewten Haushalte unter qualitativen und quantitativen Gesichtspunkten erfasst und dargestellt;
4. Typisierungen auf der Grundlage der durchgeführten Einzelfallanalysen.

Auf der Basis der auf diesem Wege gewonnenen Erkenntnisse sollen zum einen praktikable und alltagstaugliche Unterlagen für die Bildungs- und Beratungsarbeit mit Privathaushalten in prekären wirtschaftlichen und sozialen Lebenslagen erstellt und zum anderen Forderungen und Empfehlungen an die Bundes-, Landes- und Kommunalpolitik formuliert werden.

Abb. 1: Projekte zu den Themen Armutsprävention und Sozialberichterstattung, Leitung: Prof. Dr. Uta Meier

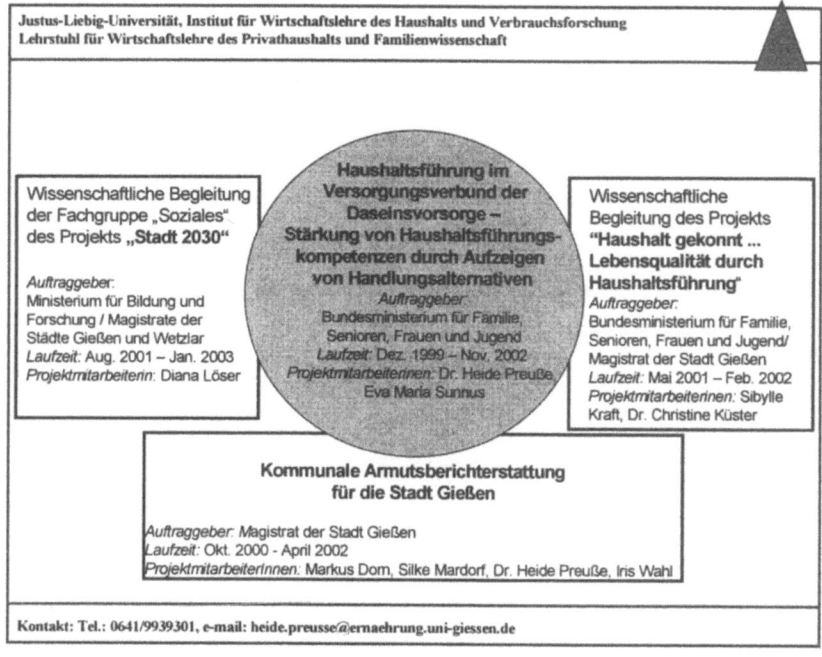

Thematische Verknüpfung mit anderen Projekten

Am Lehrstuhl für Wirtschaftslehre des Privathaushalts und Familienwissen-schaft sind in den Jahren 2002/03 unter Leitung von Prof. Dr. Uta Meier drei weitere Projekte zu den Themen Armutsprävention und Sozialberichterstattung abgeschlossen worden. Ein drittes Projekt läuft noch:

- „Kommunale Armutsberichterstattung für die Stadt Gießen" Auftraggeber: Magistrat der Stadt Gießen, Laufzeit: Oktober 2000 – April 2002, Projekt-mitarbeiterInnen: Silke Mardorf, Dr. Heide Preuße, Iris Wahl, Markus Dorn
- Wissenschaftliche Begleitung des Projekts „Haushalt gekonnt ... Lebensqua-lität durch Haushaltsführung" Auftraggeber: Bundesministerium für Familie, Senioren, Frauen und Jugend/Magistrat der Stadt Gießen, Laufzeit Mai 2001 – Februar 2002, Projektmitarbeiterinnen: Sybille Kraft, Dr. Christine Küster
- Wissenschaftliche Begleitung der Fachgruppe „Soziales" des Projekts „Stadt 2030", Auftraggeber: Ministerium für Bildung und Forschung/Magistrate

der Städte Gießen und Wetzlar, Laufzeit: August 2001 – Januar 2003, Projektmitarbeiterin: Diana Löser.

2. Verlauf und Dokumentation des Projekts

Theoretische Arbeiten
Der gesamte Projektverlauf war durch konzeptionell-inhaltliche Arbeiten zu folgenden Themen begleitet:
1. Auswertung des Standes und der Ergebnisse der Armutsforschung;
2. Auswertung der Hilfekonzepte der sozialen Arbeit in Theorie und Praxis, soweit sie Anknüpfungspunkte für unser Projekt eröffnet haben;
3. Definition zentraler Begriffe des Projekts wie Haushaltsführungskompetenzen, Alltagskompetenzen, Armut, Armutsprävention und prekäre Lebenslage.

Einführung des Projekts ,Daseinsvorsorge' in der Stadt Gießen/Öffentlichkeitsarbeit
Im Februar 2000 begann die gezielte Kontaktaufnahme zu kommunalpolitischen Entscheidungsträgern. Das Projekt wurde Herrn Gerhard Merz, dem seinerzeitigen Sozial- und Schuldezernenten der Stadt Gießen sowie Frau Karin Hagemann, damals Bürgermeisterin der Stadt Gießen und Dezernentin für Umwelt, Frauen und Stadtentwicklung vorgestellt. Am 22.05.00 fand ein Pressegespräch mit Vertretern des Gießener Anzeigers, der Gießener Allgemeinen und dem Uni-Forum statt. Am 25.05.00 wurde ein Rundfunkinterview mit Prof. Dr. Uta Meier, Dr. Heide Preuße und Dipl. oec. troph. Silke Mardorf durchgeführt, das im Hessischen Rundfunk gesendet wurde.

Ein wesentliches Anliegen unserer Öffentlichkeitsarbeit bestand darin, von Beginn an Unterstützung für das Projekt in der Stadt bei der Gewinnung von ExpertInnen, insbesondere für die Durchführung von Interviews zu erhalten. Darüber hinaus galt es, die Kontaktaufnahme zu Haushalten vorzubereiten, in denen die Haushaltserhebungen durchgeführt werden sollten.

Das Projekt wurde außerdem in verschiedenen Institutionen und Gremien der Gießener Nordstadt vorgestellt. Dazu zählen das Stadtteilbüro und der Stadtteilbeirat.

Sowohl die aufgezählten Kontakte mit entscheidenden, kommunal verorteten MultiplikatorInnen wie auch die Öffentlichkeitsarbeit haben den Zugang zu Experten und Expertinnen, die in Verwaltung und Sozialarbeit mit Menschen in prekären Lebenslagen arbeiten, außerordentlich erleichtert und begünstigt.

ExpertenInneninterviews

Zwischen März 2000 und Februar 2001 fanden die ExpertInneninterviews statt. Diese Interviews dienten der Vorbereitung der Haushaltsinterviews, dazu zählen zielgruppenspezifische Erkenntnisse über Haushalte in prekären Lebenslagen sowie über Arbeitsweisen von Beratungsinstitutionen und Behörden. Mit Hilfe der interviewten ExpertInnen konnte ein großer Anteil der ProbandInnen für Haushaltsinterviews gewonnen werden.

Einzelfallstudien

Die ersten beiden Haushaltsinterviews wurden im Juni bzw. Oktober 2000 durchgeführt. Der erste Haushalt hatte sich auf einen überregionalen Presseartikel hin für ein Interview zur Verfügung gestellt. Der Kontakt zum zweiten Haushalt ergab sich unkompliziert im Ergebnis eines Experteninterviews. Es hat sich angeboten, die Bereitschaft dieser Haushalte recht zügig zu nutzen und nicht auf den eigentlichen Beginn der Phase der Haushaltsinterviews zu verweisen. Die weiteren 20 Haushaltsinterviews fanden zwischen Mai und Dezember 2001 statt.

Bei der Auswahl der Haushalte ergaben sich teilweise veränderte Schwerpunktsetzungen und Auswahlkriterien. So war der Sozialhilfebezug kein entscheidendes Kriterium für eine Teilnahme an der qualitativen Untersuchung. Ausländische Haushalte wurden – von einer Ausnahme abgesehen – nicht einbezogen. Allein Erziehende sind bei den interviewten Haushalten überproportional vertreten. Schließlich wurde der ursprünglich angestrebte enge regionale Bezug zur Gießener Nordstadt aufgegeben. Diese Veränderungen bei der Auswahl der Haushalte lassen sich folgendermaßen begründen:

- Sozialhilfe war kein entscheidendes Kriterium für die Auswahl zu befragender Haushalte. Die untersuchten Haushalte weisen vielfältige und im Zeitverlauf wechselnde Einkommenskombinationen auf, bei denen Sozialhilfe häufig eine wesentliche, aber keineswegs durchgängig die entscheidende Rolle spielt. Ein großer Teil der Haushalte hat oder hatte Kontakt mit der Sozialhilfe. Die Haushalte, die keine Sozialhilfe beziehen, liegen oder lagen geringfügig über der Sozialhilfegrenze, weisen aber dennoch Merkmale prekärer Lebenslagen auf bzw. haben Phasen in prekären Lebenslagen überwunden. Hinzu kommt, dass die Sozialhilfe als Einkommensgrenze umstritten ist (vgl. Meier 2000c). Die Formulierungen im Bundessozialhilfegesetz (BSHG)[1] lassen darüber hinaus unabhängig von Überlegungen zur Höhe der Sozialhilfe nicht den Schluss zu, dass Armut

---

1 BSHG §1: Inhalt und Aufgabe der Sozialhilfe. (2) ... Die Hilfe soll ihn [den Hilfeempfänger] so weit wie möglich befähigen, unabhängig von ihr zu leben; hierbei muss er nach seinen Kräften mitwirken.

Sozialhilfe nicht den Schluss zu, dass Armut allein mit dem Bezug von Leistungen nach dem BSHG bekämpfbar ist. Armut hat viele Gesichter und bedarf unterschiedlicher Präventions-, Unterstützungs- und Bildungsmaßnahmen.

- Familienhaushalte ausländischer Herkunft haben wir im Rahmen dieses Projekts mit einer Ausnahme nicht untersucht. Bereits im Zuge der ExpertInneninterviews sind wir zu der Erkenntnis gelangt, dass man der Komplexität und Spezifität von MigrantInnenhaushalten aus unterschiedlichen Herkunftsländern nur im Rahmen eines weiteren Projekts mit speziellen, auf MigrantInnen und ihre individuellen Migrationsgeschichten ausgerichteten Fragestellungen gerecht werden kann (vgl. BMFSFJ 2000a). Bei dem einzigen befragten Haushalt mit Migrationshintergrund handelt es sich um eine allein erziehende Griechin mit Sohn. Schon hier hat sich gezeigt, dass Interpretationen ohne hinreichende Kenntnis kulturspezifischer Werte und Verhaltensmuster nur sehr begrenzt möglich sind.

- Haushalte allein Erziehender sind stärker vertreten als Haushalte, in denen Männer und Frauen als Paare mit Kindern zusammenleben. Es hat sich gezeigt, dass diese Haushalte strukturell ähnliche Schwierigkeiten haben. Die bestehenden Unterschiede sind auf der einen Seite darin begründet, dass die Tatsache des allein Erziehens zu einer Zuspitzung der konkreten Probleme führen, auf der anderen Seite die erfolgte Trennung aber auch ein Bestandteil der Problemlösung sein kann. Schwierigkeiten bei der Kombination von Erwerbstätigkeit und Familientätigkeit sowie knappe Ressourcen bei Zeit und Geld finden sich in beiden Haushaltstypen; deutlich verschärft treten sie allerdings häufiger bei allein Erziehenden auf.

- Die ursprünglich geplante ausschließliche Rekrutierung von Haushalten aus der Gießener Nordstadt wurde aus Gründen differenzierterer Vergleichsmöglichkeiten nicht beibehalten. 19 der insgesamt 22 Interviews wurden in der Stadt und im Landkreis Gießen, drei im nordwestlich vom Kreis Gießen gelegenen Lahn-Dill-Kreis durchgeführt. Aussagen zu sozialräumlichen Gegebenheiten einer bestimmten Region wie beispielsweise der Nordstadt können auch mit einer begrenzteren Zahl an Haushalten abgeleitet werden. Zum anderen können diese Aussagen zum Wohnstandort nunmehr ergänzt und/oder kontrastiert werden mit den Bedingungen, die Haushalte in anderen Gießener Stadtteilen und in ländlichen Regionen vorfinden.

BSHG §2: Nachrang der Sozialhilfe. (1) Sozialhilfe erhält nicht, wer sich selbst helfen kann oder wer die erforderliche Hilfe von anderen, besonders von Angehörigen oder von Trägern anderer Sozialleistungen erhält.

Auswertung der Einzelfallstudien

Für die umfangreichen einzelfallbezogenen Dokumentationen und Auswertungen wurde das am Lehrstuhl für Wirtschaftslehre des Haushalts und Familienwissenschaft entwickelte Instrumentarium zur Haushaltsanalyse und –simulation eingesetzt, welches zum Zwecke dieses Projekts maßgeblich weiterentwickelt wurde. Diese Arbeiten konnten im August 2002 abgeschlossen werden.

Die einzelfallbezogene Darstellung mündet in die Darstellung der Lebenslagen der Haushalte anhand von 12 Merkmalen. Sie bilden die Grundlage für Vergleiche mit dem Ziel, Haushaltsstiltypen zu bilden. Auf der Basis dieser Typen werden Maßnahmen zur zielgruppenspezifischen Armutsbekämpfung und – prävention entwickelt. Diese Arbeiten erstreckten sich von Mai 2002 bis zum November 2002.

Konzeptionelle Weiterentwicklung der Haushaltsanalyse und computertechnische Umsetzung

Von Projektbeginn an erfolgte die methodische, inhaltliche und computertechnische Weiterentwicklung des Analyse- und Simulationsinstrumentariums, an der außer den Verfasserinnen des Berichts auch Dipl. oec. troph. Ramona Thiele als Programmiererin sowie Dipl. oec. troph. Silke Mardorf mitgewirkt haben.

Dokumentationen der bisherigen Projektarbeit

Auf verschiedenen Tagungen und in unterschiedlichen Phasen des Projekts wurden das Projektanliegen und die zum jeweiligen Zeitpunkt zur Verfügung stehenden Ergebnisse der empirischen Arbeit einem unterschiedlichem Fachpublikum vorgestellt und zur Diskussion gebracht.

II. Stand der Armutsforschung

1. Armutskonzepte und Armutsmessung

In den zurückliegenden zwei Jahrzehnten hat sich die Armutsforschung in der Bundesrepublik Deutschland zu einem relevanten Forschungsstrang entwickelt. Die Ausrichtung des wissenschaftlichen Erkenntnisinteresses auf diesen Themenbereich steht in Zusammenhang mit der stetig wachsenden Zahl von Menschen, die hierzulande von Armut und prekärem Wohlstand betroffen sind. Diese Entwicklung vollzieht sich bei einem insgesamt hohen Wohlstandsniveau der Bevölkerung.

Nach einer über viele Jahre charakteristischen Verdrängung der zunehmenden Armutsphänomene, die eine fortschreitende Ungleichheit bei der Verteilung von Lebenschancen in der deutschen Gesellschaft anzeigen, beendete die Bundesregierung im vergangenen Jahr mit der Veröffentlichung des 1. Armuts- und Reichtumsberichts diese „kollektive Schweigespirale". Damit wurde der Weg zu einer sachlichen Bestandsaufnahme geebnet, was zur Entbagatellisierung wie zur Entdramatisierung von Armut gleichermaßen beiträgt (BMA 2001a).

Seither haben es Armutsstudien sichtlich leichter, in Öffentlichkeit und Politik wahr und ernst genommen zu werden. Auf der Ebene von Bund, Ländern und Gemeinden wächst das Interesse an einer zeitnahen und zielgruppenadäquaten Erfassung und Darstellung der Lebenssituation von Haushalten und ihren Mitgliedern in armen und prekären Lebenslagen bzw. von besonders betroffenen sozialen Gruppen. Das zeigt sich nicht zuletzt an der Vielzahl von Untersuchungen, die in den letzten Jahren im Rahmen kommunaler Armuts- und Sozialberichterstattung in Auftrag gegeben worden sind (vgl. exemplarisch: Mardorf, Meier, Preuße, Wahl, Dorn 2002; Stadt Leipzig 1999; Landeshauptstadt Wiesbaden 2001).

Auf eine solide Datenbasis dieser Art sind gesellschafts- und kommunalpolitische Handlungsstrategien im Sinne einer systematischen Armutsprävention letztlich angewiesen, um gesellschaftsweit wie im kommunalen Kontext wirksam zum sozialen Ausgleich beizutragen und damit einer sich vertiefenden Spaltung der Gesellschaft entgegen zu wirken.

Grundsätzlich bleibt festzuhalten, dass Armut – gesellschaftspolitisch betrachtet – kein neutraler Begriff ist: Jeder Versuch, eine wissenschaftliche Be-

griffsbestimmung vorzunehmen, ist unterlegt von bestimmten normativen Annahmen und Vorentscheidungen. Das gilt auch für bestimmte Messkonzepte von
Armut, die nie objektiv sein können, sondern als Annäherung an die gesellschaftliche Wirklichkeit zu verstehen sind und – je nach ihren Grundannahmen
– teils beträchtlich variieren. Teilt man die gesetzten Grundprämissen, wird man
auch ihre Ergebnisse akzeptieren. Teilt man sie nicht, wird man die Ergebnisse
anzweifeln. Als unverzichtbar erweist es sich in jedem Falle, die impliziten Annahmen einer verwendeten Begrifflichkeit oder eines verwendeten Messkon-
zepts offen zu legen (vgl. exemplarisch: Barlösius, Ludwig-Mayerhofer 2001:
12; Döring, Hanesch, Huster 1990:10).

Gleichwohl gibt es verschiedene soziale Gruppen, die hierzulande unabhängig vom jeweils verwendeten Konzept ein hohes Zugangs- und Verbleibsrisiko
in Armut haben. Dazu gehören allein Erziehende, kinderreiche Familien, Menschen in prekären Beschäftigungsverhältnissen, MigrantInnen oder Erwerbslose.

Bei den konzeptionellen Überlegungen zur Messung von Armut wird grundsätzlich zwischen dem Ressourcen- und dem Lebenslagenansatz unterschieden.[1]

Der *Ressourcenansatz* fasst Armut als eine Unterausstattung sowohl an monetären als auch an nicht-monetären Größen auf, die in ihrem Zusammenspiel
das (ökonomische und sozio-kulturelle) Existenzminimum eines Individuums
oder Haushalts in der jeweiligen Referenzgesellschaft ausmachen. Wird dieses
Existenzminimum unterschritten, so liegt Armut vor. Es handelt sich um einen
inputorientierten Ansatz: Man ermittelt lediglich Ressourcen wie Einkommen,
Bildung, Wohnung etc., über die ein Individuum oder ein Haushalt verfügt, und
setzt es in Bezug zu den geltenden Standards des ökonomischen und sozio-
kulturellen Existenzminimums in der betreffenden Gesellschaft. Demgegenüber
erfährt die Ressourcenverwendung als Folge von individuellen oder haushaltsbezogenen Präferenzsetzungen und Entscheidungen keine konzeptionelle Berücksichtigung, wenngleich dadurch höchst unterschiedliche „Outputs" der Bedarfsdeckung zustande kommen.

In der Vergangenheit ist der Ressourcenansatz überwiegend auf die Analyse
der verfügbaren Individual- und Haushaltseinkommen beschränkt worden.

Gemessen werden entweder die Zahl von BezieherInnen von laufender Hilfe
zum Lebensunterhalt im Rahmen der Sozialhilfe oder die Zahl der Personen,
deren Haushaltseinkommen relative Einkommensgrenzen unterschreitet.

Es wird also geprüft, ob ein Individuum oder ein Haushalt über ausreichende
Geldmittel verfügt, um Güter anzuschaffen. Die sich daraus ergebenden Richtli-
nien für die Armutsbekämpfung beschränken sich folgerichtig auf Maßnahmen
der Einkommenserhöhung (Hauser 1995: 4).

---

1   In das vorliegende Kapitel sind Literaturrecherchen und Quellenstudien zum Dissertationspro-
    jekt von Frau Dipl. oec. troph. Silke Mardorf eingegangen.

Der entscheidende Nachteil des Ressourcenansatzes liegt in der Unterstellung, dass alles Lebensnotwendige durch die Verausgabung der verfügbaren Ressourcen beschafft werden kann und es somit in der Alleinverantwortung des Haushalts und seiner Mitglieder liege, eine angemessene Ressourcenverteilung und –umsetzung sicherzustellen (Zimmermann 2000: 67).

Der Vorteil der Erfassung monetärer Größen liegt in seiner empirischen Nachprüfbarkeit. So lässt sich die „Sozialhilfeschwelle" als ein Indikator zur Bestimmung von Einkommensarmut relativ eindeutig bestimmen. Man spricht hier auch von „politisch definierter Einkommensarmut" (Andreß 1999: 90), von der „politischen Armutsgrenze" (Piachaud 1992: 66) oder von „bekämpfter Armut" (Hauser, Neumann 1992: 247; Bartelheimer 1997: 14). Darüber hinaus liefert die Sozialhilfestatistik haushaltsbezogene Daten.

Ein wesentlicher Nachteil des Sozialhilfeindikators besteht in der Nichterfassung von verdeckter Armut. Schätzungen besagen, dass die Zahl derer, die ein Recht auf Leistungen nach dem BSHG hätten, diese aber nicht in Anspruch nehmen, noch einmal genau so hoch ist wie die Zahl der tatsächlichen SozialhilfeempfängerInnen (Hauser 1995: 9 f.). Es kann davon ausgegangen werden, dass je älter, je schlechter gebildet, je weniger kompetent in der deutschen Sprache eine Person ist, je häufiger diese in ländlicher Region lebt, desto seltener macht sie von ihrem Rechtsanspruch auf Sozialhilfe Gebrauch (Alisch, Dangschat 1998: 25).

Relative Einkommensarmut wird anhand des Unterschreitens eines Nettoäquivalenzeinkommens gemessen. Hier wird das nach Haushaltstypen standardisierte mittlere Einkommen in der Referenzgesellschaft als Bezugsgröße gewählt. Dabei werden Personen als arm definiert, wenn ihr gewichtetes Haushaltsnettoeinkommen weniger als 50 Prozent des durchschnittlichen Nettoäquivalenzeinkommens beträgt. Bezieher von weniger als 60 Prozent liegen in diesem Konzept in „Einkommensarmutsnähe", Bezieher von weniger als 40 Prozent leiden an „extreme(r) Einkommensarmut" (Eggen 1998: 19; Meier 2000c).

Der Ressourcenansatz als „inputorientiertes" Konzept unterscheidet sich vom *Lebenslagenansatz* sehr grundsätzlich:

Der Focus des wissenschaftlichen Interesses richtet sich beim Lebenslagenansatz nicht primär auf die Analyse verfügbarer Ressourcen, die ein bestimmtes Versorgungsniveau zulassen. Vielmehr bildet die Messung der *faktischen Versorgungslagen* in bestimmten Lebensbereichen den Ausgangspunkt wissenschaftlicher Analyse. (Döring, Hanesch, Huster 1990: 11).

Es handelt sich folglich um ein „outputorientiertes" Konzept, das allerdings eine Vielzahl von Problemen seiner Umsetzung in operationalisierbare Kriterien und Unterversorgungsschwellen aufweist, etwa in den Lebensbereichen Bildung, Gesundheit oder gesellschaftliche Partizipation.

Mit Bezug zu unserem Projektthema „Stärkung von Haushaltsführungskompetenzen durch Aufzeigen von Handlungsalternativen" ist hierbei von besonderem Interesse, dass gesellschaftliche und alltägliche *Handlungsspielräume* der Haushaltsmitglieder im Lebenslagenkonzept als soziale Bedingungen konzeptualisiert werden.

Sowohl der Umgang mit den verfügbaren Ressourcen als auch das subjektive Erleben variiert – so unsere Ausgangshypothese – auch bei gleichermaßen knappen Finanzbudgets oder einer vergleichbar schlechten Wohnsituation teils beträchtlich. Mit anderen Worten: *Hinter ähnlichen materiellen Lebenslagen von privaten Haushalten verbergen sich facettenreiche Lebensweisen in Abhängigkeit von Präferenzsetzungen, von vorhandenen oder fehlenden familialen und institutionellen Netzwerken, aber auch von je spezifischen Wertvorstellungen, getroffenen Lebensplanungen und Alltagskompetenzen der Haushaltsmitglieder.*

Bei Messungen nach dem Lebenslagenansatz wird Armut als „Unterversorgung" in ausgewählten Lebensbereichen wie Einkommen, Arbeit, Bildung, Wohnen, Gesundheit und Teilhabe am gesellschaftlichen Leben definiert. Das Zustandekommen von Unterversorgungslagen beruht hier nicht nur auf fehlendem bzw. zu geringem Einkommen, sondern kann beispielweise auch auf eine inadäquate Verwendung des verfügbaren Geldes (Hauser 1995: 4), auf fehlende Netzwerke (Mayr-Kleffel 1991), auf eine unzureichende Durchsetzungsfähigkeit gegenüber Behörden oder auf bestimmte psychosoziale Problematiken zurückzuführen sein.

Vertreter des Lebenslagenansatzes haben immer wieder betont, dass Forschungsergebnisse, die auf den Annahmen des Lebenslagenkonzepts und seines spezifisch outputorientierten Focus basieren, in der Konsequenz zu einer breit gefächerten Palette von zielgruppenbezogenen Hilfsmaßnahmen gelangen werden.

Aus haushaltswissenschaftlicher Sicht allerdings fehlen bis heute brauchbare und differenzierte Analysekonzepte, die geeignet wären, solche komplexen und passgerechten Hilfsmaßnahmen wissenschaftlich überzeugend zu begründen. Bislang tragen solche Überlegungen eher den „Charakter einer Leitidee" (Glatzer, Hübinger 1990: 37), als dass sie bereits solide umgesetzt wären.

Außerdem lassen sich mit den bisher vorliegenden Untersuchungen auch keine verlässlichen Aussagen über Haushalte, differenziert nach Haushaltsstrukturtypen und Mustern ihrer Alltagsbewältigung treffen.

Mit dieser kritischen Gesamteinschätzung sollen allerdings wichtige Entwicklungen in der Armutsforschung, die für das vorliegende Projekt ebenso wie für die Armutsforschung insgesamt äußerst fruchtbar waren, nicht übersehen werden. Dazu gehören zweifelsohne auch die Ergebnisse der dynamischen Armutsforschung. Sie arbeitet auf der Grundlage von Daten des Sozioökonomischen Panels (SOEP) oder der Sozialhilfestatistik, ergänzt um qualitative Interviews mit RepräsentantInnen der genannten Zielgruppen. Die dynamische Armutsforschung untersucht Armut im Zeitablauf und gibt die häufige Fixierung auf Problemgruppen (wie verarmte Arbeitslose und allein Erziehende) auf. Sie differenziert die Armutspopulation, z.b. werden Arbeitslose in Langzeitfälle, Kurzzeitfälle und Wartefälle unterschieden. Ergebnisse der dynamischen Armutsforschung haben gezeigt, dass es weniger Langzeitfälle, aber erheblich mehr Kurzzeit- und Wartefälle gibt, als bisher angenommen (Buhr 1995). Diese Ergebnisse wurden teils heftig kritisiert, unter anderem mit dem Vorwurf, das Problem Armut zu verharmlosen (Busch-Geertsema, Ruhstrat 1992). Den Vorwürfen ist entgegenzuhalten, dass mit der Festlegung auf bestimmte starre Armutspopulationen ein anderes Problem negiert wird, nämlich das größer gewordene Risiko, irgendwann im Biografieverlauf einmal arm zu werden (Leisering 1993: 496).

Allerdings haben auch die Ergebnisse der dynamischen Armutsforschung das vorrangige Ziel, gesamtgesellschaftliche Größenordnungen und Zusammenhänge darzustellen. Unter diesem Aspekt wurden die Ergebnisse vorrangig diskutiert. Die vorgenommenen Typenbildungen lassen dagegen keine Aussagen über konkrete Bewältigungsstrategien von Haushalten in Armut oder Möglichkeiten der Verhinderung des Sozialhilfebezuges zu, sie beziehen sich bestenfalls auf Individuen und ihre Coping-Strategien in der Retrospektive.

Die Ergebnisse der Armutsforschung zeigen, dass Armut in den ersten Nachkriegsjahrzehnten vor allem Altersarmut bedeutete. In den letzten Jahren hingegen sind überproportional und mit steigender Tendenz Kinder und Jugendliche betroffen (Meier 2000c).

Armutsrisiken betreffen demzufolge vor allem Haushalte mit Kindern, und zwar besonders solche mit drei und mehr Kindern sowie Haushalte von allein Erziehenden. Die Gefahr der Sozialhilfeabhängigkeit ist dabei umso höher, je jünger die Kinder sind. Weiterhin sind auch die Haushalte von Langzeitarbeitslosen und MigrantInnen einem höheren Armutsrisiko ausgesetzt (Haustein 2000).

Wie bereits bei der Auflistung von Risikogruppen deutlich wird, können durchaus alltägliche Lebensereignisse wie die Geburt eines Kindes oder die Trennung vom Partner das Risiko verstärken, in Armutslagen zu geraten. Es gilt allerdings nicht der Umkehrschluss, dass z.B. eine Scheidung zwangsläufig Armut bewirken muss.

Primäres Ziel der einschlägigen Armutsforschung, die nach dem Lebenslagen- oder Ressourcenansatz vorgeht bzw. einem dynamischen Konzept folgt, ist die *Darstellung makroökonomischer oder gesamtgesellschaftlicher Entwicklungsverläufe und Zusammenhänge*, aber auch die Identifizierung bestimmter Problemgruppen. Die aus der Forschung abgeleiteten Forderungen an die Politik erschöpfen sich häufig in Vorschlägen zur Verbesserung der Einkommensseite –

etwa die bessere Ausgestaltung der Sozialhilfe, steuerliche Entlastungen usw. Das Geschehen in den von Armut betroffenen Haushalten selbst wird hingegen nicht untersucht und ist somit auch nicht Gegenstand von Überlegungen zur Armutsbekämpfung und -prävention.

An dieser Stelle setzt das Erkenntnisinteresse unseres Projekts und sein konzeptioneller Ansatz an.

Wir haben uns bei der wissenschaftlichen Bearbeitung des Projekts „Armutsprävention durch Stärkung von Haushaltsführungskompetenzen" nicht für ein „Entweder(Ressourcen-)-oder (Lebenslagenansatz)", sondern für ein „Sowohl-als-auch" entschieden.

Folgende Gründe haben uns zu dieser Herangehensweise bewogen:

1. Beide Ansätze können letztlich nicht trennscharf abgegrenzt werden. Arbeit, Bildung und Gesundheit können ebenso als *Lebensbereich* wie gleichermaßen als *Ressource* betrachtet werden. Erwerbsarbeit z.B. beeinflusst die potenzielle Versorgungslage (Ressource) im Bereich Einkommen. Erwerbsarbeit ist aber selbst auch eine Lebenslage und misst quasi die tatsächliche Versorgung mit Erwerbsarbeit. Darauf haben auch andere Armutsforscher bereits verwiesen (Döring, Hanesch, Huster 1990: 11 f.).

2. Die Synthese zweier prinzipiell möglichen Zugänge zur Konzeptualisierung von Armut eröffnet uns die Chance, die *Erklärungsstärken beider Konzepte zu nutzen*: einerseits die potenziellen Versorgungslagen von Privathaushalten möglichst exakt zu bestimmen und in Relation zu den Standards der Referenzgesellschaft zu setzen (ökonomische und soziokulturelle Existenzminima) und andererseits ihre tatsächlichen Versorgungslagen in verschiedenen Lebensbereichen zu analysieren. Besonderes Gewicht kommt dabei der systematischen Untersuchung von relevanten Einflussgrößen wie individuelle Präferenzen und Kompetenzen, Haushaltsstile, Konfliktverarbeitungsstrategien, Handlungsspielräume, Netzwerke etc. zu, welche die vielfältigen Diskrepanzen zwischen potenziellen und faktischen Versorgungslagen erklären. Diese konzeptionelle Synthese visiert letztlich auch politische Handlungsstrategien an, die keineswegs auf monetäre Dimensionen begrenzt sind, sondern komplexere und umfassendere Maßnahmen der Armutsprävention und -bekämpfung entwickeln. Die Betrachtung auch nichtmonetärer Dimensionen der tatsächlichen Lebenslage einer Person oder eines Haushalts (z.B. Wohnen, Bildung, Gesundheit oder gesellschaftliche Partizipation) mündet folgerichtig in vielfältige Beratungs-, Betreuungs- und Hilfsangebote bzw. allgemeinpolitische Maßnahmen (Hauser 1995: 4).

3. Die Verknüpfung beider Armutskonzepte könnte auch die FachvertreterInnen der Sozialen Arbeit aus dem häufig beklagten Dilemma herausführen. „Die zentrale Schwierigkeit des Handelns in der Sozialen Arbeit liegt da-

rin, dass eine eindeutige Trennung zwischen solchen Problemen, die auf individueller Ebene liegen und solchen, die das soziale Umfeld betreffen, nicht möglich ist. So können etwa Probleme der materiellen Verelendung nicht angegangen werden, ohne zugleich Fragen der Handlungs- und Bewältigungskompetenz des einzelnen Individuums mit zu behandeln, wie umgekehrt in Bezug auf Probleme der Bewältigungs- und Handlungskompetenz nicht ohne Einbeziehung sozialer gesellschaftlicher Ressourcen interveniert werden kann" (Klatetzki, Wedel-Parlow 2001: 589).

4. Der Zugang zur Projektbearbeitung ist durch eine *dynamische* Perspektive gekennzeichnet. Ausgehend von einer differenzierten retrospektiven Befragung zum konkreten Lebensverlauf, der Haushalts- und Familienbiografie unter Einschluss der Identifizierung von charakteristischen Phasen des „Einstiegs in und Ausstiegs aus prekären und armen Lebenslagen", die mit der Methode der Haushaltssimulation verknüpft wird, soll ein möglichst vollständiges Armutsverlaufsprofil der einzelnen Beispielhaushalte herausgearbeitet und Handlungsalternativen offen gelegt werden.

5. Im Unterschied zu den gängigen Lebenslagenmodellen (Glatzer, Hübinger 1990: 431) berücksichtigt das vorliegende Analysekonzept sowohl gesellschaftliche Rahmenbedingungen wie institutionelle Netzwerke als auch individuelle Handlungsspielräume, aber auch die zeitliche Situation und die Arbeitsbelastung der interviewten Personen. Durch die Verknüpfung von Ressourcen- und Lebenslagenansatz geraten außerdem potenzielle Handlungsspielräume, die von den Haushalten aus verschiedensten Gründen nicht ausgeschöpft werden, in den Blick der Untersuchung.

Den Kern des vorliegenden Projekts bildet die Untersuchung des Alltagsgeschehens in Haushalten mit armer bzw. prekärer Lebenslage. Es handelt sich um die qualitative Untersuchung von Einzelfällen, wobei – im Sinne einer stimmigen Methodentriangulation – zugleich quantitative Methoden bei der Analyse der Einzelfälle verwendet werden. Der Begriff „Ressource" wird dabei in einem umfassenderen Sinn verwendet, als das in der Armutsforschung üblicherweise geschieht.

Auf der Grundlage der einzelfallbezogenen Darstellung der analysierten Haushalte und dem darauf aufbauenden Vergleich der Lebenslagenindikatoren wurde eine *haushaltsstilbezogene Armutstypologie* entwickelt.

Die im Rahmen dieser Untersuchung identifizierte Haushaltstypologie mündet am Ende in differenzierte und zielgruppenspezifische Maßnahmen, die folgende Handlungsfelder von Sozialer Arbeit und von Sozial- und Familienpolitik betreffen:

• Bildung (erwerbs- und haushaltsbezogen),

• Beratung, individuelle Unterstützung/Betreuung und Hilfe,

- Einkommen,
- nicht-monetäre Ressourcen und
- eine zielgruppenbezogene Kombinationen dieser Vorschläge.

2. Hilfekonzepte der Sozialen Arbeit in Theorie und Praxis

Untersuchungen zum Phänomen der Armut folgten bislang überwiegend einem gesamtgesellschaftlichen Interesse. Soziale Arbeit hingegen setzt in der Regel am Einzelfall – zumeist an Einzelpersonen – oder am Gemeinwesen an.

Mit dem Begriff ‚Soziale Arbeit' wird heute versucht, Sozialarbeit und Sozialpädagogik unter einen gemeinsamen Begriff zu fassen. Sozialarbeit hat sich aus der Tradition der Armenfürsorge entwickelt. Sozialpädagogik ist entstanden aus bürgerlicher, durch den Geist der Aufklärung beeinflusster Wohltätigkeit, die zu einem großen Teil ehrenamtlich geleistet wurde; Erziehung und Nacherziehung junger Menschen spielen in der Sozialpädagogik eine bedeutende Rolle. Um die Wende zum 20. Jahrhundert entstand vor dem Hintergrund wachsender Verwahrlosung und Kriminalität in den Städten ein staatliches Interesse, sich nicht ausschließlich im Sinne der Armenfürsorge, sondern auch unter erzieherischen Aspekten mit Kindern und Jugendlichen zu befassen. In den 50er Jahren weitete sich mit der wohlfahrtsstaatlichen Entwicklung auch die Soziale Arbeit aus. Umfangreiche und ausdifferenzierte Arbeitsgebiete entstanden.

Sowohl unter dem Aspekt der Handlungsfelder als auch unter dem Aspekt der Methoden knüpft das Armutspräventionsprojekt an zwei große Arbeitsgebiete der aktuellen Sozialen Arbeit an[2]. Dies sind zum einen die Sozialhilfe und zum anderen die Kinder- und Jugendhilfe. Die bedeutendsten gesetzlichen Grundlagen für das Handeln in diesen Feldern sind für die Sozialhilfe das im Jahr 1961 verabschiedete Bundessozialhilfegesetzes (BSHG), mit dem ein Rechtsanspruch auf Sozialhilfe geschaffen wurde, und für die Jugendhilfe das Kinder- und Jugendhilfegesetz (KJHG), das am 1.1.1992 in Kraft getreten ist.

Nachdem in den 70er und beginnenden 80er Jahren die sogenannte ‚soziale Frage' weitgehend gelöst schien und Soziale Arbeit den Anspruch hatte, Individuen in Notlagen verschiedenster Art zu helfen und ihnen Integration in die Gesellschaft (wieder) zu ermöglichen (Klatetzki, Wedel-Parlow 2001: 586), müssen heute Anforderungen von anderer Qualität und Quantität bewältigt werden. Sozialhilfe ist immer seltener nur eine vorübergehende Hilfeleistung und sie wird zunehmend auch von Menschen in Anspruch genommen, die nicht zu ge-

---

2   Klatetzki und von Wedel-Parlow nennen Sozialhilfe, Kinder- und Jugendhilfe, Altenhilfe, Behindertenhilfe und Gesundheitshilfe als „vornehmliche und typische Betätigungsfelder" der Sozialen Arbeit (Klatetzki, Wedel-Parlow 2001: 587 f.)

sellschaftlichen Randgruppen zählen. Diese Leistungen entsprechen nicht der
ursprünglichen Intention der Sozialhilfe und führen zu hohen finanziellen Belastungen der Kommunen (vgl. Klatetzki, Wedel-Parlow 2001: 593). Neben diesen
fiskalischen Gründen führen fachliche Gründe zu einem Veränderungsdruck für
die Sozialämter. Die Sozialhilfe steht vor der Frage, „Wie das Prinzip einer am
Bedarf des Einzelfalls ausgerichteten Hilfe auch dann noch realisiert werden
kann, wenn eine Vielzahl von Armutsrisiken hohe Fallzahlen produzieren und
zugleich das örtliche Armutspotenzial, für das die Sozialhilfe zuständig ist, sehr
unterschiedliche soziale Gruppen und Fallkonstellationen aufweist" (Bartelheimer 2001: 188). Parallel dazu ist die Jugendhilfe mit einer zunehmenden Zahl
an Kindern und Jugendlichen konfrontiert, die unter den Bedingungen von Einkommensarmut und daraus resultierenden sozialen Belastungen aufwachsen
(vgl. Klatetzki, Wedel-Parlow: 593).

Zunächst sollen die wichtigsten gesetzlichen Grundlagen der Sozialhilfe sowie deren methodisches Vorgehen dargestellt werden, anschließend wird Glei-
ches für die Jugendhilfe erfolgen.

Sozialhilfe
Sozialhilfe stellt auf der Grundlage des BSHG Hilfen zur Bewältigung individueller Notlagen zur Verfügung. Adressaten sind Personen, die sich für eine gewisse Zeit in schwierigen Situationen befinden und denen ein Wiedereinstieg in
gesellschaftliche Normalität ermöglicht werden soll (vgl. Klatetzki, Wedel-
Parlow: 587).

In § 1 BSHG sind Inhalt und Aufgabe der Sozialhilfe festgelegt. „(...) Die
Hilfe soll ihn [den Empfänger] so weit wie möglich befähigen, unabhängig von
ihr zu leben; hierbei muss er nach seinen Kräften mitwirken." Es gilt das Prinzip
der Nachrangigkeit. „Sozialhilfe erhält nicht, wer sich selbst helfen kann oder
wer die erforderliche Hilfe von anderen, besonders von Angehörigen oder von
Trägern anderer Sozialleistungen erhält" (§ 2 BSHG, Absatz (2)). Diese
Formulierungen zeigen, dass Sozialhilfe von ihrem Grundsatz her nicht als
dauerhafte Alternative zur Selbstversorgung angelegt ist (vgl. Klatetzki, Wedel-
Parlow: 587).

Zur Sozialhilfe zählen neben Geld- und Sachleistungen auch persönliche
Hilfen (§ 8 BSHG (Absatz (1)), die allerdings keinen verpflichtenden Charakter
haben. Hierzu enthält der Gesetzestext an einigen Stellen nähere Ausführungen.
So wird beispielsweise Beratung folgendermaßen beschrieben: „Zur persönlichen Hilfe gehört außer der Beratung in Fragen der Sozialhilfe (...) auch die Beratung in sonstigen sozialen Angelegenheiten, soweit letztere nicht von anderen
Stellen oder Personen wahrzunehmen ist. Wird Beratung in sonstigen sozialen
Angelegenheiten auch von Verbänden der freien Wohlfahrtspflege wahrgenommen, ist der Ratsuchende zunächst hierauf hinzuweisen" (§ 8 BSHG (Ab-

satz 8)). Darüber hinaus wird in Form einer Sollvorschrift zur Berücksichtigung familialer Ressourcen von Hilfesuchenden angeregt. Es „(...) sollen die besonderen Verhältnisse in der Familie des Hilfesuchenden berücksichtigt werden. Die Sozialhilfe soll die Kräfte der Familie zur Selbsthilfe anregen und den Zusammenhalt der Familie festigen" (§ 7 BSHG).

Unter den Aspekten persönlicher Hilfen und des Unabhängigwerdens von Sozialhilfe sind die Hilfen zur Arbeit am weitesten entwickelt. Diese greifen allerdings bei einer Reihe von Haushaltstypen, wie weiter unten noch gezeigt wird, nicht. Dazu zählen allein Erziehende mit mehreren Kindern, Menschen mit Gesundheitsproblemen und Menschen mit umfangreichen familiären Verpflichtungen. In der vornehmlichen Förderung von Hilfen zur Arbeit spiegelt sich eine einseitige Erwerbsorientierung und eine Nichtanerkennung von Familientätigkeit wider.

Seit Ende der 90er Jahre entstehen Überlegungen, Hilfeplanverfahren zu entwickeln, anhand derer das in §1 des BSHG formulierte Ziel erreicht werden kann, den Hilfeempfänger „soweit wie möglich zu befähigen, unabhängig von ihr [der Sozialhilfe] zu leben" (Kuntz 1999: 71 ff.; Urban 1999: 54 ff.).

Hilfeplanung soll dazu dienen, gemeinsam mit den Hilfesuchenden Möglichkeiten zu erarbeiten, von Sozialhilfe unabhängig zu werden. Hilfeplanung wird beschrieben als eine Form der Beratung, die auf gegenseitigem Einvernehmen beruht und vorrangig an den Ressourcen, weniger an den Defiziten der Betroffenen ansetzt. Beim Einsatz des Hilfeplanverfahrens ist es die Aufgabe der SachbearbeiterInnen, die Ressourcen und Fähigkeiten der Ratsuchenden zu erkennen und sie mit einer positiven und realistischen Zukunftsperspektive zu verketten, um sie dadurch zu fördern (Kuntz 2000: 175).

Hilfeplanung ist nach dem BSHG möglich, aber nicht vorgeschrieben: So heißt es in Unterabschnitt 2 „Hilfe zur Arbeit": „Bei der Schaffung und Erhaltung von Arbeitsgelegenheiten sollen die Träger der Sozialhilfe, die Dienststellen der Bundesanstalt für Arbeit und gegebenenfalls andere auf diesem Gebiet tätige Stellen zusammenwirken. In geeigneten Fällen ist für den Hilfesuchenden unter Mitwirkung aller Beteiligten ein Gesamtplan zu erstellen" (§ 19 BSHG Absatz (4)). In Unterabschnitt 12 „Hilfe zur Überwindung besonderer sozialer Schwierigkeiten" ist formuliert: Die Hilfe umfasst alle Maßnahmen, die notwendig sind, um die Schwierigkeiten abzuwenden, zu beseitigen, zu mildern oder ihre Verschlimmerung zu verhüten, vor allem Beratung und persönliche Betreuung für den Hilfesuchenden und seine Angehörigen, Hilfen zur Ausbildung, Erlangung und Sicherung eines Arbeitsplatzes sowie Maßnahmen bei der Erhaltung und Beschaffung einer Wohnung. Zur Durchführung der erforderlichen Maßnahmen ist in geeigneten Fällen ein Gesamtplan zu erstellen" (§ 72 BSHG Absatz (2)).

Zum Gelingen von Hilfeplanungsprozessen trägt Case Management bei. „Case Management (Unterstützungsmanagement, Casework, Einzelhilfe) ist ein Mitte der 70er Jahre in den USA entstandenes Konzept der Sozialarbeit. CM entwickelte sich auf dem Hintergrund einer zunehmenden Differenzierung und Sektorisierung sozialer Dienstleistungen. (...) Ziel von CM ist es, Fähigkeiten des Klienten zur Wahrnehmung sozialer Dienstleistungen zu fördern, professionelle, soziale und persönliche Ressourcen zu verknüpfen und höchstmögliche Effizienz im Hilfeprozeß zu erreichen" (Neuffer 1997: 186).

Unabdingbare Voraussetzung für gelingendes Fallmanagement sind Kenntnisse des örtlichen und regionalen Hilfenetzes, denn alle Hilfen sind aufeinander abgestimmt in den Hilfeprozess einzubeziehen. Gemeinsam mit allen beteiligten Helfern muss u.a. erarbeitet und festgelegt werden, welches die Hauptproblembereiche und die Hauptziele sind, wie die Aufgaben zu verteilen sind, welche weiteren Hilfen gegebenenfalls hinzugezogen werden müssen, welcher Zeitplan zugrunde liegt und wer die Federführung im Hilfeprozess übernimmt (Kuntz 2000: 175 ff.).

Konkrete Ansätze zur Weiterentwicklung von Hilfeplanverfahren in der Sozialen Arbeit sind noch marginal, beginnen sich aber in der Praxis zu etablieren. Dem steht ein offenkundiger Bedarf in der Praxis gegenüber. Der Begriff Hilfeplanung findet sich in jüngerer Zeit in Stellenausschreibungen, so beispielsweise für eine/n SachbearbearbeiterIn beim Sozialamt. Dort wird unter anderem gefordert, das die gesuchte Kraft „durch gezielte Hilfeplanung aktiv den Weg aus der Notlage zeigt" sowie „auch weiterhin strukturellen Veränderungen gegenüber offen ist und hierbei auch aktiv mitarbeitet" (Gießener Allgemeine Zeitung 02.03.02, S. 58)

Jugendhilfe
Im Folgenden sollen Auftrag und methodisches Vorgehen in der Jugendhilfe erläutert werden.

Gemäß dem 1990 verabschiedeten KJHG soll Jugendhilfe „1. junge Menschen in ihrer individuellen und sozialen Entwicklung fördern und dazu beitragen, Benachteiligungen zu vermeiden oder abzubauen, 2. Eltern und andere Erziehungsberechtigte bei der Erziehung beraten und unterstützen, 3. Kinder und Jugendliche vor Gefahren für ihr Wohl schützen, 4. dazu beitragen, positive Lebensbedingungen für junge Menschen und ihre Familien sowie eine Kinder- und familienfreundliche Umwelt zu erhalten oder zu schaffen" (KJHG § 1, Absatz 3).

Zentrales Anliegen des KJHG ist es, ein neues Verständnis von Jugendhilfe sowie ein differenziertes Aufgaben- und Leistungsspektrum, welches an den unterschiedlichen Lebens- und Erziehungssituationen von Kindern, Jugendlichen und Eltern orientiert ist, rechtlich zu fixieren. Kinder- und Jugendhilfe soll nun nicht mehr in erster Linie als Kontroll- und Eingriffsinstanz verstanden werden, die vornehmlich im Sinne der Aufrechterhaltung der öffentlichen Sicherheit und Ordnung und der Gefahrenabwehr arbeitet. Sie ist eine möglichst präventiv angelegte Dienstleistung, die im Idealfall von den Hilfesuchenden gewünscht und mitgestaltet wird. Anstelle familienersetzender Funktionen sollen weitgehend familienunterstützende und –ergänzende Hilfen eingesetzt werden. In der Praxis bedeutet dieses eine Verschiebung weg von der häufiger praktizierten Fremdplatzierung hin zu einem ausdifferenzierten Angebot an ambulanten Hilfen (Wiesner 1997: 545).

Im KJHG verankerte Hilfeprozesse sollen zielorientiert ablaufen, zu diesem Zwecke werden gemeinsam mit Helfern und Hilfeempfängern Hilfepläne erstellt (vgl. Wiesner 1997: 546 f.). Im Gegensatz zum BSHG ist Hilfeplanung im Kinder- und Jugendhilfegesetz vorgeschrieben. „(...) Als Grundlage für die Ausgestaltung der Hilfe sollen sie [mehrere Fachkräfte] zusammen mit dem Personensorgeberechtigten und dem Kind oder Jugendlichen einen Hilfeplan aufstellen, der Feststellungen über den Bedarf, die zu gewährende Hilfe sowie die notwendigen Leistungen enthält. (...)" (KJHG § 36).

Die Vorteile von Hilfeplänen in der Jugendhilfe liegen in der Aufforderung der Sorgeberechtigten zur Mitwirkung, die sich dadurch als gleichberechtigte Partner im Planungsprozess verstehen und daraus resultierend ein höheres Verantwortungsgefühl entwickeln. Hilfeplanverfahren führen den Beteiligten Entwicklungsperspektiven vor Augen. Im Sinne vernetzter Hilfeangebote sollen nicht nur die Kinder, sondern die gesamte Familie erreicht werden (Stadelmann, Marquard 2000: 238).

Für die Stadt Gießen stellt Gotthardt fest, dass sich die weit verbreitete Einkommensarmut von Kindern und Jugendlichen in einem ausgeprägten Bedarf an Erziehungshilfen widerspiegelt. Sie sieht einen engen Zusammenhang zwischen sozial deprivierten familiären Sozialisationsbedingungen und beeinträchtigten Entwicklungschancen bzw. Verhaltensauffälligkeiten von Vorschulkindern. Daraus ergeben sich hohe Anforderungen an Kinderbetreuungseinrichtungen in sozial benachteiligten städtischen Wohnquartieren (Gotthardt 1999: 87 ff.).

Allerdings folgen keine Erläuterungen darüber, was unter „sozial deprivierten familiären Sozialisationsbedingungen" zu verstehen ist. Hier fehlen eine differenzierte Beschreibung sowie eine systematische Berücksichtigung der Sozialisationsbedingungen, sprich der Familienhaushalte, unter bzw. in denen die Kinder aufwachsen. Systematisch erworbene Kenntnisse über die Haushalte sind allerdings eine wesentliche Voraussetzung, will man dem oben formulierten Anspruch, passgenaue familienunterstützende und -ergänzende Hilfen zu leisten, tatsächlich gerecht werden.

Die Lebenswelten, in denen die Kinder leben, zu deren Wohl die Maßnahmen der Jugendhilfe erfolgen, werden in der Gesetzgebung also systematisch vernachlässigt (vgl. Feulner 2002: 12). In der Fülle an Einzelfallhilfen, die in der Kinder- und Jugendarbeit existieren, werden Aspekte der Alltagsbewältigung bzw. der Haushaltsführung lediglich an einer Stelle genannt und zwar im Rahmen der Sozialpädagogischen Familienhilfe. „Sozialpädagogische Familienhilfe soll (...) bei der Bewältigung von Alltagsproblemen, der Lösung von Konflikten und Krisen sowie im Kontakt mit Ämtern und Institutionen unterstützen (...)" (KJHG § 31).

Hock u.a. stellen in einer Untersuchung zu den Folgen familiärer Armut im frühen Kindesalter eine auffallende Trennung zwischen Hilfen, welche die Eltern und solchen, die Kinder zum Ziel haben, fest. „Bei den *Eltern* werden vor allem wirtschaftliche Hilfen (Sozialhilfeleistungen, Befreiung vom Kindergartenbeitrag etc.) und Beratungsleistungen eingesetzt. Diese sind vornehmlich auf den aktuellen Bedarf oder auf rasche Krisenbewältigung ausgerichtet. (...) *Kindern* in armen Familien werden vor allem therapeutische und fördernde Hilfen gegeben, die ihre individuellen körperlichen, kognitiven und sozialen Fähigkeiten erweitern helfen." Es wird das Fehlen einer längerfristigen und familienorientierten Begleitung, von Case-Management und Hilfe in allen untersuchten Familien bemängelt (Hock, Holz, Wüstendörfer 2000: 136).

In hauswirtschaftlichen Praxisprojekten im Rahmen der konzertierten Aktion zur Armutsprävention des BMFSFJ wird modellhaft an einer systematischen Einbindung hauswirtschaftlicher Hilfen in die Jugend- und Sozialhilfe gearbeitet. Hierzu zählen das „HaushaltsOrganisationsTraining (HOT)" der Caritas sowie das Projekt „Haushalt gekonnt – Lebensqualität durch Haushaltsführung. Neue Strategien in der kommunalen Familienhilfe". Träger des letzteren war der Magistrat der Stadt Gießen in Zusammenarbeit mit dem Bildungsträger Faber-Management.

Mit dem Projekt „HaushaltsOrganisationsTraining (HOT)" wird eine Lücke in den derzeit bestehenden Familienhilfen geschlossen, deren Schwerpunkt bislang eindeutig auf der Bearbeitung von Erziehungs- und Beziehungsproblematiken liegt. FamilienpflegerInnen arbeiten in Form aufsuchender Hilfen und möglichst mit allen Familienmitgliedern. Finanzielle Probleme und Schwierigkeiten in der Tagesstrukturierung werden behandelt, mitunter muss daran gearbeitet werden, eine Wohnung, die ‚im Chaos versinkt', wieder bewohnbar zu machen. Ziel aller Bemühungen ist die Gestaltung des unmittelbaren Lebensumfeldes von Kindern und ihren Eltern als eine wesentliche Voraussetzung für gelingende Sozialisation. Die möglichen Ziele des Einsatzes sind dabei mit der Familie gemeinsam zu entwickeln und abzustimmen, um einen möglichst nachhaltigen Erfolg der angestrebten Veränderungen zu erreichen (Feulner 2002: 10; Bödeker 2002: 18).

Im Rahmen des Projekts „Haushalt gekonnt – Lebensqualität durch Haushaltsführung. Neue Strategien in der kommunalen Familienhilfe" wird der bisher auf der Nachsorge liegende Schwerpunkt hauswirtschaftlicher Maßnahmen um neue präventive Maßnahmen ergänzt. Mit Hilfe zielgruppenspezifischer Bildungsangebote sollen Familien und Einzelpersonen in ihren Haushaltsführungskompetenzen gestärkt werden, um Armutslagen zu mildern und vorzubeugen (Meier, Küster, Kraft, Schäfer 2002: 7).

Im Rahmen unseres Projekts werden wir zeigen, dass haushaltswissenschaftliche Konzepte und Methoden die Soziale Arbeit sinnvoll ergänzen und unterstützen können. Die im Rahmen dieses Projekts weiterentwickelte Haushaltsanalyse und Haushaltssimulation stellt ein Instrument für Hilfeplanverfahren in der Sozialhilfe und auch der Jugendhilfe dar. Aufbauend auf einer eingehenden Analyse der Ist-Situation der Familienhaushalte einschließlich der Ermittlung aller vorhandenen Ressourcen können verschiedene Möglichkeiten der Problemlösung durchgespielt und so als Entscheidungsgrundlage im Beratungsprozess verwendet werden.

3. Haushaltsführung(skompetenzen) und Armut

Für eine erfolgreiche Armutsprävention oder –bekämpfung gleichermaßen von Bedeutung ist die genaue Kenntnis von Ursachen, die zu Armutslagen führen. Vereinfachend werden immer wieder einseitig entweder aus gesellschaftlich bedingten Rahmenbedingungen abgeleitete Begründungen oder individuelle Schuldzuschreibungen genannt und z.T. gegeneinander ausgespielt, weil damit die Verantwortlichkeiten für die zu ergreifenden Maßnahmen auf andere abgewälzt werden können. Während auf der Ebene gesellschaftlicher Begründungszusammenhänge vielfältige Analysen und ein großes Spektrum an bereits vorhandenen sozialstaatlichen Konzepten und Vorkehrungen gegen Armut zu nennen sind, zeigen sich Lücken in all den Bereichen, die konkret mit der Alltagsversorgung und –bewältigung in den privaten Haushalten zu tun haben (vgl. Piorkowsky 2000b).

Im folgenden Kapitel soll getrennt für die drei Bereiche Wissenschaft, Beratung, Bildung gezeigt werden, dass die individuelle, d.h. familienhaushaltsbezogene Perspektive wichtige Beiträge liefern kann zum Verständnis der komplexen Lebenssituationen von Haushalten in wirtschaftlich und sozial benachteiligten Lagen. Sie kann außerdem auch Ansatzpunkte für passgenaue Hilfen geben. Zunächst wird der Bedarf an systematischen wissenschaftlichen Untersuchungen über die Wege in die Armut und aus der Armut herausgearbeitet, dann die strukturelle Lücke im Beratungsangebot für kritische Lebenssituationen aufgezeigt und schließlich auf fehlende Bildungsangebote zur Erlangung von Alltagskompetenzen hingewiesen.

Weil das Thema Armutsprävention durch Fachkräfte mit alltagsbezogener Kompetenz seit Beginn des Armutspräventionsprogramms der seit 1998 amtierenden Bundesregierung durch entsprechende finanzielle Förderungen erfreulicherweise deutlich intensiver bearbeitet werden konnte und damit eine Vielzahl von weiteren Analysen, Erfahrungen und Ergebnissen vorliegt, werden wir die mittlerweile erzielten Projektergebnisse bei der Darstellung der Ausgangslage am Beginn unseres Projektes nicht einbeziehen, sondern auf nach wie vor prinzipiell ungelöste Fragen hinweisen.

3.1 Haushaltsbezogene Armutsforschung

Armutsforschung zielt einerseits auf die Beschreibung von Lebensverhältnissen und sozialer Ungleichheit ab und untersucht andererseits Armutsursachen mit dem Ziel, Konzepte zur Bekämpfung und Verhinderung von Armut zu entwickeln.

In der Anfangsphase einer intensiveren Beschäftigung mit diesem Thema ging es vor allem darum, die Existenz und das Ausmaß von Armut festzustellen und damit politischen Handlungsbedarf zu begründen. Armut wurde in erster Linie mit dem Ressourcenansatz gemessen, in dessen Zentrum das verfügbare Einkommen von Personen oder Haushalten steht. Der Wunsch, die Differenziertheit von Armutslagen und die unterschiedliche Betroffenheit von Haushalts- und Familientypen besser darzustellen, führte zum Lebenslagenansatz, der auf die Abbildung der tatsächlichen Versorgungslage abzielt (Döring, Hanesch, Huster 1990: 11). Aus den Analysen lassen sich zielgruppenorientierte Hilfebedarfe und ressortbezogene politische Handlungsempfehlungen ableiten.

Als methodische Vor- und Nachteile für die Abbildung von Armutslagen werden für den Ressourcen- und den Lebenslagenansatz genannt:

	Ressourcenansatz	Lebenslagenansatz
Ansatz	Messung der für die Alltagsversorgung prinzipiell verfügbaren Mittel	Messung der tatsächlichen Versorgungslage als Resultat haushälterischen Handelns
Vorteile	▪ Leichte Messbarkeit von Einkommen als zentraler Ressource eines Haushalts ▪ Gute Vergleichsmöglichkeiten zwischen Haushaltsgruppen durch Quantifizierung ▪ Haushaltsbezug von Einkommens- bzw. Sozialhilfedaten	▪ mehrdimensionale Abbildung von Armutslagen ▪ Verbindung qualitativ und quantitativ messbarer Merkmale

	Ressourcenansatz	Lebenslagenansatz
Nachtei-le	▪ Begrenzte Datenverfügbarkeit für Nachweis der Gesamtheit haushälterischer Ressourcen → in der empirischen Praxis materielles Verständnis von Armut (meist Gleichsetzung von Ressourcen mit dem Einkommen) ▪ Effektive individuelle Versorgungslagen lassen sich nicht messen (vorhandene Ressourcen können „falsch" verwendet werden)	▪ empirische Operationalisierung von Unterversorgungsschwellen schwierig ▪ Datenverfügbarkeit für Lebenslagebereiche unterschiedlich gut, meist Sekundärstatistiken ▪ Manche Lebenslagebereiche sind auch Ressourcen ▪ Überwiegend Individualdaten ▪ Unterschiedliche Datenquellen für die einzelnen Lebenslagebereiche erlauben wegen unterschiedlicher Grundgesamtheiten keine Identifikation von Haushalten mit Kumulationen von Unterversorgungslagen ▪ Sofern Daten bei Klienten von Institutionen der sozialen Arbeit erfragt wurden mangelnde Repräsentativität

Quelle: Eigene Zusammenstellung, vgl. Hauser 1999; Hauser, Neumann 1992

Kennzeichnend für die meisten Untersuchungen auf der Basis der beiden genannten Ansätze ist, dass der Haushalt, in dem die von Armut betroffenen Menschen leben und Leistungen der Alltagsversorgung erbracht werden, als „Black box" gesehen wird. Im Ressourcenansatz werden die Mittel, die zur Versorgung der Haushaltspersonen prinzipiell eingesetzt werden können, in erster Linie reduziert auf das Einkommen und selten unter Einbeziehung von Geld- und Sachvermögen betrachtet. Im Gegensatz zu dieser inputorientierten Perspektive ermöglicht der Lebenslagenansatz – outputbezogen – die Betrachtung der Ergebnisse haushälterischen Handelns, wobei die Prozesse der Alltagsbewältigung im Haushalt selbst ebenso wenig in den Blick gelangen können wie das Wechselspiel zwischen den dem Haushalts vorgegebenen Rahmenbedingungen einerseits und seinen eigenen Aktivitäten und Kompetenzen andererseits, Unterversorgungslagen zu verhindern oder aus diesen wieder herauszufinden.

Der unkonventionelle Ansatz von Andreß (1999) lässt sich in dieser Hinsicht nicht eindeutig zuordnen. In seinen Analysen werden Verhaltensweisen armer Haushalte mit Umfragedaten aus sehr unterschiedlichen Perspektiven untersucht. Haushalte werden hier als Wohlfahrt produzierende Instanzen zur Deckung von Bedarfen gesehen. Konkret werden sowohl die Verfügbarkeit der Ressource Einkommen als auch die faktischen Lebensbedingungen in den Blick genommen, wobei ökonomische Faktoren im Vordergrund stehen. Neben objektiven Kriterien nehmen subjektive Einschätzungen der Befragten einen großen Stellenwert ein, und zwar im Zusammenhang mit finanziellen Einschränkungen, der Beurteilung des eigenen Lebensstandards, Sozialkontakten und Hilfeleistungen. Auch Armutsverläufe werden insofern dargestellt, als die Einkommensverläufe in Abhängigkeit von den Einflussfaktoren Erwerbsbeteiligung und Lebensereignissen differenziert untersucht werden. Trotz der vielfältigen Informationen bleiben die Wirkungszusammenhänge der verschiedenen Aspekte auf der Ebene der einzelnen Haushaltssysteme offen.

Aus einer haushaltswissenschaftlichen Perspektive stoßen sowohl der Ressourcenansatz als auch das Lebenslagenkonzept an die Grenzen ihrer Aussagefähigkeit. Folgende Gründe lassen sich dafür anführen:

- Muster der Alltagsbewältigung in Haushalten werden nicht abgebildet; Arbeitsprozesse, die erst zur Bereitstellung der Bedarfsgüter führen, bleiben ausgeblendet (Kettschau 2000).

- Intrafamiliale Ressourcenverteilungen werden nicht betrachtet (vgl. Höft-Dzemski 2000: 14; Hradil, Müller 1999: 201).

- Armutsverläufe können nicht im Zusammenhang mit Lebensereignissen dargestellt werden.

- Es bleibt unberücksichtigt, dass sozioökonomische Lebensbedingungen (Sachebene / harte Fakten) und Familienbeziehungen (Beziehungsebene / weiche Beziehungswirklichkeit) in wechselseitiger Abhängigkeit voneinander stehen.

- Wechselwirkungen zwischen strukturellen Rahmenbedingungen und haushaltsbezogenen Handlungskompetenzen können nicht dargestellt werden, was für Ursachenanalysen und Präventionsmaßnahmen von großer Bedeutung wäre.

Diese Fragen werden in der klassischen Armutsforschung bisher nicht untersucht, sind aber zentraler Bereich haushaltswissenschaftlicher Forschung. Auch wenn die Anzahl der Veröffentlichungen zum Themenkomplex „Armut und Haushaltsführung" im Vorfeld des Armutspräventionsprogramms nicht groß ist, haben haushaltswissenschaftliche Einzelfallstudien bereits in den 80er Jahren erste Informationen zu Haushalten mit sozialpolitischer Relevanz liefern können (Blosser-Reisen 1983, Blosser-Reisen, Eid, Seifert, Stiefel 1984a)[3]. Dazu zählten damals Sozialhilfeempfänger-Haushalte, junge Familien in wirtschaftlichen Notlagen und Rentnerinnen. Mit „Bedarfs- und Leistungsanalysen" untersuchten die Autorinnen die Arbeitslage, die Liquidität sowie die Einkommensherkunft und -verwendung für den Ist-Zustand, um auf dieser objektiven Analyse der Ist-Situation Überlegungen für zukünftige Entwicklungen der Haushalte unter Berücksichtigung ihrer Versorgungs- und Lebensziele vorzunehmen.

Einzelfallstudien bleiben auch in den Folgejahren die haushaltswissenschaftlich präferierte Methode, um die Komplexität von Armutslagen und die Hand-

---

3 Neben den erwähnten Untersuchungen nehmen haushaltswissenschaftliche Arbeiten z.B. auch Stellung zur Bemessung und Höhe von Sozialhilferegelsätzen (Feulner 1983, Blosser-Reisen 1984b, Karg, Piekarski, Kellmayer 1984)

lungsstrategien der betroffenen Haushalte aufzuzeigen. Aus dem Mangel an haushaltsbezogenen Bildungs- und Beratungsangeboten heraus analysiert Bödeker (1992) die Haushaltsführung in sozialen Brennpunkten mit der Methode der Haushaltsanalyse von R. von Schweitzer und kann verständlich machen, warum ein Handeln, das mit der „Mittelschichtsbrille" als gegenwartsorientiert, unwirtschaftlich, spontan und planlos (Bödeker, 1992: 34, vgl. Hradil, Müller 1999: 202) beurteilt wird, in diesen Haushalten durchaus funktional ist. Nach ihrer Ansicht liegt der Schlüssel für erfolgreiche Bildungs- und Beratungsmaßnahmen im Verständnis der Einstellungen und Werte dieser Zielgruppe, weil es nur dann gelingen kann, den Haushalten den Blick für Handlungsweisen zu eröffnen, die im Rahmen ihrer eigenen Wertvorstellungen akzeptabel sind.

Ähnlich argumentieren auch Lehmkühler und Leonhäuser (Lehmkühler, Leonhäuser 1998; Lehmkühler 2002), die Einzelfalluntersuchungen für den haushälterischen Gesamtzusammenhang zentralen Handlungsbereich der Ernährung durchgeführt haben. Die Verknüpfung von finanziellen, sozialen und technischen mit ernährungsphysiologischen Aspekten und eine große methodische Vielfalt (Interview, teilnehmende Beobachtung und gemeinsame praktische Nahrungsbereitung) lassen tiefe Einblicke in das Haushaltsgeschehen zu.

In den meisten Armutsuntersuchungen (und das betrifft auch bisherige haushaltswissenschaftliche Studien) können keine Entwicklungen einzelner Haushalte nachgezeichnet werden. So werden Lebensereignisse als Auslöser von Verarmungsprozessen bisher zwar immer wieder in ihrer Bedeutung für Armutsverläufe erwähnt, jedoch kaum systematisch untersucht. „Auslöser einer Verarmung können neben Ressourcendefiziten an Zeit und Einkommen auch 'kritische Lebensereignisse' sein, wie z.B. Arbeitslosigkeit, Trennung oder Scheidung, die Geburt eines Kindes u.a. Ebenso tragen auch Erfahrungs-, Bildungs- und Verhaltensdefizite bei der Haushaltsführung, auf Konsummärkten und vor allem auf Kreditmärkten zu einem Verarmungsprozess bei" (Nieder 1999). Empirisch untermauert dies der Landesarmutsbericht von Schleswig-Holstein, in dem unter zehn Möglichkeiten die Ereignisse Arbeitslosigkeit, Trennung/Scheidung sowie Schwangerschaft/Geburt eines Kindes die meisten Nennungen aufwiesen (Hradil, Müller 1999: 193).

Indirekt lässt sich der Zusammenhang zwischen Armut und Lebensereignissen in massenstatistischen Untersuchungen zwar aus der unterschiedlichen Betroffenheit der einzelnen Haushalts- und Familientypen (z.B. Kinderreiche, allein Erziehende, Arbeitslose etc.) ableiten. Erkenntnisse jedoch, welche Faktoren in welcher Weise zusammenwirken, um Armutslagen auszulösen, zu verhindern oder einen Weg aus der Armut zu finden, müssen detailliert auf der Ebene einzelner Familienhaushaltssysteme untersucht und dann verallgemeinert werden. Die hier bestehende Forschungslücke soll der vorliegende Projektbericht schließen helfen.

Am Beispiel der Arbeiten von Bödeker und Lehmkühler zeigt sich, dass einerseits haushaltswissenschaftliche Theorien in hohem Maße praxisrelevant sind und dass es umgekehrt wichtig ist, Konzeptionen zu Bildungs- und Beratungsmaßnahmen theoretisch zu begründen. Die universell einsetzbare Methode der Haushaltsanalyse von R. von Schweitzer, die auf ihrer personalen und sozialen Theorie haushälterischen Handelns basiert und sich bereits seit den 60er Jahren in der Praxis der sozialökonomischen Beratung (vor allem in den komplexen Strukturen landwirtschaftlicher Haushalte) bewährt, ist in dieser Hinsicht als eine Art „Handwerkszeug" anzusehen, weil sie es ermöglicht, private Haushaltssysteme sowohl in ihrer Binnenstruktur als auch in ihren Außenbeziehungen und den gesellschaftlichen Funktionen detailliert zu untersuchen (vgl. Preuße 1997).

3.2 Beratung von Haushalten und Familien in kritischen Lebenssituationen

Untersucht man einzelfallbezogene Beratungsangebote für Haushalte und Familien im Allgemeinen, so zeigt sich, dass diese einerseits spezialisiert sind auf Beziehungsprobleme oder andererseits auf Sachthemen. Es gibt keine Institutionen, von denen Haushalte individuelle, ihre Lebenssituation nicht nur ausschnitthaft betrachtende Hilfe erhalten können, wenn die Anforderungen an die Haushaltsführung bedingt durch die Familienentwicklung und ganz alltägliche Lebensereignisse nicht mehr zu bewältigen sind. Eine systematische Einbeziehung der Alltagsversorgung als komplexe Managementaufgabe fehlt sowohl in den Beratungskonzepten in der sozialen Arbeit als auch in Beratungsansätzen für Haushalt und Verbrauch.

Die Lebens- und Familienberatung ist zwar konzeptionell sehr breit angelegt, stellt aber Familienbeziehungen und –konflikte (Partnerschaftskonflikte, Erziehungsprobleme) in den Mittelpunkt ihrer Arbeit. Der Zugang zu sozialökonomischen Problemen erfolgt allenfalls über die Beziehungsebene.

Themen der Alltagsversorgung wie Arbeitsorganisation, Art und Weise der Arbeitserledigung im Kontext der Bedarfe und Vorlieben der Haushaltspersonen, Einkommenserzielung und –verwendung, Verschuldung spielen in den Praxisfeldern sozialer Arbeit eine große Rolle. Theoretisch werden sie demgegenüber allenfalls am Rande berücksichtigt, aber nicht systematisch begründet, wie Hand- und Lehrbücher für die Soziale Arbeit zeigen (Frank 1997: 610; Helmig u.a. 1999; Gehrmann, Müller 2001; Grunwald, Thiersch 2001: 1142; Thiersch 2002). Der dort formulierte Anspruch der Lebenswelt- bzw. Alltagsorientierung versteht sich nur aus dem Beratungsziel einer Hilfe zur Selbsthilfe. Er wird nicht durch systematische Analysen haushälterischer Handlungsbereiche untermauert. Ob der Anspruch der Alltagsorientierung in der Praxis eingelöst werden kann, wird nicht inhaltlich präzisiert und bleibt damit vermutlich der eigenen Alltagserfahrung der Fachkräfte in Sozialarbeit und Sozialpädagogik überlassen. Methodische Ansätze überwiegen in den Lehrbüchern deutlich gegenüber Fach- und Faktenwissen. Eine gewisse Ausnahme stellt in dieser Hinsicht die Einführung in die Sozialarbeit mit Familien von Matter 1999 dar. Hier werden einige praktische Aufgaben und Probleme von Familienformen, die in der Sozialarbeit eine große Rolle spielen, im Hinblick auf die erforderlichen Regelungsbedarfe abgehandelt.

Umgekehrt stehen bei der Verbraucher- und auch der Schuldnerberatung Sachthemen und handfeste ökonomische, juristische oder auch technische Fragen und Probleme im Mittelpunkt, die sich – wie Erfahrungen der Schuldnerberatung zeigen – jedoch nicht ohne Einbeziehen von psychosozialen und sozialpädagogischen Dimensionen lösen lassen (Wenner 1994; Ebli 1995; Reis 1997). Während die Arbeit der Verbraucherberatung durch personelle und finanzielle Restriktionen auf die Funktion der Verbraucheraufklärung und -information begrenzt bleiben muss und deshalb keine umfassende Einzelfallberatung leisten kann, verfolgt die (von den Beratungskapazitäten ebenfalls sehr eingegrenzte) Schuldnerberatung einen mehrdimensionalen Ansatz (Groth, Schulz, Schulz-Rackoll 1994; Reis 1997), der in der Regel auch um Themen von Haushaltsführung im Allgemeinen und Umgang mit Geld im Besonderen nicht umhin kommt. Allerdings dürfte der Anspruch der Schuldnerberatung, die „gesamten Lebensverhältnisse der ver- und überschuldeten Klienten" (Reis 1997) zu betrachten, in der Praxis je nach Qualifikation und Erfahrung der Beratungskräfte sehr unterschiedlich sein. Außerdem kommen für die ratsuchenden Haushalte präventive Hilfen im Normalfall zu spät. Krisenintervention bestimmt den Alltag von Schuldnerberaterinnen und Schuldnerberatern.

Intensive Einzelfallhilfen für sozial und wirtschaftlich benachteiligte Haushalte sehen sowohl das Bundessozialhilfegesetz (BSHG) als auch das Kinder- und Jugendhilfegesetz (KJHG) vor. Auch hier erfolgt in erster Linie Krisenintervention, aber nicht Präventionsarbeit für Menschen, die aus eigener Kraft keine Lösungen für ihre Probleme finden[4]. Obwohl in § 8 BSHG Beratung in Fragen der Sozialhilfe und sonstiger sozialer Angelegenheit sowie allgemeine Lebenshilfe und persönliche Unterstützung explizit vorgesehen sind, greifen in der Praxis zurzeit in erster Linie die Regelungen zur Linderung wirtschaftlicher Notlagen (§ 11). Die Umsetzung des Anspruchs auf persönliche Hilfe und Bera-

---

4 Im Rahmen des Modellvorhabens zur „Ausstiegsberatung für Sozialhilfeempfänger" (Burmann, Sellin, Trube 2000) wurde eine Individual- und Sozialanamnese konzipiert, die wertvolle Informationen zur Einschätzung der Ausstiegschancen zusammenträgt, den Gesamtkontext des Haushalts (z.B. Umfang der erforderlichen Versorgungs- und Betreuungsleistungen und die Verantwortlichkeiten für die Arbeitserledigung, Informationen zu Tätigkeiten der PartnerInnen und Einkommensbeiträgen) aber nicht herstellt.

tung ist in hohem Maße von politischen Zielsetzungen und verfügbarem Finanzrahmen abhängig (Spindler 2002).

Das KJHG regelt Schutz und Hilfe speziell für die nachwachsende Generation, wenn Eltern(teile) ihren Aufgaben der Versorgung, Betreuung, Erziehung und Pflege nicht angemessen nachkommen (BMFSFJ 1999). Auch an dieser Aufzählung von haushälterischen Anforderungen wird wieder die enge Vernetzung von Beziehungs- und Versorgungsaspekten deutlich, die sich in der Praxis besonders an den Aufgaben und konkreten Anforderungen der Sozialpädagogischen Familienhilfe (SPFH) zeigt, deren Hilfeleistungen auf die einzelne Familie als Ganzes und auf die Bewältigung ihres Alltags abzielen. Wie dieser Anspruch allerdings in Bezug auf konkrete Fragen der Haushaltsführung umgesetzt werden kann, bleibt angesichts einer fehlenden systematischen Einbindung und des geringen Stellenwerts von haushaltsbezogenem Fachwissen in einschlägigen Fachbüchern durchaus fraglich (Helmig et al. 1999; vgl. Meier, Küster, Kraft, Schäfer 2002: 41 ff.).

Etwas anders gelagert scheint die Situation für den Bereich des BSHG. Im Rahmen der Bedürftigkeitsprüfungen wird eine detaillierte Analyse der Lebenssituation für die Bedarfsgemeinschaft[5] vorgenommen, schon allein deshalb, um das Nachrangigkeitsprinzip der Sozialhilfe zu erfüllen. Sofern nicht auf vorrangige Hilfe verwiesen wird, muss die finanzielle Situation nach genau vorgegebenen Bestimmungen analysiert und daraus die (monetäre) Unterstützung zur Absicherung des über die Sozialhilfe definierten Existenzminimums ermittelt werden. Allerdings wird die Lebenslage der Bedarfsgemeinschaft bzw. des Haushalts in den Sozialhilfeakten in der Regel nicht umfassend dokumentiert. Weitgehend ausgeklammert bleiben u.a. die Informationen zu Verschuldung, Gesundheit und Wohnen (Dorn 2003), aber auch zur Zeitbelastung durch Haushaltsarbeit. Dies ist weniger für die Bemessung von Sozialhilfeansprüchen von Bedeutung als vielmehr für die Beurteilung von möglichen Handlungsstrategien aus der Sozialhilfe heraus. Hilfeplanverfahren müssen die für die Beurteilung haushälterischer Belastungen wichtigen Aspekte einbeziehen und im Rahmen des Case-Management die entsprechende methodische und sachliche Fachkompetenz zur Analyse und Beurteilung von Lebenslagen (auch in ihrer Entwicklung) einbinden. In welcher Art und Weise hier interdisziplinäre Zusammenarbeit neue Chancen der Zusammenarbeit eröffnen könnte, soll anhand der für das Projekt zentralen Fallbeispiele gezeigt werden.

Charakteristisch für Beratungsarbeit, die hauptsächlich Krisenintervention leisten kann, scheint es also zu sein, dass in der täglichen Arbeit vor Ort die Art und Weise der Haushaltsführung eine zentrale Rolle spielt, diese in den Bera-

---

5 Zum Vergleich der Begriffe Haushalt und Bedarfsgemeinschaft im Hinblick auf die Aussagekraft Dorn 2003, vgl. auch Mardorf u.a. 2002, S. 74 ff.

tungskonzeptionen und wissenschaftlichen Arbeiten eine eher randständige Rolle spielt.

An zwei praktischen Beispielen aus der Evaluation sozialer Arbeit lassen sich die Unterschiede der Ansätze in Bezug auf die Bedeutung der Haushaltsversorgung illustrieren:

Bantle u.a. (2001: 194 ff.) schlagen für die Messung der Ergebnisqualität der Sozialpädagogischen Familienhilfe einen Erhebungsbogen vor, in den für vier Entwicklungsbereiche Einstufungen auf einer zehnstufigen Skala zum Ausgangszustand (Diagnosebogen), zu einem angestrebten Zustand (Planungsbogen) und nach einem halben Jahr (Evaluationsbogen) vorgenommen werden. Veränderungen im Laufe des Hilfeprozesses können so auf der Basis einer objektivierten Vorgehensweise festgestellt werden. Dabei geht es in erster Linie um Tendenzen (Fortschritt, Rückschritt) und nicht um genaue Veränderung gemessen in Einzelpunkten.

Als Entwicklungsbereiche werden unterschieden:
1. Grundfunktionen der Alltagsbewältigung
2. Ressourcen der Eltern und erwachsener Bezugspersonen
3. Erziehungskompetenz
4. Familienstruktur und Familienbeziehungen.

Für jeden Entwicklungsbereich sind zwischen fünf und zehn Anforderungen konkret beschrieben und z.T. mit sogenannten Ankerbeispielen illustriert, die unterschiedliche Grade der Funktionserfüllung deutlich machen.

Für den Bereich der Alltagsbewältigung lauten die Anforderungen im Einzelnen

*   Gesundheit und Hygiene beachten und erhalten,
*   Wohnraum schaffen, sichern und gestalten,
*   Alltagsstrukturen regelmäßig, rechtzeitig und verbindlich planen und umsetzen,
*   mit Geld umgehen können,
*   mit Schulden leben,
*   öffentliche Einrichtungen nutzen und mit ihnen zusammenarbeiten.

Während durch die Nennung dieser Basisfunktionen der Alltagsversorgung einerseits deren Bedeutung in der Arbeit der SPFH deutlich wird, fällt aber andererseits auch auf, dass im Gegensatz zu allen anderen Entwicklungsbereichen der Bereich der Alltagsbewältigung nicht im Einzelnen bis zu den Beispielen ausgeführt ist – möglicherweise ein Zeichen für Kompetenzgrenzen und Schwierigkeiten in der Strukturierung und Systematisierung.

Der Verein für Foraueninteressen der Stadt München arbeitet zur Evaluation seiner „hauswirtschaftlichen Beratung für verschuldete Familien durch ehrenamtliche Helferinnen" mit einem von der Vorgehensweise ähnlichen Erfassungsschema, das im Unterschied zum eben genannten Erfassungsbogen die

einzelnen Stufen in der Qualität der Alltagsbewältigung konkret benennt. Es gliedert sich folgendermaßen:
1. hauswirtschaftlicher Bereich
2. Wohnen (materieller Bereich und Wohnverhalten)
3. Einkommen (Art des Einkommen und Ausgabe-/Konsumverhalten)
4. Erwerbsarbeit / Ausbildung
5. Verhalten (psychisch)
6. Sozialbereich/Kommunikation.

Die Bereiche 3 bis 6 werden dabei getrennt für die beiden Partner ausgefüllt. In jedem Bereich werden für die Bewertungszeitpunkte Beratungsbeginn, Zwischenbilanz und Beratungsende Einschätzungen mit einem fünfstufigen Bewertungsschema vorgenommen, dessen Kriterien für die Einstufung konkret benannt wurden, so dass Veränderungen im Haushalt im Laufe des Beratungsprozesses auch hier auf einer objektivierten Grundlage nachvollzogen werden können. Die Themen Familie und Erziehung sind in diesem Analyse-Instrument nicht berücksichtigt. Das erklärt sich aus der Zielgruppe der Beratung, die überschuldete Haushalte darstellen, in denen das Hauptproblem in der Regel die Überschuldung sein dürfte, zum anderen aus der Profession der Beraterinnen, deren Kompetenzen im Bereich Haushalt liegen (Hauswirtschaftliche Beratung 1998: 28 ff.).

Die Ähnlichkeiten der Bögen zeigen, dass Alltagsversorgung in der sozialen Arbeit eine große Rolle spielt. Die jeweiligen Schwerpunkte auf Familienbeziehungen bzw. Haushaltsthemen zeigen deutlich die unterschiedlichen Zugänge, die Akteure in der sozialen Arbeit aufgrund ihrer Ausbildung und ihrer Aufgaben haben. Für Beratungserfolge dürfte jedoch die Verbindung von Sach- und Beziehungsaspekten von grundlegender Bedeutung sein.

Festzuhalten bleibt, dass trotz einer Vielzahl an Beratungsmöglichkeiten kein Angebot besteht, das Haushalte bei kritischen Lebensereignissen unterstützt und damit zur Armutsprävention beitragen kann. Die bestehenden Beratungsangebote sind nicht unter dem Aspekt vernetzt, Alltagsversorgung und -bewältigung in ihrer Gesamtheit abzudecken. Vor allem präventiv angelegte und niedrig schwellige Beratungsangebote fehlen. Demgegenüber sind umfassende Hilfen mit dem Ziel der Kriseninterventionen stärker gesetzlich verankert. Bei diesen mit hohen gesellschaftlichen Kosten verbundenen Maßnahmen ist Haushaltsführung jedoch konzeptionell eher randständig bzw. nicht systematisch in die Hilfekonzepte eingebunden. Konkrete Erfassungskategorien sind nicht theoretisch fundiert.

3.3 Haushalts- und familienbezogene Bildung

Mangelnde Bildung zählt zu einer der zentralen Begründungen für Armutslagen. Während in der Vergangenheit fehlende Kompetenzen zur Beschreibung von individuellen Defiziten bzw. als Schuldzuschreibungen im Sinne eines „selber Schuld" als alleinige Armutsursache genannt wurden und damit den Gegenpol von Einschätzungen bilden, die gesellschaftliche Rahmenbedingungen für Armutslagen verantwortlich machen, werden Verarmungsprozesse heute in der Regel differenzierter gesehen und durch die Verquickung verschiedenen Faktoren beschrieben. Wirtschaftliche Verarmungsprozessen beruhen demnach im Allgemeinen auf drei Faktoren: Ressourcenknappheit, Wissenslücken und Bewältigungsdefizite (Rollik 1999: 61). Es fällt auf, dass Wissenslücken hier sehr allgemein und nicht bezogen auf Anforderungen des Alltags genannt werden.

Für die haushalts- und familienbezogene Bildung als Teilbereich von Bildung wird eine Vielzahl von Begriffen nebeneinander verwendet, die zum Teil synonym gebraucht werden, zum Teil aber auch Hinweise auf unterschiedliche Lerninhalte und -ziele geben. Auf eine lange Tradition blicken die Termini „Familienbildung" und „hauswirtschaftliche Bildung" zurück. Während Familienbildung vor allem von freien Trägern angeboten wurde und wird, kann die hauswirtschaftliche Bildung institutionell den allgemein bildenden Schulen zugeordnet werden. Bei den Lehrinhalten gibt es jedoch keine gravierenden Unterschiede.

Im Laufe der letzten Jahre haben sich daneben die Begriffe Haushaltsführungs-, Alltags- oder Daseinskompetenzen etabliert, um deutlich zu machen, dass für ein gelungenes Alltagsmanagement nicht nur Kenntnisse, Fähigkeiten und Fertigkeiten in den Bereichen Kochen, Putzen und Waschen benötigt werden, sondern in zunehmendem Maße auch Managementqualifikationen. Aus der gesamtgesellschaftlichen Perspektive sind die haushälterischen Kompetenzen Teil des Humanvermögens, das neben den beruflichen Fachkompetenzen sowohl spezielle haushälterische Fachkompetenzen als auch allgemeine Fähigkeiten zur Alltagsbewältigung beinhaltet.

Die unterschiedlichen Ansätze im Sprachgebrauch haben ihre Begründung vor allem in dem Dilemma, dass sich alle ExpertInnen aus Theorie und Praxis haushaltsbezogener Bildung und Beratung zwar einig darüber sind, dass eine entsprechende Allgemeinbildung eine entscheidende Basis für die erfolgreiche Daseinsvorsorge und Alltagsbewältigung ist und helfen kann, Armutslagen zu vermeiden und zu überwinden, dass die gesellschaftliche Bedeutung von Alltagsversorgung im Allgemeinen und haushälterischer Bildung im Besonderen aber immer noch zu wenig wahrgenommen, akzeptiert und gefördert wird.

Begründungen für die Notwendigkeit haushälterischer Bildung gibt es seitens der mit Alltagsversorgung wissenschaftlich und praktisch beschäftigten

ExpertInnen seit Jahrzehnten und in großer Zahl (z.b. von Schweitzer 1971; Thiele-Wittig, Litschke 1989; Piorkowsky 1990, Kettschau, Methfessel 1993, BMFSFJ 1994, Thiele-Wittig 2000, Meier 2001; von Schweitzer 2001; DGH 2001). Doch erst in den letzten Jahren werden Stimmen auch aus fachfremden Kreisen laut, die den Bedarf einer besseren alltagsbezogenen Allgemeinbildung anmahnen. Dabei handelt es sich um diejenigen Berufsgruppen, die mit den Folgen fehlender Daseinskompetenzen zuerst konfrontiert werden, neben VertreterInnen aus der sozialen Arbeit, z.b. Kinderärzte (Schmid 2002).

Allerdings sollten die Ursache-Wirkungs-Zusammenhänge durchaus differenziert gesehen werden. Folgt man nämlich PraktikerInnen mit langjährigen Erfahrungen in der Vermittlung von haushälterischen Qualifikationen, so gibt es (noch) generationsspezifische Unterschiede in den haushälterische Fachkompetenzen, die damit zusammenhängen, dass ältere Frauen im Rahmen ihrer schulischen Allgemeinbildung im Fach Hauswirtschaft unterrichtet wurden, was bei jüngeren dagegen nicht der Fall ist. Ähnliches stellen auch Lehmkühler, Leonhäuser (1998) in ihrer qualitativen Studie zum Ernährungsverhalten fest.

Die Konsequenzen eines Mangels an haushälterischer Bildung dürften sich jedoch in der Zukunft nicht nur in wirtschaftlich und sozial benachteiligten Haushalten zeigen. Auch hier bestätigen Befunde aus Untersuchungen überschuldeter Haushalte (Korczak 2001) und Gespräche mit VertreterInnen aus der Schuldnerberatung und von Finanzdienstleistern, dass sich nicht arme Haushalte genauso häufig unwirtschaftlich verhalten bzw. zu hohe Konsumansprüche haben wie Haushalte mit niedrigen Einkommen. Die negativen Folgen können jedoch in vom Einkommen her besser gestellten Haushalten innerhalb des Haushaltssystems eher abgefangen und leichter kompensiert werden.

Daraus folgt, dass eine Einführung bzw. Ausweitung haushalts- und familienbezogener Bildungsinhalte keinesfalls nur für bestimmte Gruppen der Bevölkerung angeboten oder nur auf bestimmte Schultypen begrenzt angeboten werden darf[6]. Die Überlegungen und Begründungen für die Vermittlung von Alltagskompetenzen finden sich jedoch bisher einerseits vielfach auf einer sehr grundsätzlichen Ebene (z.b. DGH 2001) oder werden andererseits häufig aus einer Benennung von Defiziten heraus abgeleitet („(...) die können ja noch nicht 'mal Kartoffelpüree selber zubereiten"). Dabei kommt die Frage zu kurz, wer wie viele und welche Kompetenzen in den verschiedenen Lebenssituationen tatsächlich braucht. Wichtig ist es also, haushälterische Einzelqualifikationen nicht als Wert an sich, sondern im Kontext der Daseinsvorsorge insgesamt zu beurteilen. Erschwert wird dies dadurch, dass haushaltsbezogene Bildung von ihrem Selbstverständnis und ihrer Geschichte her dem Modell eines homogenen Mit-

---

6 Kettschau und Methfessel konstatieren, dass haushaltsbezogene Bildung umso seltener im Pflichtbereich zu finden ist, je höher der Schultyp und die Klasse ist (in Gräbe 1993: 317).

telschichtshaushalts verpflichtet ist (Schlegel-Matthies 1999: 28). Dieser Hintergrund macht eine sorgsame Reflexion von Wertvorstellungen unterschiedlicher Milieus und der Beurteilungsmaßstäbe für gelungenes Alltagsmanagement bei der Konzeption von Curricula erforderlich. Gleichzeitig müssen die Lernziele und -inhalte eingebettet sein in ein theoretisches Gesamtkonzept, das die Anforderungen an Haushalts- und Lebensführung in der komplexen und sich permanent wandelnden Welt sieht und aus dem Prioritäten für verschiedene Zielgruppen in Bezug auf Grund-, Aufbau- und Ergänzungsprogramme an haushälterischer Bildung abgeleitet werden können.

Auch in diesem Aufgabenbereich hat das Armutspräventionsprogramm der Bundesregierung wichtige Impulse gegeben und nötige Diskussionen initiiert, die aber noch längst nicht abgeschlossen sind. Obwohl es nicht Ziel unseres Projektes war, Haushaltsführungskompetenzen im Rahmen der empirischen Arbeit systematisch zu erfassen, haben wir sowohl auf der theoretischen Ebene einen Ansatz zur Operationalisierung von Haushaltsführungskompetenzen bzw. Alltagskompetenzen entwickelt als auch diesen bei der Beurteilung der Kompetenzen in den Haushalten eingesetzt (vgl. Kap. III, V.2 und VI.3 und VI.4).

Abb. 2: Intensitätsgrade von Hilfen zur Alltagsbewältigung

Quelle: Eigene Darstellung. angeregt durch Abbildungen in Petermann, Lehrbuch der klinischen Kinderpsychologie und -psychotherapie. 4. Aufl. Göttingen 2000, S. 20 u. 135 Preuße 2001

Die Abbildung 2 beschreibt zusammenfassend, von welchen Institutionen und mit welchen Intensitätsgraden gegenwärtig die Hilfebedarfe unterschiedlicher Zielgruppen abgedeckt bzw. nicht abgedeckt werden.

Die bisherigen Analyse der Literatur zeigt, dass die Vermittlung von Alltagskompetenzen an allgemein bildenden Schulen in unserer Gesellschaft strukturell jedoch ebenso vernachlässigt wird wie allgemeine Beratungsmaßnahmen zur Alltagsversorgung und -bewältigung. Diese beiden Unterstützungsbereiche mit eindeutig präventivem Charakter und sehr großen Zielgruppen sollten in einer Zeit, in der permanenter wirtschaftlicher und technischer Wandel den Menschen laufend Änderungen in ihrem Alltag und Anpassungsleistungen abverlangt, Priorität haben gegenüber der Krisenintervention mit hohen gesellschaftlichen Kosten. Die derzeitige Lage stellt die Pyramide jedoch auf den Kopf. Mit einem hohen Intensitätsgrad und daraus resultierenden hohen gesellschaftlichen Kosten wird zwar eine relativ kleine, aber auch wachsende Gruppe von Menschen in existenziellen Notlagen unterstützt. Demgegenüber bleiben Maßnahme-Konzepte zur Prävention in fahrlässiger Weise die Ausnahme.

III. Der Gießener Forschungsansatz – mikrosozialökonomisch, ressourcen- und lebenslagenorientiert

1. Begriffsverständnis und Methoden

Das Erkenntnisinteresse unseres Projekts gilt der Komplexität des Geschehens in von Armut betroffenen oder von Armut bedrohten Haushalten. Dazu gehört auch eine umfassende Betrachtung der Alltagsbewältigung, ebenso wie Verknüpfungen zwischen Lebensereignissen, Persönlichkeitsmerkmalen, Haushaltsstilen und ökonomischen Daten.

Unserem Projektansatz liegt dabei ein Verständnis zugrunde, das *Armut* als Benachteiligung bzw. Unterversorgung in zentralen Lebensbereichen wie Einkommen, Erwerbsarbeit, Wohnen, Bildung, Gesundheit und Teilhabe am gesellschaftlichen Leben beschreibt. Der Zugang zum Phänomen Armut wird in dieser Definition mehrdimensional gewählt, also in einem umfassenderen als dem rein ökonomischen Sinne vorgenommen (vgl. Hanesch u.a. 1994; Andreß, Lipsmeier 1995: 35).

Gleichzeitig gehen wir von der Annahme aus, dass Armut im Haushaltszusammenhang und nicht individuell betrachtet werden muss (vgl. Meier 2000c). Von diesem Blickwinkel aus ist es konzeptionell folgerichtig, den Ressourcenansatz mit seiner *inputorientierten* Perspektive, die auf Geld, Zeit und Kompetenzen gerichtet ist, mit dem Lebenslagenansatz zu verbinden, der die Verwendung der Ressourcen *outputorientiert* betrachtet, also die Ergebnisse haushälterischen Handelns an Indikatoren z.B. aus den Bereichen Gesundheit, Bildung und Verschuldung abliest.

Das vom BMFSFJ finanzierte Maßnahmenkonzept hat zum Ziel, Konzepte für die Bildungs- und Beratungsarbeit zu entwickeln, die der *Armutsprävention* dienen. Der Terminus „Armutsprävention" ist dabei relativ leicht zu definieren als Vermeidung von Armut. Die Zielgruppe des Projekts läge demnach bei der Gruppe, die noch nicht arm ist, aber u.U. vom Risiko, arm zu werden, bedroht ist. Abgesehen davon, dass eine eindeutige Grenzziehung zwischen armen und nicht armen Haushalten aufgrund der Schwierigkeiten einer tragfähigen Armutsdefinition kaum möglich ist, scheint eine derart enge Grenzziehung auch aus folgendem Grund nicht sinnvoll zu sein: Informationen über das Alltagsleben und Bewältigungsstrategien in Haushalten, die von Armut betroffen sind,

werden vor allem durch die „Vorgeschichten" verständlich, die zeigen, wie es
zur gegenwärtigen Situation gekommen ist. Die Erfassung und Berücksichtigung dieser geronnenen Familienhaushaltsgeschichten sind demzufolge unerlässlich, wenn es darum geht, Hilfekonzepte zu entwickeln, die zur Vermeidung
einer Armutslage führen. Somit ist der Begriff ‚Prävention' für die Zielsetzung
des Projekts zentral, hingegen marginal im Hinblick auf das Vorgehen bei der
empirischen Arbeit.

Wegen der schwierigen Grenzziehung zwischen armen und nicht armen
Haushalten und auch, um den z.T. sehr ideologisch geführten Argumentationen
um Armut aus dem Weg zu gehen, beschreiben wir als Zielgruppe für unser
Projekt Privathaushalte, die sich in prekären[1] wirtschaftlichen und sozialen Lebenslagen befinden.

Die Verwendung des Terminus *„prekäre Lebenslage"* hat nicht nur den
Vorteil, weniger Emotionen zu wecken als der Begriff „Armut", sondern passt
zur Terminologie der im empirischen Teil verwendeten Methode der „Haushaltsanalyse", die sehr konkret und anschaulich, aber dennoch objektiv und
nachvollziehbar die Besonderheiten eines Haushalts in Form von Kennzahlen
nachweist.

Unser Projekt hat also die alltägliche Haushaltsführung im Auge, und zwar
besonders in den Haushalten, die entweder besondere Schwierigkeiten in ihrem
Alltag bewältigen müssen oder die Schwierigkeiten bei der Alltagsbewältigung
haben, ohne dass dabei außergewöhnliche Anforderungen an die Daseinsvorsorge gestellt werden. Die Projektkonzeption ist einzelfallbezogen ausgerichtet,
wobei nicht Einzelpersonen, sondern der Haushalt als Ganzes im seinem Systemzusammenhang und den Vernetzungen zum Umfeld im Mittelpunkt steht.

Die Abbildung haushälterischen Alltagshandelns erfolgt unter gedanklicher
Zuhilfenahme der System- und Handlungstheorie von R. v. Schweitzer. Danach
besteht das System Familie aus den Subsystemen Sympathie-, Dominanz- und
Sachbezugssystem. Das Haushaltssystem umfasst die Subsysteme Hauswirt-
schafts-, Markt- und Personalsystem. Im Sachbezugssystem der Familie und im
Personalsystem des Haushalts überschneiden sich die beiden Systeme, die eingebettet sind in verschiedene Umfeldebenen (von Schweitzer 1991: 142). Im
haushälterischen Umfeld, das sich in eine Makro-, eine Meso- und eine Mikroebene untergliedern lässt, sind die Institutionen angesiedelt, die zur Alltagsversorgung privater Haushalte beitragen. Abb. 3 stellt also den gesamten Versor-

---

1   Die Bezeichnung „defizitär", die im Leitthema der Gesamtmaßnahme zur Armutsprävention
    vorkommt, wird hier bewusst vermieden, weil sich an Defiziten von Haushalten und Menschen
    orientierte Konzepte in der sozialen Bildungs- und Beratungsarbeit nicht als erfolgreich erwie-
    sen haben und stattdessen die vorhandenen Ressourcen als Anknüpfungspunkte in den Hilfe-
    konzepten dienen werden.

gungsverbund der Daseinsvorsorge aus der Perspektive der Haushalte schematisch dar.

Die Wechselbeziehungen zwischen dem Haushalts- und dem Familiensystem werden konkret erfasst, indem analysiert wird, wie sich einerseits die Gesamtsituation des Haushalts auf die einzelnen Familienmitglieder bzw. Haushaltsangehörigen auswirkt und andererseits, wie groß die Bedeutung einzelner Personen für das Zustandekommen der momentanen Lage ist.

Abb. 3: Das Familienhaushaltssystem und sein Umfeld

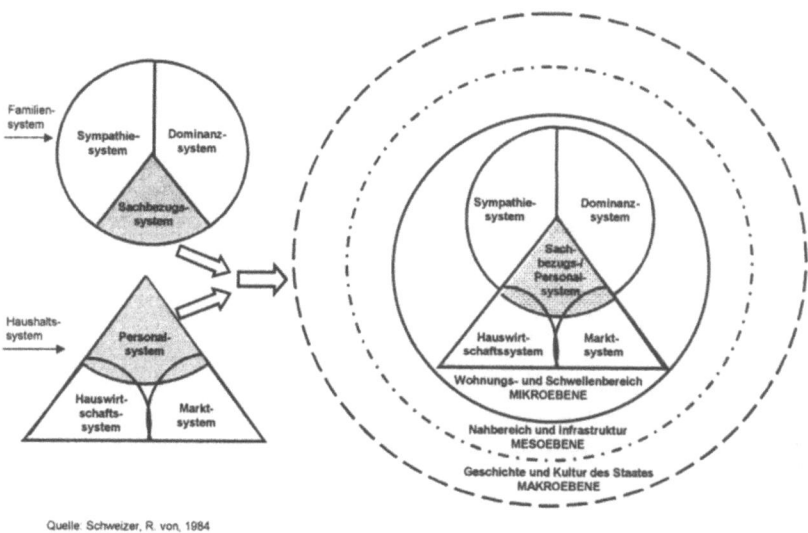

Quelle: Schweizer, R. von, 1984

Expertinnen und Experten in unseren Interviews, VertreterInnen hauswirtschaftlicher Praxisprojekte, aber auch AutorInnen der einschlägigen Armutsliteratur (z.B. Matter 1999: 21 ff.; Landkreis Neu-Ulm o.J.: 163) betonen immer wieder, dass Menschen in prekären Lebenslagen (bzw. in Armut) wenig oder gar keine Perspektiven für sich selber entwickeln und dementsprechend kaum erreichbare Ziele vor Augen haben, für die es sich anzustrengen lohnt.

Allerdings stellen wir immer wieder fest, dass häufig solche Beratungs- und Bildungsansätze scheitern, die mit Maßstäben und Normen aus der Mittelschicht das Leben von Menschen aus anderen sozialen Milieus auf eine neue Basis stellen wollen. Im anderen Extrem kann es aber nicht der Sinn von Hilfsangeboten sein, Menschen in Unterversorgungslagen sich selbst zu überlassen, weil die

Hilfephilosophie es nicht zulässt, sich in das Leben anderer einzumischen. Die Konsequenzen für unsere Gesellschaft wären fatal.

Der methodische Zugang, den wir wählen, um etwas über das Alltagshandeln von Menschen in prekären Lebenslagen zu erfahren und alltagstaugliche Hilfen abzuleiten, stellt in dieser Hinsicht einen Mittelweg dar, denn er bildet die Individualität eines Einzelfalls auf einer objektivierten Basis ab. Die Methode, die unter dem Namen Haushaltsanalyse bekannt ist, wurde von Prof. von Schweitzer sowohl in die praktische Beratungsarbeit eingeführt als auch theoretisch begründet.

Drei Dimensionen des Alltagshandelns werden hierbei einzeln, aber auch in ihren Vernetzungen in den Blick genommen

- *Sinnsetzungen/Werthaltungen/Ziele*
  Hierbei geht es um die Lebenskonzepte im Allgemeinen, aber ganz konkret auch um die im Alltag realisierten Ansprüche an Konsum und Haushaltsarbeiten.

- *Ressourcen*
  Dazu zählen nicht nur Ressourcen materieller Art wie Sach- und Geldvermögen, sondern auch das Humanvermögen, also Qualifikationen für das Alltags- und Erwerbsleben.

- *Handlungsspielräume*
  Diese ergeben sich nicht nur aufgrund von im Haushalt vorhandenen Ressourcen, sondern auch durch die wirtschafts- und gesellschaftspolitischen Rahmenbedingungen, die ein Haushalt ausnutzen kann.

Die Handlungsspielräume werden, soweit sie die Rahmenbedingungen des Umfelds (externe Ressourcen) beschreiben, im Rahmen des Projekts auf der Makroebene durch das gegebene Steuer- und Transfersystem berücksichtigt und auf der Mesoebene durch die Infrastruktur, die ein Haushalt in seinem Stadtteil bzw. seiner Kommune vorfindet. Die Bezeichnung Infrastruktur beinhaltet dabei sowohl die informellen, d.h. privaten Netzwerke als auch die auf kommunaler Ebene verfügbaren Versorgungsangebote, Einrichtungen und Institutionen (formale Netzwerke). Diese können ebenso wie die privaten Netzwerke je nach quantitativem und qualitativem Angebot eine mehr oder weniger große Entlastung für die Haushaltsführung sein.

Aus dem Wechselspiel von Zielen, Ressourcen und Handlungsspielräumen erklärt sich die Ausgangssituation eines Haushalts. Dabei ist es – wie bereits erwähnt – für das Verständnis ausgesprochen hilfreich, auch die Familienentwicklung in der Vergangenheit entlang bedeutsamer Lebensereignisse zu berücksichtigen.

Durch die Erfassung und Auswertung von Daten wird das Gesamtsystem des Haushalts in seinen internen und externen Vernetzungen abgebildet. Es ergibt sich ein differenziertes und umfassendes Bild über die Haushaltssituation. Mit dem hinter der Analyse stehenden Regelwerk lässt sich die Individualität des Einzelfalls auf objektivierter Basis darstellen.

Abb. 4: Das "haushälterische Dreieck"

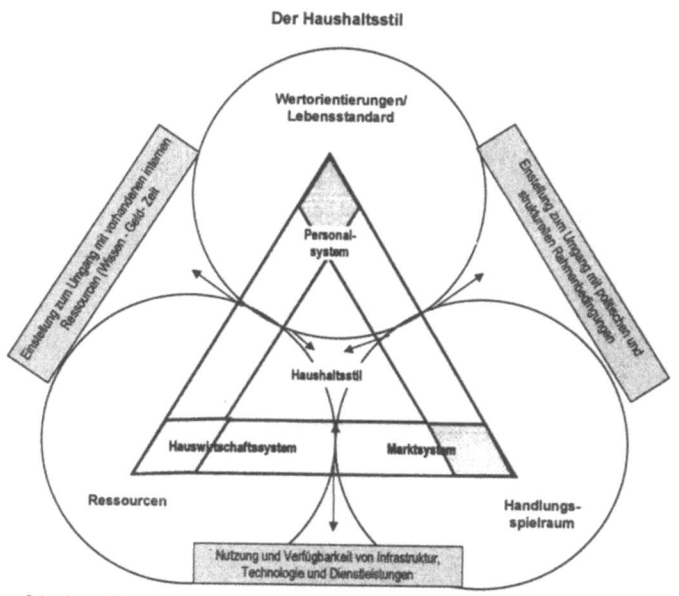

Der Haushaltsstil

Wertorientierungen/ Lebensstandard

Personal- system

Haushaltsstil

Hauswirtschaftssystem   Marktsystem

Ressourcen   Handlungs- spielraum

Nutzung und Verfügbarkeit von Infrastruktur, Technologie und Dienstleistungen

Quelle: nach von Schweitzer 1990

Mit einer Haushaltsanalyse kann der *Haushaltsstil*[2] eines einzelnen Haushalts beschrieben werden, der anhand genau definierter Merkmale in den Bereichen

---

2 Haushaltsstile sind typische *Muster der Alltagsorganisation* von privaten Haushalten zur Sicherung der Daseinsvorsorge. Sie werden einerseits bestimmt durch die *verfügbaren Ressourcen* eines Haushalts und andererseits durch die *getroffenen Lebensplanungen* seiner Mitglieder. Haushaltsstile werden von den persönlichen Wertorientierungen und von Geschlechter- und Generationenbeziehungen, aber auch von den Rahmenbedingungen des haushälterischen Umfelds maßgeblich beeinflusst. Haushaltsstile ändern sich entlang der Haushaltsbiografie.
   Haushaltsstile sind kollektive haushälterische Gestaltungsleistungen, denen haushaltsinterne Aus-
   handlungs- und Entscheidungsprozesse zwischen den Haushaltsmitgliedern vorausgehen, um
   ihre individuellen Bedürfnisse und Interessen, Wertvorstellungen und Lebensstilpräferenzen zu
   koordinieren (Mikroebene). Haushaltsstile bilden sich im Kontext milieuspezifischer Wahl-
   möglichkeiten und Zwänge (Mesoebene) und werden durch gesamtgesellschaftliche Strukturen
   (Makroebene) bestimmt (Meier 2000a).

Personendaten, Wohnstandort und Wohnsituation, Zeit- und Geldmanagement
typische Muster der Alltagsorganisation eines Haushalts zum Ausdruck bringt.
Durch den Vergleich der einzelnen Merkmalsausprägungen mit definierten
(haushaltswissenschaftlichen) Maßstäben zu Belastungsgrenzen, mit Daten aus
Statistiken, mit Kennzahlen anderer vergleichbarer Haushalte oder auch im
Zeitvergleich (früher – heute) kann die Ist-Situation des Einzelfalls objektiv
dargestellt werden.

Mit einer *Haushaltsdiagnose* wird darauf aufbauend die Lebenslage zusammenfassend beurteilt. Durch eine differenzierte Interpretation wird herausgearbeitet,

- ob aus objektiver und/oder subjektiver Sicht Veränderungen der vorgefundenen Haushaltssituation erstrebenswert sind,
- ob es Diskrepanzen zwischen dem tatsächlichen Haushaltsstil und den
Wünschen und Zielen der Haushaltsangehörigen (Lebensstandard) gibt,
- welche Ressourcen im Haushalt vorhanden sind, welche nicht und warum
eventuell vorhandenen Ressourcen des Haushalts nicht genutzt werden,
- welche günstigen oder ungünstigen Rahmenbedingungen durch die Infrastruktur des Haushalts gegeben sind und warum vorhandene Versorgungs-,
Hilfe- und Unterstützungsangebote im Umfeld des Haushalts möglicherweise trotz bestehender Bedarfe nicht in Anspruch genommen werden.

Das Ergebnis ermöglicht Typisierungen im Hinblick auf die konkreten Hilfebedarfe.

Bei dem Ziel, Haushalte in prekären Lebenslagen zu untersuchen, sind wir
von Projektbeginn an davon ausgegangen, dass prekäre Lebenslagen nicht nur
eindimensional beschrieben werden können, sondern verschiedene Merkmale
berücksichtigt werden müssen. Folgende Merkmale erscheinen uns relevant zum
Nachweis prekärer Lebenslagen:

- finanzielle Schwierigkeiten, angezeigt z.B. durch permanente Kontoüberziehungen, Verschuldung ohne Rückzahlungskapazitäten,
- eine beengte Wohnsituation,
- starke zeitliche Überlastung oder auch Unterforderung,
- gravierende gesundheitliche Beeinträchtigungen,
- psychosoziale Probleme wie konfliktreiche Partnerschaften, problematische
Stiefelternverhältnisse, Arbeitslosigkeit, Suchtverhalten,
- Bildungsarmut,
- fehlende institutionelle und private Netzwerke.

Ursachen für prekäre Lebenslagen können sein:

- Haushaltsstile, die nicht auf die Ressourcen des Haushalts abgestimmt sind,
- Lebensereignisse, die Veränderungen im gesamten Haushaltssystem bewirken, auf die der Haushalt aber nicht angemessen reagiert bzw. aufgrund

fehlender Ressourcen (z. B. mangelnde Haushaltsführungs- bzw. Alltagskompetenzen, unzureichende Infrastruktur) nicht reagieren kann,

• fehlende Hilfen im Umfeld des Haushalts (private Netzwerke, institutionelle Hilfe auf kommunaler Ebene bzw. durch Steuer- und Transfersysteme).

Im Laufe der Projektarbeit konnten wir eine Abgrenzung zwischen 'armen' und
'prekären' Lebenslagen einerseits und von wirtschaftlichen und sozial benachteiligten Lebenslagen und solchen ohne gravierende Alltagsbelastungen andererseits aus den Ergebnissen für die Projekthaushalte entwickeln; deshalb verzichten wir an dieser Stelle auf eine Definition.

Aufbauend auf Haushaltsanalyse und Haushaltsdiagnose können mit *Haushaltssimulationen* Auswirkungen von Veränderungen im Haushaltssystem aufgezeigt und Chancen und Risiken verschiedener Handlungsalternativen vor dem
Hintergrund des familialen Wandels und von mehr oder weniger vorhersehbaren
Lebensereignissen beurteilt werden.

Haushaltssimulationen können einmal zu Forschungszwecken durchgeführt
werden, um typische Wege in die Armut, an der Armut vorbei und vor allem aus
der Armut heraus zu beschreiben. Aus diesem Grund besteht ein wesentliches
Erkenntnisinteresse der Haushaltsanalyse in der Darstellung der Vorgeschichte
zur jetzigen Situation, die sich durch die Lebensverläufe der Haushaltsangehörigen und die bisherige Haushaltsbiografie erfassen lässt. Entwicklungsalternati-
ven der Haushaltssituation werden unter Berücksichtigung von individuellen
Haushaltsstilen mit simulierten idealtypischen Verläufen für die Zukunft dargestellt und beurteilt. Die Ergebnisse lassen sich für die Erarbeitung von zielgruppenorientierten Beratungs- und Bildungskonzepten nutzen.

Aufbauend auf der Analyse der individuellen Situation lassen sich aber auch
zusammen mit den betroffenen Menschen Handlungsalternativen prüfen und
Chancen und Risiken ihrer Umsetzung aufzeigen. Individuell auf einen Haushalt
zugeschnittene Simulationen können auch den einzelnen Haushalten selbst helfen, Perspektiven zu entwickeln und erreichbare Ziele festzulegen. Ein *Hilfeplan*
kann anschließend zum Abschluss der Simulationsphase die Maßnahmen zur
Verbesserung der Situation für den betroffenen Haushalt und die helfende Institution verbindlich festschreiben. Während der Durchführung des Hilfeplans
dient Case Management dazu, den Hilfeplan einzuhalten und verschiedene Hilfen zielgerichtet zu koordinieren.

Haushaltsführungskompetenzen nehmen im Maßnahmenkonzept des
BMFSFJ eine zentrale Stellung ein, da prekäre Lebenslagen einerseits ihre Ursachen in fehlenden Haushaltsführungskompetenzen haben können und andererseits der Schlüssel für die „Hilfe zur Selbsthilfe" gerade in der Stärkung und
Vermittlung derartiger Kompetenzen liegt. Haushaltsführung bezeichnet die
Aufgabe, alle Handlungen und Entscheidungen der privaten Daseinsvorsorge zu
steuern (von Schweitzer 1983: 325). Entsprechend umfassen Haushaltsfüh-

rungskompetenzen alle dafür erforderlichen Fähigkeiten und Fertigkeiten. In vielen Fachdiskussionen, nicht zuletzt bei der Durchführung der ExpertInneninterviews hat sich gezeigt, dass der Begriff Haushaltsführungskompetenzen immer wieder dahingehend erläutert werden muss, dass er nicht nur hauswirtschaftliche Fähigkeiten im engeren Sinne umfasst. Deshalb werden wir im Rahmen unseres Projekts den Begriff *Alltagskompetenzen* synonym zum Begriff der Haushaltsführungskompetenzen verwenden. Im Zusammenhang mit der Abbildung der Lebenslage der Projekthaushalte werden wir eine Operationalisierung des Begriffs vornehmen (Kap. V.2) und die Alltagskompetenzen der Haushalte konkret messen (VI. 2 und VI.3), weil Alltagkompetenzen eine wesentliche Ressourcenart des Haushalts sind.

Im Laufe des Projekts hat sich auch der Begriff *Ressourcen* als zentrale Kategorie der Analyse und Typisierung entwickelt. Als Ressourcen eines Haushalts verstehen wir

* die verfügbaren materiellen Güter und zugängliche Dienstleistungen des Haushalts,
* die physische Konstitution und psychische Verfassung der einzelnen Haushaltsmitglieder,
* ihre im Prozess der Humanvermögensbildung entwickelten Fähigkeiten und Fertigkeiten zur Daseinsvorsorge und Alltagsbewältigung sowie
* vorhandene private und institutionelle Netzwerke des Haushalts.

Haushälterische Ressourcen können einerseits entweder einer physisch-materiellen oder einer psychisch-immateriellen Ebene zugeordnet werden. Andererseits lassen sich nach dem rad der Einflussmöglichkeiten des Haushalts haushaltsinterne und haushaltsexterne Ressourcen unterscheiden.

Ressourcentypen mit Beispielen

	Haushaltsinterne Ressourcen		Haushaltsexterne Ressourcen
	Personale Ressourcen	*Familiale und hauhaltsbezogene Ressourcen*	
physisch / materiell	Körperliche Gesundheit, persönliche Einkommen und Vermögen	Haushaltseinkommen, Finanzvermögen Konsumtivsachvermögen Produktivvermögen	Sozialleistungen, Subventionierung von Kindergärten, instrumentelle Unterstützung durch Freunde, Verwandte, Nachbarn und Institutionen
psychisch / immateriell	Humanvermögen Selbstwert, Sprachkompetenz, soziale Kompetenz, Leistungsbereitschaft, Verzichtsbereitschaft	Problemlösungskapazität, Familienregeln, Solidaritätspotenzial	Emotionale Unterstützung durch Freunde, Verwandte, Nachbarn und Institutionen

2. Forschungsleitende Fragestellungen

Dem erkenntnisleitenden Interesse des Projekts liegen Forschungsergebnisse der sozialen Brennpunkts-, Armuts- und haushaltswissenschaftlichen Forschung zugrunde:

1. Haushalte mit niedrigem ökonomischen und sozialen Status haben überdurchschnittlich häufig Probleme bei der Einkommenserzielung, -verwendung und -sicherung zu bewältigen, um Versorgungsleistungen gegenüber Haushaltsmitgliedern sicherzustellen. Das verlangt ihnen disziplinierte haushälterische Handlungsmuster ab, insbesondere einen sparsamen Umgang mit Geld. Auf der anderen Seite konkurrieren verschiedene Versorgungsziele und Konsumwünsche der Haushaltsmitglieder, so dass bei begrenztem Haushaltbudget Prioritäten gesetzt und realisiert werden müssen. Die dafür erforderlichen Handlungsstrategien müssen die Haushalte in einer Überflussgesellschaft entwickeln, in der sie beständig einer Vielzahl von Werbebotschaften ausgesetzt sind (Spangenberg 1994: 71-85). Wertorientierungen wie Großzügigkeit und Solidarität, der Wunsch nach Anerkennung und Gruppenzugehörigkeit, aber auch Differenzen zwischen Lebensniveau und Lebensstandard führen vor diesem Hintergrund zu ambivalenten Verhaltensweisen, die häufig als spontan, unüberlegt und gegenwartsorientiert charakterisiert werden (Bödeker 1992: 155). Im Kontext der vorfindlichen Lebensverhältnisse werden diese Ambivalenzen aber auch erklärbar und teils durchaus verständlich. Es mangelt an Haushaltsführungskompetenzen (Alltagskompetenzen) zur Bewältigung der besonderen Anforderungen, die an Haushalte mit niedrigen Einkommen gestellt sind. Als aussagekräftiges Indiz für die Schwierigkeiten, die bei den betreffenden Haushalten auftreten, können die allmonatlich wiederkehrenden Umsatzrückgänge bei den in sozialen Brennpunkten ansässigen Einzelhändlern angesehen werden (Matzke, Köbberich, Paul 1998).

2. Die Ergebnisse der Armutsforschung, insbesondere der dynamischen Armutsforschung, betonen die Notwendigkeit, Armut differenziert zu betrachten und daraus ableitend zielgruppenorientierte und passgenaue Konzepte zu erarbeiten. Neben der Gruppe der Armen, die dem althergebrachten Armutsbild „einmal arm, immer arm und dauerhaft auf Fremdhilfe angewiesen" entsprechen, existieren Personengruppen, die zwar mit verfestigtem Sozialhilfebezug oder unter langfristig prekären Einkommensverhältnissen ihren Alltag gestalten müssen, die aber nach besten Kräften versuchen, diese Situation aktiv zu bewältigen. Schließlich sind Haushaltsgruppen zu nennen, denen es gelingt, nach vorübergehenden Risikolagen wieder in gesicherte Lebensverhältnisse überzugehen (Ludwig, Leisering, Buhr 1995; Meier 1997).

3. Das Gelingen der Alltagsbewältigung erfordert von Privathaushalten eine Mehrfachkoordination von haushaltsintern erstellten Leistungen, familienwirtschaftlichen Verwandtschaftsnetzen sowie der Nutzung haushaltsexterner Anbieter. Ergebnisse der Netzwerkforschung belegen eine verhältnismäßig geringe Inanspruchnahme sekundärer Angebotsstrukturen durch sozial und ökonomisch benachteiligte Haushalte sowie eine vergleichsweise kleine Zahl von verlässlichen Netzwerkpersonen (Mayer-Kleffel 1991). Mittels Haushaltsanalyse, -diagnose und -simulation lassen sich auch diese Dimensionen der Alltagsgestaltung bei Haushalten in prekären Lebenslagen näher beleuchten und in ihrer Wechselwirkung erfassen.

4. Die momentane Lebenslage eines Haushalts ist immer auch das Ergebnis von Lebensereignissen und Haushaltsentscheidungen in der Vergangenheit. Das heißt für die empirische Arbeit, dass Lebensverläufe und Haushaltsbiografien einen wichtigen Stellenwert in den Haushaltserhebungen haben werden. Diese Annahme leitet sich aus den Erkenntnissen der Theorie des Lebenslaufs her. Sie richtet ihren Focus einerseits auf die individuelle Lebenszeit sowie andererseits auf deren subjektive Biographisierung im historischen Zeitkontext (Levy 1996; Fischer, Kohli 1987). Damit gelingt die Verknüpfung von theoretischer Makro- und handlungstheoretischer Mikroebene, von institutioneller Steuerung und individuellen Handlungsstrategien. Der von uns entwickelte haushaltswissenschaftliche Ansatz geht darüber hinaus: Er verfolgt zudem die Verknüpfung von Entscheidungs- und Handlungsmustern zwischen den im Haushalt zusammen lebenden Personen als RepräsantantInnen unterschiedlicher Generationen- und Geschlechterzugehörigkeit. Dieser Zugang ermöglicht es außerdem, Kumulationen von sozialen Problemlagen entlang der Haushaltsbiografie, aber auch deeskalierende Ressourcen – haushaltsintern wie haushaltsextern – zu identifizieren.

5. Zwischen der Sach- und der Beziehungsebene bestehen in jedem Familienhaushaltssystem enge Wechselwirkungen. Prekäre Lebenslagen können ihre Ursachen in einem Fall mehr im Bereich der zwischenmenschlichen Beziehungen bzw. der psychosozialen Probleme einzelner Haushaltsmitglieder haben und erfordern ein dementsprechendes Hilfsangebot, in einem anderen Fall lassen sich Schwierigkeiten des Haushalts durch Angebote an materiellen Hilfen lösen (Geldtransfers oder Betreuungsmöglichkeiten für Kinder). Beratungs- und Bildungsangebote müssen deshalb stets auf die Bedarfe im Einzelfall abgestimmt werden.

IV. ExpertInneninterviews zur Erschließung des Forschungsfeldes[1]

Die ExpertInneninterviews dienen im Projekt als Vorbereitung für die Haushaltsanalysen. Sie sollen Wissen und Begriffe verständlich machen, auf die Ebene von Menschen in prekären Lebenslagen bringen, um ein Scheitern des Projekts im Umgang mit den Haushalten zu verhindern. Aus den Erfahrungen und Erkenntnissen der ExpertInneninterviews werden Hypothesen gebildet und in Haushalten in prekären wirtschaftlichen und sozialen Lebenslagen in Gießen – im Rahmen des Armutspräventionsprogramms – überprüft.

Die im ExpertInneninterview befragten Personen interessieren im Gegensatz zu anderen Formen des offenen Interviews weniger als Einzelpersonen, sondern vielmehr in der Eigenschaft als ExpertInnen für ein bestimmtes Handlungsfeld. Gleichzeitig interessieren sie als RepräsentantInnen einer Gruppe und nicht als Einzelfall (Flick 1996: 109).

1. Methodische Herangehensweise

Zur Durchführung der ExpertInneninterviews wurde ein Interviewleitfaden entwickelt, in einem Pretest geprüft und daraufhin noch einmal überarbeitet.

1.1 Interviewleitfaden

Die Erstellerinnen des Leitfadens haben sich in erster Linie die Fragen gestellt:
- Was muss man für die Befragung der Haushalte über diese wissen?
- Was können uns die ExpertInnen sagen?

Der Leitfaden wurde also nicht nur mit Wissen aus der Literatur, sondern vor allem durch eigene Fragen erstellt.

Der Interviewleitfaden „enthält Fragestellungen, die aus dem erkenntnisleitenden Interesse des Projekts resultieren" (Meier, Preuße, Sunnus 2001: 15).

---

1 Den Ausführungen dieses Kapitels liegt die Diplomarbeit von Dipl. oec. troph. Iris Hirsch zugrunde (Hirsch 2002).

Von den ExpertInnen wird eine Stellungnahme zu einer gesellschaftlichen Entwicklung, die aus der Literatur bekannt ist, aus der Sicht von PraktikerInnen er-
hofft. Stichworte dazu sind Risikogesellschaft und prekäre Lebenslagen. Ebenso
sollten die ExpertInneninterviews Kenntnis über die Stadtteile sowie die Arbeitsweisen kommunaler Behörden liefern. Sie stellen die Vorarbeit für die Ein-
zelinterviews in den Haushalten dar, die im Projekt auf die ExpertInneninterviews folgen, und sollen helfen, Kontakte zu den Haushalten herzustellen.

Aus diesen Interessen wurde der Leitfaden entwickelt. Im Verlauf der ersten
realisierten ExpertInneninterviews ergaben sich teilweise neue interessante Gesichtspunkte, die in die folgenden Interviews aufgenommen wurden („work in
progress").

Der Interviewleitfaden[2] untergliedert sich in fünf Fragenkomplexe. Der erste
Teil befasst sich mit soziodemografischen Merkmalen der ExpertInnen. Sie
werden zu ihrer Ausbildung und ihren Tätigkeitsfeldern in der sozialen Arbeit
befragt. Dabei sollen die Arbeitsweisen kommunaler Behörden und Beratungsinstitutionen sichtbar werden. Der zweite Teil der Interviews beschäftigt sich
mit den Definitionen von Armut und den prekären Lebenslagen aus Sicht der
ExpertInnen. Der Fokus liegt hierbei auch auf der Wahrnehmung einer gesellschaftlichen Veränderung. Im dritten Teil werden die ExpertInnen zu den Problemgruppen der Haushalte und Familien befragt. Ziel ist es, typische Muster der
Haushaltsführung und Alltagsbewältigung in Haushalten in prekären Lebenslagen aufzuzeigen. In einem weiteren Teil werden die Fragen aus Teil drei für
nichtdeutsche Haushalte gestellt. Abschließend wird die Meinung der ExpertInnen bezüglich Beratungs- und Hilfsangeboten sowie der Aufgabe der Sozialhilfe
eingeholt und geklärt, ob die Sozialhilfe ihre Aufgabe nach Auffassung der ExpertInnen erfüllt (Meier, Preuße, Sunnus 2001: 15-18).

1.2   InterviewpartnerInnen und Erfahrungen bei der Durchführung

Insgesamt wurden 13 Interviews mit 15 Expertinnen und Experten in der sozialen Arbeit durchgeführt, die überwiegend im Gießener Stadtteil Nordstadt tätig
sind. Die Interviews fanden zwischen März 2000 und Februar 2001 statt. Die
Mehrzahl der Interviews wurde von Dipl. oec. troph. Eva Maria Sunnus und
Dipl. oec. troph. Silke Mardorf durchgeführt. Die Dauer betrug zwischen einer
und zweieinhalb Stunden. Ort der Durchführung war bis auf eine Ausnahme der
Beschäftigungsort der Befragten.

Als InterviewpartnerInnen haben wir ExpertInnen aus drei Berufssparten gewonnen:

---

2   Der gesamte Leitfaden ist im Anhang 1 aufgeführt.

- Mitarbeiter von beratenden, „helfenden", mit den Menschen arbeitenden Institutionen wie Stadtteilbüro, Schuldnerberatung, Kirchengemeinde und Kindergarten
- Mitarbeiter der Verwaltung wie Jugendamt und Sozialamt sowie
- Mitarbeiter der Wirtschaft.

Bei der Suche nach InterviewpartnerInnen wie auch bei der Durchführung der Interviews haben wir verschiedenste Erfahrungen gesammelt.

Zwei angefragte Geldinstitute haben sehr unterschiedlich reagiert. Im ersten Fall erhielten wir bei der telefonischen Kontaktaufnahme die Auskunft, dass man vor einem möglichen Interview mit der Marketingabteilung Rücksprache nehmen müsse. Es wurde um Zusendung eines Interviewleitfadens gebeten. Der Leitfaden und Kopien der Veröffentlichungen zum Projekt in der Gießener Presse wurden dem Geldinstitut zugesandt. Wir haben darauf keine Antwort erhalten.

Der Vertreter eines zweiten Geldinstitutes konnte das Anliegen sofort nachvollziehen und hat einem Interview zugestimmt. Er begründete seine Motivation folgendermaßen: Die Erkenntnisse dieses Projekts können schließlich auch der eigenen zum Teil problematischen Klientel helfen.

Eine Schule in der Nordstadt zeigte sich dem Anliegen unseres Projekts gegenüber sehr reserviert, insbesondere, was die konkrete Anfrage für ein Experteninterview betraf. Man wisse doch nicht, wie viel die Eltern im Einzelnen verdienen. Auf ein gemeinsam vereinbartes nochmaliges Nachfragen wurde mitgeteilt, dass niemand im Kollegium ein solches Interview geben könne.

Keine Schwierigkeiten dieser Art gab es bei der Kontaktaufnahme mit einem Kindergarten und einer Kindertagesstätte in der Nordstadt. Dort ist es in den Gesprächen gelungen, nach einer Zeit des „Warmredens" anschauliche Schilderungen über das Leben der Kinder in Erfahrung zu bringen. Dazu zählen Beschreibungen über Ernährung, Gesundheit, Zahnpflege, Verhaltensauffälligkeiten, nicht bezahlte Beiträge für im Kindergarten ausgegebene Getränke und über Eltern, die ihre Kinder pünktlich abholen und bringen oder auch nicht. Eine der Gesprächspartnerinnen äußerte im Verlauf des Interviews Bedenken, ob das, was sie uns mitteilen könne, hilfreich sei. Ihr wurde darauf hin gesagt, dass wir von ihren Erfahrungen und „Geschichten" aus dem Berufsalltag mit den Kindern hören wollen. Zusammenfassende Deutungen seien die Aufgabe der Wissenschaftlerinnen. Das Gespräch verlief daraufhin sehr erfolgreich.

Teilweise hatten wir den Eindruck, dass nicht nur wir ein Anliegen an die ExpertInnen hatten, sondern dass wir durchaus auch einem Mitteilungsbedürfnis der Befragten entgegen kommen konnten.

Allen InterviewpartnerInnen wurde versichert, dass sie Abschriften der Protokolle erhalten und dass sie über Passagen informiert werden, die unter Nennung von Person und Funktion veröffentlicht werden. So haben wir auch vertraulichere Sachverhalte erfahren, von denen wir gebeten wurden, sie nicht offiziell zu verwenden. Auf diese Weise gelangten wir zu hilfreichen Hintergrundinformationen.

Es hat sich bewährt, die Interviews zu zweit zu führen. In den meisten Fällen wurde eine abschnittsweise Zuständigkeit für einzelne Fragenkomplexe vereinbart. Das hatte sowohl für die Interviewerinnen als auch für die jeweiligen ExpertInnen entspannenden Charakter, weil sie sich nicht ununterbrochen auf ein Gegenüber konzentrieren mussten.

Der verwendete Interviewleitfaden stellt ein Grundgerüst dar. Er wurde immer wieder um Fragen ergänzt, die sich speziell auf die jeweilige Institution bzw. das Fachgebiet des jeweiligen Interviewpartners/der jeweiligen Interviewpartnerin bezogen haben. Wir haben uns im Gesprächsverlauf nicht streng an den Leitfaden gehalten. Viele interessante Informationen haben sich im freieren Gespräch ergeben. Das gilt insbesondere für die Beschreibung des Alltagslebens der Haushalte in prekären Lebenslagen.

Wir haben in den Interviews über die oben genannten Grundfragen hinaus viele Erfahrungen über Institutionen der Verwaltungs- und Sozialarbeit gesammelt und Hinweise auf weitere Ansprechpartner für den Fortgang des Projekts erhalten. Mehrere InterviewpartnerInnen haben außerdem Hilfe angeboten bei der Suche nach Haushalten für Haushaltserhebungen. Die Interviews waren insofern unerlässliche „vertrauensbildende Maßnahmen", weil unsere GesprächspartnerInnen die Gelegenheit hatten, uns kennen zu lernen, bevor sie uns Klienten, Kindergarteneltern usw. für Haushaltserhebungen vermittelten.

1.3 Institutionelles Umfeld der ExpertInnen

Die ExpertInnen wurden zu ihrer Ausbildung und ihren Tätigkeitsfeldern befragt. Diese Informationen sowie eine kurze Beschreibung der Funktionen, Aufgaben und Arbeitsfelder der jeweiligen Institutionen wird im Folgenden dargestellt. Dadurch wird das große Feld „Soziale Arbeit" eingegrenzt und deutlich, warum gerade diese ExpertInnen für ein Interview ausgewählt wurden. Nachfolgend werden die Tätigkeitsgebiete der befragten Expertinnen und Experten aufgeführt, um ihre Antworten vor diesem Hintergrund besser bewerten zu können.

ExpertInnen und ihre Tätigkeitsfelder

Experte	Geschlecht	Mitarbeiter von beratenden, helfenden Institutionen	Mitarbeiter der Verwaltung	Mitarbeiter der Wirtschaft
A	M	Diakonie		
B	M	Stadtteilbüro		
C	W	ZAUG GmbH		
D	M		Sozialamt	
E	M		Jugendamt	
F	W		Frauenbeauftragte	
G	M			Volksbank
H, I	W/ M		Wohnbau	
J	W	Jugendamt		
K	M	Trägerverbund		
L	W	Kindertagesstätte		
M	W	Kindertagesstätte		
N, O	W/ M	Schuldnerberatung		

Sozialamt
Die fachlichen Aufgaben des Sozialamtes sind im BSHG formuliert. Neben den Aufgaben, die sofort mit dem Sozialamt assoziiert werden, wie Hilfe in besonderen Lebenslagen und laufende Hilfe zum Lebensunterhalt, zählen zu dem Bereich des Sozialamtes noch weitere Aufgaben wie Kriegsopferfürsorge, Unterhaltssicherung von Bundeswehrsoldaten und Zivildienstleistenden, Wohngeld, Wohnbauförderung, Rundfunkgebührenbefreiung und Sonderaufgaben (D., Sozialamt[3]).

Experte D. wird in der Funktion des stellvertretenden Leiters des Sozialamtes der Stadt Gießen interviewt[4]. Die Funktion eines Sozialamtsleiters spiegelt sich aus seiner Sicht vor allem in der Verantwortung für die Organisation des Sozialamtes wieder. Während sich jeder Sachbearbeiter um 150 bis 160 Fälle kümmert, bearbeitet Experte D. ausschließlich die Problemfälle (D., Sozialamt).

---

3 Im Folgenden wird die Seitenzahl nur bei Zitaten aus den ExpertInneninterviews angeführt, da die Interviews nicht veröffentlicht sind. Die Interviews wurden alle im Jahr 2000 durchgeführt und haben jeweils einen Umfang von 3 bis 25 Seiten, die entsprechende Stelle ist relativ schnell zu finden.
4 Experte D. ist seit 2001 in Ruhestand.

Jugendamt und ASD

Das Jugendamt ist das größte Amt der Stadt Gießen; es erbringt verschiedene Leistungen für Kinder, Jugendliche und Familien. Diese Leistungen sind in vier Bereiche aufgeteilt: Kinderbetreuung, Beistandschaften und Unterhaltsvorschuss, allgemeine Kinder- und Jugendförderung sowie Beratung und Hilfen bei familiären und Erziehungsproblemen (Magistrat der Universitätsstadt Gießen 2002). Die Stadt Gießen ist Trägerin von 13 städtischen Kindertagesstätten[5]. Während des ganzen Jahres werden im Rahmen der offenen Kinder- und Jugendarbeit im Jugendzentrum Jokus zielgruppenbezogene Veranstaltungen durchgeführt (Magistrat der Universitätsstadt Gießen 2002).

Die Beratung sowie Hilfen bei familiären und Erziehungsproblemen übernimmt der Allgemeine Soziale Dienst (ASD) als eine Abteilung des Jugendamtes neben Jugendgerichtshilfe und erzieherischen Maßnahmen. Der ASD ist der Ansprechpartner für Familien im Jugendamt (E., Jugendamt). Der ASD berät in Trennungs- und Scheidungsfragen sowie bei erzieherischen Problemen, bei denen er individuell auf die Situation abgestimmte Hilfen gemeinsam mit der Familie durchführt. Das kann ambulante, teilstationäre oder stationäre Hilfe zur Erziehung sein. In Fällen von besonders sozial benachteiligten Jugendlichen kann der ASD Angebote der Jugendberufshilfe vermitteln und finanzieren.

Das Jugendamt hat auch „die Aufgabe, Kinder und Jugendliche in Obhut zu nehmen, wenn diese selbst darum bitten oder wenn eine dringende Gefahr für ihr Wohl besteht" (Magistrat der Universitätsstadt Gießen 2002). Das Jugendamt ist weiterhin an „der Durchführung der Gesetzes zum Schutze der Jugend in der Öffentlichkeit, des Gesetzes über die Verbreitung jugendgefährdender Schriften und des Jugendarbeitsschutzgesetzes beteiligt" (Magistrat der Universitätsstadt Gießen 2002).

Aus dem sozialen Bereich Jugendamt wurden Experte E. und Expertin J. interviewt.

Experte E. ist Diplompädagoge und Leiter der Verwaltung des Jugendamtes. Er sieht das Jugendamt als professionelle Dienstleistungsinstitution und stimmt mit der oben dargestellten Aufgliederung in die vier Bereiche überein, ergänzt in seiner Beschreibung aber den Tätigkeitsbereich der Verwaltung. Seine Aufgaben sieht Experte E. in der strategischen Planung, Zusammenführung und Weiterentwicklung der Jugendhilfe. Dies beinhaltet das Schaffen von Grundlagen für die Entscheidungen des Jugendhilfeausschusses[6]. Eine weitere Aufgabe von Experte E. ist die Vernetzung verschiedener Gebiete innerhalb des Jugend-

---

5   In Kapitel 4.1.9. und 4.1.10. werden zwei städtische Kindertagesstätten dargestellt.
6   Der Jugendhilfeausschuss ist für Grundsatzangelegenheiten der Jugendhilfe zuständig. Er wird von der Stadtverordnetenversammlung gewählt und beinhaltet Vertreter der freien Träger (E, Jugendamt).

amtes, um die Jugendhilfen optimal einzusetzen. Da ein großer Teil der Jugend-hilfearbeit von freien Trägern erbracht wird, ist es wichtig, eine Verbindung von außen und innen zu schaffen. Abschließend sind noch die Aufgabengebiete Poli-tikberatung, Mitarbeiterführung und Verwaltungsarbeit zu nennen (E., Jugend-amt).

Expertin J. hat vor ihrer Ausbildung zur Sozialarbeiterin Lehramt studiert. Sie ist seit sieben Jahren beim Sozialamt als Sozialarbeiterin beschäftigt und im ASD tätig. In allgemeinen Punkten bezüglich des ASD stimmt sie mit der Be-schreibung von Experte E. überein, legt jedoch ihren Schwerpunkt auf den Kon-takt mit Klientinnen und Klienten. Wie Experte E. sieht auch Expertin J. große Bedeutung in der Koordination von Stellen innerhalb des Jugendamtes sowie dem Pflegen von Kontakten und der Zusammenarbeit mit anderen sozialen In-stitutionen (J., ASD).

Frauenbeauftragte
Die Aufgabe der Frauenbeauftragten der Stadt Gießen ist die Unterstützung der Frauen bei Beschwerden über Diskriminierung, Benachteiligung, Anmache und Gewaltanwendung. Sie setzt sich für Fraueninteressen und deren Rechte ein so-wie für die Verbesserung des Alltags der Frauen. Eine weitere Aufgabe der Frauenbeauftragten ist die Unterstützung eines Frauenförderplanes zur Gleich-berechtigung von Frauen in Ausbildung, Erwerbstätigkeit und Öffentlichkeit durch Aufzeigen von Defiziten und Entwickeln von Lösungsmöglichkeiten. Ko-operation mit Gewerkschaften, Personalräten, Arbeitgebern, Arbeitsverwaltung und anderen Institutionen ist dazu unerlässlich. Des Weiteren unterstützt die Frauenbeauftragte Frauengruppen, -verbände, -initiativen und -organisationen (Magistrat der Universitätsstadt Gießen 2002).

Expertin F. hat auf dem zweiten Bildungsweg Sozialpädagogik und Dip-lompädagogik studiert. Seit 1986 ist sie interne Frauenbeauftragte der Stadt Gießen gemäß Hessischer Gemeindeordnung (HGO) (F., Frauenbeauftragte). In ihrer beratenden Funktion ist sie Ansprechpartnerin für die weibliche Bevölke-rung in Gießen und versucht bei Problemen zu vermitteln, die die „herkömmli-che" Sozialarbeit nicht lösen kann[7]. Im Rahmen der Tätigkeit als HGO-Frauenbeauftragte versucht Expertin F. auf Impulse der Landesfrauenpolitik zu reagieren, gleichzeitig aber auch Impulse aus kommunaler Perspektive zu ge-ben. Förderprogramme müssen auf die spezifischen Zielgruppen abgestimmt und ihre Umsetzung optimiert werden (F., Frauenbeauftragte).

---

7 „Z.B. Frauen, die einen Spießrutenlauf hinter sich haben. (...) Es passiert öfters, dass es Missver-ständnisse zwischen örtlichen Stellen und Frauen gibt, oder dass bei Beschwerden die Stellen aufgrund von Druck klein beigeben" (F, Frauenbeauftragte: 2).

Stadtteilbüro Gießener Nordstadt
Der Gießener Stadtteil Nordstadt hat sich in den letzten Jahren zu einem wirtschaftlich und sozial gefährdeten Stadtteil entwickelt, dort treten bei einer unzureichenden sozialen Infrastruktur zahlreiche soziale Probleme verstärkt auf.
„Um ein weiteres Abgleiten des Stadtteils zu verhindern, sind Maßnahmen zur
städtebaulichen Entwicklung und sozialen Stabilisierung im Quartier notwendig" (Magistrat der Stadt Gießen 1998: 1). Im Rahmen des Bund-Länder-
Programms „Stadtteile mit besonderem Erneuerungsbedarf – die soziale Stadt"
sollen diese Maßnahmen im Projekt „Soziale Stadterneuerung Stadtteil Nordstadt" durchgeführt werden (Magistrat der Universitätsstadt Gießen 2000b: 1-2).
Im Handlungsauftrag des Projekts wird unter anderem die Einrichtung eines erweiterten Stadtteilbüros festgelegt (Magistrat der Universitätsstadt Gießen
2000a: 1), die Stadtteilwerkstatt Gießener Nordstadt. Sie wurde 1997 gegründet
und 2000 in ein Stadtteilbüro mit erweiterten Aufgaben überführt. Diese Aufgaben sind die Entwicklung und Koordination von Projekten sowie die Unterstützung der Selbstorganisation der BewohnerInnen. In den Räumen des Stadtteilbüros sind dezentrale Sprechstunden der Wohnbau Gießen GmbH, des ASD,
des Stadtplanungsamtes und der Migrationsberatung untergebracht (Magistrat
der Universitätsstadt Gießen 2000a: 26-27).
Experte B. ist zum Zeitpunkt des Interviews Leiter des Stadtteilbüros[8] und
leitete das Projekt „aktivierende Befragung" im Rahmen der Sozialen Stadterneuerung Stadtteil Nordstadt. Ziel dieser Befragung war es, „AkteurIn-
nen/Schlüsselpersonen im Quartier für den kommunalen Prozess der sozialen
Stadterneuerung zu gewinnen" (Magistrat der Universitätsstadt Gießen 1998: 8).
Die Aktivierung der BewohnerInnen ist zum Teil bereits gelungen, andere Zielgruppen müssen noch aktiviert werden. Experte B. denkt hierbei vor allem an
Menschen in generativer Armut, die ohne Hoffnung auf eine Veränderung ihrer
Lebenssituation „in den Tag hinein" leben (B., Stadtteilbüro).

Trägerverbund Gießener Nordstadt e.V.
Der Trägerverbund Gießener Nordstadt e.V. wurde wie das Stadtteilbüro im
Rahmen des Projekts „Soziale Stadterneuerung Gießener Nordstadt" 1998 gegründet. Der Verbund übernimmt eine wichtige Aufgabe im Gesamtprozess mit
der „Initiierung, Förderung und Koordinierung der sozialen Stadtentwicklung
(...) [deren Ziel die] nachhaltige Verbesserung der sozialen, kulturellen und öko-
logischen Verhältnisse" (Magistrat der Universitätsstadt Gießen 2000a: 29) ist.
Verwirklicht werden diese Ziele durch Beteiligung der BürgerInnen und den
Aufbau einer sozialen Infrastruktur sowie Selbstorganisation und Gemeinwe-
senorientierung. Die Mitglieder des Vereins sind ehrenamtlich tätig und auch

---

8   Experte B. leitet das Nordstadtbüro seit 2001 nicht mehr.

der Verein selbst verfolgt keine eigenen wirtschaftlichen Ziele. Gründungsmitglieder des Verbundes sind unter anderen die Wohnbau Gießen GmbH und die ZAUG GmbH (Magistrat der Universitätsstadt Gießen 2000a: 28-30). Experte K. ist Pfarrer in der Nordstadt und Vorsitzender des Trägerverbundes seit dessen Gründung. Er sieht die Aufgabe des Trägerverbundes auch in der Mittlerrolle zwischen Angebots- und Nachfrageseite sowie in der Beurteilung der angebotenen bzw. geplanten Maßnahmen (K., Trägerverbund).

Wohnbau Gießen GmbH
Die Wohnbau ist eine Gesellschaft mit beschränkter Haftung und Sitz in Gießen. Ihre Aufgabe ist es, für die Gießener Bevölkerung eine ausreichende und sozial verantwortbare Wohnungsversorgung sicher zu stellen. Um dies zu gewährleisten, baut, betreut und verwaltet die Wohnbau unterschiedliche Bauten, darunter Wohnblöcke, Mehrfamilienhäuser und Eigentumswohnungen. Sie erwirbt, belastet, verkauft Grundstücke und gibt Erbbaurechte aus, es werden jedoch keine Wohnanlagen veräußert. Die Gesellschaft setzt sich zusammen aus der Gesellschafterversammlung, dem Aufsichtsrat, dem/der GeschäftsführerIn und dem Unternehmensmieterrat. Des Weiteren gibt es noch den Bezirksmieterrat (Wohnbau Gießen GmbH 1996: 1-4).

Der Unternehmensmieterrat vertritt in ehrenamtlicher Tätigkeit die Interessen der MieterInnen. Der Unternehmensmieterrat hat Mitbestimmungsrecht über „das Wohnungsbauprogramm, das Instandhaltungsprogramm, das Modernisierungsprogramm, das Programm für Gemeinschaftseinrichtungen (...) [und] die Grundsätze für die Benutzung von Gemeinschaftseinrichtungen" (Wohnbau Gießen GmbH 1996: 18). Weiterhin hat der Unternehmensmieterrat die Aufgabe, die Geschäftsführung über Belange der MieterInnen zu informieren (Wohnbau Gießen GmbH 1996: 17-20).

Die 13 Bezirksmieterräte sind je für einen räumlich abgegrenzten zusammenhängenden Wohnbereich zuständig. Sie haben ein „Mitwirkungsrecht bei der Planung von Großinstandhaltungsmaßnahmen, der Planung von Modernisierungsinvestitionen (...) [sowie] der Freiflächengestaltung (Wohnbau Gießen GmbH 1996: 20). Expertin H. und Experte I. erklärten sich für ein Interview bereit.

Expertin H. wohnt seit 1962 in der Nordstadt und ist ehrenamtlich im Aufsichtsrat und im Bezirksmieterrat der Wohnbau vertreten. Sie sieht die Situation der MieterInnen in der Nordstadt auf drei Weisen: „Dann gibt es eine Gruppe, die den Mut (...) [zur Eigeninitiative] nicht hat, dann gibt es eine große Gruppe, die die Gründe für eine Mitarbeit nicht sehen, dann gibt es eine immer größere Gruppe, die es aufgegeben hat, etwas zu verändern" (H., Wohnbau: 3). Resignation verspürt auch Expertin H. oft, doch wenn wieder ein Erfolg erzielt wird, gibt ihr das neuen Antrieb, weiter ehrenamtlich tätig zu sein (H., Wohnbau). Experte I. ist seit drei Jahren ebenfalls ehrenamtlich im Unternehmensmieterrat tätig und Vorsitzender im Bezirksmieterrat seines Bezirkes. Die Zusammenarbeit zwischen MieterInnen, BezirksmieterrätInnen und Wohnbau beurteilt er als unzureichend; wie Expertin H. verspürt Experte I. hier einen Mangel an Eigeninitiative der MieterInnen (I., Wohnbau).

ZAUG GmbH

1988 wurde das Zentrum für Arbeit und Umwelt Gießen GmbH gegründet. Heute sind die Gesellschafter der ZAUG GmbH die Stadt und der Landkreis Gießen sowie alle Städte und Gemeinden des Landkreises Gießen. Die ZAUG GmbH sieht sich als „kommunale Qualifizierungs- und Beschäftigungsgesellschaft" (ZAUG GmbH 2000: 8) mit dem Auftrag „benachteiligte und erwerbslose Menschen aus der Region zur beruflichen Integration in den ersten Arbeitsmarkt zu begleiten [und] den Erhalt und den Ausbau der Beschäftigungsfähigkeit zu gewährleisten" (ZAUG GmbH 2000: 7).

Dies gilt im Besonderen für die Ausbildung von Frauen, jugendlichen Arbeitslosen und Langzeitarbeitslosen. Ein weiterer Bereich ist die Förderung technischer Entwicklung im Energie-, Umwelttechnologie- und Gesundheitsbereich (ZAUG GmbH 2000: 9). Im Bereich der Frauenförderung unterhält die ZAUG GmbH im Rahmen des Landesprogramms „Arbeit statt Sozialhilfe" seit 1992 ein berufsqualifizierendes Hauswirtschaftsprojekt. Die Frauen schließen mit der Prüfung zur Hauswirtschafterin ab und sind für einen personenorientierten Dienstleistungsberuf im sozialen Bereich qualifiziert (ZAUG GmbH 2000: 71).

Expertin C. ist Projektleiterin des Hauswirtschaftsprojekts. Um an diesem Projekt teilnehmen zu können, ist ein mindestens ein Jahr andauernder Sozialhilfebezug, Arbeitslosigkeit sowie fünf Jahre hauswirtschaftliche Praxiserfahrung im eigenen Haushalt oder in einschlägigen hauswirtschaftlichen Arbeitsbereichen Voraussetzung. Der größte Teil der teilnehmenden Frauen sind allein Erziehende, Frauen ausländischer Herkunft und Frauen ohne bzw. ohne verwertbaren Schulabschluss. Ihre Aufgaben sieht Expertin C. in der Organisation, dem fachtheoretischen Unterricht und der Betreuung der Frauen (C., ZAUG).

Diakonisches Werk

Das Diakonische Werk Gießen gehört dem Diakonischen Werk in Hessen und Nassau (DWHN) an, dem größten Wohlfahrtsverband in Hessen. Finanziert wird das DWHN durch Zuweisungen der evangelischen Kirche in Hessen und Nassau, Zuschüsse und Leistungen aus öffentlichen Kassen und durch Erträge aus Sammlungen, Spenden und Kollekten.

Zu den Angeboten des Diakonischen Werkes in Gießen zählen allgemeine Lebensberatung, Jugend-, Ehe- und Familienberatung, Suchtberatung, Schwangerschaftsberatung, Schuldner- und Insolvenzberatung, Angebote für seelisch kranke Menschen, Menschen mit Behinderung, Wohnungslose und alte Menschen, der mobile soziale Dienst, ein Menüservice für zu Hause sowie Jugend- und Seniorentreffs und die Bahnhofsmission (DWHN 2002).

Interviewt wurde Experte A. über die Arbeitsweise der Sozialarbeit in Gießen sowie Expertin N. und Experte O. zum Bereich der Schuldner- und Insolvenzberatung, der bereits seit über zehn Jahren in Gießen vertreten ist. Alle drei Interviewten sind im Diakonischen Werk Gießen vollzeitbeschäftigt.

Experte A. ist der Meinung, dass es in Gießen keine gute und etablierte Sozialhilfeberatung gibt, vor allem aus finanziellen Gründen. Die Stadt Gießen überträgt den freien Trägern große Teile der Sozialarbeit, unterstützt diese zwar finanziell, nimmt sich aber aus der Verantwortung wie beispielsweise bei der ambulanten Krankenpflege. Sozialarbeit in den sozialen Brennpunkten macht aus Sicht von Experte A. (Diakonie) das Diakonische Werk, nicht das Sozialamt. Dort steckt Hilfeplanung noch in den Anfängen (A., Diakonie: 3)[9].

Expertin N. und Experte O. sind beide Diplomsozialarbeiter mit Weiterbildung Schuldner- und Insolvenzberatung. Zu ihren Aufgaben zählen unter anderem Krisenintervention, Haushaltsanalyse, Forderungsüberprüfung, Regulierung und Entschuldung, Insolvenzberatung und Überprüfung von Finanzierungen. Dabei teilt sich ihre Arbeit in die Beratung und die Vor- bzw. Nacharbeit, die einen erheblichen Teil ausmacht (N., O., Schuldnerberatung). Experte O. sieht einen Vorteil des Diakonischen Werkes darin, dass dort weitere Beratungsangebote angeboten werden und die Schuldnerberatung somit in ein Gesamtkonzept eingebunden ist (N., O., Schuldnerberatung).

Kindertagesstätte Heinrich-Will-Straße

Die Kindertagesstätte in der Heinrich-Will-Straße (Nordstadt) wurde 1967 eröffnet. Von je einer Erzieherin werden heute in drei Gruppen Kindergartenkinder im Alter von drei bis sechs Jahren dort betreut, in einer Hortgruppe Schulkinder im Alter von sechs bis zwölf Jahren. Die Erzieherinnen werden von drei Zusatzkräften und der Leiterin unterstützt. Im Jahresablauf werden verschiedene Feste gefeiert, darunter Feste christlichen Ursprungs und Geburtstage.

Die Kinder können ab 7.30 Uhr in die Kita kommen und bis 16.30 Uhr bleiben. Die Hortkinder werden mittags versorgt, für die Kindergartenkinder besteht die Möglichkeit zur Mittagsbetreuung (Team der Kindertagesstätte Heinrich-Will-Straße 3 1997: 1-8).

---

9 Diese Information bezieht sich auf den Zeitpunkt des Interviews im März 2000.

Expertin M. ist stellvertretende Leiterin der Kindertagesstätte und ausgebildete Erzieherin. Die Kita unterhält eine integrative Gruppe, für die es eine Zusatzkraft gibt. Die Gruppen bestehen aus 20-23 Kindern und werden von mehreren Mitarbeiterinnen und weiteren Zusatzkräften für ausländische Kinder betreut. Ungefähr die Hälfte der Kinder sind deutscher, die andere Hälfte ausländischer Herkunft. Die Kita hat maximal 26 Mittagsplätze (M., Kita).

Kindertagesstätte Ederstraße
Kinder zwischen drei und sechs Jahren werden in der Kita Ederstraße (Nordstadt) betreut. Aufgeteilt in vier Gruppen, hat jede Erzieherin eine Gruppe von 23 Kindern allein zu leiten. Der Ausländeranteil bei den Kindern ist mit ca. 70% überproportional hoch. Viele Kinder sprechen schlecht oder gar kein Deutsch. Unter den Kindern sind 11 verschiedene Nationalitäten vertreten, die meisten darunter sind türkischer Abstammung. Um die Integration zu verbessern, hat die Kita eine Ausländerbetreuung. Die Kita Ederstraße ist wochentags von 7.30 Uhr bis 16.30 Uhr geöffnet, Betreuung findet in der Zeit von 8.00 Uhr bis 12.00 Uhr und von 14.00 Uhr bis 16.00 Uhr statt. Wenn die Kinder einen der 15 Mittagsplätze haben, können sie von 7.30 Uhr bis 16.30 Uhr in die Kita kommen und werden mit Mittagessen versorgt (L., Kita).

Diplomsozialarbeiterin Expertin L. leitet sowohl die Kita als auch eine Kita-Gruppe. Für sie ist es besonders wichtig, in einer Kita, die in einem sozialen Brennpunkt liegt, nicht nur mit den Kindern, sondern auch mit den Eltern zu arbeiten. Viele Eltern, vor allem die Mütter, sprechen oft nur die eigene Landessprache. Angebote in der Kita, wie beispielsweise Frühförderung, Zahnarztbesuche und die Möglichkeit, den Eltern einen Raum zum Austausch zur Verfügung zu stellen, hält Expertin L. (Kita) für sehr sinnvoll.

Volksbank Gießen
Die Volksbank ist eine Genossenschaftsbank. Sie setzt ihre Prioritäten in die Verantwortung für die Region sowie die Mitgliederförderung. Auch in einer sich wandelnden Gesellschaft orientiert sich die Volksbank an den Menschen. „Und deren 'Wert' hat für Genossenschaftsbanken nichts mit dem Kontostand zu tun" (Volksbank Gießen 1999: 3). Das ist ein gravierender Unterschied der Volksbank sowie auch der Sparkasse gegenüber Großbanken wie der Deutschen Bank. Die Großbanken gewähren Menschen in prekären Lebenslagen oft keine Kontoeröffnung (G, Geldinstitut).

Experte G. ist seit 25 Jahren bei der Volksbank Gießen beschäftigt. In seiner Funktion als Regionalleiter der Volksbank Gießen ist er für alle Geschäftsstellen der Bank zuständig. Bei Problemen zwischen MitarbeiterInnen und KundInnen vermittelt er und hat somit sehr häufig Berührung mit Problemfällen und Menschen in prekären Lebenslagen (G, Geldinstitut).

Zusammenfassung
Die ExpertInnen haben klare Vorstellungen ihrer Tätigkeitsfelder und Aufgabengebiete. Gleichzeitig kennen sie den Hintergrund ihrer sozialen oder wirtschaftlichen Institution und wissen um die Schwierigkeiten in Gießen, insbesondere der Nordstadt, in der einige Institutionen wie die Kitas, das Nordstadtbüro und der Trägerverbund auch ihren Sitz haben. Durch die gute Mischung von MitarbeiterInnen aus der Verwaltung und MitarbeiterInnen, die im direkten Kontakt mit den Haushalten in prekären Lebenslagen stehen, erschließen sich weitreichende Informationen in den Interviews.

2. Ergebnisse der ExpertInneninterviews für Handlungsbereiche und Haushaltstypen

Im folgenden Kapitel werden die Ergebnisse getrennt nach Interviewthemen dargestellt und die Meinungen der ExpertInnen untereinander verglichen. Nach jedem Unterpunkt erfolgt eine kurze Zusammenfassung des Dargestellten.

2.1 Themenbezogene Auswertung

2.1.1 Definition von Armut

Den ExpertInnen wurde die Frage gestellt „Wie würden sie Armut definieren?“. Im zweiten Kapitel wurden die verschiedenen Ansätze zur Armutsmessung und die Definitionsmöglichkeiten von Armut vorgestellt. Die Meinungen bzw. Aussagen der ExpertInnen können den folgenden verschiedenen Ansätzen und Begriffen zugeordnet werden: absolute Armut, Ressourcenansatz, Lebenslagenansatz, dynamische Armut sowie prekäre Lebenslagen.

Absolute Armut
Absolute Armut ist zwar eine Definition von Armut, findet sich in dieser Form des Mangels an Kleidung, Essen und Wohnung aber gemäß der Aussagen mehrerer ExpertInnen nicht mehr in Deutschland (J., ASD; K., Kita; H., Wohnbau). Trotzdem geht die Armutsdefinition von Experte G. in diese Richtung. Ein Fehlen der Befriedigung der Grundbedürfnisse, die Unfähigkeit den Lebensunterhalt zu bestreiten, definiert er als Armut (G., Geldinstitut).

Ressourcenansatz
Die rein ökonomische Sicht des Ressourcenansatzes trifft die Vorstellung der ExpertInnen von Armut besser als der Ansatz der absoluten Armut. Ein Ein-

kommen aus Sozialhilfe, die 25 Prozent unter dem Durchschnittseinkommen liegt, zeugt von Armut, bestätigt Experte B. (Stadtteilbüro). Menschen, die von Sozialhilfe leben müssen, haben meist keinen Austausch mehr, keine gesellschaftlichen Bezüge und keine Mobilität (B., Stadtteilbüro). Die ExpertInnen treffen in „armen" Haushalten nicht selten auf Verschuldungssituationen (K., Trägerverbund). Neben der Verschuldungssituation tritt auch die Überschuldung immer wieder in den Vordergrund (N., Schuldnerberatung). Expertin F. (Frauenbeauftragte) nennt ein Beispiel, wie sich materielle Armut auswirken kann: „Eine Mutter, die Sozialhilfeempfängerin ist, hat herausgefunden, dass ihre beiden Kinder eine Lebensmittelallergie haben. Das einzige Mittel, was noch nicht ausprobiert worden ist, ist die Homöopathie und das bezahlt weder die Krankenkasse noch das Sozialamt. Das ist Armut" (F., Frauenbeauftragte: 5).

Finanzielle Armut betrifft ein sehr breite Gruppe der Bevölkerung; dass Akademiker, Selbstständige und Menschen mit hoher Qualifikation heute nicht mehr gegen Arbeitslosigkeit und Armut immun sind, heben die ExpertInnen hervor.

Lebenslagenansatz

Nicht allein die materielle bzw. finanzielle Seite macht Armut aus. Armut ist vielschichtiger, meist ist die finanzielle Armut mit einer „Art wirtschaftlicher Unfähigkeit" (J., ASD: 4) verbunden. Experte K. spricht hier von „einer Armut an Zuwendung, einer Armut an Kompetenz, das Leben und den Haushalt zu bewältigen" (K., Trägerverbund: 5). Eine Herangehensweise an Armut auf der Grundlage des Lebenslagenansatzes unter Berücksichtigung verschiedener Ressourcen vertreten die meisten ExpertInnen.

Experte E. (Jugendamt) ist auch der Meinung, dass soziale Integration von immer mehr Menschen nicht mehr erreicht wird. Vom gesellschaftlichen Leben ausgeschlossen zu sein aufgrund mangelnder finanzieller Möglichkeiten, zeigt sich vor allem bei Familien mit Kindern, wobei meist die Kinder die Leidtragenden sind (K., Trägerverbund). Armut in Bezug auf die geistige Entwicklung bei Kindern, auf ihre Sozialisation wird den ExpertInnen immer deutlicher. „Das ein Kind mal in den Wald geht, dass es weiß, wie eine Kuh aussieht. (...) Dass ein Kind nicht weiß, dass es mit Messer und Gabel essen kann, dass es eine Zahnbürste haben soll, mit der es sich morgens und abends die Zähne putzt" (L., Kita: 16). Expertin M. hebt hier auch die Eingrenzung des Lebens auf einige wenige Straßen in Gießen hervor (M., Kita). Ihr fällt auf, dass die Kinder und Familien, mit denen sie in Kontakt kommt, Armut anders verstehen als sie. Für diese Menschen ist es wichtiger, ein schickes Auto oder Computerspiele zu besitzen als eine gute Schulbildung (M., Kita).

Der Lebenslagenansatz stellt keine Lebensbewältigungsstrategie dar, sondern er berücksichtigt verschiedene Dimensionen, ohne dass der finanzielle Aspekt dominiert.

Dynamische Armut
Es zeigt sich, dass Armut ein über Generationen hinweg auftretendes Problem ist, das nach Geschlechtern differenziert werden kann, das auf jeden Fall aber dynamisch betrachtet werden muss. Experte E. (Jugendamt) betont, dass von neuer Armut besonders die allein Erziehenden betroffen sind, hier liegen oft Erziehungsprobleme und Überforderung vor.

Der Ansatzpunkt der dynamischen Armut über Armutsverläufe wird von den ExpertInnen im Zusammenhang mit der Armutsdefinition nicht genannt. Generationen übergreifende Problematiken in den Bereichen Armut und Kindererziehung werden aber im Verlauf der Interviews immer wieder thematisiert.[10]

Prekäre Lebenslagen
Den vom Projektteam präferierten Arbeitsbegriff „prekäre Lebenslagen" beurteilt Experte E. als nicht genau treffend, er bevorzugt die Formulierung „sozial benachteiligte Lebenslagen" (E., Jugendamt: 5). Als sozial Benachteiligte werden dabei die typischen von Armut bedrohten oder betroffenen Haushalte verstanden. Die prekären Lebenslagen schließen auch das Risiko ein, dass Menschen mit guter Schulbildung und scheinbar sicheren Lebensumständen schnell sozial absteigen können (E., Jugendamt). Dieser neuen Formulierung „sozial benachteiligte Lebenslagen" stimmten die anderen ExpertInnen zu, sie soll deshalb im Folgenden in dieser Definition neben der der prekären Lebenslagen verwendet werden. Armut ist ein Phänomen, das in den letzten Jahren an Bedeutung gewonnen hat. Immer mehr Menschen sind von Armut bedroht und betroffen, darüber sind sich alle ExpertInnen einig, sowie auch darüber, dass dem entgegengewirkt werden muss.

Zusammenfassung
Während sich nur ein Experte für die Definition der absoluten Armut entscheidet, ist der Ressourcenansatz für mehrere ExpertInnen eine erste Ausgangsbasis, die für einige Haushalte zutrifft. Dennoch ist für diese ExpertInnen, wie die meisten anderen ExpertInnen auch, der Lebenslagenansatz die treffendste Definition für Armut in Deutschland. Die ExpertInnen sind sich darüber einig, dass Armut sehr vielschichtig und mit der sozialen und gesellschaftlichen Entwicklung eng verbunden ist, wobei der Begriff dynamische Armut von keinem/r der ExpertInnen genannt wird. Auch die Formulierung „prekäre Lebenslagen" ist

---

10 vgl. Kapitel 2.1.3 und 2.2.1

den ExpertInnen nicht sehr geläufig, sie können sich aber etwas darunter vorstellen und stimmen Experte E. bei seiner Formulierung „sozial benachteiligte Lebenslagen" zu.

2.1.2 Soziale und gesellschaftliche Entwicklung

„Ist die Gesellschaft nach oben wie nach unten durchlässiger geworden?" Diese elementare Frage zur sozialen und gesellschaftlichen Entwicklung wurde den ExpertInnen gestellt. Alle ExpertInnen sind sich im Grunde darüber einig, dass dem so ist. In einem Versuch der Differenzierung wird überwiegend die soziale Ausgrenzung genannt, die eine große Rolle spielt. Die Anzahl derer, für die „soziale Integration nicht mehr erreichbar scheint" (E., Jugendamt: 7) wächst beständig.

Die Medien suggerieren Ausgrenzung, sie diktieren, was „in" ist, was man braucht, um dazuzugehören. Sie verstärken das Armutsgefühl bei Menschen, die das alles nicht haben oder sich nicht leisten können, bestätigt Experte G. (Geldinstitut). Diese Ausgrenzung beschränkt sich nicht nur auf sozial Schwache, immer mehr rücken allein Erziehende, Ausländer, Akademiker, Jugendliche und Kinder in den Vordergrund (E., Jugendamt; F., Frauenbeauftragte; K., Trägerverbund). Expertin F. (Frauenbeauftragte) hebt auch einen Teil der Sozialhilfeempfänger heraus, die gar nicht mehr in die Gesellschaft integriert werden wollen und ihre eigenen Subkulturen bilden.

Trotzdem stellt es – aus ExpertInnensicht – ein grundlegendes Problem dar, dass ein zunehmender Teil der Bevölkerung vom Wohlstand ausgeschlossen ist. Experte D. (Sozialamt) macht in diesem Zusammenhang auf die Verschiebung der Sozialhilfefälle von weniger Langzeitfällen zu mehr Kurzzeitfällen aufmerksam. Deutlich zeigt sich für ihn eine größer werdende Kluft zwischen Arm und Reich. Dass immer mehr Kinder und Jugendliche in sozialen Armutsverhältnissen leben, deutet für Experte E. (Jugendamt) an, dass sich Armut nicht nur zu einem gesellschaftsübergreifenden, sondern auch zu einem generationenübergreifenden Phänomen gewandelt hat[11].

Armut umfasst im Wesentlichen zwei Haushaltstypen: Zum einen sozial benachteiligte Haushalte inklusive Haushalte von Nichtdeutschen[12] und zum anderen Haushalte aus der Mittelschicht in prekären Lebenslagen.

---

11 Vergleiche Kapitel 2.1.3
12 Der Begriff „nichtdeutsch" bezieht sich hier und im Folgenden unabhängig von einem deutschen oder ausländischen Pass auf den kulturellen – nichtdeutschen – Hintergrund der Haushalte. Meist handelt es sich hierbei um TürkInnen und SpätaussiedlerInnen mit deutschem Pass.

Sozial benachteiligte Lebenslagen
Die Zahl der Kinder in sozial benachteiligten Lebenssituationen steigt drastisch an. Deutlich wird dies beispielsweise bei der Betrachtung von Vollübernahmequoten der Kita-Kosten. In einer Kita in der Nordstadt werden von 67 Kindern die Kosten vom Jugendamt bei 32 Kindern voll übernommen, bei 24 Kindern bekommen die Eltern Zuschüsse und nur bei 11 Kindern können die Eltern den Platz selbst bezahlen, berichtet Expertin L. (Kita).
Eine weitere Interviewpassage weist darauf hin, dass die Zahl der sozial benachteiligten Kinder weiter steigt: „Eine Familie z.b., die zwei Kinder hat, wo mir die Mutter schon immer signalisiert hat, sie schafft das überhaupt nicht, die kriegen jetzt noch ein drittes Kind" (L., Kita: 17). Verschärft wird diese Problematik zusätzlich dadurch, dass die Mütter immer jünger werden. Eine Expertin stellt sich in diesem Zusammenhang die Frage, ob im Bereich der sexuellen Aufklärung ausreichend informiert wird (L., Kita).
Ein weiteres Problemfeld stellt die psychische Belastung und Überforderung sozial benachteiligter Haushalte mit der eigenen Situation dar. Viele Menschen wissen sich keinen Ausweg, machen Schulden oder rutschen in Drogenabhängigkeit. Der soziale Abstieg ist nicht mehr aufzuhalten (E., Jugendamt; J, ASD).

Prekäre Lebenslagen
In den vergangenen 20-30 Jahren hat sich in der Mittelschicht der Bevölkerung ein Wandel vollzogen. Armut trifft heute auch Menschen, die eine berufliche Qualifikation und weitere Ressourcen besitzen, merkt Expertin F. (Frauenbeauftragte) an. Arbeitslose Akademiker, Selbstständige und auf Honorarbasis tätige Journalisten und Sozialarbeiter stellen eine neue Risikogruppe dar (E., Jugendamt). Die neuen prekären Lebenslagen sind – nach der Ansicht von Experte E. (Jugendamt) – mittelschichtbezogen. Die Mittelschicht hat zwar bessere Chancen und wirkungsvollere Bewältigungssysteme, um einen materiellen Einbruch zu überwinden, doch der massive Abbau von Arbeitsplätzen und die damit einhergehende Zunahme der Arbeitslosenquote signalisieren, dass die Politik eingreifen muss, erläutert Experte E. (Jugendamt).
Die politischen Maßnahmen des 630,-DM Gesetzes[13] und die Bemühungen des Arbeitsministers Riester[14], Frauen eine nennenswerte Rentenanwartschaft zu ermöglichen, hält Expertin F. (Frauenbeauftragte) für fehlgeschlagen. Sie geht

---

13 Das 630,-DM-Gesetz ist seit 01.01.2002 in das 325,-Euro Gesetz überführt.
14 Seit 01.01.2002 ist die neue Rentenreform des von 1998-2002 amtierenden Bundesministers für Arbeit und Sozialordnung Walter Riester in Kraft. Der wichtigste Teil davon wird als Riesterrente bezeichnet und ist eine zusätzliche, freiwillige Altersvorsorge, „die durch eigene Beiträge angespart und durch staatliche Zulagen und Steuerfreibeträge gefördert wird" (Bundesministerium für Arbeit und Sozialordnung 2002: 2-3). Für Menschen mit geringem Einkommen und SozialhilfeempfängerInnen dürfte es jedoch nicht möglich sein, eigene Beiträge anzusparen.

davon aus, dass „Sozialhilfe die Grundrente" (F., Frauenbeauftragte: 4) für Frauen in der Zukunft sein wird.

Zusammenfassung
Die sozial benachteiligten Haushalte bekommen oft sehr jung mehrere Kinder und sind schnell mit der Situation überfordert. Für einige ExpertInnen ist dies der Auslöser für einen weiteren sozialen Abstieg. Haushalte in prekären Lebenslagen sind von der sozialen Ebene der sozial benachteiligten Haushalte zwar weit entfernt, doch die ExpertInnen kommen auch mit ihnen immer öfter in Kontakt. Sie bedauern, dass die Politik hier zu wenig Maßnahmen ergreift.

2.1.3   Generationen von Hilfebedürftigen

Die Bedeutung der prekären Lebenslagen und der Armutssituation vieler Haushalte in Gießen wird durch das Problem der generativen Armut verstärkt. Das Armut ein generationenübergreifendes Phänomen ist, bestätigen die ExpertInnen einstimmig. Die „erlernte Hilflosigkeit" der Haushalte ist zu „90% (...) vererblich" (G., Geldinstitut: 7). Viele Haushalte sind über Generationen hinweg bei sozialen Institutionen bekannt (B., Stadtteilbüro; J., ASD). Expertin J. berichtet aus den Erfahrungen des Jugendamtes: „Man bekommt einen Hinweis, dass ein Kind in der Schule auffällig ist (...) und man fragt nach dem Namen und stellt fest, dass die Mutter vor 10 Jahren in der Hilfe zur Erziehung war und deren Mutter davor" (J., ASD: 4).

Das Mehrgenerationenphänomen resultiert hauptsächlich aus fehlenden Erwartungen an und Perspektiven für das eigene Leben, meint Experte B. (Stadtteilbüro). Viele junge Menschen kennen nur das Sozialamt als Einnahmequelle (D., Sozialamt), sie richten ihre Lebensplanung nach der ihrer Eltern aus und machen oft die selben Fehler „in Fragen der Partnerschaft [und dem] Kinderkriegen" (E., Jugendamt: 6). Die ExpertInnen bestätigen, dass die Mädchen meist schon sehr jung mehrere Kinder bekommen. Neben der generativen Armut verschärft die soziale und gesellschaftliche Entwicklung[15] in Deutschland die Armutsproblematik.

Zusammenfassung
Die ExpertInnen sind sich darüber einig, dass Armut für bestimmte Gruppen ein generationenübergreifendes Phänomen ist. Sie wissen auch um die fehlenden Perspektiven und Ressourcen, die von Generation zu Generation weitergegeben werden. Problematisch ist diese Erkenntnis besonders aus dem Wissen heraus,

---

15 vgl. Kapitel 2.1.2

dass in Deutschland verstärkt die sozial benachteiligten Schichten die Kinder bekommen.

2.1.4 Haushaltsführungskompetenzen

Haushaltsführungskompetenzen bzw. Alltagskompetenzen beinhalten alle Fähigkeiten, die zur Führung und Bewältigung des Haushalts nötig sind. Gemeint sind hier nicht ausschließlich hauswirtschaftliche Tätigkeiten, sondern auch Fähigkeiten im Umgang mit Bedürfnissen der Haushaltsmitglieder sowie mit dispositiven Handlungen und Entscheidungen. Dies setzt gewisse Ressourcen und deren Nutzung voraus.

Ressourcen
Experte K. (Trägerverbund) erwähnt die fehlenden Kompetenzen und Ressourcen, den Haushalt und das Leben zu bewältigen. Expertin F. (Frauenbeauftragte) schildert einige wenige Haushalte, die über die notwendigen Haushaltsführungskompetenzen verfügen und mit ihren bescheidenen finanziellen Ressourcen wirtschaften können, die ihr Leben gut organisiert haben. Diese Haushalte verfügen über ein breites Handlungsrepertoire und gestalten damit trotz prekärer Lebensumstände ihren Alltag.

Obwohl die Lebensumstände für Außenstehende oft chaotisch scheinen, ist der Alltag der Haushalte doch klar strukturiert. Die Haushalte besitzen ebenfalls noch eine Wahrnehmung für Unordentlichkeit und verdreckte Wohnungen, und es ist ihnen unangenehm, wenn fremde Personen dies sehen, berichten Experte K. (Trägerverbund) und Expertin M. (Kita). Trotzdem sind die Wohnungen meist unhygienisch. Grundsätzlich legen die Haushalte wenig Wert auf Hygiene, Zahngesundheit und Gesundheit allgemein, vor allem bei den Kindern. Das ist ihrer Ansicht nach Aufgabe der Kitas und Schulen, betont Expertin L. (Kita).

Die ExpertInnen sind sich einig, dass nur ganz wenige Haushalte über ausreichende Haushaltsführungskompetenzen verfügen und diese meist nicht vollständig, sondern – wenn überhaupt – nur in einzelnen Komponenten vorliegen. Viele der Eltern haben diese Ressourcen nicht, „da fehlen die Fähigkeiten, ihren Kindern so etwas weiterzugeben" (L., Kita: 12). Experte K. (Trägerverbund) betont, dass vor allem die Management-Funktionen in diesen Haushalten fehlen.

Umgang mit Geld
Expertin J. beobachtet, dass Armut meist mit „einer Art wirtschaftlichen Unfähigkeit, sich an Maße zu halten, was man sich leisten kann", (J., ASD: 4) verbunden ist. Während sich die finanziellen Probleme der Haushalte noch vor 15 Jahren auf wichtige Sachen wie Monatsmieten und Nahrungsmittel beschränkt

haben, sind es heute eher Luxusgüter und Statussymbole, die Schulden verursachen, berichtet Experte G. (Geldinstitut). Er weiß von vielen Haushalten, die Güter konsumieren, die sie sich nicht leisten können, um soziale Anerkennung zu bekommen und ihr Selbstbewusstsein zu stärken. Die laufende Hilfe zum Lebensunterhalt wird in der heutigen Zeit verstärkt dafür ausgegeben (G., Geldinstitut). Doch nicht nur die sozial benachteiligten Haushalte, auch die Haushalte in prekären Lebenslagen haben Schwierigkeiten im Umgang mit Geld. Durch den Aufbau eines hohen Lebensniveaus mit festen Ausgabeposten können immer mehr Menschen auch mit einem Monatseinkommen von 2200,- DM und mehr durch einschneidende Lebensereignisse, wie einen Arbeitsplatzverlust, in prekäre oder Armutslagen gelangen, weil sie ihren Zahlungsverpflichtungen nicht mehr nachkommen können (G., Geldinstitut). Schulden entstehen – aus Sicht der ExpertInnen – auch durch Scheidung oder in Alleinverdiener-Haushalten, die Kredite oder Ratenzahlungen eingegangen sind und diesen nicht nachkommen können (N.; O., Schuldnerberatung).

Planlosigkeit im Umgang mit Geld zeigt sich in den Interviews noch auf andere Weise. „Warum am Ende des Geldes immer noch soviel Monat übrig ist" zeigt eine Beobachtung aus der Nordstadt: „Immer wenn das Geld vom Sozialamt gekommen ist, ist der Pizza-Flitzer unterwegs. Das ist ein Klassiker, das ist viel zu teuer, wenn man die Liefergebühr bezahlt. Aber Geld haben bedeutet, das unmittelbar Anstehende zu befriedigen, und wenn das Lust auf Pizza ist, dann wird eine bestellt. Es gibt wenig Fähigkeiten zur Planung und zum koordinierten Umgang mit Geld. Es ist ein stark lustbesetztes Prinzip, es gibt eine geringe Frustrationsgrenze. Ich habe zwar Geld, könnte damit meine Schulden decken. Mit einem bestimmten Budget wäre eigentlich einiges möglich, aber es sind die Fähigkeiten nicht vorhanden, mit dem Geld so umzugehen, dass es möglich wird, durch den Monat zu kommen" (K., Trägerverbund: 7). Experte E. (Jugendamt) muss erkennen, dass es Haushalten, die über längere Zeit materielle Hilfe bekommen, nicht besser geht[16]. Sie können nicht „vorausschauend planen" (G., Geldinstitut: 5).

Ernährung
Die Ernährung nimmt in sozial benachteiligten Haushalten einen untergeordneten Stellenwert ein. Welche Nahrungsmittel verzehrt werden, ist für Außenstehende nicht ersichtlich. Demnach geben die Haushalte – nach Ansicht der ExpertInnen – ihr Geld vorrangig für Statussymbole aus, bei Kindern vor allem für Markenkleidung und Unterhaltungselektronik. Dies geht zu Lasten der Ernährung, insbesondere am Monatsende. „Man kann die Kinder hier, wie soll ich's denn mal nett ausdrücken, mit Essen ködern. Und nicht nur die Kinder" (M.,

---

16 Vgl. Kapitel 2.1.7

Kita: 8). Nahrungsmittel sind am Monatsende Mangelware, Essen ist aber auch etwas, was die Eltern kennen, demgegenüber sie aufgeschlossen sind. Die Kitas wissen, dass sie die Eltern ihrer Kinder mit Essen erreichen. Diese kommen auch gerne zu Vorträgen, wenn es dort etwas zu essen gibt, und nur dann (M., Kita).

Mit der richtigen Ernährung haben die meisten Haushalte Probleme. Deutlich wird dies an Beispielen aus den Kitas: In einer Kita wird täglich gefrühstückt. Eigentlich sollen die Eltern das Frühstück von Zuhause mitschicken, was ihnen aber nicht immer möglich ist. Deshalb geben sie ihren Kindern einmal die Woche etwas mit, das die ganze Woche über reichen soll. Auch das klappt nicht immer, weiß Experte K. (Trägerverbund). Expertin L. (Kita) berichtet, dass ein Kita-Kind jeden Morgen mit einem süßen Teilchen vom Bäcker und einem Trinkpäckchen kommt. Der Mutter ist es zu umständlich, Brot einzukaufen und selbst zu schmieren, mit den ganzen Arbeiten, die damit verbunden sind. In einer anderen Kita wurde ein Obstkorb eingeführt, der von den Eltern zu füllen ist. Erst nach einiger Zeit konnte den Eltern verständlich gemacht werden, dass sie nicht einmal wöchentlich eine Kiste Äpfel mitbringen, sondern zwei- bis dreimal die Woche kleinere Mengen an Obst. Die Kinder essen zwar jetzt in der Kita Obst, aber meistens auch nur da, weil es ihnen zu Hause nicht angeboten und kleingeschnitten wird (L., Kita). Der Arbeitsaufwand und die Organisation ist einfacher, wenn die Eltern ihnen Chips und Cola geben, erläutert Experte K. (Trägerverbund).

Wenn das Geld am Monatsende völlig aufgebraucht ist, gibt eine Kirchengemeinde in besonders harten Fällen etwas Geld und bekommt als Beweis für den Einkauf von Lebensmitteln eine Quittung des Supermarktes. „Das ist auch spannend: für den Penner auf der Straße ist der Schnaps ein Lebensmittel" (K., Trägerverbund: 9).

Umgang mit Zeit

Vielen Frauen in sozial benachteiligten Lebenslagen sind – aus Sicht der ExpertInnen – die vielfältigen Hausarbeiten, die täglich anfallen, über den Kopf gewachsen. Sie sind nicht in der Lage, sich ihre Arbeiten im Tagesverlauf einzuteilen und verbringen deshalb den ganzen Tag, in dem sie sich „vor den Fernseher setzen und nichts machen" (K., Trägerverbund: 11). Da diese Frauen nicht berufstätig sind, besteht für sie nicht die Notwendigkeit, sich ihre Zeit einzuteilen; „der Tag dieser Leute fließt so vor sich hin" (K., Trägerverbund: 11).

Das bedeutet nach ExpertInnenmeinung nicht, dass diese Menschen keinen Zeitstress haben. Sie haben Schwierigkeiten, einen oder zwei Termine in der Woche zu koordinieren und einzuhalten, da sie es nicht mehr gewöhnt sind, ihren Tag zu organisieren (B., Stadtteilbüro). Zeitstress zeigt sich in den Interviews auch durch die Konfrontation der Haushalte mit Ladenöffnungszeiten und

Öffnungszeiten von Kitas und Schulen. Viele registrieren die Schließzeiten nicht mehr: „Ach ja, haben wir schon eins, das ist uns überhaupt nicht aufgefallen" zitiert Expertin M. eine Mutter (M., Kita: 7). Eine weitreichende Zeitplanung, beispielsweise für Taufen und andere Familienfeste, ist nicht mehr möglich, wie Experte K. bereits des Öfteren erfahren musste (K., Trägerverbund). Zeitknappheit allein stellt aber nicht das Problem der Haushalte dar, es kommt zu einem Entgleiten von Zeitstrukturen.

Umgang mit sozialen Institutionen
Für Menschen mit geringer Bildung ist es schwierig, mit Anträgen, Formularen und Fristen zurechtzukommen, den Überblick zu behalten. Das bringt einen hohen Verwaltungsaufwand mit sich und schon Kleinigkeiten im Umgang mit Ämtern können große Probleme schaffen, weiß Expertin J. (ASD). Die Ämter versuchen zwar zu helfen, wenn sie von Problemen im Umgang mit den Anträgen wissen (J., ASD), aber Experte G. macht auch darauf aufmerksam, dass die Haushalte erst zu den Institutionen kommen, wenn sie keine andere Lösung mehr sehen (G., Geldinstitut).

Auffällig für die ExpertInnen ist der gekonnte Umgang der Haushalte mit sozialen Institutionen. „Es ist erstaunlich, welche rhetorischen Fähigkeiten Menschen mit jahrelangem Sozialhilfebezug durch ihre Erfahrungen im Umgang mit Ämtern entwickelt haben" (C., ZAUG: 4). Experte E. (Jugendamt) bemerkt, dass bei der Vergabe von knappen Ganztagesbetreuungsplätzen oft „allein erziehend" angegeben wird, obwohl ein Partner mit im Haushalt lebt (E., Jugendamt).

Des Weiteren fällt den ExpertInnen das Bewusstsein der Haushalte auf, dass das Sozialamt für sie die Verantwortung zu tragen hat. „Kinder lernen: Da ist ein Sozialamt, wenn du Probleme hast, dann geh dahin" (D., Sozialamt: 3). Generationen von Hilfeempfängern vererben ihr Wissen im Umgang mit Ämtern und Behörden immer weiter. Die ExpertInnen vermuten, dass diese Haushalte an die nächsten Generationen nur eine Ressource weitergeben: Den gekonnten Umgang mit Ämtern und Behörden.

Zusammenfassung
Die ExpertInnen sind einstimmig der Meinung, dass den wirtschaftlich und sozial benachteiligten Haushalten viele nötige Ressourcen fehlen, ihren Haushalt und ihr Leben zu bewältigen. Durch diesen Mangel können sie auch nur wenige Fähigkeiten an ihre Kinder weitergeben, was sich vor allem in ihrem Umgang mit Geld niederschlägt. Planlosigkeit im Umgang mit Geld führt dazu, dass die Haushalte ihr Einkommen vorrangig für Statussymbole ausgeben und dadurch die Ernährung vernachlässigen, so dass diese nicht selten sehr ungesund ausfällt. Auffällig erscheint den ExpertInnen auch die fehlende Zeitplanung der Haushal-

te, die in Zeitknappheit und einem Entgleiten von Zeitstrukturen deutlich wird. Ebenso interessant ist aus Sicht der ExpertInnen der gekonnte Umgang sozial benachteiligter Schichten mit Ämtern und Behörden, der über Generationen hinweg erlernt wird.

2.1.5 Rollenverteilung

Im Folgenden werden die Aussagen der ExpertInnen bezüglich der Rollenverteilung innerhalb des Haushaltes nach Geschlechtern verglichen. Interessant ist die Rollerverteilung insbesondere bezüglich der Kindererziehung sowie dem Umgang mit Geld und Behörden. Unterschiede finden sich vor allem zwischen den verschiedenen Kulturen. Deshalb soll nach einem allgemeinen Teil im Weiteren zwischen deutschen und nichtdeutschen Haushalten unterschieden werden.

Über Generationen und Kulturen hinweg zeigt sich, dass die Erziehung der Kinder Aufgabe der Frauen ist (J., ASD; N., Schuldnerberatung). Deutlich wird dies bei den allein Erziehenden. Aus Sicht der ExpertInnen macht es besonders die Gesellschaft allein erziehenden Vätern, die nicht außerhalb ihres Haushaltes arbeiten, nicht leicht: „Du bist ein faules Stück. Warum schickst du deine Kinder nicht da und dort hin und gehst arbeiten?" (J., ASD: 3). Durch solche Aussagen übt die Gesellschaft sehr viel Druck auf die Väter aus. Nach Expertin J. (ASD) ist es bei allein erziehenden Frauen dagegen aus gesellschaftlicher Sicht die Regel, dass sie keiner Erwerbsarbeit nachgehen.

Deutlich zeigt sich in den Interviews bei Frauen wie bei Männern auch die Verbundenheit unter den Geschlechtern. Bei Beschwerden beispielsweise wenden sich die Männer meist an männliche Vertreter einer Institution, Frauen bevorzugen Frauen (I, Wohnbau). Hierbei, wie bei den allein Erziehenden, zeigt sich kein Unterschied zwischen deutschen und nichtdeutschen Haushalten.

Viele Familien in der Nordstadt leben ausschließlich von Sozialhilfe, betonen die ExpertInnen. In diesen Familien ist es überdurchschnittlich oft die Frau, die die gesamte Verantwortung für den Haushalt trägt. Es ist ihre Aufgabe, zum Sozialamt, Jugendamt und Arbeitsamt zu gehen. Expertin J. (ASD) findet die Erkenntnis, dass sich die „Männer auf dem Rücken der Frauen [ausruhen]"(J., ASD: 7), sehr treffend.

Deutsche Haushalte
Einige ExpertInnen sind der Meinung, dass deutsche Kinder in prekären Lebensumständen und sozialen Brennpunkten nicht von der allgemeinen gesellschaftlichen Entwicklung erfasst werden. „Dass die Frauen selbstbewusster werden, mehr lernen, einen eigenen Beruf haben und sich selber ernähren, das fällt hier noch nicht ins Gewicht" (L., Kita: 8). Die meisten Frauen in den Haus-

halten sind nicht oder nur stundenweise erwerbstätig. Sie können sich und ihre Familie damit nicht ernähren und erscheinen den ExpertInnen dadurch in den Haushalten „weniger wert" zu sein als die Männer, die das Einkommen erwirtschaften. Diese Wertung der Geschlechter innerhalb der deutschen Familie wird auf die nächste Generation übertragen, betont Expertin L. (Kita). Gravierende Unterschiede zu Familien, in denen beide Elternteile ohne Erwerbsarbeit sind, fallen den ExpertInnen nicht auf. In dieser Situation arbeitet der Vater meist „schwarz" oder verbringt den Tag außerhalb der Wohnung, beispielsweise in Cafés oder Kneipen, erläutert Expertin L. (Kita).

In deutschen Haushalten haben laut ExpertInnenmeinung die Frauen den Überblick über die finanzielle Situation. Sie treffen die Entscheidungen bei kleineren Anschaffungen, „bei großen strategischen Dingen wird gemeinsam entschieden" (G., Geldinstitut: 9). Zu dieser Ansicht kommen auch die ExpertInnen N. und O. Die Angebote der Schuldnerberatung nehmen beide Geschlechter gleich häufig an, obwohl in deutschen Haushalten bei Problemsituationen meist die Frauen „die Handelnden und die Aktiven sind" (O., Schuldnerberatung: 19).

Nichtdeutsche Haushalte
Wie in deutschen Haushalten werden die Geschlechter in nichtdeutschen Haushalten in frühester Kindheit durch die Kultur geprägt. Türkische Mädchen sind sehr schüchtern und ruhig, sie „gelten nicht soviel wie die Jungen" (L., Kita: 7). Den Jungen dagegen werden durch die Erziehung keine Grenzen gesetzt. Die ExpertInnen bemängeln, dass ihnen von den Eltern bis zum Schulalter fast alles erlaubt wird.

Bei der Frage nach dem Verteiler des Einkommens wird von den ExpertInnen in türkischen Haushalten ausdrücklich der Mann genannt (D., Sozialamt; G., Geldinstitut). Dem gegenüber hat innerhalb des Haushaltes die Frau das Sagen gegenüber dem Mann, auch in Bezug auf die Finanzen. Dies gilt für türkische wie für Spätaussiedlerhaushalte. Die ExpertInnen weisen auch darauf hin, dass die nichtdeutschen Frauen wissen, was ihnen für den Haushalt zusteht, und fordern, anders als die deutschen Frauen, dieses Geld auch ein. Im öffentlichen Leben sind es aber überwiegend die Männer, die in Erscheinung treten und die Behördengänge erledigen.

Dass sich die nichtdeutsche Sicht der Geschlechterrollen nicht einfach auf die deutsche übertragen lässt, zeigt folgendes Beispiel aus einem Geldinstitut sehr anschaulich. „Was uns ständig Probleme bereitet, ist, dass die Männer keine unserer weiblichen Berater akzeptieren. Eine erfahrene Mitarbeiterin, die hier seit 20 Jahren arbeitet, wird nicht akzeptiert, aber wenn die Frau einen Auszubildenden ruft und ihm sagt, was er sagen soll, dann wird die Entscheidung akzeptiert" (G., Geldinstitut: 9).

Zusammenfassung

Es zeigen sich nur wenige Ungleichheiten in der Verteilung der Rollen unter den Geschlechtern bei deutschen und nichtdeutschen Haushalten. Auffällig in den ExpertInnenaussagen ist, dass in Haushalten in Armutssituationen Mädchen einen geringeren Stellenwert haben als Jungen. Diese Wertung stärkt die generative Armut, dass die Eltern auf Grund ihrer eigenen fehlenden Bildung keinen Wert auf gute (Aus-)Bildung bei ihren Kindern, insbesondere bei den Töchtern, legen.

2.1.6 Netzwerke

Neben der Rollenverteilung innerhalb der Haushalte stellt sich die Frage nach Rollen bzw. Netzwerken außerhalb der Haushalte. Im Folgenden werden Netzwerke im Sinne privater Netzwerke definiert als Unterstützung der Haushalte durch Verwandte, Freunde und Nachbarn. Da die ExpertInnen Netzwerke deutscher und nichtdeutscher Haushalte sehr unterschiedlich bewerten, wird die Auswertung in diese beiden Gruppen unterteilt.

Deutsche Haushalte

Die typisch deutsche Nordstadtfamilie beschreibt Expertin J. (ASD) als Kernfamilie, zusammengesetzt aus Vater, Mutter und meistens vier Kindern. Zu nahen Verwandten der Familie, die ebenfalls in Gießen wohnen, gibt es nach ExpertInnenaussagen meist keinen Kontakt und von ihnen ist auch keine Unterstützung in Notsituationen zu erwarten.

Die ExpertInnen sind sich einig, dass die deutschen Haushalte allein auf sich gestellt sind. Die fehlende Unterstützung von außen, von Verwandten und Freunden führt dazu, dass „ein Rohr der Ressourcen ständig angezapft (...) [wird], und das ist immer die Mutter" (J., ASD: 8). Doch nicht nur die Familien stehen allein da, die Netzwerke von allein Erziehenden sind aus Sicht der ExpertInnen nicht besser als in Zwei-Elternteil-Familien, es wird sogar bestätigt, dass die oftmals „richtig alleine" (L., Kita: 16) sind.

Wenn familiäre Netzwerke vorhanden sind, sind sie von Widersprüchlichkeiten geprägt. Die ExpertInnen wissen, dass es innerhalb der Netzwerke oft zu Konflikten kommt. Besonders die Rolle der Großmutter kann einerseits erschwerend oder andererseits hilfreich sein. Großmütter in sozial benachteiligten Lebenslagen haben oft selbst Probleme und sind mit den zusätzlichen Problemen ihrer Töchter und deren Familien überfordert (J., ASD). In Kitas dagegen beklagen die ExpertInnen, dass die Kinder keine Großeltern haben, zu denen sie mal gehen können (M., Kita). Andererseits kommt es auch vor, dass die Großmutterrolle „zentral, auch zur Kompensation abwesender Männer," (K., Trägerverbund: 10) ist.

In den Interviews wird deutlich, dass Netzwerke in deutschen Haushalten schwerpunktmäßig auf die Kinderbetreuung bezogen sind. Unterstützung in Form von Geldleistungen wird bei deutschen Haushalten von den ExpertInnen kein einziges Mal thematisiert.

Nichtdeutsche Haushalte
Bei nichtdeutschen Familien wird der Familien- und Generationenzusammenhalt von den ExpertInnen durchgehend als enger als bei deutschen Familien bezeichnet. Die Bereitschaft, Hilfe bei der eigenen Familie zu erbitten, ist sehr viel größer als bei deutschen Haushalten (B., Stadtteilbüro; D., Sozialamt). Diese Hilfe bezieht sich – nach Aussagen der ExpertInnen – in nichtdeutschen Haushalten, bei TürkInnen, wie bei Spätaussiedlerinnen, auch auf finanzielle Unterstützung.

Die Familie hat in nichtdeutschen Haushalten einen größeren Stellenwert als in deutschen Haushalten, bestätigen die ExpertInnen. Türkische Familien beispielsweise leben bevorzugt in Mehrgenerationenhaushalten. Dadurch bilden sie einerseits innerhalb der Haushalte ein sehr starkes Netzwerk, andererseits führt dieses Netzwerk auch zu „sozialer Kontrolle und Isolation gegenüber anderen Nationalitäten" (B., Stadtteilbüro: 4). Innerhalb der jeweiligen Nationalitäten – betont Expertin L. (Kita) – aber sind die Netzwerke sehr groß. Dies gilt auch für Spätaussiedlerhaushalte. Großeltern leben bei Spätaussiedlerhaushalten meistens im gleichen Haus oder, bei türkischen Haushalten, in der unmittelbaren Nachbarschaft und übernehmen einen großen Teil der Kinderbetreuung. Expertin J. (ASD) zieht daraus eine Schlussfolgerung: „Deshalb denke ich mir, kommen sehr wenig Kinder aus Migrantenfamilien, die psychisch auffällig sind" (J., ASD: 8).

Zusammenfassung
Während die deutschen Ein- und Zwei-Elternteil-Familien sehr isoliert sind und wenig Netzwerke haben, heben die ExpertInnen bei den nichtdeutschen Haushalten besonders die Netzwerke innerhalb der Großfamilien hervor. Ähnlich konträr ist die ExpertInnenmeinung bezüglich der Rolle der Großeltern, insbesondere der Großmütter. In deutschen Haushalten sind sie wenig hilfreich und führen oft zu Konflikten, während in nichtdeutschen Haushalten die Großmütter einen großen Teil der Kindererziehung übernehmen. Auffällig ist auch die Bedeutung der Netzwerke bei nichtdeutschen Haushalten bezüglich finanzieller Unterstützung in Notsituationen.

2.1.7 Besonderheiten in der finanziellen Situation

Der spezielle Umgang mit Geld in prekären Lebensumständen wurde in Kapitel 2.1.4 dargestellt. In diesem Kapitel werden die ExpertInnenaussagen bezüglich verschiedener, im Kontext von Haushalten in sozial benachteiligten und prekären Lebenslagen bedeutsamer finanzieller Rahmenbedingungen und Voraussetzungen verglichen. Darunter zählen die Sozialhilfe, die sogenannte 500,-DM-Frage, die Erwerbssituation, Selbstständigkeit sowie Verschuldungs- bzw. Überschuldungssituationen der Haushalte.

Sozialhilfe
Überdurchschnittlich viele Haushalte in der Nordstadt leben von Sozialhilfe. In §1 des Bundessozialhilfegesetzes ist die Aufgabe der Sozialhilfe festgelegt: „Die Aufgabe der Sozialhilfe ist es, den Empfänger der Hilfe die Führung eines Lebens zu ermöglichen, das der Würde des Menschen entspricht. Die Hilfe soll ihn soweit wie möglich befähigen, unabhängig von ihr zu leben; hierbei muss er nach seinen Kräften mitwirken" (§ 1 BSHG).

In den ExpertInneninterviews wurde thematisiert, inwieweit die Sozialhilfe ihre oben genannte Aufgabe erfüllt. Experte D. gibt zunächst zu bedenken, dass das BSHG ein sehr schwieriges Gesetz ist: Es "ist das Gesetz mit dem größten Ermessen überhaupt" (D., Sozialamt: 7). Die Sozialhilfe ist also immer zu einem bestimmten Teil vom zuständigen Bearbeiter abhängig. Des Weiteren kann das BSHG nur materielle Ansprüche erfüllen, und diese auch nur berechnet auf das Existenzminimum, erklärt Experte E. (Jugendamt).

Im Sinne der Befriedigung der Grundbedürfnisse erfüllt die Sozialhilfe – nach Aussage von Experte D. – ihren Zweck. Niemand muss „verhungern oder erfrieren" (D., Sozialamt: 5). „Wirtschaftlich ist die Sozialhilfe in der Lage, ein menschenwürdiges Leben zu sichern", bestätigt Experte D. (Sozialamt: 5). Die Sozialhilfe ermöglicht also ein Leben in Würde, nur verbergen sich hinter finanziellen Problemen zumeist auch sozialpädagogische Aspekte wie Verwahrlosung und Vereinsamung, denen die Sozialhilfe nicht entgegenwirkt und auch nicht entgegenwirken kann (D., Sozialamt; E., Jugendamt). Darin besteht aus Sicht der ExpertInnen der Schwachpunkt der Sozialhilfe. Sie ermöglicht kein Leben unabhängig von ihr in allen Bereichen, auch nicht finanziell (N.; O., Schuldnerberatung).

Leben von Sozialhilfe ist heute, im Gegensatz zu ihrer eigentlichen Funktion, nicht mehr ausschließlich eine kurzfristige, finanzielle Unterstützung in Notsituationen, sondern eine langfristige Lebensperspektive für viele Menschen, darin sind sich die ExpertInnen einig (D., Sozialamt; E., Jugendamt; K., Trägerverbund; M., Kita; L., Kita; N.; O., Schuldnerberatung).

500-DM-Frage

Als Sozialhilfe werden existenzminimale Beträge festgelegt, die sehr gering bemessen sind. Experte D. ist der Meinung, dass „die unteren Lohngruppen (...) besser ausgestattet sein [müssten]" (D., Sozialamt: 2).

Die Frage nach der Zweckerfüllung der Sozialhilfe wird den ExpertInnen noch einmal in zugespitzter Form gestellt, in der so genannten „500,-DM-Frage": „Würden die Probleme der Menschen gelöst, wenn man in erster Linie für eine Erhöhung des Einkommens sorgen würde, z.b. einer Familie 500,- DM zusätzlich im Monat gäbe?"

Expertin J. (ASD) ist sich sicher, dass nur in seltenen Fällen, in denen Familien finanziell besonders benachteiligt sind, durch ein um 500,- DM höheres Einkommen die bestehenden Probleme gelöst würden. Als Beispiel gibt sie eine Familie an, „die drei asthmakranke Kinder hat und die durch Inhalationsgeräte entstandenen Stromkosten immer erst mal selbst zahlen muss" (J., ASD: 9). Experte E. (Jugendamt) hebt die prekäre finanzielle Situation mancher Familien bezüglich Klassenfahrten, Schulbüchern und gewünschter Markenkleidung für ihre Kinder hervor. Auch die Probleme vieler älterer Frauen würden durch mehr Geld gelöst. Experte K. (Trägerverbund) führt deren prekäre Wohnsituation an: Sie geben den Hauptanteil ihres Geldes für Mietkosten aus, um nicht in eine neue und ungewohnte Wohnung bzw. Umgebung ziehen zu müssen.

Bei der überwiegenden Anzahl der Sozialhilfeempfänger sind sich die ExpertInnen aber einig, dass die Problematik Armut durch mehr Geld nicht zu lösen ist (A., Diakonie; C., ZAUG; J., ASD; K., Trägerverbund; L., Kita; M., Kita). Armut ist kein rein ökonomisches Problem, oft liegen psychosoziale Probleme, Auffälligkeiten und Suchtverhalten vor (A., Diakonie; J., ASD). Im Hinblick auf den in Kapitel 2.1.4 dargestellten Umgang mit Geld, wird es einem Haushalt mit 500,-DM mehr im Monat nicht besser gehen. Die Haushalte wären – nach ExpertInnenmeinung – auch mit mehr Geld nicht in der Lage, ihre Lebensumstände besser zu organisieren (F., Frauenbeauftragte; G., Geldinstitut; J., ASD; K., Trägerverbund; L., Kita).

Erwerbslage Selbstständigkeit

Ein stetig wachsender Risikofaktor in prekären Lebenslagen ist – aus der Perspektive der ExpertInnen – die Selbstständigkeit, die in Arbeitslosigkeit führt. Gleichzeitig ist sie für viele Menschen der einzige Ausweg aus der Arbeitslosigkeit. Durch die ständig anwachsende Zahl der Arbeitslosen in Deutschland wächst bei vielen Menschen die Bereitschaft, sich selbstständig zu machen. Besonders ausgeprägt ist die Existenzgründung bei Nichtdeutschen, vor allem den TürkInnen, bestätigt Experte G. (Geldinstitut). Experte O. (Schuldnerberatung) bemängelt, dass sie sich selbstständig machen, beispielsweise mit einem Kebab-Stand oder einem Hausmeisterservice, ohne kaufmännische und rechtliche

Kenntnisse zu besitzen. Die ExpertInnen haben die Erfahrung gemacht, dass die Haushalte manchmal von selbstständiger Tätigkeit in Kombination mit Sozialhilfe leben können. Oft muss das Geschäft aber nach kurzer Zeit wieder geschlossen werden (N., Schuldnerberatung). Grundsätzlich scheitern Selbstständige an Fehlplanung oder Misswirtschaft. Experte O. (Schuldnerberatung) berichtet von Geschäften, die monatelang renoviert und eingerichtet werden, nebenbei fällt bereits die Miete an, so dass Existenzgründungen schon vor Inbetriebnahme des Geschäftes des öfteren scheitern.

Auffällig sind in den Interviews auch die immer wieder genannten Insolvenzverfahren im Bereich der Gastronomie. Für die Schuldnerberater ist es offensichtlich, dass sich in einer Kleinstadt mit 6000 Einwohnern keine drei chinesischen Restaurants halten können. Trotzdem tauchen derartige Fälle oft unter ihren KlientInnen auf (O., Schuldnerberatung).

Immer öfter treffen die ExpertInnen auf Haushalte aus dem Mittelstand, die durch Konkurs in eine Armutssituation geraten. „In einer Kleinstadt oder so, irgendwie gehobener Mittelstand, wo die schon etwas dargestellt haben. Ja, die haben vielleicht eine größere Bäckerei gehabt oder ein Autohaus oder irgend so etwas (...) und die haben irgendwann (...) von ihren firmenpolitischen Entscheidungen her einen Fehler gemacht. Die haben vielleicht ganz groß neu gebaut, oder irgendwie im Autohaus die Produkte umgestellt" (N., Schuldnerberatung: 12). In der Regel haben diese Unternehmer persönlich gehaftet und leben nun geringfügig über dem Existenzminimum (N., Schuldnerberatung). In den letzten Jahren war im Mittelstand – wie in der Schuldnerberatung deutlich wird – auch öfters ein Immobilienkauf in den neuen Bundesländern der Grund für einen Konkurs (O., Schuldnerberatung).

Auffällig häufig für ExpertIn N. und O. kommen auch selbstständige Akademiker in die Schuldnerberatung, beispielsweise Zahnärzte, die sich nach der Gesundheitsreform und in Konkurrenz mit zwei weiteren Zahnärzten in einem Ort nicht mehr halten können (N.; O., Schuldnerberatung).

Ein Experte (D., Sozialamt) berichtet auch von einer gelungenen Existenzgründung mit Finanzierung durch ein zinsloses Darlehen des Sozialamtes. Die Frau hat ihr zinsloses Darlehen zurückbezahlt und lebt seitdem von ihrem eigenen Friseursalon.

Verschuldung, Überschuldung, Verbraucherinsolvenz
Die Aussagen zu den Themen Schulden, Verschuldung und Verbraucherinsolvenz beziehen sich überwiegend auf die Aussagen der ExpertInnen N. und O. (Schuldnerberatung), da sie den umfassendsten Einblick in die Haushalte diesbezüglich haben. In den Interviews zeigt sich, dass die in Kapitel 2.1.4 ange-

sprochene Planlosigkeit im Umgang mit Geld wie eine Kettenreaktion in die Verschuldung[17] und Überschuldung[18] führen kann. Die ExpertInnen machen die Erfahrung, dass – wenn Schulden vorhanden sind – es vielen Haushalten gleichgültig ist, wie hoch diese werden (N.; O., Schuldnerberatung). „Es gibt Menschen, die psychisch auffällig sind und aufgrund ihrer psychischen Lage sich wirtschaftlich total daneben verhalten. Wenn sie Geld bekommen, geben sie es sofort aus, machen überall Schulden, und wenn die nächste Sozialhilfe kommt, müssen sie ihre Schulden bezahlen, machen neue Schulden, und so geht das dann weiter" (J., ASD: 4).

Experte K. (Trägerverbund) bedauert, dass die Menschen keine Eigendynamik entwickeln, keinen Ehrgeiz aus der Schuldensituation herauszukommen, deshalb haben es – seiner Meinung nach – auch bisher nur sehr wenige Menschen geschafft. Experte K. schildert einen geglückten Fall: „Die haben ein positives Erlebnis, das mit Glück, Erfolg und sehr energiereich belegt ist" (K., Trägerverbund: 9).

Um in eine Verschuldungssituation zu geraten, darüber sind sich die Expertinnen einig, gibt es meist nur einen Weg: Konsum, der nicht auf das Einkommen abgestimmt ist. Den Hauptanteil machen hierbei Versandhausschulden, Handykosten, Autoleasing, Hauskäufe und Bekleidung aus (J., ASD; N.; O., Schuldnerberatung). Für seine Schulden ist jeder selbst verantwortlich, niemand ist von Geburt an verschuldet, sagt Experte D. (Sozialamt). Er bezeichnet das als „roten Faden", der sich durch alle sozialen Schichten zieht, auch den Mittelstand.

Die Verschuldung bei mittelständischen Haushalten Selbstständiger rührt – nach Aussagen von Expertin N. (Schuldnerberatung) – häufig aus firmenpolitischen Fehlentscheidungen oder dem Eintreten von sozialen Situationen, wie beispielsweise einer Scheidung, her. Generell aber kommt eine Verschuldung immer zustande durch Ausgaben, die über den Einnahmen liegen, bei sozial benachteiligten Haushalten sowie bei Akademikern, betont Experte O. (Schuldnerberatung).

Die Höhe der Verschuldung ist sehr unterschiedlich, sie reicht von 10.000,- DM bis zu einer Million DM. Auch die in den Interviews genannten Einnahmen der Schuldner sind unterschiedlich hoch und zuverlässig (N.; O., Schuldnerberatung). In einem Interview wird die Beobachtung ergänzt, „dass Frauen oft für Schulden ihrer Partner aufkommen, die sie gar nicht verursacht haben" (A., Diakonie: 2). Experte A. (Diakonie) fällt auf, dass sie es auch sind, die sich helfen

---

17 Verschuldung bezeichnet neutral das Eingehen von Zahlungsverpflichtungen sowie das Vorhandensein von Schulden (Rosendorfer 1993: 19).

18 Bei Überschuldung kann der Schuldner seine Zahlungsverpflichtungen nicht einhalten und gerät in Zahlungsverzug (Rosendorfer 1993: 19).

lassen, die zur Beratung gehen und versuchen ihre Probleme aktiv zu bewältigen.

Ein weiteres Thema im Zusammenhang mit Überschuldung ist das 1999 in Kraft getretene Gesetz zur Verbraucherinsolvenz. Es stellt eine Möglichkeit für verschuldete Haushalte dar, sich von ihren Schulden zu befreien. Die ExpertInnen N. und O. sehen darin eine Chance für diese Haushalte. In der Durchführung ist das Gesetz aber in der jetzigen Form[19] sehr kompliziert und aufwendig. „Das liegt tatsächlich an den praktischen Hindernissen, an den Kosten, an anderen Hindernissen, dass Leute .. [die Durchführung der Verbraucherinsolvenz] so einfach nicht auf die Reihe bekommen" (O., Schuldnerberatung: 4). Es bleibt weiterhin schwierig, Schulden zu dezimieren, und wie Kapitel 2.1.7 gezeigt hat, liegt es nicht allein am Einkommen der Haushalte.

Zusammenfassung
Die Sozialhilfe ermöglicht Haushalten ein Leben am Existenzminimum und befriedigt die Grundbedürfnisse. Aus Sicht der ExpertInnen ermöglicht die Sozialhilfe aber kein Leben unabhängig von ihr und erfüllt ihre Aufgabe damit nicht. Auch 500,- DM mehr im Monat würden den sozial benachteiligten Haushalten nicht helfen, da nach Ansicht der ExpertInnen neben den finanziellen häufig massive psychologische Probleme vorhanden sind, die auch mit mehr Geld nicht gelöst werden. Trotzdem versuchen manche Haushalte, ihre Situation zu verbessern, indem sie sich selbstständig machen, ohne die nötigen Qualifikationen dafür zu besitzen. Aber nicht nur für die sozial benachteiligten Haushalte, auch für Haushalte in prekären Lebenslagen führt eine gescheiterte Selbstständigkeit in Armutssituationen. Dass eine Selbstständigkeit als Weg aus der Arbeitslosigkeit in den meisten Fällen nicht funktioniert, ist für die ExpertInnen absehbar. Was den Haushalten bleibt, sind meistens Schulden oder Überschuldung. Die ExpertInnen wissen, dass es sehr schwierig ist für Haushalte, die Überschuldungssituation zu überwinden, setzen aber Hoffnungen in das Verbraucherinsolvenzverfahren.

2.1.8 Beratungs- und Sozialarbeit

Die Ansprüche und Aufgaben der Sozial- und Beratungsarbeit verändern sich im Laufe der Zeit und mit den Generationen. Die Beratungs- und Hilfsangebote werden verbessert, aktualisiert und neu auf die Problemfelder abgestimmt. Dass

---

19 Das Verfahren ist in vier Stufen gegliedert und kann bis zu zehn Jahren dauern. Seit 2000 ist die vierte Stufe - die Wohlverhaltensphase - von 7 Jahren auf 5 Jahre herabgesetzt.

dies oft nicht oder nicht schnell genug funktioniert, zeigen die sozialen Probleme der Bevölkerung, vor allem in der Nordstadt.

Um die Sozial- und Beratungsarbeit zu durchleuchten, werden die ExpertInnen nach Lücken bzw. Problemen in der Sozial- und Beratungsarbeit sowie nach Verbesserungsvorschlägen und Lösungen gefragt. Experte A. (Diakonie) überspitzt seine Sicht der Dinge, indem er sagt: „In Gießen gibt es keine etablierte und gute Sozialhilfeberatung" (A., Diakonie: 3). Der Meinung, dass Sozialarbeit und Beratung in Gießen verbesserungswürdig ist, sind aber alle ExpertInnen. Expertin J. (ASD) stellt hier die fehlende bzw. mangelnde Koordination zwischen verschiedenen Institutionen in den Vordergrund. Um dem entgegenzuwirken, werden der Trägerverbund und das Nordstadtbüro gegründet (K., Trägerverbund), deren Aufgabe es ist, die Ratsuchenden an die verschiedenen sozialen Dienste weiterzuleiten (J., ASD).

Auch die Kitas vertiefen ihre Zusammenarbeit mit anderen Institutionen, indem sie soziale Dienste in die Kitas holen, um Eltern und Kindern einen ersten Kontakt zu vermitteln und so Beteiligungsprozesse zu aktivieren (L., Kita). Beteiligungsprozesse scheitern aus Sicht der ExpertInnen, wenn die Träger nur ihre eigene Perspektive sehen und nicht immer auch den Blick der KlientInnen, mit ihren Wünschen und Vorstellungen, in die Planung der Maßnahmen mit einbeziehen. Bei einigen Aufgaben stellt sich dann die Frage „Welcher Träger bietet es hinterher an, wenn es keiner in seiner Palette hat" (K., Trägerverbund: 2).

Ein Umdenken im Umgang mit sozialen Problemen ist erforderlich. Experte E. (Jugendamt) wünscht sich, dass Gruppen aktiv werden und aus ihrer Isolation gelöst werden. Aufsuchende Arbeit – betont Experte B. (Stadtteilbüro) – ist weiterhin nötig, um möglichst weitreichend Probleme der Bevölkerung zu erkennen und zu beheben. „Sozialpolitik ist oft zu kurzsichtig angelegt" (E., Jugendamt: 6). Es ist nötig, Schwerpunkte in bestimmten Entwicklungsphasen des Menschen zu legen und bei Kindern und Jugendlichen anzufangen (E., Jugendamt). Die Generation der Erwachsenen hat ihre Probleme bereits. Experte G. (Geldinstitut) weiß, dass man diese Menschen nicht mehr ändern kann, die Beratung also bei jüngeren Menschen ansetzen muss.

Die Beratungs- und Sozialarbeit hat in den letzten Jahren auch Fortschritte gemacht. Expertin J. (ASD) ist sehr optimistisch. „Es findet zu fast allen Bereichen eine vernünftige soziale Beratung statt" (J., ASD: 11). Für allein Erziehende beispielsweise – fügt sie an – bringt die Gemeinwesenarbeit viele Vorteile in den verschiedensten Bereichen wie bei der Kinderbetreuung durch Nachbarschaftshilfe (J., ASD). In der Beratungs- und Sozialarbeit versuchen ExpertIn N. und O. vor allem präventiv zu agieren (O., Schuldnerberatung). Bezüglich der „sozialen Kompetenz in Sachen Geld" (O., Schuldnerberatung: 24) läuft die Beratung den Problemen immer hinterher. Schuldnerberatung setzt erst ein, wenn

die Schuldner keine andere Lösung mehr sehen, und dann ist auch die Lösungs-
findung für die ExpertInnen erschwert (N.; O., Schuldnerberatung).
Experte G. (Geldinstitut) favorisiert bezüglich der finanziellen Beratung eine
überschaubare Kontoführung ohne Dispokredite, um der generationenübergreifenden Verschuldung vorzubeugen und den Problemgruppen „Dinge wie Haushaltsbudget nahe zu bringen" (G., Geldinstitut: 11). Er sieht aber selbst, dass
dieser Ansatz sehr radikal und schwer durchsetzbar ist (G., Geldinstitut). Auch
die finanzielle Entmündigung führt in den meisten der Fälle nicht zu einer Erhöhung der Kompetenz im Umgang mit Geld, fügt Experte K. (Trägerverbund)
an.

Erschwert wird die Sozial- und Beratungsarbeit zusätzlich durch Kommuni-
kationsprobleme zwischen sozial benachteiligten Bevölkerungsgruppen und So-
ziologen, Psychologen, Pädagogen und anderen Akademikern, die ihre Fachsprache nicht auf die Ebene der sozial Benachteiligten im Gespräch übersetzen,
betont Expertin L. (Kita). Um Sozial- und Beratungsarbeit zu verbessern, werden außer den bereits genannten Methoden systemische Beratung, Case Management und Hilfeplanung angewendet (A., Diakonie).

Zusammenfassung
Die Sozial- und Beratungsarbeit in Gießen, insbesondere in der Nordstadt, ist
nach Meinung der ExpertInnen in den letzten Jahren verbessert worden, bei-
spielsweise durch die Gründung des Trägerverbundes und des Nordstadtbüros.
Sie ist aber dennoch verbesserungswürdig und nicht individuell genug für jeden
Haushalt.

2.2   Zielgruppenbezogene Auswertung

Im Rahmen dieser Arbeit werden die ExpertInneninterviews neben der themati-
schen Auswertung auch bezüglich verschiedener zu berücksichtigender Problemgruppen durchleuchtet. Übereinstimmend nennen die ExpertInnen auf die
Frage nach Zielgruppen regelmäßig allein Erziehende, kinderreiche Familien
und nichtdeutsche Haushalte (J., ASD; K., Trägerverbund; L., Kita). Einige ExpertInnen lenken die Aufmerksamkeit darüber hinaus auf die Gruppe der älteren, in Armut lebenden Frauen, die oft keine Berücksichtigung findet (G., Geldinstitut; H., Wohnbau; J., ASD). Suchtprobleme und psychische Erkrankungen
bei Haushaltsmitgliedern erwähnen zwei ExpertInnen (J., ASD; L., Kita). Da
diese Probleme meist auf Vermutungen beruhen, werden sie im Folgenden nur
am Rande behandelt.

Die zielgruppenorientierte Auswertung erfolgt innerhalb der deutschen Haushalte nach dem Familienzyklus, daran schließen sich die ExpertInnenmeinungen bezüglich nichtdeutscher Haushalte an.

2.2.1 Deutsche Haushalte

Kinder und Jugendliche
Armut bei Kindern und Jugendlichen betrifft deren gesamte Lebenssituation. 17,6% der Vorschulkinder in Gießen leben von Sozialhilfe, bei den 6-15-Jährigen sind es durchschnittlich 26% (Mardorf et al. 2002: 64). Kinder und Jugendliche, die im Sozialhilfebezug aufwachsen, sind als Erwachsene überproportional häufig auf finanzielle Beihilfen angewiesen. Die ExpertInnen werden zu der Situation der Kinder in den Haushalten sowie speziell nach der Kindererziehung interviewt.

Die ExpertInnen sind sich darüber einig, dass sich die Kinder und Jugendlichen in einer sehr schwierigen Situation befinden, da sie von sich aus an ihrer Lage nichts ändern können. Experte K. (Trägerverbund) ist sogar der Meinung, dass es Kindererziehung in von Armut betroffenen Haushalten, vor allem in der Nordstadt, nicht gibt. Er findet den Begriff einer gemeinsamen Lebensbewältigungsstrategie, in der Kinder nebenbei groß werden, treffender (K, Trägerverbund).

Die Defizite der kindlichen Lebenssituation werden bereits bei äußeren Faktoren, wie dem Wohnumfeld deutlich. Die Wohnungen sind oft nicht kindgerecht ausgestattet, die Grünflächen vor den Häusern tabu und nicht selten liegen die Häuser auch an stark befahrenen Straßen, bemängeln die ExpertInnen.

Die mangelnde Beschäftigung der Eltern mit ihren Kindern führt – nach Meinung von Expertin J. – dazu, dass diese „immer früher geparkt werden vor dem Fernseher, einer Playstation oder einem Nintendo" (J., ASD: 5). Ähnliches beobachtet auch Expertin L. (Kita), die Kinder sehen sich im Fernsehen bis lang in den Abend hinein Filme unbeaufsichtigt an, die nicht altersgemäß ausgerichtet sind (L., Kita). Dadurch ist den Kindern auch kein geregelter Tagesablauf mehr möglich, sie können morgens nicht rechtzeitig für die Kita und die Schule aufstehen (L., Kita). Verschärft wird diese Situation, wenn die Eltern ohne Arbeit und somit den ganzen Tag zu Hause sind, also morgens auch länger schlafen. Die Kinder müssen sich dann ganz allein für Kita und Schule fertig machen und auch allein dort hingehen (L., Kita; M., Kita).

Des Weiteren wird die Hygiene in den Haushalten nach ExpertInnenansicht vernachlässigt. Viele Kinder kommen mit schmutziger Kleidung in die Kita und lernen zu Hause auch nicht, auf Körperhygiene zu achten (K., Trägerverbund; L., Kita). Bei vielen Kindern führt die Vernachlässigung zu Wahrnehmungsstörungen und sozial auffälligem Verhalten, welches schon in frühen Jahren einer Therapie bedarf, betont Expertin J. (ASD).

Experte K. (Trägerverbund) beobachtet, dass viele Kinder, vor allem die sehr kleinen, meist nicht von der Mutter, sondern von älteren Geschwistern versorgt werden. Auf diese Weise erlernen die älteren Kinder und Jugendlichen zwar einerseits Fähigkeiten, andererseits bleiben auch viele Mängel (K., Trägerverbund). Von Kindern, besonders den Mädchen wird hier schon verinnerlicht, dass Heiraten automatisch Kinderbekommen heißt, und zwar mehrere Kinder, bemängelt Expertin L. (Kita).

Aus Sicht der Haushalte hat die Familie einen hohen Stellenwert, aus Sicht der ExpertInnen ist die Gestaltung des Familienalltags dabei oft sehr erschreckend (K., Trägerverbund; M., Kita). Das immer häufiger auftretende Familienleben mit Alkoholismus der Eltern, z.B. am Kiosk, soll folgendes Zitat verdeutlichen: „Ja, teilweise mit Neugeborenen, mir fällt da eine Mutter ein, das Kind (...) war vielleicht eine Woche alt, die [Mutter] kam aus dem Krankenhaus und hat sich mit ihrem Mann an ihren Stammkiosk gestellt und hat da den Vormittag mit Dosenbier verbracht" (M., Kita: 5). Bezüglich der Jugendlichen findet eine Expertin (J, ASD) es sehr bedenklich, dass diese immer wieder Szenarien aus Horrorfilmen auf dem Friedhof nachspielen und verkleidet kleine Kinder erschrecken.

Aufwachsen in Armut beeinträchtigt immer die Entwicklung der Kinder, aber gut funktionierende Eltern-Kind-Beziehungen und geeignete Lebensumgebungen können für Kinder Benachteiligungslagen ein Stück weit ausgleichen.

Zusammenfassung
Alle ExpertInnen betonen die defizitäre Lage der Kinder und Jugendlichen. Ein Experte beschreibt das Familienleben als gemeinsame Lebensbewältigungsstrategie, in der Kindererziehung nebensächlich ist. Die Kinder und Jugendlichen sind sich selbst überlassen, was oft dazu führt, dass sie den Tag vor dem Fernseher verbringen. Die ExpertInnen weisen auf die Auswirkungen der Vernachlässigung der Kinder und Jugendlichen durch ihre Eltern hin. Die Mängel sind besonders groß, wenn die Eltern alkoholabhängig sind.
Zwei-Elternteil-Familien mit mehreren Kindern
In Deutschland gibt es, wie oben bereits deutlich wird, einen breiten unteren Rand prekärer und von Armut geprägter Lebenslagen. Einen großen Teil dieses unteren Randes machen Kinder und Jugendliche aus, die einerseits bei allein Erziehenden und andererseits bei Zwei-Elternteil-Familien aufwachsen. Familien in sozial benachteiligten Lebenslagen sind fast ausschließlich kinderreiche Familien mit bis zu fünf Kindern. Nach der Situation der Kinder und Jugendlichen sollen nun auch die kinderreichen Familien in prekären Lebenslagen in Gießen betrachtet werden.

Ein großes Problem für Familien stellt in Gießen die vor Jahren betriebene Wohnungspolitik dar, die dazu führt, dass es nur eine unzureichende Mischung der Haushalte, die öffentliche Mittel benötigen, und der Haushalte, die ausreichend finanzielle Mittel haben, gibt, betont Experte E. (Jugendamt). Eine Durchmischung halten die ExpertInnen jetzt nicht mehr für möglich. Alle „normalen" Familien, die in einen „Brennpunkt" eine Wohnung anmieten, ziehen meist auch schnell wieder weg (M., Kita). Eine Expertin (M., Kita) verdeutlicht dies: „Wenn eine junge Familie hier herzieht, gibt es zwei Möglichkeiten: Entweder sie passt sich innerhalb von sechs Wochen hier an, und man weiß, klar, dass die hier herkommen, oder sie ziehen ganz schnell wieder weg. Also ein Mittendrin gibt's hier nicht. Entweder man gehört dazu, oder man geht" (M., Kita: 11).

In diesem Zitat wird auch ein großer Zusammenhalt zwischen den Familien deutlich, man kennt sich untereinander (M., Kita). Der Zusammenhalt bleibt jedoch sehr oberflächlich, verlässliche Netzwerke entwickeln sich daraus kaum (L., Kita). Auch die familiären Netzwerke sind dürftig, obwohl meist die ganze Familie über Gießen verteilt lebt. Eine Expertin (L., Kita) vermutet, dass einerseits Hassliebe der Grund dafür sei, andererseits ist es auch möglich, dass diese Familien sich sozial besser stellen wollen und meinen, dies durch Abgrenzung zu den eigenen Verwandten zu bewerkstelligen.

Die gesellschaftlichen Anforderungen stellen diese Familien vor große Herausforderungen. Als Beispiel aus den Interviews sei hier bei älteren Kindern der Wunsch nach Markenbekleidung genannt: „Dann reißen solche Buffalos[20] für 200,- DM die Familie ins Chaos" (J., ASD: 4). Die Familie muss diese Situation managen und einer muss dafür zurückstecken, fast immer die Mutter. In den letzten Jahren beobachtet Expertin J. (ASD) immer häufiger Überforderung, die sich in psychischen Erkrankungen und Suchtverhalten bei den Müttern äußert, und nicht selten zerreißt eine derartige Entwicklung die Familie.

Der Begriff Familie ist für sozial benachteiligte Haushalte zu erläutern. In sozial benachteiligten Lebenslagen kann – nach Ansicht der ExpertInnen – nicht von der klassischen Kernfamilie ausgegangen werden, derartige Familien finden sich meist, wenn die Partner noch sehr jung sind. Bei jungen Familien scheint alles noch in Ordnung zu sein, doch die ersten Probleme tauchen schnell auf, wie in den Interviews deutlich wird. Meist sind es finanzielle Probleme, oft auch Fragen der Partnerschaft und Schwierigkeiten im Umgang mit Kindern (K., Trägerverbund). Bei Unfähigkeit diese Probleme zu lösen, beobachten die ExpertInnen, dass es für die Familien unumgänglich ist sich zu trennen, die Kinder bleiben meistens bei der Mutter. Die Mutter bleibt nie lange allein und so entstehen Patchwork-Familien, die sich aber immer zu einer ganzen Familie ergän-

---

20 Buffalo ist eine Schuhmarke.

zen, erklärt Expertin J. (ASD). Es gibt auch Fälle in denen die Eltern nicht voneinander loskommen. Eine Expertin (L., Kita) kennt einen Fall, worunter vor allem die Kinder sehr leiden: „Wir haben Kinder, wo es ganz schwierig ist; wo es dann einen Vater gibt, der dann dargestellt wird als 'Drecksack, der hat uns alleine gelassen', der eigentlich verwandt ist, aus der Familie, ist für uns auch ganz schwierig, wenn er dann nach 14 Tagen doch wieder hier ankommt, mit der Mutter Hand in Hand, das gibt es auch, und das ist auch ganz schwierig, und das Kind ist dann ja auch im Zwiespalt, einmal muss es diesen Vater annehmen und lieben, und auf der anderen Seite ist es dann wieder ein Drecksack" (L., Kita: 10).

Chaotische Verhältnisse innerhalb der Familien werden von fast allen ExpertInnen geschildert. Eine Expertin (M., Kita) bemängelt, dass die Familien nichts zusammen unternehmen. Freizeitaktivitäten, wie in „normalen" Familien der Sonntagsausflug, kommen hier nicht vor, die Eltern und Kinder kennen nur einen kleinen Teil Gießens, in dem sich ihr ganzes Leben abspielt, ohne Hoffnung auf Verbesserung. Dass es auch Familien gibt, die ihre Situation als zufriedenstellend und ohne Defizite ansehen, obwohl es für Außenstehende überhaupt nicht so wirkt, erwähnt eine Expertin (M., Kita).

Zusammenfassung
Innerhalb Gießens bilden sich Subkulturen sozial und wirtschaftlich benachteiligter Haushalte, so dass ganze Wohnviertel nur von bestimmten Schichten bewohnt werden. Eine Durchmischung der Wohnviertel ist in der jetzigen Situation sehr schwer, besonders, da die gesellschaftlichen Anforderungen diese Familien vor große Herausforderungen stellen. Die ExpertInnen beobachten Überforderungen, psychische und finanzielle Probleme in den Haushalten. Oft ist die Konsequenz aus diesen Schwierigkeiten die Trennung der Eltern und die Entstehung von Patchwork-Familien. Chaotische Verhältnisse innerhalb der Familien werden von fast allen ExpertInnen geschildert.

Allein Erziehende
Der Anteil der allein Erziehenden an allen Familien liegt 2000 in Gießen mit 32% weit über dem bundesdeutschen Durchschnitt (Mardorf et al. 2002: 34). Damit sind ein Drittel der Gießener Familien allein erziehend und bedürfen einer gesonderten Betrachtung. Expertin F. (Frauenbeauftragte) weiß, dass die allein Erziehenden in Gießen eine weit größere Gruppe bilden als allgemein angenommen.

Die Probleme der allein Erziehenden fangen – nach Auffassung der befragten ExpertInnen – damit an, dass die billigsten Wohnungen an Sozialhilfeempfänger vermietet werden. Da dies meist allein Erziehende sind, haben sich starke Subkulturen der Hoffnungslosigkeit und Armut gebildet (E., Jugendamt). Wohnungen für allein Erziehende erstrecken sich nicht über ganz Gießen, sondern konzentrieren sich auf kleine Gebiete innerhalb der Stadtteile, insbesondere der Nordstadt, der Innenstadt und der Oststadt (E., Jugendamt; H.; I., Wohnbau). Darüber hinaus bleiben allein Erziehende wegen ihres verantwortungsbewussten Umgangs mit Geld eher unauffällig, fügt Experte G. (Geldinstitut) an. Nach Meinung von Experte O. (Schuldnerberatung) rühren die prekären finanziellen Situationen allein Erziehender oft aus missglückten Immobilienfinanzierungen aus einem früheren Leben. Allein Erziehende verweilen zwar länger als andere im Sozialhilfebezug (D., Sozialamt), doch dass allein Erziehende disziplinierter im Umgang mit Geld sind als Zwei-Elternteil-Familien bestätigt auch Expertin M. (Kita).

Grund hierfür sind höchstwahrscheinlich die kleinen und unzuverlässigen Netzwerke allein Erziehender, die sie zu EinzelkämpferInnen machen (L., Kita; F., Frauenbeauftragte). Allein Erziehende weisen – nach ExpertInnenaussagen – überproportional häufig Überlastungsphänomene auf und sind überfordert (E., Jugendamt). Expertin J. (ASD) meint, dass allein Erziehende Motivationsprobleme haben und kontinuierlich vom sozialen Dienst begleitet werden sollten. Ein anderer Experte (K., Trägerverbund) macht die Erfahrung, dass allein Erziehende ein hohes Energiepotenzial haben und sehr engagiert sind.

Häufig wird in den Interviews ersichtlich, dass allein Erziehende einen Partner haben, dessen Existenz verschwiegen wird, um mehr finanzielle Hilfen zu bekommen (C., ZAUG; H., Wohnbau; K., Trägerverbund; L., Kita; M., Kita). Diese Meinung teilen fast alle ExpertInnen. Ein Experte (K., Trägerverbund) weist aber auch darauf hin, dass diese Partnerbeziehungen nicht nur Vorteile bringen, sondern sehr oft auch belastend wirken, da Partner mitversorgt werden müssen, aber selbst nichts einbringen. Expertin J. macht häufig die Erfahrung, dass sich „diese Männer auf dem Rücken der Frauen" (J., ASD: 7) ausruhen und sich nicht an Aufgaben im Haushalt beteiligen. Manchen Beziehungen mangelt es aus Sicht der ExpertInnen dadurch auch an der Stabilität, worunter besonders Kinder leiden (M., Kita).

Nach Expertin J. (ASD) ist es bei allein erziehenden Frauen aus gesellschaftlicher Sicht die Regel, dass sie keiner Erwerbsarbeit nachgehen. Im Gegensatz hierzu erwartet die Gesellschaft – laut Expertin J. (ASD) – aber, dass allein erziehende Männer zusätzlich zur Übernahme der Versorgungsarbeit außerhalb ihres Haushalts erwerbstätig sind. Abgesehen von den bereits genannten Spezifika allein Erziehender gibt es zu allein erziehenden Vätern kontroverse Meinungen bei den ExpertInnen. Einerseits wird auf einen allein erziehenden Mann von der Gesellschaft viel mehr Druck ausgeübt, ihm vorgehalten er sei arbeitsunwillig (J., ASD). Andererseits ist er der „arme Mann, der sich um die Kinder kümmern muss" (M., Kita: 15), der bemitleidet wird und mehr Hilfe als allein erziehende Frauen von außen bekommt (M., Kita).

Zusammenfassung
Wie die Zwei-Elternteil-Familien bilden auch die allein Erziehenden in Gießen Subkulturen. Im Gegensatz zu den Zwei-Elternteil-Familien fällt den ExpertInnen der verantwortungsbewusste Umgang der allein Erziehenden mit Geld auf, ihre Schulden stammen oft aus früheren Ehen. Ihre finanzielle Situation und fehlende Netzwerke machen allein Erziehende zu EinzelkämpferInnen. Einige ExpertInnen fügen an, dass allein Erziehende nicht immer ohne Partner leben, dies aber verschweigen, um höhere finanzielle Beihilfen zu bekommen. Ein Experte hält dagegen, dass diese Situation für die Frauen statt Entlastung zusätzliche Belastung bringt.

Die Gruppe der allein erziehenden Männer erwähnen die ExpertInnen nur am Rande; diesbezüglich haben sie sehr kontroverse Meinungen. Einerseits werden sie als arbeitsunwillig und faul, andererseits als bemitleidenswert und hilfsbedürftig dargestellt.

Rentnerinnen (ältere, in Armut lebende Frauen)
Altersarmut bei Frauen war ein Thema, als in den 70er Jahren der Begriff „Neue Armut" geprägt wurde. Heute ist die Armut älterer, allein stehender Frauen nur noch ein Randthema. Die ExpertInnen werden dennoch nach der Gruppe der älteren, in Armut lebenden Frauen gefragt.

„Es gibt sie, sie sind viele und sie sind sehr arm" (K., Trägerverbund). Dieser Auffassung eines Experten stimmen die anderen ExpertInnen zu. Alle haben bereits in verschiedenen Situationen, je nach Tätigkeitsfeld, mit dieser Gruppe Erfahrungen gesammelt. Die ExpertInnen verweisen darauf, dass die Frauen in finanziell oft sehr prekären Situationen leben, die ihnen nur ein enthaltsames und isoliertes Leben ermöglichen (F., Frauenbeauftragte; K., Trägerverbund). Obwohl ihre Finanzen sehr begrenzt sind, fallen diese Frauen den Banken nicht auf und haben keine Zahlungsprobleme, weiß Experte G. (Geldinstitut).

Viele ältere Frauen leben in Wohnungen, die mittlerweile zu groß und zu teuer für sie geworden sind. Da sie aber ihr ganzes Leben in dieser Wohnung verbracht haben, hängen sie sehr an ihr und wollen sie nicht verlassen, um in eine neue, ungewohnte Wohnung und Umgebung ziehen zu müssen, merkt Expertin J. (ASD) an. Expertin I. (Wohnbau) weist darauf hin, dass bei Wohnungen des sozialen Wohnungsbaus, die renoviert und modernisiert werden, die Miete zwangsläufig ansteigt. In diesen Situationen ist es möglich, Wohngeld zu beantragen, „aber es ist schwierig, eine alte Frau zu überreden, dieses Geld anzunehmen" (I., Wohnbau: 13). Diese Gruppe der älteren Frauen hat – nach Aussage der ExpertInnen – allgemein Schwierigkeiten damit, finanzielle Hilfe in Anspruch zu nehmen (J., ASD; K., Trägerverbund). Sie gehören einer Generation an, in der „es sich nicht schickt, betteln zu gehen" (H., Wohnbau: 13).

Erschwert kommt die Tatsache hinzu, dass die Gesellschaft in Deutschland überaltert. Ein Experte (H., Wohnbau) erklärt, dass die älteren Menschen ständig vermittelt bekommen, dass sie für entstandene Probleme verantwortlich sind. Diese Frauen wollen aber nicht auffallen und leben sehr sparsam. Experte K. (Trägerverbund) berichtet von einer Frau, die nach Seniorenveranstaltungen Essensreste sammelt und mitnimmt. Von einer anderen Frau ist bekannt, dass sie sich von Knäckebrot, Margarine und Tee ernährt, da sie nur 200,-DM im Monat zur Verfügung hat (J., ASD).

Aber nicht alle Frauen leben aus Geldmangel sehr bescheiden. Experte G. (Geldinstitut) kennt Fälle von Frauen, die 20.000,- bis 30.000,-DM auf ihrem Konto sparen und sich ihr Leben durch mehr Geld nicht erleichtern. „Das liegt vermutlich daran, dass sie in den 50er, 60er Jahren gelernt haben, mit wenig auszukommen" (G., Geldinstitut: 7). Es kann aber auch daran liegen, dass die älteren Frauen von sich aus nichts verändern können; sie brauchen jemanden, der sie begleitet und ihnen den Zugang verschafft, vermutet Experte K. (Trägerverbund).

Dieses Sparverhalten verschärft – nach Auffassung der befragten ExpertInnen – die Einsamkeit der Frauen noch und schließt sie vom gesellschaftlichen Leben aus. Verschiedene Verbände und auch die für Gießen spezifische 50er-Vereinigungen[21] versuchen der Isolation entgegenzuwirken und durch den Gruppenzusammenschluss finanziell erschwingliche Veranstaltungen zu ermöglichen (F., Frauenbeauftragte). Dennoch bemängelt Expertin F. (Frauenbeauftragte) die fehlende Lobby der Alten und „Jungen Alten" in Gießen.

Das Wachsen der Armut älterer Frauen im Bereich der Sozialhilfe wird immer deutlicher (F., Frauenbeauftragte), dennoch sollen die alten, allein stehenden Männer nicht unerwähnt bleiben. Auch sie leben in Armut, auch wenn diese nicht so stark ausgeprägt ist wie bei den Frauen, stehen die ExpertInnen auch mit ihnen in Kontakt. Männer bekommen ihr Essen meistens geliefert und haben jemanden, der die Wohnung in Ordnung hält, merkt Experte K. (Trägerverbund) an. Trotzdem weist ihre Wohnung eine gewisse Verwahrlosung auf, die durch das Fehlen der Frau erklärt wird (K., Trägerverbund).

Zusammenfassung
Die Gruppe älterer, in Armut lebender Frauen ist allen ExpertInnen vertraut. Sie fallen den ExpertInnen durch Sparsamkeit und wirtschaftliche Fähigkeiten verbunden mit Enthaltsamkeit auf. Viele dieser Frauen geben laut ExpertInnenmei-

---

21 Die Fünfzigervereinigungen sind einmalig in Gießen. In jedem Jahr kommt eine neue Gruppe derer, die fünfzig Jahre alt werden, hinzu. Gemeinsame Unternehmungen und die Integration nichtdeutscher GießenerInnen machen diese Gruppierungen für ältere Menschen sehr attraktiv (Brunk 1996).

nung den größten Teil ihres Geldes für die Miete aus, da sie sich von ihren mittlerweile viel zu großen Wohnungen nicht trennen wollen. Neben den Frauen sind den ExpertInnen auch ältere allein lebende Männer bekannt, deren Situation aber meist nicht so prekär ist wie die der Frauen.

2.2.2 Nichtdeutsche Haushalte

Gießen ist eine Stadt mit sehr hoher AusländerInnenquote. 13,5% aller GießenerInnen haben 2000 einen ausländischen Pass, viele davon wohnen in der Nordstadt (Mardorf et al. 2002: 17). Die Nordstadt hat einen Bevölkerungsanteil von 16,2% an Nichtdeutschen, darunter sind 80 Nationalitäten vertreten (Mardorf et al. 2002: 17). Die türkische Bevölkerung macht mit 27,5% aller AusländerInnen den größten Anteil aus (Mardorf et al. 2002: 19). Hinzu kommt, dass jede/r zweite TürkIn Sozialhilfe bezieht (Mardorf et al. 2002: 68). Diese Zahlen machen deutlich, dass sich überdurchschnittlich viele TürkInnen in prekären Lebenslagen befinden. Nach einer Betrachtung der TürkInnen wird die zweite in Gießen stark vertretene Gruppe der SpätaussiedlerInnen aus Sicht der ExpertInnen dargestellt.

TürkInnen
Wie in der ganzen Bundesrepublik, kamen die ersten Türken, es handelte sich vorwiegend um Männer, als Gastarbeiter nach Gießen (C., ZAUG) mit dem Ziel, möglichst viel Geld zu sparen und in die Türkei zu bringen (G., Geldinstitut). Die zweite Generation ist in Gießen geblieben, mittlerweile lebt die dritte Generation TürkInnen hier (G., Geldinstitut).

In der sozialen Arbeit zeigt sich – nach Auffassung der befragten ExpertInnen – ein starker Zusammenhalt innerhalb der Familie und zwischen den Generationen. Die Familie hat einen hohen Stellenwert (J, ASD), die TürkInnen leben meist in Mehrgenerationenhaushalten mit den Großeltern zusammen oder in unmittelbarer Nachbarschaft (B., Stadtteilbüro; M., Kita). Bei Familien aus dem moslemischen Kulturkreis wie den türkischen Familien, fällt den ExpertInnen eine weit größere Bereitschaft als bei deutschen Familien auf, Probleme innerfamiliär zu lösen oder Hilfe im eigenen Umfeld zu suchen (J, ASD; E., Jugendamt). In der Schuldnerberatung wird deutlich, dass in türkischen Familien Hilfe oft in finanzieller Form auftritt, eine Form der Unterstützung, die es bei deutschen Haushalten fast nicht gibt (N.; O., Schuldnerberatung). Daraus schließen die ExpertInnen, dass andere, soziale Bindungen dann finanzielle Auswirkungen für die türkische Familie haben (N.; O., Schuldnerberatung).

Der starke Familienzusammenhalt kann – laut ExpertInnenaussagen – gerade für türkische Frauen in Deutschland zu Schwierigkeiten führen. Frauen beispielsweise, die ein nichteheliches Kind bekommen, „beschmutzen" die Ehre ihrer Familie (C., ZAUG). Dies kann soweit führen, dass die Frauen aus dem Familiensystem ausgeschlossen werden, das normalerweise durch einen starken Zusammenhalt gekennzeichnet ist, betont Expertin C. (ZAUG).

Dieser starke Zusammenhalt wird einerseits begrüßt, andererseits ist es für die ExpertInnen dadurch unheimlich schwer, Einblicke in die Familien zu erhalten. Experte E. (Jugendamt) hat in den wenigen Haushalten, in die er Einblick bekommt, dramatisches Elend erlebt, oft im Verbund mit Gewalt. Diese misslungenen Anpassungsversuche zeigen, dass die deutsche Kultur nicht sehr weit angenommen wird, Integration muss immer noch gefördert werden, betonen die ExpertInnen. Wichtig ist dies – nach Aussage der ExpertInnen – vor allem bei der älteren Generation, die jüngere Generation lebt oftmals bereits die deutsche Kultur, was zu Generationenunterschieden führt. Viele Familien wollen sich auch dadurch integrieren, indem sie ihre Kinder in Kitas schicken, in denen sie die deutsche Sprache lernen müssen, bemerkt Expertin M (Kita).

Dagegen machte Experte B. (Stadtteilbüro) die Erfahrung, dass viele TürkInnen sich nicht mit der deutschen Kultur auseinander setzen wollen und diese bei ihren Kindern auch nicht fördern. Dieselbe Erfahrung machen weitere ExpertInnen: Viele TürkInnen wollen sich gar nicht integrieren, „ganz im Gegenteil, die haben die Meinung, dass wir uns anzupassen haben, und meinen, sie könnten den Ton angeben" (I., Wohnbau: 11). Feindliche Gesinnungen sind auf beiden Seiten, der deutschen und der türkischen, vorprogrammiert (K., Trägerverbund).

Generell sind sich die ExpertInnen aber einig, dass der Wunsch nach Integration bei allen Generationen vorhanden ist. Dass sie das deutsche Rechtssystem bereits beherrschen, zeigen die türkischen Haushalte im Umgang mit Ämtern und Behörden. Sie sind viel ausdauernder und konsequenter bei der Durchführung ihrer Ansprüche (D., Sozialamt). Die Steuererklärung wird beispielsweise zurückgenommen, wenn eine Rechnung vergessen wurde, egal wie groß der Aufwand dafür ist, „es gibt eine Rechtsordnung, die bis zum Anschlag in Anspruch genommen wird" (D., Sozialamt: 4).

Auffällig erscheint den ExpertInnen auch das fehlende Unrechtsbewusstsein sowie das Unwissen der türkischen Sozialhilfeempfängerhaushalte. Wenn ein Sohn der Familie einer Erwerbsarbeit nachgeht, so wird das nicht immer dem Sozialamt gemeldet und weiterhin der höhere Satz kassiert, weiß Experte D. (Sozialamt). In der Schuldnerberatung zeigt sich, dass türkische Haushalte keine Beratung wollen, sondern ausschließlich finanzielle Zuwendungen (A., Diakonie).

Die erste und zweite Generation der TürkInnen war sehr sparsam mit dem Ziel, in der Türkei in einen Hausbau oder eine Existenzgründung investieren. Die ExpertInnen beobachten in diesen Generationen eine große Bereitschaft zum Verzicht, beispielsweise werden Kleider nicht neu gekauft, sondern beim Roten Kreuz abgeholt und das Gemüse im eigenen Garten gezogen. Eine sparsame Lebensführung sowie der starke Familienzusammenhalt ermöglicht einer zunehmenden Anzahl von Familien türkischer Herkunft der jungen Generation die Schaffung von Wohneigentum, was von manchen deutschen Nachbarn mit Neid beobachtet und kommentiert wird (C., ZAUG).

Die sparsamen und bescheidenen TürkInnen gehören der zweiten Generation an. Die dritte Generation passt sich dem deutschen Verhalten an, und konsumiert Handys und andere Statussymbole, für die ihr Geld nicht ausreicht, dadurch wird ihre Situation prekär, erläutert Experte G. (Geldinstitut).

Zusammenfassung
Den größten Anteil der ausländischen Bevölkerung machen in Gießen die TürkInnen aus. Sie leben mittlerweile in der dritten Generation hier und zeigen einen großen, generationenübergreifenden Zusammenhalt innerhalb der Familie. Die ExpertInnen beschreiben die Netzwerke als sehr groß und verlässlich, auch bezüglich finanzieller Hilfen. Sie machen die Erfahrung, dass sich viele TürkInnen dadurch nicht mit der deutschen Kultur auseinandersetzen und sich nicht integrieren wollen. Auffällig ist für die ExpertInnen auch die Sparsamkeit der zweiten TürkInnengeneration und das dadurch finanzierte Wohneigentum, sowie die konsequente Durchsetzung der Ansprüche im Umgang mit Ämtern und Behörden. Die dritte Generation passt sich dagegen dem deutschen Verhalten an und investiert ihr Geld in Statussymbole.

SpätaussiedlerInnen
In manchen Gebieten Russlands wird noch immer für eine Übersiedlung nach Deutschland geworben, bemängelt Experte E. (Jugendamt). Manchmal ist der Grund für SpätaussiedlerInnen nach Deutschland zu kommen auch „das große Lebensziel eines alten Mütterchens, dass der letzte Sohn nach Deutschland kommt" (K., Trägerverbund: 12). Die Eltern fühlen sich meistens auch noch als Deutsche und kommen gerne nach Deutschland, während die jüngere Generation ihre Perspektiven im Heimatland, beispielsweise Kasachstan, sieht und gegen ihren Willen hierher kommt (E., Jugendamt). Während sich die ältere Generation relativ schnell, auch beruflich, integriert, haben die Jugendlichen nach Meinung der ExpertInnen eine sehr hohe Anspruchshaltung gegenüber Deutschland. Die Folge daraus sind misslungene Anpassungsprozesse der jungen Generation: „Da entwickeln gerade die jungen Männer Strategien nach dem Muster, 'wie lerne ich zu überleben, ohne zu arbeiten?' – Drogen, Prostitution, Gewalt. Das wird dann als Wert und Vorbild auch an jüngere Kinder weitergegeben. Das ist eine Herausforderung für uns in den Kitas. Da ist es wenig hilfreich zu sagen,

zwei Jahre gibt es massive Eingliederungshilfen und danach ist Schluss. Da bildet sich leicht auch eine Subkultur" (E., Jugendamt: 10).

Dennoch ist bei den Spätaussiedlerfamilien der Zusammenhalt ebenso wie bei den Familien ausländischer Herkunft weit größer als in deutschen Familien, merkt Expertin C. (ZAUG) an. Die verwandtschaftlichen Beziehungen in die Heimat werden weiter gepflegt und schließen auch finanzielle Unterstützung ein (C., ZAUG).

Ein großes Problem bei der älteren wie bei der jüngeren Generation ist – nach Auffassung der befragten ExpertInnen – die fehlende Eigeninitiative, die offensichtlich in Russland systembedingt nicht nötig war (C., ZAUG). Das äußert sich beispielsweise darin, dass an Institutionen wie Kitas große Erwartungen im Hinblick auf ihre Zuständigkeit für bestimmte Regelungen gestellt werden, wie die Organisation von logopädischen Behandlungen bei Kindern, weiß Expertin L (Kita). Diese Haltung zeigt sich auch im Umgang mit Ämtern und Behörden. Ein Experte (D., Sozialamt) bezeichnet „das Bewusstsein, dass man von staatlicher Stelle eine gewisse Versorgung erwarten kann" (D., Sozialamt: 5), als typisch für Aussiedlerhaushalte. Andererseits haben vor allem die älteren AussiedlerInnen Angst vor den Behörden aus ihren Ländern mitgebracht und können diese nicht leicht ablegen (H., Wohnbau).

Mehreren ExpertInnen fällt auch auf, dass viele AussiedlerInnen sich sozial ausgegrenzt fühlen und versuchen, dies durch teure Markenbekleidung zu kompensieren und indem sie sich kulturell bilden (L., Kita; M., Kita). Ein Experte (K., Trägerverbund) hält dagegen: „Egal, wie gut sie Deutsch sprechen, sie werden immer sagen, sie sprechen nicht gut Deutsch. Die haben ihre eigene Insel, in der sie leben" (K., Trägerverbund: 12).

Es bleibt noch die Expertenaussage (G., Geldinstitut) anzumerken, dass die junge Generation, wie bereits bei den TürkInnen deutlich wurde, versucht, sich über demonstrativen Konsum anzupassen, was meist in Überschuldung endet.

Zusammenfassung

Während die ältere Generation der Spätaussiedler – nach ExpertInnenmeinung – gerne nach Deutschland kommt und sich schnell integriert, wird die jüngere Generation gegen ihren Wunsch nach Deutschland mitgenommen. Sie sträubt sich dementsprechend gegen eine Integration, versucht aber ihre Ausgrenzung durch Äußerlichkeiten wie Markenbekleidung zu kompensieren. Die ExpertInnen bestätigen einen starken Zusammenhalt innerhalb der Familie und weisen darauf hin, dass die AussiedlerInnen große Erwartungen an soziale Institutionen, im Hinblick auf die Zuständigkeit für bestimmte Regelungen, stellen.

Bezüglich AusländerInnen und AussiedlerInnen besteht eine hohe Spezifität und Komplexität der Problematik, die nicht ausreichend in den Interviews abgehandelt werden konnte.

2.3 Zusammenfassung der Interviewauswertung

In diesem Kapitel werden die Informationen und Erkenntnisse aus den ExpertInneninterviews zusammengefasst.

Themenorientierte Auswertung
Nur ein Experte erkennt den Ansatz der absoluten Armut als *Definition der Armut* an, während der Ressourcenansatz für mehrere ExpertInnen die erste Ausgangsbasis ist, die für einige der Haushalte zutrifft. Die Definition des Lebenslagenansatzes, der verschiedene Lebensbereiche mit einbezieht, erscheint den ExpertInnen aber als treffendste Definition von Armut. Die ExpertInnen sind sich darüber einig, dass es sich bei Armut um ein sehr vielschichtiges, gesellschaftliches Phänomen handelt, das mit der sozialen und gesellschaftlichen Entwicklung eng verbunden ist. Der Begriff dynamische Armut wird von keinem/r der ExpertInnen direkt genannt, gleichwohl werden die mit diesem Begriff beschriebenen inhaltlichen und zeitlichen Aspekte durchaus benannt: Umstände, durch die jemand in Armut gerät oder ihr wieder entkommt. Auch die Formulierung „prekäre Lebenslagen" ist den ExpertInnen zunächst nicht sehr geläufig und sie stimmen einem Experten bei seiner Formulierung „sozial benachteiligte Lebenslagen" zu.
Sozial benachteiligte Haushalte bekommen oft sehr jung mehrere Kinder und sind schnell mit der Situation überfordert. Einige ExpertInnen sehen darin den Auslöser für einen weiteren sozialen Abstieg.
Haushalte in prekären Lebenslagen sind zwar noch nicht als sozial benachteiligte Haushalte zu qualifizieren, doch die ExpertInnen kommen auch mit ihnen immer öfter in Kontakt und bedauern, dass die Politik hier zu wenig Maßnahmen ergreift, die ein Abgleiten in Armutslagen verhindern könnten.
Die ExpertInnen sind sich auch einig, dass Armut ein *generationenübergreifendes Phänomen* ist. Sie wissen auch um die fehlenden Perspektiven und Ressourcen, die von Generation zu Generation weitergegeben werden. Problematisch ist diese Erkenntnis der ExpertInnen besonders aus dem Wissen heraus, dass in Deutschland verstärkt die sozial benachteiligten Schichten die Kinder bekommen.
Bezüglich der *Haushaltsführungskompetenz* wird in den Interviews deutlich, dass den sozial benachteiligten Haushalten die nötigen Ressourcen fehlen, ihren Haushalt und ihr Leben zu bewältigen. Durch diesen Mangel können wenig Fähigkeiten an die Kinder weitergeben werden, was vor allem im *Umgang mit Geld* zum Tragen kommt. Planlosigkeit im Umgang mit Geld führt aus Sicht der ExpertInnen dazu, dass die Haushalte ihr Einkommen vorrangig für Statussymbole ausgeben und die *Ernährung* vernachlässigen, welche dadurch nicht selten sehr ungesund ausfällt. Auffällig ist für die ExpertInnen ebenfalls der unkontrol-

lierte *Umgang mit Zeit*, die fehlende Zeitplanung der Haushalte wird in Zeit-knappheit und einem Entgleisen von Zeitstrukturen deutlich. Einerseits wird dieses Phänomen aus der Mittelschichtperspektive der ExpertInnen negativ deutlich, andererseits besteht aus Sicht der Haushalte keine Notwendigkeit zur Zeitplanung, da sie keine Verpflichtungen haben.

Bei der *Verteilung der Rollen* unter den Geschlechtern zeigen sich nur ge-ringfügige Unterschiede zwischen deutschen und nichtdeutschen Haushalten. Erstaunlich in den ExpertInnenaussagen ist, dass Mädchen in Haushalten in Armutssituationen einen geringeren Stellenwert haben als Jungen. Die Wertung der Geschlechter stärkt die generative Armut, da die Eltern auf Grund ihrer ei-genen fehlenden Bildung keinen Wert auf gute Bildung und Ausbildung bei ih-ren Kindern legen – bei den Mädchen noch weniger als bei den Jungen.

Bei der Beurteilung der *Netzwerke* zeigen sich dagegen große Unterschiede zwischen deutschen und nichtdeutschen Haushalten. Während die deutschen Ein- und Zwei-Elternteil-Familien sehr isoliert sind und wenig Netzwerke ha-ben, heben die ExpertInnen bei den nichtdeutschen Haushalten besonders die Netzwerke innerhalb der Großfamilien hervor. Die ExpertInnenmeinung bezüg-lich der Rolle der Großeltern, insbesondere der Großmütter unterscheidet sich ebenfalls zwischen den Kulturen. In deutschen Haushalten sind sie meist wenig hilfreich und führen oft zu Konflikten, während in nichtdeutschen Haushalten die Großmütter einen großen Teil der Kindererziehung übernehmen und die Haushalte dadurch entlasten. Interessant erscheint den ExpertInnen auch die Bedeutung der Netzwerke bei nichtdeutschen Haushalten bezüglich finanzieller Unterstützung in Notsituationen.

Die finanzielle Situation der Haushalte ist oft sehr prekär, vor allem da die Haushalte meist von *Sozialhilfe* leben. Die Sozialhilfe ermöglicht Haushalten ein Leben am Existenzminimum und befriedigt die Grundbedürfnisse. Aus Sicht der ExpertInnen ermöglicht die Sozialhilfe aber kein Leben unabhängig von ihr und erfüllt ihre gesetzliche Aufgabe damit nicht. Auch *500,-- DM* mehr im Mo-nat würden den sozial benachteiligten Haushalten nicht helfen, da nach Ansicht der ExpertInnen die psychologischen und hauswirtschaftlichen Probleme ge-genüber den finanziellen Problemen in den Haushalten überwiegen. Trotzdem versuchen manche Haushalte ihre Situation zu verbessern, indem sie in die *Selbstständigkeit* wechseln, ohne die nötigen Qualifikationen zu besitzen. Nicht nur für die sozial benachteiligten Haushalte, auch für Haushalte in prekären Le-benslagen führt die gescheiterte Selbstständigkeit oft in weitere Armutssituatio-nen. Was den Haushalten bleibt, ist meistens *Verschuldung oder Überschul-dung*. Die ExpertInnen wissen, dass es für arme Haushalte sehr schwierig ist, eine Überschuldungssituation zu überwinden, setzten aber Hoffnungen in das *Verbraucherinsolvenz*verfahren.

Die *Sozial- und Beratungsarbeit* in Gießen, insbesondere in der Nordstadt, ist nach Aussagen der ExpertInnen in den letzten Jahren zwar verbessert worden. Sie ist aber dennoch verbesserungswürdig und nicht individuell genug für jeden Haushalt.

Zielgruppenorientierte Auswertung
Bezüglich der Zielgruppen betonen alle ExpertInnen die defizitäre Lage der *Kinder und Jugendlichen.* Ein Experte beschreibt in diesem Zusammenhang das Familienleben als gemeinsame Lebensbewältigungsstrategie, in der Kindererziehung nebensächlich ist. Die ExpertInnen weisen auch auf die Auswirkungen der Vernachlässigung der Kinder und Jugendlichen durch ihre Eltern hin. Es wird deutlich, dass die Mängel besonders groß sind, wenn die Eltern alkoholabhängig sind, was nicht selten der Fall ist.

Innerhalb Gießens bilden sich aus ExpertInnensicht Subkulturen von sozial und wirtschaftlich benachteiligten Haushalten, wie den *Zwei-Elternteil-Familien mit mehreren Kindern,* so dass ganze Wohnviertel nur von bestimmten Schichten bewohnt werden. Eine Durchmischung der Wohnviertel im Nachhinein ist sehr schwer. Die gesellschaftlichen Anforderungen „normaler" Familien an ihre Wohnumwelt stellen diese Familien vor zu große Herausforderungen. Die ExpertInnen beobachten Überforderungen sowie weitere psychische und finanzielle Probleme in den Haushalten. Oft ist die Konsequenz aus diesen Schwierigkeiten die Trennung der Eltern und die Entstehung von Patchwork-Familien. Chaotische Verhältnisse innerhalb der Familien werden von fast allen ExpertInnen geschildert.

Wie die Zwei-Elternteil-Familien bilden auch die *allein Erziehenden* in Gießen Subkulturen. Den ExpertInnen fällt vor allem der verantwortungsbewusste Umgang der allein Erziehenden mit Geld auf; ihre Schulden stammen oft aus früheren Ehen. Ihre finanzielle Situation und fehlende Netzwerke machen allein Erziehende zu EinzelkämpferInnen. Konträre Meinungen werden in der Frage vertreten, ob allein Erziehende de facto nicht doch einen Partner haben. Einige ExpertInnen fügen an, dass allein Erziehende inoffiziell nicht immer ohne Partner leben. Andere vertreten die Meinung, dass Männer zwar temporär vorhanden sind, allein erziehende Mütter aber kaum entlasten, sondern ihnen zusätzlich „auf der Tasche" liegen; also ihre knappen Ressourcen beanspruchen, ohne substantiell etwas einzubringen. Die Gruppe der allein erziehenden Männer erwähnen die ExpertInnen nur am Rande, und haben diesbezüglich sehr kontroverse Meinungen. Einerseits werden sie als arbeitsunwillig und faul, andererseits als bemitleidenswert und hilfsbedürftig dargestellt.

Eine weitere Zielgruppe, die fast allen ExpertInnen vertraut ist, ist die der *älteren, in Armut lebenden Frauen.* Sie fallen durch Sparsamkeit und wirtschaftliche Fähigkeiten verbunden mit Enthaltsamkeit auf. Viele dieser Frauen geben den größten Teil ihres Geldes für die Miete aus. Neben den Frauen sind den ExpertInnen auch ältere allein lebende Männer bekannt, deren Situation aber meist nicht so prekär ist wie die der Frauen.

Neben der deutschen Bevölkerung haben die ExpertInnen mit den *nichtdeutschen Haushalten* Erfahrungen gesammelt. Den größten Anteil der ausländischen Bevölkerung machen in Gießen die *TürkInnen* aus. Sie leben mittlerweile in der dritten Generation hier und zeigen einen großen, generationenübergreifenden Zusammenhalt innerhalb der Familie. Die ExpertInnen beschreiben die Netzwerke als sehr groß und verlässlich, auch bezüglich finanzieller Hilfen. Sie machen die Erfahrung, dass sich viele TürkInnen dadurch nicht mit der deutschen Kultur auseinandersetzen und sich nicht integrieren wollen. Auffällig ist für die ExpertInnen auch die Sparsamkeit der zweiten TürkInnengeneration und das dadurch finanzierte Wohneigentum, sowie die konsequente Durchsetzung der Ansprüche im Umgang mit Ämtern und Behörden. Die dritte Generation passt sich dagegen dem deutschen Verhalten an, spart wenig und investiert ihr Geld bevorzugt in Statussymbole.

Die zweite große nichtdeutsche Gruppe in Gießen sind die *SpätaussiedlerInnen*. Die ältere Generation der SpätaussiedlerInnen kam gerne nach Deutschland und integrierte sich schnell, während die jüngere Generation gegen ihren Wunsch nach Deutschland mitgenommen wurde. Sie sträubt sich dementsprechend gegen eine Integration, versucht aber ihre Ausgrenzung durch Äußerlichkeiten wie Markenbekleidung zu kompensieren. Die ExpertInnen bestätigen einen starken Zusammenhalt innerhalb der Familie und weisen darauf hin, dass die AussiedlerInnen große Erwartungen an soziale Institutionen im Hinblick auf die Zuständigkeit für bestimmte Regelungen stellen. Dieses Verhalten muss vor dem Hintergrund ihres bisherigen Lebensalltags in der ehemaligen staatssozialistischen Sowjetunion gesehen werden.

Des Weiteren ist anzumerken, dass die Thematik der nichtdeutschen Haushalte in den Interviews nicht abschließend abgehandelt werden konnte. Nur am Rande werden TürkInnen und SpätaussiedlerInnen thematisiert, andere Nationalitäten kommen gar nicht zur Sprache. Da die Haushalte mit Migrationshintergrund, durch mangelnde Sprachkenntnisse und Integrationsschwierigkeiten eine besondere Risikogruppe für Armutslagen darstellen, sind genauere Forschungsergebnisse von großer Wichtigkeit.

V.   Konzept und methodische Grundlagen zu den Einzelfall-studien

1. Die Forschungsmethode „Haushaltsanalyse" und ihre theoretischen Grundannahmen

Die Haushaltsanalyse ist eine spezifisch haushaltswissenschaftliche Forschungs-methode mit einer mehr als 30-jährigen Tradition. Sie wurde mehrfach in ver-schiedenen Forschungsprojekten eingesetzt, ist fester Bestandteil der universitä-ren Ausbildung in Gießen und hat die Arbeit der ländlich-hauswirtschaftlichen Beratung und Ausbildung jahrzehntelang maßgeblich beeinflusst. Für die prakti-sche Anwendung sind im Laufe ihrer Entwicklungsgeschichte immer wieder neue Erfassungs- und Auswertungsinstrumente entwickelt worden, die in den unterschiedlichen Kontexten den jeweiligen Fragestellungen bzw. Zielsetzungen angepasst wurden.

Die Methode dient der objektivierten Abbildung haushälterischen Alltags-handelns, mit der private Haushaltssysteme sowohl in ihrer Binnenstruktur als auch in ihren Verknüpfungen zum Umfeld aus sozio-ökonomischer Perspektive dargestellt werden. Sie ist ein Informations- und Kommunikationssystem auf der Basis eines mikrosystemanalytischen Ansatzes, der system- und handlungs-theoretisch begründet ist (von Schweitzer 1991: 27 ff.). Die erhobenen und aus-gewerteten Einzeldaten alltäglicher Daseinsvorsorge werden im haushälteri-schen Gesamtzusammenhang beurteilt, der aus dem Wechselspiel von haushäl-terischen Ressourcen, Zielen und Handlungsspielräumen interpretiert werden kann (vgl. Kap. III. 1).

Die Methode der Haushaltsanalyse weist für die Abbildung der Alltagsver-sorgung und –bewältigung von Haushalten in prekären Lebenslagen verschiede-ne Vorteile auf. Sie lassen sich prägnant mit Schlagworten beschreiben, die in aktuellen Diskussionen um Ziele, Methoden und Qualität der Sozialen Arbeit in den letzten Jahren eine große Rolle spielen:

- *Lebensweltorientierung* ist die zentrale Grundvoraussetzung sozialer Ar-beit. Auch in Haushaltsanalysen geht es um die alltäglichen und ganz prak-tischen Sorgen und Nöte der Mitglieder des untersuchten Haushalts im

Umgang mit den Anforderungen des Alltags. Menschen da abzuholen, wo sie stehen, ist ein selbstverständliches Grundprinzip von Haushaltsanalyse.

• *Ressourcenorientierung* bedeutet in Beratungs- und Hilfekonzepten der Sozialen Arbeit, an vorhandenen Stärken der Menschen und nicht an bestehenden Defiziten anzusetzen. Auch in der Haushaltsanalyse spielen Ressourcen in einem sehr breiten Verständnis eine zentrale Rolle. Außerdem haben in Haushaltsanalysen Wertorientierungen und Ziele der Menschen einen zentralen Stellenwert, ohne deren Einbeziehung eine erfolgreiche Bildungs- und Beratungsarbeit nicht möglich ist.

• *Hilfeplanverfahren* erlangen – wie in Kap. II.2 dargestellt – in der Sozialen Arbeit im Zusammenhang mit Diskussionen um Qualitätssicherung einen wachsenden Stellenwert in der Arbeit von Sozial-, Jugend- und Arbeitsämtern. In Haushaltsanalysen wird diese Vorgehensweise schon seit Jahren praktiziert. Sie wird mit dem Phasenschema von Haushaltsanalyse im engeren Sinne, Haushaltsdiagnose, Haushaltssimulation und Haushaltsplanung beschrieben (vgl. Kap. III.1).

• Schließlich wird in Theorie und Praxis der Sozialen Arbeit der Anspruch an *systemisches Denken* geäußert. Durch die system- und handlungstheoretische Grundlage der Methode existiert ein solides theoretisches Fundament, das für ein Denken in Systemzusammenhängen bestens geeignet ist. Es ist aber gleichzeitig flexibel genug, Anpassungen der Instrumentarien an sehr unterschiedliche Fragestellungen zuzulassen. So kann der Umfang der bearbeiteten Daten theoriegeleitet auf die angestrebten Aussageziele abgestimmt werden. Datenfriedhöfe lassen sich ebenso vermeiden wie Datenlücken.

Eine quantitativ messbare Abbildung des Haushaltsgeschehens ist auf zwei Ebenen möglich, nämlich einem Zeitsystem und einem Geldsystem. In beiden Bereichen interessiert einerseits, welche Ressourcen (an Zeit bzw. finanziellen Mitteln) im Haushalt verfügbar sind, und andererseits, welche Ressourcen für die Erstellung und Bereithaltung von Versorgungs-, Pflege-, Betreuungs- und Erziehungsleistungen je nach Personalstruktur des Haushalts benötigt werden. Das zeitliche Ressourcenangebot des Haushalts sind die *verfügbaren Arbeitskräfte* für Erwerbstätigkeit oder Haushaltsarbeit; der zeitliche Bedarf an Ressourcen heißt *Arbeitsbedarf*. Das Ressourcenangebot im finanziellen Bereich wird durch das *Haushaltsgesamteinkommen* gebildet, ggf. ergänzt durch Finanzanlagevermögen. Dem steht ein Geldbedarf an Ressourcen gegenüber, der *Haushaltsaufwand* genannt wird.

Wird das Ressourcenangebot dem jeweils korrespondierenden Ressourcenbedarf gegenübergestellt, so ergeben sich objektive Aussagen über die zeitliche bzw. finanzielle Belastung des Haushalts. Auf der zeitlichen Ebene wird personenbezogen die durchschnittliche tägliche Arbeitszeit errechnet. Die finanzielle Situation kann als Finanzierungsüberschuss oder –defizit dargestellt werden oder über die Gegenüberstellung von Vermögen und Schulden mit Hilfe einer Bilanz.

Bei der Darstellung der Ressourcenbedarfe wird sowohl auf der Zeit- als auch auf der Geldebene unterschieden zwischen kontinuierlichen Bedarfen und phasen- bzw. ereignisbezogenen Bedarfen einerseits, andererseits zwischen Bedarfen, die unmittelbar von einzelnen Haushaltspersonen verursacht werden und solchen, die vom Haushaltsstil insgesamt abhängen. Demzufolge setzen sich Arbeitsbedarf und Geldbedarf zusammen aus einer Haushaltsgrundversorgung, einer Personengrundversorgung, einer Haushaltszusatzversorgung und einer Personenzusatzversorgung.

- Die *Haushaltsgrundversorgung* beinhaltet zeitliche oder finanzielle Aufwendungen, die unabhängig von Familienzyklusphasen und in ihrer Höhe über einen längeren Zeitraum konstant sind:
  Beispiele für das Geldsystem: Mietkosten, Hausrat, Private Versicherungen, Private Steuern, regelmäßige Gebühren und Zinsen;
  Beispiele für das Arbeitssystem: Zeitbedarf für Einkaufen, Management und die Reinigung gemeinschaftlich genutzter Räume.

- Die *Personengrundversorgung* verändert sich demgegenüber kurzfristig durch das Älterwerden der Haushaltspersonen, durch Veränderungen der Haushaltsgröße (z.B. Geburt eines Kindes) oder der Haushaltszugehörigkeit. Beispiele für das Geldsystem: Ausgaben für Ernährung, Bekleidung, Körperpflege, Sport und Hobbys, Beispiele für das Zeitsystem: Zeitbedarf für Beköstigung, Wäschepflege und Reinigung der Individualräume.

- Zur *Haushaltszusatzversorgung* gehören Geld- und Arbeitsleistungen, die vor allem in Abhängigkeit vom Haushaltsstil und von Gegebenheiten des haushälterischen Umfelds nur in einigen Haushalten anzutreffen sind und in diesen Haushalten Geld- und Zeitbedarfe erfordern, die nicht vernachlässigt werden dürfen, z.B. für Haustiere.

- Als *Personenzusatzversorgung* werden Geld- und Arbeitsleistungen bezeichnet, die nicht in allen Haushalten gleichermaßen zu finden sind, die aber anlässlich bestimmter Ereignisse (z.B. Konfirmationsfeier) oder in bestimmten Lebensphasen erforderlich sind und dann mit einem bedeutsamen Arbeits- und/oder Geldbedarf einhergehen. Betreuungsleistungen gehören, egal ob zeitlicher oder finanzieller Art, generell in diese Kategorie, ebenso die extra für Kinder erbrachten Versorgungsleistungen (z.B. Mahlzeitenzubereitung, Hilfen bei der Mahlzeiteneinnahme, Hilfen beim An- und Auskleiden, Hilfen bei der Körperpflege).

Diese Unterscheidung ist besonders für die Simulation von Bedeutung, weil sich mit dem Älterwerden der Haushaltspersonen und Veränderungen ihrer Einbindungsgrade in den Haushalt auf alle Fälle die personenbezogenen Zeit- und Geldbedarfe ändern, während die haushaltsbezogenen in erster Linie an die Wohnung, den Wohnstandort und den Haushaltsstil gekoppelt sind.

Im Haushaltsanalysemodell werden folgende Datenbereiche berücksichtigt:

1. *Haushaltsinterne Ressourcen:*
   Personale Ressourcen einschließlich Gesundheit und Bildung
   Konsumtivsachvermögen und Nutzungsrechte
   Finanzvermögen und Verbindlichkeiten
2. *Haushaltsexterne Ressourcen:*
   Private Netzwerke
   Infrastruktur des Wohnstandortes
3. *Verwirklichte Ziele/Ansprüche und genutzte Handlungsspielräume:*
   Umgang mit Geld als Nutzung von finanziellen Ressourcen
   Umgang mit Zeit als Nutzung von zeitlichen Ressourcen
4. *Geschichte des Haushalts und Zukunftswünsche*

Abb. 5: Haushaltsstrukturmodell in Haushaltsanalyse und -simulation

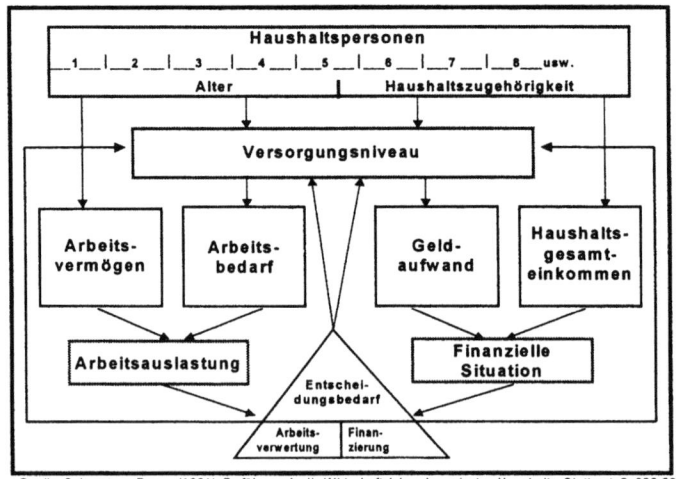

Quelle Schweitzer, R von (1991) Einführung in die Wirtschaftslehre des privaten Haushalts. Stuttgart, S 206-207

Haushaltspersonen

Eine zentrale Stellung in unserem Modell (s. Abb. 5) nehmen die Haushaltspersonen ein, weil sie das Haushaltsgeschehen steuern. Eine Person wird dann als Haushaltsangehörige(r)[1] bezeichnet, wenn sie regelmäßig und nicht nur vorübergehend im Haushalt lebt und Versorgungs-, Betreuungs-, Pflege- und Erziehungsleistungen in Anspruch nimmt, die im Haushalts bereitgestellt werden. Diese Leistungen können vielfältige Kombinationen von Arbeits- und Geldleistungen sein. Haushaltspersonen können im Haushalt verschiedene „Rollen" spielen, die in der Haushaltsanalyse konkret rechenhaft abgebildet werden:

Jede Haushaltsperson stellt je nach Alter und Einbindungsgrad in den Haushalt mehr oder weniger große Anforderungen an die Versorgung im Haushalt, was sich in der Höhe des Arbeits- und des Geldbedarfs des Haushalts niederschlägt und mit Hilfe der Rechengröße Vollversorgungseinheit (abgekürzt Vve) gemessen wird. Eine Vollversorgungseinheit ist definiert als erwachsene Person, die im Laufe des Analysejahres alle Leistungen der Personengrundversorgung in Anspruch nimmt. Personen, die aufgrund ihres Alters (Kinder) und/oder ihrer zeitlich begrenzten Anwesenheit im Haushalt nur geringere Kosten verursachen, werden prozentual im Verhältnis zu einer Vollversorgungseinheit mit Werten zwischen null und 1,00 Vve eingeschätzt. Das Gleiche gilt für im betrachteten Haushalt teilversorgte Personen, für die nur ein Teil der Ausgaben der Personengrundversorgung aus der Haushaltskasse bezahlt wird, weil die Personen über eigene finanzielle Mittel verfügen, die nicht in die Haushaltskasse einfließen. Zum Beispiel kann ein Auszubildender ein Kostgeld zu Hause abgeben, das seine Verpflegung abdeckt. Für den Restbetrag seiner Ausbildungsvergütung muss er eigenverantwortlich seine Ausgaben für Bekleidung, Freizeitaktivitäten und Verkehrsmittel decken.

Jede Haushaltsperson wird hinsichtlich ihres Zeit- und Geldbedarfs getrennt als Vollversorgungseinheiten eingeschätzt. So können sich beispielsweise im Haushalt einer allein erziehenden Mutter mit zwei drei und fünf Jahre alten Töchtern insgesamt 2,52 Vve Arbeit bzw. 1,97 Vve Geld ergeben.

Haushaltspersonen können gleichzeitig mit ihrem Humanvermögen einen mehr oder weniger großen Beitrag zur Bedarfsdeckung der Haushaltsangehörigen erbringen. Einerseits können sie anfallende Haushaltsarbeiten übernehmen, andererseits ihre Arbeitsleistung im Erwerbssystem einsetzen und damit Einkommen für den Haushalt erzielen. Hinsichtlich der Arbeitsleistung und des Einkommensbeitrags können sich die Haushaltspersonen stark voneinander unterscheiden, weil sie nicht alle gleichermaßen (z.B. Kinder) Ressourcen für den Haushalt zur Verfügung stellen können oder wollen. Darüber hinaus bestimmen

---

1   Die Termini Haushaltsperson, Haushaltsangehörige(r) und Haushaltsmitglied werden synonym verwendet.

die Haushaltsmitglieder über Ziele, Werte und Ansprüche maßgeblich das Versorgungsniveau, das konkret an der Art und Weise, wie das Alltagsleben gestaltet wird, ablesbar ist.

Gesundheitliche Beeinträchtigungen und/oder körperliche Behinderungen einzelner Haushaltspersonen bringen meist besondere Anforderungen und Belastungen an die Alltagsversorgung mit sich, die sich einerseits in höheren Arbeits- und Geldbedarfen niederschlagen und die andererseits – bedingt durch eingeschränkte Arbeitsfähigkeit – ein geringeres Arbeitsvermögen der Personen mit entsprechenden Auswirkungen auf die Einkommenserzielung bedeuten können.

Von besonderer Bedeutung für die Alltagsversorgung und Bewältigung von Problemsituationen ist das Humanvermögen des Haushalts, das sich in drei verschiedene Kompetenzbereiche gliedern lässt (Abb. 6): Neben speziellen Kompetenzen für den Erwerbsberuf gibt es haushaltsbezogene Fachkompetenzen. Verbunden werden diese beiden Bereiche durch allgemeine Daseinskompetenzen. Bildungs- und Ausbildungswege der Haushaltsmitglieder helfen nicht nur, die Situation eines Haushalts zum Analysezeitpunkt zu erklären; die vorhandenen Qualifikationen und Kompetenzen und die Bildungs- und Weiterbildungsbereitschaft sind auch für Zukunftsüberlegungen von großer Bedeutung, weil sie haushälterische Handlungsspielräume abstecken.

Die Verknüpfungen von Sach- und Beziehungsebene (psychosoziale Aspekte), die für viele prekäre Lebenslagen von großer Bedeutung sind, werden in der Haushaltsanalyse als qualitative Faktoren berücksichtigt. Einerseits nehmen wir Vernetzungen von Verhaltensmustern und den Persönlichkeitsstrukturen in den Blick sowie andererseits die Beziehungen zwischen Geschlechtern und Generationen z.B. über Mitwirkungs- und Entscheidungskompetenzen bei der Daseinsvorsorge.

Konsumtivsachvermögen und Nutzungsrechte

Informationen zur Wohnung und deren Ausstattung erlauben einerseits die Beurteilung ihrer Funktionalität und andererseits der finanziellen und zeitlichen Konsequenzen.

Die Funktionalität der Wohnung sowie ihre für die Haushaltsarbeit relevanten Kennzeichen werden in einem qualitativen Verfahren anhand eines Punkteschemas beurteilt. Demgegenüber lässt sich sowohl die Wohnungsgröße mit Hilfe quantitativer Kennzahlen beurteilen wie auch die Ausstattung des Haushalts mit Haushaltstechnik (Gebrauchsvermögen). In den Bereichen hauswirtschaftliche Geräte, Verkehrsmittel, Unterhaltungselektronik, Informationstechnik und Gesundheitstechnik kann der Zeitwert des vorhandenen Gebrauchsvermögens im Wert über 150 € errechnet werden.

Abb. 6: Das Humanvermögen des Haushalts

Humanvermögen	Qualifikationen für die Daseinsvorsorge	Kompetenzen zur Sicherung der Daseinsvorsorge[1]	- Wahrnehmung von und Umgang mit Bedarfen der Haushaltspersonen - Komplexität der Handlungen und Entscheidungen - Realitätsbezug - Qualität der Entscheidungen - Eigenaktivität und -verantwortung - Lebensbewältigungskompetenz -------------------- - psychosoziale Kompetenzen[2]	**Alltagskompetenzen**
		Haushälterische Fachkompetenzen	- Versorgung, Pflege und Betreuung von Kindern, Älteren und Behinderten - Gesundheit, Ernährung - Reinigung, Pflege und Wartung von Wäsche, Wohnung, Haus- und Haushaltstechnik - Arbeitsorganisation - Einkommenserzielung und -sicherung - Konsum und Lebensqualität - Vermögen und Schulden - Steuer- und Transfersysteme - Kommunale Infrastrukturen - Haushalt und Nachhaltigkeit	
		Berufliche Fachkompetenzen	- berufliche und Bildungsqualifikationen	
	Zeitallokation/ Zeitressourcen für ...	Öffentliche Zeit	- Erwerbsarbeit - Ehrenamt - Aus- und Weiterbildung für Erwerbsarbeit	
		Familiale Zeit	- Haushaltsarbeit - Netzwerkhilfe - Haushälterische Bildung	
		Persönliche Zeit	- Physiologische Regeneration - aktive Regeneration - Kontakte - Allgemeinbildung	

1) Kompetenzen zur Sicherung der Daseinsvorsorge und Lebensqualität stellen Kriterien dar, nach denen die Zielerreichung eines Haushalts beurteilt werden kann.

2) psychosoziale Kompetenzen: Dazu gehören kommunikative Kompetenzen, Kompetenzen zur Konfliktlösung etc.

Quelle: Eigene Darstellung in Weiterentwicklung der Abbildung „Ressourcen des Haushaltssystems". Von Schweitzer 1991, S. 157

Daraus lassen sich nicht nur die in Sachwerten gebundene Vermögenshöhe und –struktur des Haushalts bestimmen, sondern auch die erforderlichen Rücklagen, die der Haushalt vornehmen müsste, um gleichwertigen Ersatz zu beschaffen oder Reparaturen vorzunehmen.

Eine besondere Situation liegt in Haushalten mit Wohneigentum vor. Um Vergleichbarkeit mit Mieterhaushalten zu gewährleisten, bestimmen wir aus dem Wiederbeschaffungswert des Hauses einen Mietwert, der die Größenordnung darstellt, in der Rücklagen für Instandhaltungs- und Modernisierungsmaßnahmen erforderlich sind, um die Wohnqualität aufrecht erhalten zu können.

Finanzvermögen und Verbindlichkeiten
Umfassende Aussagen über die finanzielle Situation eines Haushalts erfordern auch Angaben zu vorhandenen Geldvermögensanlagen und die eingegangenen Verbindlichkeiten. Wie zu erwarten war, haben nur sehr wenige der Projekthaushalte überhaupt Finanzvermögen aufzuweisen. Demgegenüber tauchen als Fremdkapital zum Teil hohe Verschuldungsbeträge auf, die über unterschiedliche Kreditformen zustande gekommen sind: Kontoüberziehungen, Konsumentenkredite, Hypothekendarlehen, Zahlungsrückstände sowie bei Verwandten bzw. Freunden aufgenommene Kredite. Um Möglichkeiten der Entschuldung zu prüfen, ist es nicht nur wichtig, Informationen über die Kreditform und die Nennhöhe des aufgenommenen Kredit zu haben, sondern daneben auch über deren Restschuldsummen zum Analysezeitpunkt, die monatlich gezahlten Raten, den Zinssatz und weitere Kosten[2].

In einer Haushaltsbilanz werden die Angaben über das Finanzvermögen[3], das Konsumtivsachvermögen und die Verbindlichkeiten für einen Stichtag zusammengestellt. Außer Höhe und Struktur des Vermögens bzw. der Verbindlichkeiten ist auch eine Gegenüberstellung von Vermögen und Krediten aufschlussreich. Während in der Mehrzahl der Haushalte der Anteil der Kredite am Gesamtvermögen (Kennziffer Verschuldungsgrad) deutlich unter 100 % oder sogar bei Null liegt, erreicht die Kennziffer für Haushalte in prekären Lebenslagen häufig Werte über 100 %, weil die Restschuldsummen den Wert des Gesamtvermögens deutlich überschreiten. Sofern die Datenlage es zulässt, sind Bilanzvergleiche zwischen zwei Stichtagen (z.B. Jahresanfang und –ende) aufschlussreich, weil sich daran ablesen lässt, ob sich die Verschuldungs- bzw. Vermögenslage verbessert hat oder nicht.

---

2   Sofern ein Haushalt Finanzanlagen, z.B. Sparbücher , Kapitallebensversicherungen oder festverzinsliche Wertpapiere besitzt, sind auch hier für die einzelnen Vermögensarten differenzierte Informationen erforderlich, um eine Fortschreibung der Kontostände computergestützt vornehmen zu können.

3   Das Finanzvermögen setzt sich aus Finanzanlagevermögen und Finanzumlaufvermögen zusammen. Finanzanlagevermögen sind Sparguthaben und andere Geldanlageformen. Zum Finanzumlaufvermögen zählen Guthaben auf Girokonten oder ggf. Kreditkartenkonten. Bargeld bleibt zur Vereinfachung unberücksichtigt.

Private Netzwerke
Verwandte, Freunde, Bekannte und Nachbarn können für einen Haushalt einerseits Hilfe und Entlastung im Alltagsleben ermöglichen. Sie können je nach Situation aber genauso gut auch Unterstützung vom Haushalt benötigen. Die konkret rechenhafte Abbildung der Ent- und Belastungseffekte ist in der Haushaltsanalyse innerhalb des Geld- und des Zeitsystems möglich. Sowohl die von haushaltsexternen Personen für den analysierten Haushalt als auch die vom Haushalt für andere konkret erbrachten Hilfeleistungen fließen in die Abbildung ein. In der Datenerfassung für die Haushaltsanalyse ist zur Darstellung der privaten Hilfenetze ein eigenes Kapitel vorgesehen. Da die Unterstützungen aber vielfältiger Natur sein können, sind auch in anderen Datenbereichen Aspekte von Netzwerkbeziehungen zu finden, speziell Informationen zur Qualität, Dauerhaftigkeit und Verlässlichkeit.

Infrastruktur des Wohnstandortes
Das Vorhandensein und die Erreichbarkeit von Infrastruktureinrichtungen im Wohnumfeld passend zur Lebenslage eines Haushalts kann das Gelingen seiner Alltagsversorgung und -bewältigung maßgeblich unterstützen. Aus diesem Grunde ermitteln wir mit Hilfe der Haushaltsanalyse sogenannte *Wohnstandortkennziffern*, die durchschnittliche Entfernungen zu wichtigen Einrichtungen und Institutionen zum Ausdruck bringen, die von vielen Haushalten aufgesucht werden. Wir differenzieren dabei nach Institutionen der Grundversorgung (z.B. Einkaufsmöglichkeit, Hausarzt, Gemeindeverwaltung) und der Zusatzversorgung (z.B. Kindertagesstätte, Grundschule, Altenheim). Die Wohnstandortkennziffern vermitteln einen ersten Eindruck von der Qualität des Wohnumfeldes, sollten aber durch qualitativ beschreibbare Indikatoren ergänzt werden, wie z.b. die Häufigkeiten der Nutzung oder die Erreichbarkeit speziell unter dem Aspekt der im Haushalt verfügbaren Verkehrsmittel.

Umgang mit Geld als Nutzung von finanziellen Ressourcen
Die Nutzung der finanziellen Ressourcen eines Haushalts lässt sich ablesen an Höhe und Struktur seiner *Einnahmen und Ausgaben*[4]. Da die einzelnen Einnahme- und Ausgabearten die Vermögenssituation im Haushalt in unterschiedlicher Weise verändern, ist dies bei der Konzeption der Datenerfassung und -auswertung berücksichtigt worden.
Die Einnahmen werden gegliedert in
•   Einkommen des Haushalts nach Einkommensquellen:

---

4   Die Begriffe Einnahmen und Ausgaben werden aufgrund der alltagssprachlichen Verbreitung und dementsprechend besseren Verständlichkeit anstelle der betriebswirtschaftlich eigentlich korrekten Termini Einzahlungen und Auszahlungen verwendet.

- Einkommen aus Erwerbstätigkeit
- Leistungen von Sozialversicherungen
- Staatliche Transferzahlungen
- Private Transferzahlungen
- Einkommen aus Geld- und Sachvermögen
- sonstige Einkommen (z.b. Geldgeschenke);
- Auflösung von Finanzanlagevermögen (z.b. Abhebung von Sparguthaben);
- Einnahmen aus Kreditaufnahme (z.b. Finanzierung einer Waschmaschine durch einen Konsumentenkredit);
- Verkauf von Konsumtivsachvermögen (z.b. Verkauf des alten Autos);
- Rückzahlungen/Erstattungen.

Als *Einkommen*, das dem Haushalt tatsächlich zur Nutzung und zum Verbrauch zur Verfügung steht, werden die Einkommen des Haushalts aus den o.g. Einkommensquellen sowie Rückzahlungen und Erstattungen gerechnet. Die übrigen drei Einnahmearten bedeuten für den Haushalt Vermögensverschiebungen, die ihn weder reicher noch ärmer machen.

In ähnlicher Weise sind auch die Ausgaben des Haushalts strukturiert:

- Ausgaben des Haushalts für Lohn-/Einkommenssteuer und Pflichtbeiträge zur Sozialversicherung;
- Private Konsumausgaben für
  - Haushaltsgrundversorgung,
  - Personengrundversorgung,
  - Haushaltszusatzversorgung,
  - Personenzusatzversorgung
- Ausgaben für Vermögensbildung (z.B. Einzahlungen in Sparverträge, Geldanlage in einen Bundesschatzbrief);
- Kreditraten;
- Ausgaben für Investitionen in Gebrauchsvermögen und Wohneigentum.

Die drei zuletzt aufgeführten Positionen bewirken wiederum nur Umschichtungen des Vermögens und bleiben deshalb unberücksichtigt, wenn der *Haushaltsaufwand* (auch *privater Verbrauch* genannt) des Haushalts abgebildet werden soll. In den Haushaltsaufwand gehen außer den Steuern, Versicherungsbeiträgen und privaten Konsumausgaben auch kalkulatorische Größe ein, die die Wertminderung und Abnutzung von Wohneigentum und Gebrauchsvermögen in Geldwerten erfassen.

Für die Datenauswertung ergeben sich zwei mögliche Ebenen. Eine Gegenüberstellung von Einnahmen und Ausgaben ermöglicht eine Aussage darüber, ob der Haushalt im Laufe des Analysezeitraums (im Jahresdurchschnitt) liquide war (Finanzierungsüberschuss/-defizit). Berechnet man die Differenz aus Einkommen und Haushaltsaufwand, so wird dargestellt, ob der Haushalt im Analysejahr mit seinem Einkommen ausgekommen ist. Fällt die Rechnung positiv aus, so konnte der Haushalt sogar Vorsorge für die Zukunft treffen, indem er Rücklagen für Ersatzbeschaffung und Reparaturen machen konnte. Ein negativer Wert bis zur Höhe der kalkulatorischen Größen für Wertminderung und Abnutzung drückt aus, dass der Haushalt „von der Substanz lebt", das Vermögen sinkt. Liegt der Rechenwert außerhalb dieses Korridors, deutet das - sofern kein Vermögen liquidiert werden konnte und die Angaben zu den Einnahmen und Ausgaben realistisch sind - auf Kontoüberziehungen oder Kreditaufnahmen hin, die an anderer Stelle in den Daten aufgeführt sein müssten oder bisher vom Haushalt verschwiegen wurden.

Umgang mit Zeit als Nutzung von zeitlichen Ressourcen
Haushaltspersonen können ihre Zeit in drei Bereichen einsetzen, als
- öffentliche Zeit für Erwerbstätigkeit oder Ehrenamt,
- familiale Zeit für Haushaltsarbeiten oder Netzwerkhilfe,
- persönliche Zeit.

Die konkrete Zeitallokation wird personenbezogen für jede erwachsene Haushaltsperson und jeden Jugendlichen anhand ihrer Tätigkeiten ermittelt und der Zeitaufwand in Stunden/Woche oder Stunden/Jahr zuzüglich evtl. Wegezeiten erfragt. Für die *Haushaltsarbeit* ist es allerdings weder möglich noch sinnvoll, die Gesamtzeit zu erfragen. Erstens wird Haushaltsarbeit meist in mehreren, unterschiedlich langen Blöcken über den Tag verteilt geleistet, so dass Schätzungen schwierig sind. Zweitens könnten damit keinerlei Angaben zu Art und Umfang der im speziellen Haushalt erstellten Versorgungs-, Pflege-, Betreuungs- und Erziehungsleistungen gemacht werden. Drittens sind schließlich die tatsächlich geleisteten Arbeitsstunden in hohem Maße vom subjektiven Arbeitstempo abhängig. Aus diesen Gründen werden Haushaltsarbeiten in der Haushaltsanalyse über den objektiv nötigen Arbeitsbedarf mit Hilfe vorgegebener Kalkulationsdaten ermittelt. Dieser wird im Unterschied zur tatsächlich benötigten Zeit in der Maßeinheit Arbeitskraftstunden, abgekürzt Akh, angegeben.

Die Höhe des Arbeitsbedarfs ergibt sich aus Zahl und Art der versorgten Personen (gemessen als Vve), den Anspruchsniveaus an die Versorgung und den gewählten Arbeitsverfahren in den folgenden Arbeitsbereichen:
- Management,
- Einkaufen,
- Wohnungspflege,
- Wäschepflege,
- Beköstigung,
- Nutz- und Ziergarten,
- Vorratshaltung,

- Handwerkliche Tätigkeiten,
- Tierpflege,
- Gäste,
- Kinderpflege,
- Alten-/Krankenpflege.

Für jeden Arbeitsbereich kann festgestellt werden, welche der Haushaltspersonen oder welche haushaltsexterne Hilfe an der Arbeitserledigung in welchem Ausmaß und Umfang beteiligt sind. Unterschieden werden dabei drei Arten der Mitwirkung:

- verantwortliche Arbeitsübernahme,
- regelmäßige Mithilfe und
- gelegentliche Mithilfe.

Durch die Abbildung ergeben sich als Informationen über die Versorgungsarbeit einerseits Kennzahlen, die es ermöglichen, den Arbeitsbedarf nach Höhe und Struktur einzuschätzen, andererseits Angaben darüber, wie viel Zeit die Personen für die Haushaltsarbeit je nach Arbeitsteilung des Haushalts brauchen. Wird für jede Arbeitskraft im Haushalt die Arbeitszeit für den Haushalt und für andere Tätigkeitsbereiche addiert, ergibt sich eine durchschnittliche tägliche Arbeitsbelastung. Liegt diese zwischen fünf und neun Stunden, ist die betreffende Person 'normal' ausgelastet, also weder überlastet noch unterfordert.

Geschichte des Haushalts und Zukunftswünsche
Informationen zu Ereignissen und Entwicklungen in der Vergangenheit des Haushalts sind zum Verständnis einer Haushaltssituation von großer Bedeutung. Dazu gehören Daten zu

- Eheschließung und Ehescheidung, zum Zusammenleben von (Ehe-)Partnerin und (Ehe-)Partner,
- bereits aus dem Haushalt ausgeschiedenen Kindern, gestorbenen Familienmitgliedern, früheren Ehe-/LebenspartnerInnen, fremduntergebrachten Kindern,
- Ausbildungs- und Erwerbsbiografien,
- überstandenen Krankheiten,
- bedeutsamen Finanzierungsentscheidungen (z.B. unternehmerische Selbstständigkeit, Erwerb von Wohneigentum).

Genauso helfen die von den Haushaltsmitgliedern angestellten Überlegungen zu zukünftigen Veränderungen, deren Selbsthilfepotenziale einzuschätzen und an den Haushaltsstil angepasste Beratungs- und Hilfeangebote zu unterbreiten. Dabei ist es interessant und wichtig, die zum Teil unterschiedlichen Sichtweisen der einzelnen Haushaltsmitglieder zu hören.

Haushaltsmitglieder können ihre Lebenslage subjektiv beurteilen, indem sie sich über ihre Zufriedenheit und ihr Wohlbefinden oder auch Probleme äußern. Die Belastung, der ein Haushalt ausgesetzt ist, lässt sich aber – wie dargestellt – auch mit objektiven Kriterien über sein Zeit- und Geldmanagement messen. Mit dem Instrumentarium der Haushaltsanalyse können Überbelastungen sehr konkret diagnostiziert werden.

Auch der Vergleich von subjektiven und objektiven Einschätzungen ist vielfach sehr aufschlussreich und wird für die Projekthaushalte vorgenommen.

Über die Abbildung der Haushaltsituation für den Ist-Zustand hinaus sind mit dem dynamischen Haushaltsanalyse-Modell auch Simulationen möglich, die es erlauben, mit Hilfe von Überlegungen nach dem Muster „Was wäre, wenn ..." sozioökonomische Konsequenzen von Änderungen im Systemzusammenhang in die Zukunft zu projizieren. Dabei lassen sich sehr unterschiedliche Änderungen darstellen, nämlich Auswirkungen von

• familialen Lebensereignissen (Heirat bzw. Scheidung, Geburt eines Kindes, Folgen eines Unfalls oder einer Erkrankung, Arbeitslosigkeit, Tod eines Haushaltsangehörigen, etc.),

• Haushaltsentscheidungen (z.B. Aufnahme bzw. Wechsel der Erwerbstätigkeit, Ausbildungswege, Umzüge, Erwerb von Wohneigentum), aber auch von

• geänderten Rahmenbedingungen im haushälterischen Umfeld, z.B. die Konsequenzen familienpolitischer Entscheidungen auf kommunaler und bundesstaatlicher Ebene.

Die der Simulation zugrunde liegende Philosophie lässt sich in folgenden Grundannahmen zusammenfassen (von Schweitzer, Hagemeier 1995):

• „Die Familiensysteme verändern sich nach Alter, Anzahl und Art der Zugehörigkeit der zum Haushalt gehörenden Personen (Familienzyklushypothese).

• Die Haushaltsfamilie möchte sich mindestens das erreichte Lebensniveau auch für die Zukunft sichern (Lebensstandardhypothese).

• Die Haushaltsgrundversorgung ist in ihrer Höhe unabhängig von den Familienzyklusphasen und bleibt konstant bzw. verändert sich nur in Sprüngen (Fix- und Sprungkostenhypothese).

• Die Personengrundversorgung und die Personenzusatzversorgungen werden unmittelbar bestimmt von den individuellen Lebensverläufen und Familienzyklusphasen der Haushaltsmitglieder".

Mit einem Computerprogramm wie Stratha lässt sich für jedes einzelne Simulationsjahr die zeitliche und finanzielle Belastungssituation ausrechnen. Veränderungen in den Belastungen werden über den gesamten Simulationszeitraum deutlich. Die Berechnungsroutinen gleichen denen der Datenauswertung für die Analyse.

2. Anpassung der Instrumentarien an die Fragestellungen des Projekts

Parallel zu den ExpertInneninterviews und den Pretests in zwei Haushalten erfolgte von Beginn des Projektes an die Weiterentwicklung des Analyse-, Diagnose- und Simulationsinstrumentariums, an der außer den Verfasserinnen des Berichts auch Dipl. oec. troph. Ramona Thiele als Programmiererin sowie Dipl. oec. troph. Silke Mardorf mitwirkten. Dabei wurde die Methode der Haushaltsanalyse methodisch, inhaltlich und programmtechnisch in Bezug auf die besonderen Fragestellungen des Projekts weiterentwickelt, denn die vorhandenen Instrumentarien berücksichtigten die Besonderheiten von Haushalten in prekären Lebenslagen bisher noch nicht ausreichend. Bei den Instrumentarien zur Datenauswertung boten sich außerdem Chancen zur Vereinfachung und Verbesserung des Nutzungskomforts.

Die bisher im Rahmen der Ausbildung für Studierende der Haushaltswissenschaft genutzten Instrumentarien wiesen insofern Unzulänglichkeiten auf, als

- die verwendeten Erhebungsformulare von 1994 in der Ermittlung des Arbeitsbedarfs des Haushalts für die Versorgung, Pflege, Betreuung und Erziehung der Haushaltspersonen einerseits zu wenig Differenzierungen in den Haushaltsstilen beinhaltete und andererseits für einige Arbeitsbereiche mangels Kalkulationsdaten die tatsächliche Zeitverwendung im Haushalt erfragt werden musste,
- Einnahmen und Ausgaben des Haushalts nach einem auf landwirtschaftliche Haushalte bezogenen Kontenplan erhoben und ausgewertet wurden,
- das Simulationsprogramm Stratha inhaltlich und programmtechnisch auf dem Stand der 80er Jahre war,
- die Abbildungskonzepte für das Arbeitssystem in Analyse und Simulation sich bedingt durch die einseitige Weiterentwicklung der Erhebungsformulare unterschieden und dringend einer Vereinheitlichung bedurften.

Die im Rahmen des Projektes erfolgte Überarbeitung des Instrumentariums umfasst

- eine Weiterentwicklung der vorhandenen Erhebungsformulare speziell für die Zielgruppe des Projekts[5], aber im Bereich der Haushaltsarbeiten auch eine vollständige Neukonzeption,

---

5 Ohne andere Haushaltstypen aus dem Blick zu verlieren.

- die Festlegung von „Normalarbeitszeiten" als Kalkulationsdaten für die Haushaltsleistungen in Abhängigkeit von Anspruchniveaus an die Versorgung und den gewählten Arbeitsverfahren,
- die Entwicklung von computergestützten und auf die Erhebungsformulare abgestimmten Auswertungstabellen für die finanzielle und zeitliche Situation des Haushalts für den Analysezeitraum.

Im Rahmen eines Tabellenkalkulationsprogramms ist es jedoch nicht möglich, Personenbeschreibungen eines Haushalts mit den ökonomischen Daten über einen Zeitraum von mehreren Jahren programmintern zu verknüpfen. Das bedeutet, dass die Konsequenzen von Lebensereignissen, von Haushaltsentscheidungen sowie von Änderungen der haushälterischen Rahmenbedingungen nicht in ihrer Komplexität für das Haushaltsgeschehen rechenhaft nachvollzogen werden können. Deshalb wurde im Rahmen des Projekts damit begonnen, ein Analyse- und Simulationsprogramm zu konzipieren und zu programmieren, das die für die Haushaltsdiagnose und –simulation erforderliche Datenvernetzung ermöglicht sowie familiale Entwicklungsverläufe in ihren ökonomischen Dimensionen nutzerfreundlich und mit vertretbarem Zeitaufwand abzubilden vermag.

Im Folgenden werden die Instrumentarien getrennt für die Phase der Haushaltsanalyse im engeren Sinne (Datenerfassung und –auswertung), der Haushaltsdiagnose und der Simulation im Einzelnen vorgestellt.

2.1 Haushaltsanalyse

Für die Datenerfassung, -aufbereitung und –auswertung wurde ein Mix an verschiedenen Instrumenten verwendet. Dieser gewährleistete, das in vergleichsweise kurzer Zeit eine Vielzahl von Informationen zusammengetragen werden konnte, die es ermöglichte, die Komplexität des haushälterischen Alltagshandelns für den einzelnen Haushalt in objektivierter Form abzubilden.

Die Daten wurden zunächst mit einem leitfadengestützten Interview in den Haushalten erfasst. Unmittelbar anschließend wurden wichtige Beobachtungen und Eindrücke der Interviewerinnen während des Interviews in einem Erfahrungs- und Beobachtungsprotokoll festgehalten. Daran schloss sich die überwiegend wortgetreue Transkription der auf Tonband aufgenommen Interviews an. Weiterhin wurden (im Interview zur Zeitersparnis bewusst hingenommene) Datenlücken geschlossen, einerseits durch Analyse von Dokumenten, die der Haushalt zur Verfügung gestellt hatte, andererseits durch Kalkulation von Daten, die aufgrund der bekannten Haushaltssituation unproblematisch ermittelt werden konnten. Das Übertragen der sozialökonomischen Daten in die Erhebungsformulare sicherte eine vergleichbare Datenstruktur für alle Projekthaushalte und bereitete die unkomplizierte Dateneingabe in die Auswertungstabellen vor, die die Phase der Haushaltsanalyse abschloss.

Interviewleitfaden
Die Methode des leitfadengestützten Interviews wurde gewählt, weil eine locke-re Gesprächsatmosphäre am besten geeignet erschien, etwas über die Alltags-sorgen und Nöte der Befragten zu erfahren und das Vertrauen auch für Themen zu gewinnen, über die „man" nicht so gerne spricht. Außerdem ließ sie – dem explorativen Charakter der Projektauftrags entsprechend – genug Raum für das Entdecken bisher nicht bekannter Charakteristika von prekären Lebenslagen. Durch die Vorgabe eines Leitfadens wurde jedoch gewährleistet, dass die Le-benssituation aus verschiedenen Perspektiven beleuchtet wurde und zwischen den Projekthaushalten vergleichbare Informationen vorlagen.

Die Qualität von Daten zur Zeit- und vor allem zur Geldverwendung im Haushalt ist dann am besten, wenn sie durch entsprechende Aufschreibungen zeitnah in ihrer genauen Höhe nachgewiesen werden (z.B. durch Haushaltsbuch-führung oder ein Zeittagebuch). Es war jedoch zu erwarten, dass die Zielgruppe von Haushalten in prekären Lebenslagen sich mit derartigen Aufschreibungen gleich welcher Art und welchen Umfangs schwer tun würden. Da damit auch die anderen Informationen auf dem Spiel standen, wurden bewusst von Anfang an Abstriche an die Datenqualität in Kauf genommen und auf jede Art der Verschriftlichung durch die Haushalte selbst verzichtet.

Die Basis für die zweieinhalb- bis dreistündigen Gespräche im Haushalt war ein *Interviewleitfaden* mit folgenden Themenbereichen[6]
- Haushaltsangehörige/Zusammenleben der Familie (einschließlich der As-pekte Gesundheit und Bildung)
- Geschichte des Haushalts/Lebensereignisse und Lebensverläufe
- Wohnsituation/Infrastruktur des Wohnstandortes
- Geldsystem: Einnahmen, Ausgaben[7] sowie Vermögen, Schulden
- Zeitsystem: Tätigkeitsbereiche Erwerbstätigkeit, Haushaltsarbeiten
- Netzwerke: Be- und Entlastungen durch Verwandte, Freunde und Institutio-nen
- Zukunftswünsche

---

6   Vgl. den vollständigen Interviewleitfaden in Anhang 2.
7   Die Begriffe Einnahmen und Ausgaben werden aufgrund der alltagssprachlichen Verbreitung und dementsprechend besseren Verständlichkeit anstelle der betriebswirtschaftlich eigentlich korrekten Termini Einzahlungen und Auszahlungen verwendet.

Erfahrungs- und Beobachtungsprotokoll
Im Anschluss an jedes Interview wurde von den beteiligten Interviewerinnen ein Protokoll (vgl. Anhang 3) ausgefüllt, in dem Beobachtungen und Erfahrungen aufgeführt sind, die nicht aus den Interviewpassagen hervorgehen, die aber für das Verständnis des Haushaltsgeschehens und der Problemlage von Bedeutung sein können. Sie geben auch subjektive Einschätzungen und erste Hypothesen wieder, die bei der Datenauswertung und -interpretation überprüft werden konnten.
Die Erfahrungs- und Beobachtungsprotokolle decken folgende Themen ab:
- Kontaktaufnahme zum Haushalt,
- Interviewatmosphäre (sowohl das Verhalten der interviewten Person als auch die Empfindungen der Interviewer),
- Gesamteindruck von Wohnung und Wohnumfeld, Besonderheiten einzelner Räume,
- Übersicht über die eingesehenen oder leihweise zum Kopieren zur Verfügung gestellten Dokumente des Haushalts,
- ggf. Besonderheiten eines weiteren Interviewtermins.

Erhebungsformulare
Formulare für die Datenerhebung ermöglichen die übersichtliche und strukturierte Darstellung von Daten eines Haushalts als Vorstufe für eine unkomplizierte Datenauswertung. Gleichzeitig lässt das einheitlich für alle Haushalte verwendete Schema schnell Besonderheiten des einzelnen Haushalts deutlich werden.
Die Grundkonzeption des 1994 entwickelten Instruments konnte für die im Rahmen des Projekts entwickelten Erhebungsformulare[8] übernommen werden. Sie zeichnet sich durch vier Merkmale aus:
- Die Erhebungsformulare dienen der Datenerfassung; die Datenauswertung erfolgt computergestützt mit darauf abgestimmten Computerprogrammen.
- Im ersten Hauptteil der Erhebungsformulare werden die dem Haushalt zur Verfügung stehenden Haushaltsressourcen und Rahmenbedingungen des haushälterischen Umfelds abgebildet, im zweiten das Zeit- und Geldmanagement des Haushalts im Analysejahr.
- Die Abbildung des Geldsystems beinhaltet die tatsächlichen finanziellen Transaktionen, während für die Berechnung des Arbeitsbedarfs für die Haushaltsarbeiten bevorzugt objektive Kalkulationsdaten verwendet werden.

---

8 Weitergehende Informationen zu den Erhebungsformularen und den Auswertungsprogrammen sowie deren Bezugsmöglichkeiten: Dr. Heide Preuße, Institut für Wirtschaftslehre des Haushalts und Verbrauchsforschung, Bismarckstr. 37, 35390 Gießen, Fax: 0641/9939309, E-Mail: Heide.Preusse@ernaehrung.uni-Gießen.de

Auf diese Weise lassen sich die subjektiven Einflüsse der Arbeitsgeschwindigkeit ausschalten.

- Finanzielle Bestandsgrößen (Geldvermögen und Schulden) werden in der Haushaltsanalyse systematisch mit den Flussgrößen der Einnahmen und Ausgaben (bzw. des Einkommens und Verbrauchs) verknüpft, um Vermögensveränderungen bzw. die Entwicklung von Verschuldung aufzeigen zu können.

- Folgende Anforderungen können darüber hinaus mit den neuen Erhebungsformularen zusätzlich (besser) erfüllt werden:

- Familienhaushaltssysteme sind heutzutage ausdifferenzierte Gebilde mit höchst unterschiedlichen Haushaltsstilen. Aspekte, die in einem Haushalt von großer Bedeutung sind, sind in einem anderen überhaupt nicht relevant. Aus diesem Grunde ermöglichen die neuen Erhebungsformulare durch die Anlage von abgegrenzten Modulen eine individuelle Anpassung des Vorgehens bei der Datenerfassung an die Gegebenheiten im Haushalt.

- Speziell für das Zeitsystem konnte eine Reduktion des Erfassungsumfangs zur Ermittlung des Arbeitsbedarfs in den Kernbereichen der Hauswirtschaft erreicht werden. Gleichzeitig wurde den Arbeitsanforderungen ein stärkeres Gewicht beigemessen, die nur in einzelnen Haushalten von Bedeutung sind, dann aber durchaus nennenswerte Zeitbindungen bewirken (Erziehungs- und Pflegetätigkeiten, Einkaufen, Management). Dies wurde erreicht durch die Vorgabe typischer Versorgungsmuster mit entsprechenden Antwortalternativen. Um aus diesen Informationen den Zeitbedarf für die verschiedenen Haushaltsarbeiten und den Arbeitsbedarf des Haushalts insgesamt errechnen zu können, werden für die Datenauswertung vorgegebene Kalkulationsdaten benötigt, die auf die Struktur der Datenerfassung abgestimmt sind. Diese wurden im Projekt für das neue Instrument eigens entwickelt (vgl. Datenauswertung).

- Die Erfassung und Auswertung von Zeitdaten für die Ist-Situation des Haushalts ist so konzipiert, dass diese Datengrundlage sich für die Simulation des Zeitsystems eignet.

- Im Abbildungskonzept für die Arbeitssituation steht nicht mehr allein die Arbeitsbelastung der haushaltsführenden Person im Mittelpunkt. Ebenso ist die des Partners bzw. der Partnerin fest im Abbildungskonzept verankert worden, um die innerfamiliale Arbeitsteilung systematisch in den Blick zu nehmen.

- Die Datenerfassung der Einnahmen und Ausgaben geht davon aus, dass mit geschätzten Größen gearbeitet wird, die dann am leichtesten erfasst werden können, wenn an den jeweiligen Zahlungsterminen und den zugehörigen Geldbeträgen angesetzt wird. Deshalb können in den Erfassungstabellen unterschiedliche Zahlungsrhythmen (z.B. wöchentlich, monatlich) angegeben werden. Darüber hinaus präzisiert die Angabe eines Gültigkeitszeitraums die im Analysejahr konkret erfolgte Zahlungshäufigkeit für die Zahlungen, die nicht das gesamte Analysejahr hindurch anfielen (z.b. weil eine Person nur vier Monate Erwerbseinkommen bezogen hat, aber acht Monate Arbeitslosengeld).

- Einnahmen und Ausgaben sollten differenziert im Hinblick auf Unterschiede in den Auswirkungen auf das Haushaltsvermögen dargestellt werden. So bedeuten z.b. Kreditaufnahmen, Sparvorgänge oder Investitionen in langlebige Gebrauchsgüter eine Abnahme der Liquidität des Haushalts, aber in der Regel keine Verschlechterung der finanziellen Situation.

- Speziell für die Erfassung der im Haushalt selbst erbrachten Arbeitsleistungen wurden folgende Regelungen getroffen:

- Die Daten werden erhoben für Arbeitsbereiche, die in vier Teilbereichen zusammengefasst werden: Haushaltsgrundversorgung[9], Personengrundversorgung[10], Haushaltszusatzversorgung[11], Personenzusatzversorgung[12]. Wie erwähnt, ermöglicht der modulartige Aufbau, die für den Haushalt relevanten Arbeitsbereiche schnell herauszufiltern und andere zu überspringen.

- In jedem Arbeitsbereich werden Art, Umfang und Häufigkeit der erbrachten Leistungen mit Hilfe von Typisierungen abgefragt und mit im Programm vorgegebenen Kalkulationsdaten für den Arbeitsbedarf berechnet.

- Haushaltsarbeiten, die sich mit dieser Vorgehensweise für den speziellen Haushalt nicht adäquat abbilden lassen, werden durch die Rubrik „Zusätzlicher Arbeitsbedarf" als tatsächlicher Arbeitsaufwand des Analyse-Haushalts explizit als Zahlenwert erfragt.

- Die Erledigung der Haushaltsarbeiten wird personenbezogen dargestellt, wobei sowohl Haushaltspersonen als auch externe Hilfskräfte benannt werden können. Der Grad der Verantwortung und Verbindlichkeit, mit der die Arbeiten übernommen werden, wird dadurch zum Ausdruck gebracht, dass in jedem Bereich die Kategorien 'verantwortliche Arbeitserledigung', 'regelmäßige Mitarbeit' sowie 'gelegentliche Mithilfe' unterschieden werden.

Weiterhin können in den neuen Erhebungsformularen folgende Aspekte differenzierter als bisher dargestellt werden:

---

9 Zur Haushaltsgrundversorgung zählen Management, Einkaufen und Wohnungspflege (ohne Zimmerpflege der Individualräume).

10 Zur Personengrundversorgung zählen Wäschepflege, Beköstigung und Zimmerpflege von Individualräumen.

11 Zur Haushaltszusatzversorgung zählen Nutz- und Ziergarten, Vorratshaltung, Handwerkliche Tätigkeiten, Tierpflege, Gäste und ein Arbeitsbereich „Sonstiges".

12 Zur Personenzusatzversorgung zählen die Kinderversorgung und –betreuung sowie die Alten- und Krankenpflege für Haushaltsangehörige.

- die Teilversorgung von Kindern im Haushalt wegen regelmäßiger institutioneller Betreuung (Kindertagesstätte) oder Aufenthalt in einem zweiten Haushalt (z.b. in Scheidungsfamilien oder bei Fremdplatzierung),
- der Kontakt zu Ämtern,
- das Netzwerk des Haushalts und die damit verbundenen Be- und Entlastungen,
- das Vorhandensein und die Erreichbarkeit von Institutionen der sozialen Infrastruktur sowie
- die qualitative Beschreibung des Haushaltsstils am Anfang der Analyse durch differenzierte Vorgaben von bedeutsamen Merkmalsdimensionen.

Datenauswertung mit Excel-Tabellen

Die Auswertung von Daten schließt sich unmittelbar an die Datenerfassung an und bildet die Voraussetzung für die Dateninterpretation zur Beurteilung der Lebenslage in der Haushaltsdiagnose. Abgestimmt auf die Veränderungen in den Erhebungsformularen mussten auch die meisten Auswertungstabellen, die unter der Oberfläche des Tabellenkalkulationsprogramms Excel laufen, neu erstellt werden.

Folgende Berechnungstabellen stehen für die Datenauswertung zur Verfügung:

- Wohnstandortkennziffern,
- Versorgungseinheiten Arbeit,
- Versorgungseinheiten Geld,
- Abschreibung und Instandhaltung für das Konsumtivsachvermögen des Haushalts,
- finanzielle Situation des Haushalts,
- Arbeitssituation des Haushalts.

Während die vier erstgenannten Tabellen im Wesentlichen unverändert übernommen werden konnten, sind die zentralen Auswertungstabellen für die finanzielle und zeitliche Situation im Rahmen des Projektes neu entstanden, da sich in diesen Bereichen so viele Änderungen im Erfassungskonzept ergeben hatten, dass die alten Berechnungsroutinen nicht mehr passten. Mit der Neuprogrammierung waren gleichzeitig Verbesserungen in der Nutzerfreundlichkeit und der Auswertungsgeschwindigkeit durch programminterne Verknüpfungen verbunden.

Das neue Analysekonzept für das Zeitsystem verfolgt das Ziel einer adäquaten Abbildung möglichst vielfältiger Versorgungsmuster und Haushaltsstile. Das führte dazu, dass die in den Haushaltswissenschaften traditionelle Quelle für haushaltsbezogene Kalkulationsdaten – die Datensammlungen des Kuratoriums für Technik und Bauwesen in der Landwirtschaft e.V. (KTBL) in Darmstadt – leider nur sehr begrenzt als Datenlieferant genutzt werden[13]. Die dort vorliegenden Grunddaten für einzelne Haushaltstätigkeiten sind für eine Anwendung im Projektzusammenhang viel zu detailliert und erfordern aufwändige Rechenvorgänge. Die darüber hinaus auch verfügbaren aggregierten Daten vereinfachen andererseits die Vielfalt der Haushaltsstile zu stark[14].

Die eigens für die Berechnung des Arbeitsbedarfs für die Haushaltsarbeiten in den Projekthaushalten neu ermittelten Kalkulationsdaten berücksichtigen deshalb zwar das ExpertInnenwissen des KTBL aus den verschiedenen Auflagen der Datensammlung Haushalt, beziehen darüber hinaus jedoch auch Erfahrungen des Lehrstuhls für Wirtschaftslehre des Privathaushalts und Familienwissenschaft mit bisherigen Haushaltsanalysen der Studierenden ein und den in diesem Zusammenhang geführten Diskussionen zur „richtigen" Abbildung der Arbeitssituation. Weiterhin wurden zu Plausibilitätsprüfungen Daten aus der Zeitbudgetuntersuchung des Statistischen Bundesamtes für verschiedene Haushalts- und Familientypen hinzugezogen.

2.2 Haushaltsdiagnose

Für die Haushaltsdiagnose wurden zwei Diagnoseinstrumente genutzt, die sich nicht nur im Erhebungs- und Auswertungsaufwand deutlich unterscheiden, sondern auch in ihrem konzeptionellen Ansatz. Der *ressourcenorientierte Ansatz* zeigt vor allem quantifizierbare Belastungen konkret auf. Er gibt geschulten Fachkräften einen differenzierten Einblick in die personalen und familialen Ressourcen, über die ein Haushalt verfügt, sowie in die Art des Umgangs mit diesen Ressourcen im Analysejahr.

Demgegenüber ist der *lebenslagenorientierte Ansatz* breiter angelegt und bezieht weitere, nicht quantifizierbare Dimensionen ein. Eine wichtige Ergänzung zum schnelleren Einblick in die Haushaltsstruktur und zum besseren Verständnis der Informationen beider Ansätze bildet das Genogramm.

---

13 Die Datenbestände des KTBL und deren Nutzungsmöglichkeiten und -grenzen werden beschrieben in KTBL (Hg.): Nutzungsmöglichkeiten der KTBL-Datensammlung Haushalt. (KTBL-Schrift 348), Darmstadt 1991.

14 Erschwerend kommt hinzu, dass die Datensammlungen des KTBL aufgrund der besonderen institutionellen Verankerung seit jeher Versorgungsmuster landwirtschaftlicher Haushalte in den Mittelpunkt stellten. Außerdem werden die vorhandenen Datenbestände, die in jahrzehntelanger differenzierter und aufwändiger Datenrecherche und -pflege gesammelt wurden, leider seit etwa 5 Jahren durch Einsparung beider Stellen im Fachgebiet „Haushaltsökonomie und Erwerbskombinationen" weder aktualisiert noch konzeptionell weiterentwickelt.

Abb. 7: Legende für Genogramme

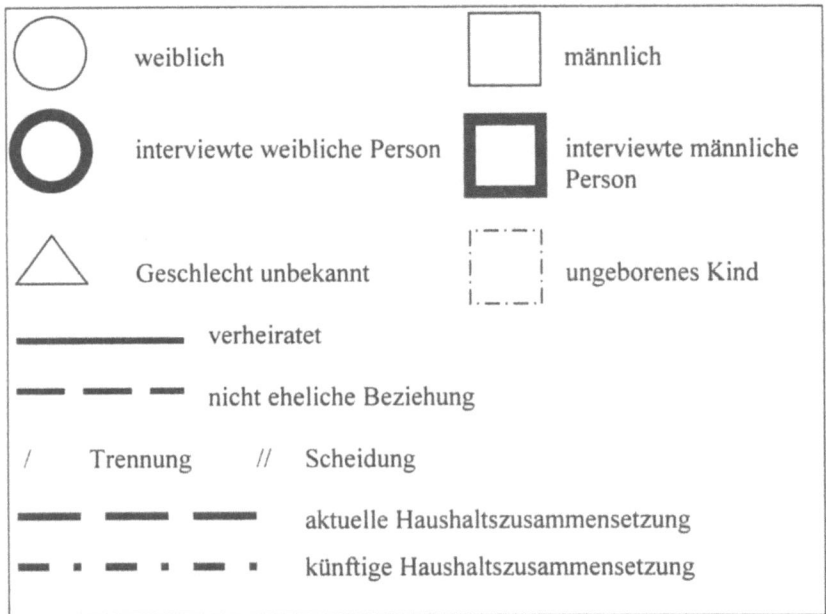

Quelle: Eigene Darstellung auf der Grundlage von Burnham 1995: 49

Genogramm

Genogramme spielen in der Familientherapie und Familienberatung eine wichtige Rolle und „dienen der übersichtlichen Darstellung von komplexen Informationen über Familiensysteme" (v. Schlippe, Schweitzer 1999: 130) anhand von faktischen Daten (z.B. Lebensereignisse) und Beziehungsdaten (Schneewind 1999: 198). In den Genogrammen werden die in Abb. 7 aufgeführten Symbole verwendet.

Für das Verständnis von Lebenslagen erweisen sich Genogramme ebenfalls als hilfreich, weil durch die grafische Aufbereitung die besondere Familienkonstellation eines Haushalts schnell erfasst werden kann. Aus Haushaltsperspektive geht es weniger um die vollständige Darstellung aller Familienmitglieder im Generationenverlauf als um Personalstrukturen des betrachteten Haushalts. Genogramme bilden deshalb immer die Personen ab, die im interviewten Haushalt zusammen leben und wirtschaften. Neben dieser Gruppe, die durch einen Rahmen gekennzeichnet ist, können weitere Personen aufgeführt sein, die für das Haushaltsgeschehen in der Gegenwart von zentraler Bedeutung sind bzw. solche, die für die Haushaltsentwicklung in der Vergangenheit wichtig waren und die gegenwärtige Haushaltssituation verstehen helfen.

Ressourcenorientierte Darstellung anhand des Haushaltsüberschlags
Das traditionelle Verfahren der Haushaltsdiagnose ist die Zusammenführung der wichtigsten Daten des Haushalts in einem sogenannten Haushaltsüberschlag (vgl. Kap. VI.2).

In diesem inputorientierten Verfahren werden die Haushaltspersonen als ProduzentInnen und EmpfängerInnen von Haushaltsleistungen in Verbindung mit der Höhe, Struktur und Verwendung der vorhandenen Ressourcen aus finanzieller und zeitlicher Perspektive in den Mittelpunkt gestellt. Mit vorwiegend quantitativen Merkmalen kann die haushaltsinterne Leistungserstellung im Detail objektiv beleuchtet werden. Kennziffern bieten Informationen, die sich gut für Vergleiche zwischen Haushalten eignen. Ein Haushaltsüberschlag beinhaltet folgende Datenbereiche:

- Wohnstandort: Ortstyp und Beurteilung der sozialen und der baulich-technischen Infrastruktur,
- Personendaten: allgemeine Beschreibung der Haushaltspersonen sowie die Einschätzung ihrer Versorgungsbedarfe und der Bereitstellung von Zeit und Einkommen,
- Wohnsituation: Beurteilung der Wohnungsgröße und Funktionalität sowie Ausstattung mit Gebrauchsvermögen,
- Haushaltsbilanz: (Finanz- und Sach-)Vermögen und Schulden und deren Veränderungen im Laufe des Analysejahres,
- Haushaltsbudget auf den Rechnungsebenen von Einnahmen und Ausgaben sowie von Einkommen und Aufwand,
- zeitliche Belastung von Bezugsperson und PartnerIn durch Erwerbstätigkeit(en) und Haushaltsarbeit – auch zur Darstellung der innerfamilialen Arbeitsteilung.

Lebenslagenorientierte Darstellung mit dem Gitternetz
Als ein im Rahmen des Projektes neu entwickeltes Diagnoseschema benutzen wir *Gitternetze (sog. „Spinnen"),* die auf der einen Seite in nochmals verdichteter Form einige Indikatoren aus dem Haushaltsüberschlag aufgreifen (z.B. die zeitliche Situation) und außerdem zusätzliche nur qualitativ beschreibbare Haushaltsmerkmale auf den Punkt bringen, die für das Gelingen der Alltagsversorgung von zentraler Bedeutung sind.

Mit einem Skalierungsverfahren lässt sich die Lebenslage eines Haushalts aus der Perspektive des Outputs schnell, unkompliziert und übersichtlich darstellen. Auf diese Weise können qualitative Größen wie die Qualität sozialer

Netzwerke und die Beurteilung von Alltagskompetenzen einbezogen werden, während Vorgänge der Haushaltsproduktion und des Personenbezugs von Leistungen bei dieser Betrachtung weitgehend ausgeklammert bleiben.

Folgende Indikatoren für Armut bzw. prekäre Lebenslagen werden im Gitternetz berücksichtigt:

- Äquivalenzeinkommen,
- Anteil des Erwerbseinkommens am Haushaltseinkommen,
- Mietbelastung,
- zeitliche Situation,
- Wohngröße,
- Bildung,
- Gesundheit,
- psychosoziale Situation,
- institutionelles Netz,
- familiales Netzwerk,
- sonstiges Netzwerk,
- Alltagskompetenzen.

Abb. 8a: Beispiel für das Gitternetz eines Haushalts ohne gravierende Alltagsbelastungen

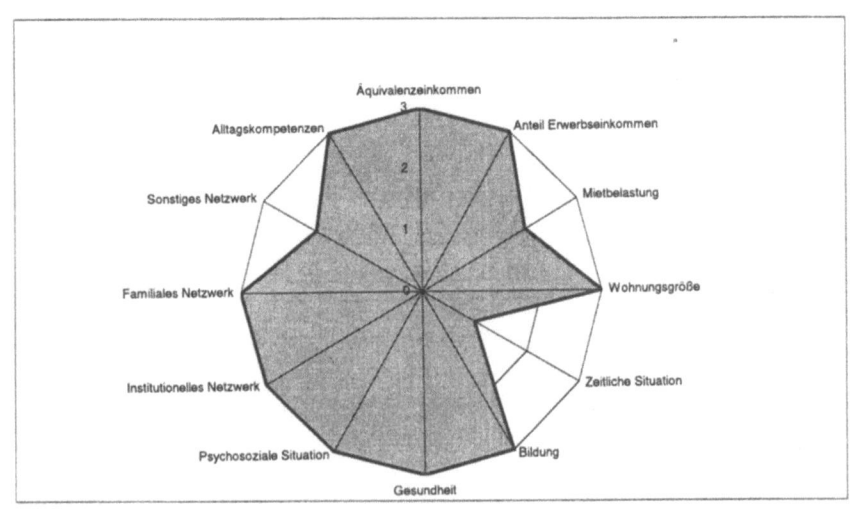

Abb. 8b: Beispiel für das Gitternetz eines Haushalts mit gravierenden
             Alltagsbelastungen

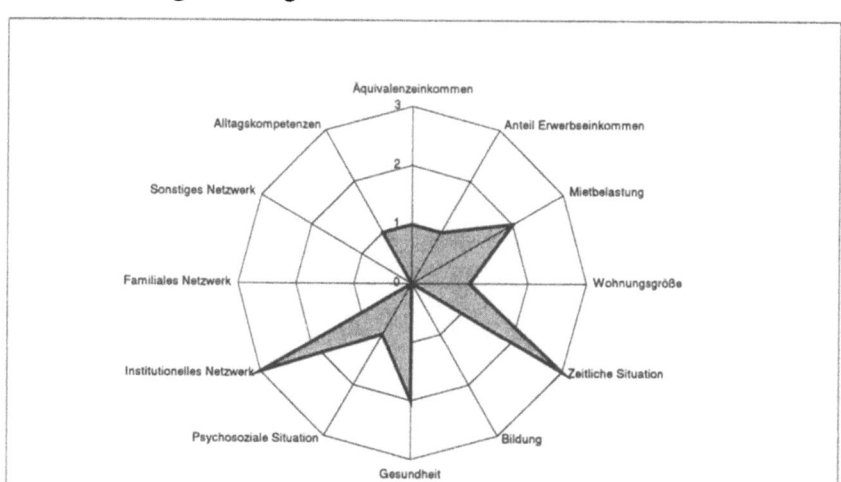

Die Auswahl der verwendeten Indikatoren[15] lässt sich einerseits mit deren Be-
deutung für die Beurteilung der Lebenslage begründen, andererseits mit den
Möglichkeiten und Grenzen einer objektiven und vergleichbaren Abbildung.
    Für die insgesamt 12 Merkmale wird auf Skalen zwischen null und drei
Punkten eingetragen, welche besonderen Anforderungen an die Haushaltsführung und Belastungen im Haushalt vorliegen bzw. welche Potenziale dem
Haushalt andererseits zur Verfügung stehen. Hohe Belastungen erhalten wenig
Punkte, was zu kleinen markierten Feldern führt. Je mehr Fläche eingefärbt ist,
desto umfangreicher und vielfältiger sind die im Haushalt vorhandenen Ressourcen zur Alltagsbewältigung. In Abbildung 8 wurden für einen solchen
Haushalt ohne besondere Alltagsprobleme die Ausprägungen der Lebenslageindikatoren eingetragen, um das Prinzip des Gitternetzes an einem fiktiven Beispiel zu verdeutlichen. Dieser Haushalt weist für die Bezugsperson eine vergleichsweise hohe Belastung auf, wie sie für erwerbstätige Familienfrauen typisch ist. Entlastungen durch ein Netzwerk außerhalb der Familie bestehen nur
begrenzt. Im Geldsystem schränken hohe Kosten für die Wohnungsmiete die
finanziellen Handlungsspielräume ein. Alle übrigen Indikatoren zeigen derzeit

---

15 Dem qualitativen Forschungsansatz entsprechend definieren wir Indikatoren als Beobachtungs-
   und Messinstrumente, die Informationen über die Phänomene 'Armut' und 'prekäre Lebenslage'
   geben. Sie dienen im Projekt dazu, Informationen strukturiert und systematisch zusammenzufas-
   sen, um eine Bewertung zu erleichtern und die Typisierung vorzubereiten.

keine außergewöhnlichen Belastungen und ein hohes Potenzial verfügbarer Ressourcen des Haushalts. Im zweiten Beispiel weisen demgegenüber nur die Merkmale "zeitliche Situation" und "institutionelles Netzwerk" die volle Punktzahl auf; die übrigen Merkmale liegen zwischen null bis maximal zwei Punkten. Dieses Gitternetz ist typisch für eine Multiproblemfamilie mit geringer Eigenaktivität und Selbsthilfekompetenz sowie hohem Hilfebedarf und hoher Abhängigkeit von staatlichen Transferzahlungen.

Die zwölf Merkmalsdimensionen der Gitternetze wurden für die Projekthaushalte auch als Armutsindikatoren herangezogen, die eine Abgrenzung von Armut, prekären Lebenslagen und "normalen" Lebenslagen ermöglichen.

- Haushalte, die bei mindestens sechs Merkmalen Einstufungen von einem Punkt oder weniger aufweisen, bezeichnen wir als "arm".

- Haushalte, die bei mindestens sechs Merkmalen Bewertungen von 2,5 und 3 Punkten bekommen, weisen aus unserer Sicht keine gravierenden Alltagsbelastungen auf, die einen Handlungsbedarf bedingen.

- Die Lebenslagen der Haushalte, die sich keiner der beiden genannten Kategorien zuordnen lassen, die also dazwischen liegen, definieren wir als "prekär".

Im Folgenden werden die in den Gitternetzen verwendeten Indikatoren im Einzelnen erläutert und die jeweiligen Schemata zur Bewertung beschrieben.

Äquivalenzeinkommen

Wegen der unterschiedlichen Haushaltsgrößen und Familienkonstellationen in den Projekthaushalten ermöglichen Angaben über das verfügbare Einkommen der verschiedenen Haushalte keinen Vergleich der für die Alltagsversorgung zur Verfügung stehenden Finanzmittel. Dazu ist es erforderlich, sowohl die Haushaltsgröße als auch die Haushaltszusammensetzung zu berücksichtigen. Wird das verfügbare Einkommen auf die Bedarfsstruktur des Haushalts bezogen, spricht man von Äquivalenzeinkommen. Die Bedarfsgewichte werden sogenannten Äquivalenzskalen entnommen.

Personentyp	Alte OECD-Skala	Neue OECD-Skala	Vve nach Stratha
1. Person im Haushalt	1,0	1,0	1,0
Weitere Personen ab 15 Jahren	0,7	0,5	----
Weitere Personen unter 15 Jahren	0,5	0,3	----
Vollversorgte Person 16 Jahre u. älter	----	----	1,00
Vollversorgte Person 13 bis 15 Jahre	----	----	0,87
Vollversorgte Person 8 bis 12 Jahre	----	----	0,71
Vollversorgte Person 4 bis 7 Jahre	----	----	0,58
Vollversorgte Person 0 bis 3 Jahre	----	----	0,39

Während der Armuts- und Reichtumsbericht dabei auf die 'OECD-Skalen' zurückgreift (vgl. BMA 2001a: 9), haben wir zur Berechnung des Äquivalenzeinkommens die Kennziffer der Vollversorgungseinheit (Vve) [16] verwendet (vgl. Preuße 1988), um bei einem einheitlichen Konzept für alle Berechnungen in Haushaltsanalyse, -diagnose und –simulation zu bleiben. Dementsprechend ergibt sich das Äquivalenzeinkommen für die Projekthaushalte, indem das Gesamteinkommen des Haushalts durch die Anzahl der Vollversorgungseinheiten dividiert wird, die bei der Berechnung der Daten für die Haushaltsüberschläge ermittelt wurden.

Die Tatsache, dass zur Berechnung der Äquivalenzeinkommen Vve benutzt werden, die eigentlich nur auf die Personengrundversorgung und nicht die haushaltbezogene Versorgung bezogen werden, lässt Fehleinschätzungen vermuten, weil sich in großen Haushalten rechnerisch weniger Einkommen pro Vve ergibt als in kleinen, obwohl ein Teil der Kosten unabhängig von der Zahl der versorgten Personen ist. Durch einen Vergleich der Äquivalenzeinkommen mit dem Betrag, der in jedem Haushalt rein rechnerisch für die personenbezogene Versorgung einer Vve nach Abzug haushaltsbezogener Zahlungsverpflichtungen zur Verfügung steht, konnte nachgewiesen werden, dass dieser methodische Fehler im Sample kaum eine Rolle spielt.

Die Abgrenzung der vier Klassen als Voraussetzung für die Punktvergabe orientiert sich an dem (ab Juli 2001 gültigen und für ein Jahr hochgerechneten) Sozialhilferegelsatz einer erwachsenen Person, die nicht Haushaltsvorstand ist (Regelsätze 2001). Weil die Zahlungen auf der Basis der Regelsätze nicht den Gesamtbetrag ausmachen, der einem sozialhilfeberechtigten Haushalt zusteht, sondern daneben auch die Mietkosten übernommen und weitere einmalige Beihilfen (z.B. für Bekleidung) gewährt werden, endet die untere Klassengrenze in Höhe des doppelten Sozialhilferegelsatzes (0 Punkte). Äquivalenzeinkommen zwischen dem doppelten und dreifachen Sozialhilferegelsatz werden mit einem, solche zwischen dem drei- und vierfachen Sozialhilferegelsatz mit zwei Punkten beurteilt. Oberhalb der letztgenannten Grenze werden drei Punkte vergeben.

Punktzahl	Die Höhe des jährlichen Äquivalenzeinkommens beträgt ...
0	Weniger als 10.800 DM
1	Zwischen 10.800 und 16.200 DM
2	Zwischen 16.200 und 21.600 DM
3	Mehr als 21.600 DM

---

16 Zur Definition der Vollversorgungseinheit s. Kap. V.1.

Anteil des Erwerbseinkommens am Haushaltseinkommens
Einkommen privater Haushalte bestehen meistens aus mehr als einer Einkommensart. An der Einkommensstruktur lässt sich erkennen, welche Rolle Erwerbstätigkeit, Sach- oder Geldvermögen, Sozialversicherungsleistungen, Transferleistungen des Staates, private Unterstützung oder sonstige Quellen spielen. Für die Beurteilung der Gesamtsituation des Haushalts spielt der Anteil des Erwerbseinkommens am Haushaltseinkommen die zentrale Rolle. Dieser Indikator lässt deutlich werden, in welchem Umfang der Haushalt selbst in der Lage ist, seine Existenz zu sichern bzw. umgekehrt, in welchem Ausmaß er von staatlichen Leistungen abhängig ist[17]. Das Spektrum der Ausprägungen des Indikators „Anteil des Erwerbseinkommens am Haushaltseinkommen" reicht bei den Projekthaushalten von 0 bis 100. Wir haben deshalb Intervalle von 25 % zur Bestimmung der Klassengrenzen gewählt.

Punktzahl	Der Anteil des Erwerbseinkommens am Haushaltseinkommen beträgt ...
0	weniger als 25 Prozent
1	zwischen 25 und 50 Prozent
2	zwischen 50 und 75 Prozent
3	mehr als 75 Prozent

Mietbelastung
Der Wohnungsmarkt wird neben dem Arbeitsmarkt als ein „zentrale(r) Gefahrenbereich der Verarmung" bezeichnet (Alisch, Dangschat 1998: 46). Aus diesem Grund wird der Indikator „Mietbelastung", berechnet als Anteil der Kaltmiete am Haushaltseinkommen, in vielen Armutsberichten herangezogen (z.B. BMA 2001a: 162 ff., Mardorf et al. 2002: 172 f., Wahl 2001: 67). Je höher der Anteil der Ausgaben für die Wohnung ist, desto geringer fällt der noch für andere Ausgabenbereiche zur Verfügung stehende Betrag aus. Der Mietbelastung vergleichbar wären auch eine Reihe anderer Indikatoren für die Einkommensverwendung denkbar, z.B. der Anteil für Ernährung, der als Wohlstandsfaktor in den Haushaltsrechnungen der amtlichen Statistik immer wieder Verwendung findet (sog. Engelsches Gesetz). Die Wahl der Mietkosten weist zwei Vorteile aus: Erstens wird damit der meist größte und in hohem Maße gebundene Posten auf der Ausgabenseite berücksichtigt und andererseits ist die Miethöhe eine Information, die in jedem Haushalt unkompliziert und ohne Fehler erfragt werden kann.

---

17 Interessanterweise zeigte sich bei den Projekthaushalten, dass Sozialhilfeempfänger-Haushalte in den seltensten Fällen ausschließlich von Sozialhilfe leben, sondern in der Regel ein Mix aus sehr unterschiedlichen Einkommensbestandteilen zusammenkommt.

Punktzahl	Der Anteil der Kaltmiete am Haushaltseinkommen beträgt ...
0	mehr als 35 Prozent bei Ein- und Zwei-Personen-Haushalten und Haushalten allein Erziehender, sonst mehr als 40 Prozent
1	25 bis 35 Prozent bei Ein- und Zwei-Personen-Haushalten und Haushalten allein Erziehender, sonst 30 bis 40 Prozent
2	15 bis 25 Prozent bei Ein- und Zwei-Personen-Haushalten und Haushalten allein Erziehender, sonst 20 bis 30 Prozent
3	weniger als 15 Prozent bei Ein- und Zwei-Personen-Haushalten und Haushalten allein Erziehender, sonst weniger als 20%
	Quelle: Mardorf et al. 2002: 171

Bei der Vergabe von Punktwertungen für die Rechenergebnisse haben wir in Anlehnung an das Vorgehen in Armutsberichten nach der Haushaltsgröße differenziert.

Zeitliche Situation

Das Merkmal „zeitliche Situation" ermöglicht eine Aussage zur Arbeitsbelastung der interviewten Bezugsperson des Haushalts. Dabei werden sowohl Erwerbsarbeitszeiten und die dazugehörigen Wegezeiten als auch der Arbeitsbedarf für den Haushalt und der Zeitbedarf für die Versorgung sowie Unterstützung von Personen außerhalb des eigenen Haushalts (Netzwerkhilfe) berücksichtigt, sofern sie von der Bezugsperson geleistet werden. Das Ergebnis wird aus Jahreswerten für die genannten Tätigkeitsbereiche ermittelt, in dem der gesamte Zeitbedarf durch alle Tage eines Kalenderjahres (365) dividiert wird. Der so ermittelte Wert ist also ein Durchschnittswert. Die tatsächliche tägliche Belastung kann durchaus davon abweichen und um den rechnerischen Wert schwanken, bedingt durch unterschiedliche Anforderungen an einzelnen Wochentagen oder durch die Arbeitseinteilung durch den Haushalt.

Bei der Berechnung des Zeitbedarfs für den Haushalt wurden in einigen Arbeitsbereichen (z.B. bei der Wohnungspflege) Standardwerte für Häufigkeiten der Arbeitserledigung zugrunde gelegt, weil die erfragten Angaben zu den Versorgungsmustern bei einigen Haushalten Zweifel am Realitätsgehalt aufkommen ließen. Die Erfahrung ist in Fachkreisen durchaus bekannt und hat ihren Grund darin, dass besonders im Bereich der Wohnungspflege vermeintlich sozial erwünschtes Verhalten als tatsächlich realisiertes ausgegeben wird. Ebenso ist es durchaus nicht ungewöhnlich, dass ein hohes Maß an verfügbarer und nicht gebundener Zeit dazu führt, Haushaltsarbeiten häufiger durchzuführen als nötig. Mit einer Standardisierung der Versorgungsmuster wird also eine bessere Vergleichbarkeit zwischen den Haushalten erreicht. Weiterhin ermöglichen sie es in Haushalten, in denen eine Unterversorgung in einzelnen oder allen Arbeitsbereichen vermutet wird, durch Soll-Ist-Vergleiche den eigentlich erforderlichen Zeiteinsatz aufzuzeigen.

Für die Vergabe von Punkten ließen wir uns von der Annahme leiten, dass nicht nur eine sehr hohe Arbeitsbelastung von der betroffenen Person als unangenehm empfunden wird, sondern auch ein Mangel an Aufgaben im privaten oder öffentlichen Bereich. Gerade durch zeitliche Unterauslastung drohen Zeitstrukturen leicht zu entgleiten. Eine Rückkehr zu höheren Anforderungen fällt den Betroffenen schwer und gelingt manchmal gar nicht, z.B. bei der Rückkehr in den Erwerbsberuf nach einer langen Phase der Arbeitslosigkeit. Eine Arbeitsbelastung von mehr als elf oder weniger als einer Stunde am Tag wird deshalb gleichermaßen mit null Punkten beurteilt.

Punktzahl	Die durchschnittliche tägliche Arbeitszeit der Bezugsperson beträgt ....
0	mehr als elf oder weniger als eine Stunde
1	zwischen neun und elf oder zwischen ein und drei Stunden
2	zwischen drei und fünf Stunden
3	zwischen fünf und neun Stunden

Wohnungsgröße
Zur Beurteilung der Wohngröße eignet sich der Vergleich der Wohnfläche, die dem Haushalt zur Verfügung steht, mit dem Mindestflächenbedarf, der für Haushalte unterschiedlicher Größe in den „Kölner Empfehlungen" (Union Internationale des Organismes Familiaux 1990) festgelegt ist[18]. Die Steigerung des Gesamtmindestflächenbedarfs wird, wie die nachfolgende Tabelle zeigt, vor allem durch den Anstieg in der Zahl der Individualräume hervorgerufen (Union Internationale des Organismes Familiaux 1990: 29).

Gesamtmindestflächenbedarf nach den ‚Kölner Empfehlungen' nach Personenzahl bei vorgegebener Zahl der Individualräume							
Personen	1	2	3	4	5	6	7
Zahl der Individualräume	0	1	2	3	4	5	5
Gesamtmindestflächenbedarf	37	51	66	77	103	120	129

Punktzahl	Die Wohnfläche liegt im Vergleich zum Mindestflächenbedarf nach den Kölner Empfehlungen
0	um mehr als 10 Prozent niedriger
1	um bis zu 10 Prozent niedriger
2	um bis zu 10 Prozent höher
3	um mehr als 10 Prozent höher

Unterschreitet die Wohnungsgröße im analysierten Haushalt den für die Haushaltsgröße in den Kölner Empfehlungen angegebenen Wert um mehr als 10 %,

---

18 Union Internationale des Organismes Familiaux: Kölner Empfehlungen, Zweite Überarbeitung 1990.

wird als Punktwert Null vergeben. Ein geringfügigeres Unterschreiten (unter 10 %) wird mit einem Punkt beurteilt, ein ebensolches Überschreiten mit zwei Punkten. Ist die Wohnung mehr als 10 % größer als der Mindestflächenbedarf, werden drei Punkte erreicht.

Bei der Interpretation aufgrund dieses rein quantitativen Vergleichs ist allerdings zu beachten, dass neben dem Erreichen der empfohlenen Wohnungsgrößen auch Zimmerzahl und Aufteilung der Räume zur Beurteilung der Wohnsituation wichtig sind. So ist es beispielsweise äußerst ungünstig (und wird auch von den Betroffenen so empfunden), wenn allein erziehende Mütter oder Väter, die ohnehin oft sehr an die Wohnung gebunden sind, den gemeinsamen Wohnraum auch als Schlafraum nutzen müssen und somit über kein eigenes Zimmer als persönlichen Rückzugsbereich in der Wohnung verfügen. Ein weiterer, häufig festgestellter gravierender Mangel ist Lärm(-belästigung).

Bildung

Das Merkmal Bildung hat in der Diskussion von Armutsursachen in den letzten Jahren einen erheblichen Bedeutungszuwachs erfahren. Ebenso wird Bildung mittlerweile ein zentraler Stellenwert bei der Armutsprävention beigemessen (Geißler 1994, Meier 2001c). Je nach disziplinärer Sichtweise werden zur Bildung zum Teil nur Qualifikationen für einen Erwerbsberuf zugerechnet, zum Teil auch die Daseinskompetenzen zur Alltagsversorgung und –bewältigung. Weil Alltagskompetenzen im Projekt einen zentralen Stellenwert haben, berücksichtigen wir im Gitternetz die genannten Kompetenzbereich mit zwei unterschiedlichen Merkmalen – als „Bildung" und als „Alltagskompetenzen".

Unter der Überschrift Bildung werden zunächst die formalen Ausbildungsabschlüsse der (erwachsenen Haushaltspersonen) bewertet, wobei eine abgeschlossene Ausbildung im dualen System (nur) mit zwei Punkten eingestuft wird, da sie normalerweise die weitgehend selbstständige Existenzsicherung gewährleistet, allerdings keine Garantie dafür bietet, wie die Projektbefunde für Haushalte mit drei und mehr Kindern sowie die Arbeitslosenstatistik zeigen (vgl. Mardorf et al. 2002: 123).

Bildung ist ein stark personengebundenes Merkmal, das sich im Haushaltskontext nur schwierig bewerten lässt, wenn die Haushaltsmitglieder unterschiedliche Qualifikationsniveaus erreichen. Weiterhin muss beachtet werden, dass Paarhaushalte nicht dadurch Vorteile im Bewertungsschema gegenüber Alleinlebenden und Alleinerziehenden haben dürfen, dass eine Addition der im Haushalt vorhandenen Qualifikationen zu einer höheren Punktzahl führt, obwohl Mehrfachqualifikationen die Chancen eine Haushalts bei der Arbeitsplatzsuche erhöhen und eine größere Flexibilität in den haushälterischen Entscheidungen bedeuten können. Um den genannten Schwierigkeiten aus dem Weg zu gehen,

setzt das verwendete Bewertungsschema an der Qualifikation der Person mit
dem höchsten Bildungsabschluss an.

Punktzahl	Über eine abgeschlossene Berufsausbildung im dualen oder vollzeitschulischen System verfügt ...
0	keine der erwachsenen Haushaltspersonen.
1	keine der erwachsenen Haushaltspersonen; mindestens eine Haushaltsperson hat jedoch eine Ausbildung in einem Helferberuf oder an einer Qualifizierungsmaßnahme eines anerkannten Bildungsträgers teilgenommen.
2	mindestens eine erwachsene Haushaltsperson.
3	Mindestens eine erwachsene Haushaltsperson hat ein Studium an einer Fachhochschule oder Universität abgeschlossen oder einen aufbauend auf der beruflichen Erstausbildung zusätzlichen, von der Industrie- und Handelskammer anerkannten Abschluss erreicht bzw. das Zertifikat eines anderen anerkannten Bildungsträgers erworben.

Zweifel an der Verwertbarkeit bestimmter beruflicher Abschlüsse auf dem
Arbeitsmarkt spielen für einige Projekthaushalte durchaus eine Rolle. Wegen
der Schwierigkeit, geeignete Beurteilungskriterien zu finden, wurde dieser Aspekt jedoch nicht weiter berücksichtigt.

Gesundheit
Ebenso wie Bildung spielt auch das Thema Gesundheit im Zusammenhang mit
Armut und Armutsprävention eine wesentliche Rolle. Im Projekt interessierten
uns einmal die höheren Anforderungen an die Haushaltsführung, die durch
chronische Krankheiten und körperliche Behinderungen verursacht werden.
Zum anderen haben wir gesundheitliche Beeinträchtigungen auch unter dem
Blickwinkel eines eingeschränkten Handlungsspielraums bei der eigenen Existenzsicherung gesehen. Drittens zeigen die untersuchten Haushalte durchaus unterschiedliche Reaktionen im Umgang mit gesundheitlichen Problemen. Außerdem zeigte sich, dass die Konsequenzen für verschiedene Lebensbereiche mitunter eindeutiger zu identifizieren sind als die gesundheitlichen Beeinträchtigungen an sich.

Punktzahl	Chronische Krankheiten oder körperliche Behinderungen ...
0	kumulieren im Haushalt durch Betroffenheit mehrerer Personen bzw. verschiedene Krankheiten bei einer Person. Sie beeinflussen die Alltagsversorgung gravierend und haben beträchtliche Auswirkungen auf Erwerbstätigkeit, Einkommen und Wohlbefinden.
1	erfordern eine permanente Berücksichtigung bei der Alltagsorganisation.
2	beeinträchtigen das Alltagleben weder weitreichend noch längerfristig, allerdings leidet eine/leiden mehrere Person(en) an häufigen akuten (Infektions-) Krankheiten und/oder Erschöpfungszuständen beispielsweise aufgrund von Überlastungen im Alltag.
3	haben keine Bedeutung für den Haushalt.

Die Bewertung des gesundheitlichen Zustandes der Haushaltsmitglieder ist deshalb von folgenden Fragen geleitet: Inwieweit beeinträchtigen Krankheiten, Erschöpfungszustände und/oder Behinderungen

* den Alltag,
* die Teilnahme am Erwerbsleben,
* das Einkommen,
* das Wohlbefinden bzw. die Lebensqualität der Haushaltsmitglieder?

Im Gegensatz zum Merkmal Bildung führt im Bereich Gesundheit das Auftreten mehrerer chronischer Krankheiten bzw. körperlicher Behinderungen bei einer Person ebenso zu Abwertungen wie die Betroffenheit mehrerer Haushaltspersonen.

Psychosoziale Situation

Der Begriff ‚psychosozial' wurde zunächst im Bereich der Suchtberatung entwickelt und verwendet. Ende der 70er Jahre fand er im Zusammenhang mit der Psychiatrie-Enquête sowie den nachfolgenden Diskussionen und Reformen Eingang in die Arbeit mit psychisch kranken Menschen, und zwar insofern, als unter ‚psychosozialen' Aspekten gesellschaftliche Einflussfaktoren auf psychische Leiden verstanden wurden.

Auch in der Schuldnerberatung spielen psychosoziale Faktoren seit längerem eine wesentliche Rolle, da erkannt wurde, dass psychologische und soziologische Kenntnisse wichtig sind, um die finanziellen Probleme der Ratsuchenden in ihrer Komplexität zu erkennen und zu bearbeiten. In der praktischen Arbeit der Schuldnerberatung hat sich gezeigt, dass eine Beratung, sie sich allein auf monetäre sowie juristische Aspekte beschränkt, häufig nicht zu einer dauerhaften Schuldensanierung führt. Es kommt zum ‚Drehtür-Effekt' in der Beratung.

Mittlerweile hat sich der Begriff 'psychosozial' in der Sozialen Arbeit eingebürgert, dennoch existiert bislang noch keine allgemeinverbindliche Definition. So weisen Groth u.a. mit einer Frage auf die ungeklärte Definition und Verwendung des Begriffs hin : „Wird der Begriff `psychosozial` nicht in der Diskussion innerhalb der Schuldnerberatung oft als Chiffre benutzt, um all die vielen ungeklärten 'Psychofragen' zu umschreiben, die das Leben der Berater im Berufsalltag so schwer machen?" (Groth, Schulz, Schulz-Rackoll 1994: 198 ff.).

In unserer Untersuchung wird der Begriff 'psychosozial' in Kenntnis der verschiedenartigen Verwendungen in anderen Bereichen mit dem Ziel einer zusammenfassenden Darstellung und Bewertung psychologischer und zwischenmenschlicher Faktoren in den untersuchten Haushalten bzw. Familien verwendet. Bei der Verwendung des Merkmals 'psychosoziale Situation' im Gitternetz sind wir uns der Tatsache bewusst, dass vielfältige Wechselwirkungen zu anderen Indikatoren bestehen, besonders zum Indikator Gesundheit. Beispiele psychischer und psychosomatischer Erkrankungen sowie Suchtmittelabhängigkeiten zeigen, das bestimmte Problemlagen nicht eindeutig mit Hilfe eines Indikators abgebildet werden können. Im Zentrum der Bewertung steht die Bedeutung dieser Faktoren für das Wohlbefinden der Haushaltsmitglieder. Entscheidend für die Beurteilung ist demnach, ob die Haushaltsmitglieder angemessene Wege gefunden haben, sich mit vorhandenen Schwierigkeiten zu arrangieren bzw. damit umzugehen.

Weiterhin haben wir in den Interviews die Erfahrung gemacht, dass die Belastungen von den InterviewpartnerInnen in Abhängigkeit von ihrem Reflexionsvermögen und/oder ihrer Therapieerfahrung unterschiedlich bewusst wahrgenommen und artikuliert werden.

Als Indizien für psychosoziale Belastungen sind anzusehen

- konfliktreiche Partnerschaften,
- Trennungs- und Scheidungsprobleme,
- problematische Stiefelternverhältnisse,
- Fremdplatzierung(en),
- Arbeitslosigkeit,
- Überschuldung.

Bei der Bewertung der psychosozialen Situation ließen wir uns leiten von der Frage, inwieweit das Wohlbefinden der Haushaltsmitglieder durch belastende Faktoren beeinträchtigt wird. Auch bei diesem Merkmal werden Kumulationseffekte berücksichtigt

Punktzahl	Akute psychosoziale Belastungen ...
0	dominieren das Haushaltsgeschehen auch durch Kumulationseffekte.
1	spielen eine wesentliche Rolle im Haushaltsalltag *oder* Belastungen, die in der Vergangenheit akut waren, wirken deutlich spürbar nach (schwierige Kindheiten, Folgen konfliktreicher Partnerschaften und Trennungen).
2	sind vorhanden, lassen sich aber relativ gut ins Haushaltsgeschehen integrieren *oder* Belastungen aus der Vergangenheit sind noch nicht vollständig verarbeitet *oder* Probleme von Familienangehörigen, die nicht zum selben Haushalt gehören, wirken auf den Haushalt ein.
3	spielen im Haushalt keine Rolle.

Institutionelles Netzwerk
Funktionierende institutionelle Netzwerke gewinnen umso mehr an Bedeutung, je mehr Haushalte aus eigener Kraft nicht in der Lage sind, ihre Daseinsvorsorge und Alltagsbewältigung zu regeln. In unserer Gesellschaft existiert eine große Zahl an Institutionen, die Menschen in prekären Lebenslagen unterstützen und beraten.

Um die Qualität institutioneller Netzwerke aus der Perspektive der betroffenen Haushalte zu beurteilen, sind wir von den existierenden, konkreten Problemen dieser Haushalte ausgegangen und haben neben dem Vorhandensein von geeigneten Hilfen ihre Angemessenheit und Passgenauigkeit bewertet.

Punktzahl	Institutionelle Hilfen ...
0	fehlen zur Lösung des Hauptproblems des Haushalts *und/oder* vorhandene Institutionen haben nicht gehandelt *und/oder* vorhandene Instrumente wurden/werden nicht angewendet.
1	existieren nur teilweise zur Lösung des Hauptproblems des Haushalts *und/ oder* Institutionen haben nicht angemessen gehandelt *und/oder* vorhandene Instrumente wurden/werden nicht passend eingesetzt.
2	sind vorhanden, sie haben teilweise angemessen gehandelt *und/oder* die vorhandenen Instrumente wurden/werden nur teilweise angemessen eingesetzt.
3	sind vorhanden und wurden passend eingesetzt *oder* der Haushalt benötigt zurzeit keine institutionelle Hilfe.

Familiales Netzwerk
Ein Netzwerk aus Familienangehörigen hat sich als einer der entscheidenden Faktoren bei der Bewältigung prekärer Lebenslagen erwiesen. In einem Teil der untersuchten Haushalte haben diese Netzwerkleistungen beträchtlichen Umfang.

Familiale Netzwerke ändern sich im Laufe der Zeit einerseits dadurch, dass der Hilfebedarf des Haushalts steigt oder sinkt, andererseits durch Verfügbarkeit, Leistungsfähigkeit und –willen der Netzwerkpersonen. Da einige Projekthaushalte in der Vergangenheit entscheidende Hilfen zur Alltagsbewältigung empfangen haben, deren Konsequenzen bis heute nachwirken, ist bei diesem Lebenslageindikator eine längerfristige und auch vergangenheitsbezogene Betrachtung und Bewertung erforderlich. So schlägt sich z.B. die Tatsache, dass die heute erwachsenen Kinder einer allein erziehenden Mutter von den Großeltern betreut wurden und damit eine Erwerbstätigkeit überhaupt erst möglich war, später in der Rentenhöhe der Mutter nieder.

Die Bewertung der Qualität des familialen Netzwerkes orientiert sich an der Beantwortung der folgenden drei Fragen:

• Sind/waren die Unterstützungsleistungen zuverlässig, regelmäßig und berechenbar?

• Stehen/standen Angehörige prinzipiell zur Verfügung, auch wenn aktuell kein Hilfebedarf bestand oder besteht?

• Helfen/halfen Angehörige beim Hauptproblem des Haushalts?

Punktzahl	Familienangehörige ...
0	treten nicht in Erscheinung, leisten also auch keine Hilfe.
1	leisten/leisteten in geringem Umfang Hilfe. Die Hilfe ist nicht oder wenig berechenbar.
2	leisten/leisteten berechenbare Hilfe in geringem Umfang.
3	leisten/leisteten dauerhaft und zuverlässige Hilfe in größerem Umfang.

Implizit fließt die menschliche Qualität der familiären und verwandtschaftlichen Beziehungen in die Bewertung ein, da ohne funktionierende menschliche Beziehungen tragfähige Netzwerkhilfe, beispielsweise in Form regelmäßiger und zuverlässiger Kinderbetreuung, nicht denkbar ist.

Sonstiges Netzwerk
Der letzte der drei Netzwerkindikatoren berücksichtigt die Unterstützungsleistungen, die Freunde, Nachbarn und Bekannte aktuell für den Haushalt erbringen. Ausmaß und Art der in Anspruch genommenen Hilfe sind ein wichtiges Indiz für den Haushaltsstil, da Menschen in sehr unterschiedlichem Ausmaß über die Fähigkeit verfügen, solche Netzwerke zu mobilisieren und für sich in Anspruch zu nehmen. Implizit fließt auch bei diesem Indikator die menschliche Qualität der Beziehungen zu den einzelnen Netzwerkpersonen in die Bewertung ein.
    Die Qualität des sonstigen privaten Netzwerks hat allerdings in keinem von uns untersuchten Fall so bedeutende und grundlegende Konsequenzen für das haushälterische Geschehen wie das familiale Netzwerk.

Punktzahl	Freunde, Nachbarn und/oder Bekannte leisten für den Haushalt ...
0	keinerlei Hilfe.
1	geringfügige, aber nicht verlässliche Hilfe.
2	in geringem Umfang, aber verlässliche Hilfe.
3	zuverlässige Hilfe in größerem Umfang.

Alltagskompetenzen
Aufgrund der zentralen Rolle von Alltagskompetenzen für das Projekt erhält dieser letzte Indikator des Gitternetzes eine besondere Bedeutung. Gleichzeitig ist seine Beurteilung aus drei Gründen besonders anspruchsvoll:

• Erstens sind Alltagskompetenzen Daten, die sich nicht quantitativ oder mit eindeutigen Rastern wie berufliche Abschlüsse messen lassen.

• Zweitens ist ein Instrument zur Beurteilung von Alltagkompetenzen in einem umfassenden Sinne bisher auch in den Haushaltswissenschaften nicht entwickelt worden. Vielmehr wurden Alltagskompetenzen in der Praxis eher punktuell und an Defiziten festmacht, z.B. in Feststellungen wie „sie kann noch nicht einmal Kartoffelpüree selber machen".

- Drittens ist eine Beurteilung in hohem Maße von milieuspezifischen Werten durchdrungen, so dass Objektivität sich schwer herstellen lässt.

Der von uns gewählte Ansatz zur Beurteilung von Alltagskompetenzen setzt nicht an einzelnen haushälterischen Fachkompetenzen an, sondern zielt ab auf die Einschätzung der übergeordneten Kompetenzen zur Sicherung der Daseinsvorsorge. Dazu gehören folgende Merkmale:

- Wahrnehmung von Bedarfen der Haushaltspersonen,
- Realitätsbezug und Qualität der Versorgungsleistungen und Entscheidungen,
- Eigenverantwortung/Eigenaktivität bei der Alltagsversorgung.

Zur Beurteilung von Alltagskompetenzen wäre auch eine weitere, vierte Kategorie denkbar, nämlich die Fähigkeit, besondere Belastungssituationen zu bewältigen. Ausgesprochen hohe Anforderungen an die Haushaltsführung stellen z.B. schwere Krankheiten eines Haushaltsangehörigen oder die Tatsache, von Geburt eines Kindes an ohne Unterstützung durch ein familiales Netzwerk allein erziehend zu sein. Da aber nicht alle Projekthaushalte zum Interviewzeitpunkt gleichermaßen derartigen Herausforderungen ausgesetzt waren, würde eine explizite Berücksichtigung dieses Kriterium möglicherweise zu ungerechtfertigten Verschiebungen in der Beurteilung der vorhandenen Kompetenzen führen. Wir haben die Fähigkeit, besondere Belastungssituationen zu meistern, als ein hilfreiches Indiz für die Bewertung der drei oben genannten Kategorien genutzt.

Im Einzelnen wurden in den drei Bereichen folgende Kriterien und Abstufungen verwendet.

Wahrnehmung von Bedarfen der Haushaltspersonen

Punktzahl	Bedarfe der Haushaltspersonen werden ...
0	wenn überhaupt, dann aus der Situation heraus gedeckt (z.B. Essen wird zubereitet, wenn ein Haushaltsmitglied Hunger hat).
1	in geringem Maße auch antizipativ wahrgenommen, die Tragweite von Entscheidungen erfordert einen weiteren Schritt bei der Zielerreichung (kurzfristige Planung).
2	antizipativ wahrgenommen, die Tragweite von Entscheidungen erfordert mehrere Schritte bei der Zielerreichung (auch mittelfristige Planung).
3	vor dem Hintergrund von Lebenszielen und Lebensplanung gedeckt. Langfristige Entscheidungen werden im Bewusstsein ihrer Konsequenzen getroffen.

Realitätsbezug und Qualität der Versorgungsleistungen und Entscheidungen

Punktzahl	Versorgungsleistungen und Entscheidungen des Haushalts ...
0	haben dysfunktionalen Charakter und führen zu Unterversorgung und Vernachlässigung.
1	sind nicht auf die aktuellen Bedarfe und absehbare Veränderungen abgestimmt.
2	sind überwiegend auf die aktuellen Bedarfe und absehbare Veränderungen abgestimmt.
3	werden unter Beachtung komplexer Wirkungszusammenhänge angemessen und zum Wohle aller Haushaltspersonen erbracht.

Eigenverantwortung/Eigenaktivität bei der Alltagsversorgung

Punktzahl	Eigenaktivität und Eigenverantwortung werden von den Haushaltsangehörigen ....
0	nicht übernommen, so dass die Versorgung der Haushaltsangehörigen dauerhaft nur dann gewährleistet ist, wenn Institutionen (Jugend- und Sozialhilfe) diese Aufgabe weitestgehend übernehmen.
1	nur zum Teil übernommen, so dass die Versorgung der Haushaltsangehörigen nur durch partielle Unterstützung von Institutionen gelingt.
2	grundsätzlich übernommen, aber mehr Engagement seitens des Haushalts könnte die Versorgungssituation verbessern; für Alltagsschwierigkeiten werden relativ schnell externe Umstände, Personen und Institutionen verantwortlich gemacht.
3	für alle Bereiche der Versorgung im Bewusstsein der eigenen Zuständigkeit für die Alltagbewältigung übernommen.

Jede berücksichtigte Kategorie konnte – für sich betrachtet – mit Hilfe des vorhandenen Datenmaterials relativ eindeutig und nachvollziehbar bewertet werden. Die Punktzahlen aus jedem der drei Bereiche fließen in die Gesamtbeurteilung der Alltagskompetenzen zu gleichen Teilen ein. Bei der Beurteilung der Alltagskompetenzen haben wir uns von dem Ziel leiten lassen, vorhandene Ressourcen der Haushalte zu würdigen, nicht Defizite herauszuheben. Da wir außerdem aus Gesprächen mit ExpertInnen aus der sozialen Arbeit wissen, dass es Haushalte gibt, die weniger Alltagskompetenzen haben als die von uns untersuchten, haben wir auf der Punkteskala den Wert von null Punkten nicht vergeben.

Wie bereits erwähnt, wurde die Auswahl der Indikatoren, die in das Gitternetz aufgenommen wurden, auch durch deren Aussagefähigkeit aufgrund der Datenlage getroffen. Dies wird deutlich an zwei Indikatoren, deren Einbeziehung für die Einschätzung der Haushaltssituation zwar interessant und wichtig gewesen wäre, die sich aber nicht angemessen abbilden ließen.

Anteil der Konsumentenkreditraten am Einkommen
Ver- oder auch Überschuldung ist in vielen Haushalten in prekären Lebenslagen
ein bedeutsames Kennzeichen der Haushaltssituation. Die Überschuldung eines
Haushalts kann Ursache und/oder Resultat von sich zuspitzenden Problemlagen
sein. Zunächst scheint der Anteil der Konsumentenkreditraten am Einkommen
ein aussagekräftiger Indikator zu sein.
     Aus zwei Gründen erwies dieser sich jedoch für die Projekthaushalte als
nicht aussagekräftig.
1. Die Höhe der vom Haushalt gezahlten Raten für Konsumentenkredite lässt
    nur sehr begrenzt Aussagen zur Ver- und Überschuldungssituation eines
    Teils der Haushalte zu, weil Kredite zum Analysezeitpunkt in den Projekt-
    haushalten nur teilweise oder überhaupt nicht zurückgezahlt werden. In die-
    sen Fällen liegen Vollstreckungsbescheide oder ein Schufa-Eintrag[19] vor,
    oder es wurde bereits eine eidesstattliche Versicherung abgegeben. Teilwei-
    se haben in diesen Haushalten auch Freunde oder Angehörige Kredite für
    die befragten Haushalte aufgenommen, die dann vorrangig bedient werden.
2. In den Konsumentenkreditraten finden die mit hohen Kosten verbundenen
    Schulden durch Überziehungen des Girokontos ebenfalls keinen Nieder-
    schlag. Sie sind allerdings in Haushalten mit Zahlungsschwierigkeiten rela-
    tiv häufig vorzufinden, da zum einen dieser Kredit auf einfachstem Wege
    zu bekommen ist und zum anderen Kreditinstitute wegen des damit verbun-
    denen Gewinns oft kein aktives Interesse zeigen, solche Überziehungen in
    einen regulären Ratenkredit umzuwandeln oder aber nur diese teure Alter-
    native anbieten.

Höhe des Konsumniveaus
Aussagen über die Anspruchsniveaus an den Konsum anhand genauer Ausgabe-
strukturen wären sehr gut geeignet, Vorurteilen zu begegnen, die in der Öffentlichkeit immer wieder über Menschen in prekären Lebenslagen und speziell SozialhilfeempfängerInnen geäußert werden. Leider war es einerseits aufgrund des
bewussten Verzichts auf jede Verschriftlichung von Informationen und andererseits auch wegen nicht kontrollierbarer Schätzfehler in den erfragten Angaben
zu verschiedenen Ausgabepositionen nicht sinnvoll, einen entsprechenden Indikator zu bilden. Obwohl die Mehrzahl der Haushalte einen erstaunlich genauen
Überblick über die regelmäßig anfallenden Ausgaben hatte, ist die Qualität der

---

19 „Die Schutzgemeinschaft für allgemeine Kreditsicherung, kurz SCHUFA genannt, ist eine Ge-
meinschaftseinrichtung von Wirtschaftsunternehmen, die ihren Kunden Geld- oder Warenkredi-
te einräumen. Ziel der SCHUFA ist es, ihre Vertragspartner vor Kreditausfällen zu schützen. ...
Mit Hilfe aktueller SCHUFA-Auskünfte können die Vertragspartner die Kreditwürdigkeit ihrer
Kunden besser beurteilen und rationeller über deren Kreditwünsche entscheiden". SCHUFA
(2002): Gehen Sie zu Ihrer Hausbank! Schutzgemeinschaft für allgemeine Kreditsicherung

erhobenen Daten sehr unterschiedlich. Um aber dennoch nicht auf die begrenzt aussagefähigen Informationen zu verzichten, ist in einer Tabelle (vgl. Anhang 4) der Betrag errechnet, der nach Abzug aller festen Zahlungsverpflichtungen (z.b. Miete, Versicherungen, Kreditrückzahlungen, ggf. Vermögensbildung) vom verfügbaren Haushaltseinkommen pro Vollversorgungseinheit zur Verfügung steht für Ausgaben für Lebensmittel, Bekleidung, Freizeit, Verkehrsmittelnutzung u.a. Ein Vergleich mit dem Indikator Äquivalenzeinkommen zeigt, dass die Aussage der beiden Zahlen für einen Haushalt in den meisten Fällen übereinstimmend ist.

Trotz dieser punktuellen Einschränkungen ergibt die Gesamtschau der vorgenommenen Beurteilungen für die verwendeten Lebenslageindikatoren im Gitternetz ein einprägsames Muster für den einzelnen Haushalt, aus dem die Besonderheiten des Einzelfalls im Vergleich zu anderen Haushalten mit einem Blick zu erkennen sind. Typische Problemlagen mit ähnlichen Merkmalsausprägungen lassen sich unterscheiden, um daraus die Hilfebedarfe für bestimmte Haushaltskonstellationen herauszuarbeiten. In Kap. VI.3 werden die Ausprägungen der einzelnen Indikatoren erläutert und untersucht, welche Beziehungen zwischen den Lebenslagedimensionen bestehen. Auf der Grundlage einer ausführlichen, vergleichenden Interpretation aller Merkmale für die Projekthaushalte wird eine Typologie von Haushalten in prekären Lebenslagen entwickelt.

2.3 Haushaltssimulation

Haushaltssimulationen ermöglichen es, die Konsequenzen von Haushaltsentscheidungen und Familienentwicklungen (durch Alterungsprozesse und Lebensereignisse) auf das Zeit- und Geldsystem des Haushalts deutlich zu machen. Dazu werden Annahmen z.B. über das Eintreffen von Lebensereignissen, zu Veränderungen der Versorgungsmuster im Haushalt, zu Risiken wie Arbeitslosigkeit nach dem Muster „was wäre, wenn ..." zeitlich fixiert und die Auswirkungen mit Hilfe eines Simulationsmodells geprüft. Mit Simulationen können zum einen den Haushalten Chancen und Risiken ihres Handelns deutlich gemacht werden, zum anderen lassen sich im Rahmen einer wissenschaftlichen Politikberatung Belastungen zwischen unterschiedlichen Haushaltstypen herausarbeiten und Lösungsansätze für besondere Problemsituationen aufzeigen. Voraussetzung dafür sind geeignete Simulationsmodelle.

Mit dem in den 80er Jahren entwickelten Simulationsmodell Stratha (für: Strategische Haushaltsentwicklung) ließ sich erstmalig der Zusammenhang zwischen den Veränderungen im Personalsystem eines Haushalts im Laufe der Familienentwicklung und den ökonomischen Daten im Geld- und Zeitsystem computergestützt aufzeigen. Das Programm ist auch heute noch fast uneingeschränkt und äußerst stabil lauffähig. Für die Anliegen des Projekts allerdings weist das alte Stratha-Programm erhebliche Einschränkungen auf, die darin begründet sind, dass die Stratha-Version von 1990

- programmtechnisch nicht mehr aktuell ist, weil sie mit Cursor-Tasten, aber nicht durch eine Maus bedient wird,

- voraussetzt, dass Analysedaten mit anderen Programmen berechnet und zeitaufwendig neu in Stratha eingegeben werden, was auch zusätzliche Fehlerquellen mit sich bringt,

- ein Abbildungskonzept zur Berechnung der Zeitbelastung enthält, das mittlerweile in den Berechnungsroutinen für die Analyse weiter entwickelt und dadurch speziell im Hinblick auf die innerfamiliale Arbeitsteilung deutlich aussagekräftiger wurde,

- es noch nicht zulässt, Schulden sowie Vermögen mit ihren Verzinsungseffekten im Zeitverlauf abzubilden,

- keine Möglichkeit bietet, Teilversorgungsmuster von Kindern zu berücksichtigen, die z.B. in Scheidungsfamilien eine Rolle spielen,

- vom Gesamtkonzept her auf einen landwirtschaftlichen Haushalt bezogen ist und sich dadurch Einschränkungen in den Abbildungsmöglichkeiten ergeben.

Aus diesen Gründen wurde mit Projektbeginn an einer Neukonzeption und -programmierung von Stratha gearbeitet.

Computerprogramm Stratha 2001
Die grundsätzlichen inhaltlichen und methodischen Änderungen im Analyse- und Diagnosekonzept erforderten eine völlige Neuprogrammierung des Simulationsprogramms für die strategische Haushaltsentwicklung. Das neue Stratha-Programm ist von Dipl. oec. troph. Ramona Thiele benutzerfreundlich in Visual Basic programmiert worden.

Die bisher erforderlichen zeitaufwendigen Datentransfers von der Analyse zum Simulationsprogramm entfallen in Zukunft, weil die Berechnungsroutinen für die Ist-Situation und für die Simulation im Lebenszyklus der Familie programmintern miteinander vernetzt werden können.

Das Programm ist konzeptionell in allen Teilen fertig gestellt. Alle oben aufgeführten Schwachstellen des alten Stratha-Programms konnten dabei behoben werden. Die Datenbereiche Personendaten, Wohndaten, Vermögen, Schulden, Einnahmen und Ausgaben konnten von der Eingabe der Analysedaten über die Ausgabe des fertig berechneten Haushaltsüberschlags bis zur Eingabe von Daten für verschiedene Simulationsalternativen und deren Berechnungen programmiert werden.

Kernstück des Programms ist nach wie vor die Verknüpfung von Personendaten mit den ökonomischen Daten des Haushalts über die Berechnung von Versorgungseinheiten. Als wichtigste Neuerung dazu gekommen ist die Möglichkeit, Restschuldsummen und Vermögensbestände durch die Vorgaben von differenzierten, finanzmathematisch exakten Berechnungsroutinen für verschiedene Kredit- und Vermögensarten fortzuschreiben. Diese Darstellung der Verzinsungseffekte in Kombination mit den laufenden Ratenzahlungen für Verbindlichkeiten und Geldanlagen erlaubt erstmalig in einem Haushaltssimulationsmodell die Verknüpfung von Bestands- und Flussgrößen. Obwohl Stratha auch als Buchführungsprogramm genutzt werden kann, geht es durch diese Erweiterung weit über traditionelle Budgetanalysen und -planungen hinaus.

Egal, ob Einnahmen und Ausgaben im Haushalt als Schätzgrößen erfragt wurden oder exakt aus seinen Kontoauszügen übernommen werden können, legt Stratha einen einheitlichen Kontenplan zu Grunde, der die für die Datenfortschreibung erforderlichen Datenkategorien Haushaltsgrundversorgung, Personengrundversorgung, Haushaltszusatzversorgung und Personenzusatzversorgung enthält.

Bei der Neuprogrammierung wurde bewusst auf jede Art der automatischen Berechnung von einem Haushalt zustehenden sozial- und familienpolitischen Leistungen verzichtet, da diese aufgrund der Komplexität der Bestimmungen den Rahmen eines Haushaltssimulationsprogrammes sprengen würden. Außerdem haben die Erfahrungen mit der Datenpflege für das Kindergeld im alten Stratha-Programm gezeigt, dass häufige und besonders strukturelle Änderungen dieser Leistungen Umprogrammierungen erforderlich machen oder zu Einbußen in der Aussagefähigkeit der Ergebnisse führen. Über das Internet sind mittlerweile zunehmend mehr Programme für individuelle Berechnungen einzelner Leistungen und Regelungen zugänglich. Deshalb wurden im neuen Stratha-Programm systematisch Schnittstellen angelegt, um Höhe und Veränderungen von verschiedenen Transferzahlungen und Einkommenssteuern bzw. Sozialversicherungsbeiträgen, die programmextern je nach Haushaltssituation ermittelt werden, in die Gesamtbeurteilung der Lebenslage adäquat einbeziehen zu können. Damit lassen sich die Entlastungs- bzw. Belastungswirkungen durch Steuer- und Transfersysteme adäquat aufzeigen.

Der Datenbereich zum Umgang mit Zeit konnte bisher noch nicht umgesetzt werden. Gründe dafür sind einerseits hohe Anforderungen an die Programmiererin durch unseren Wunsch, die Komplexität des Haushaltsgeschehens differenziert, aber auch übersichtlich und nachvollziehbar abzubilden, andererseits begrenzte Finanzierungsmöglichkeiten der Programmiererin. Nach den Erfahrungen mit dem alten Stratha-Programm wird es, obwohl bereits einige Testläufe mit Daten der Projekthaushalte vorgenommen und aufgetretene Fehler beseitigt wurden, noch Monate dauern, bis das Programm fehlerfrei laufen wird.

3. Praktische Vorgehensweise bei der Datenerhebung und –auswertung der Fallbeispiele

Um die Besonderheiten von Haushalten in wirtschaftlich und sozial benachteiligten Lebenslagen differenziert abbilden zu können, bedurfte es außer der Durchführung des eigentlichen Interviews einer gründlichen Vor- und Nachbereitung. Zunächst galt es, geeignete Haushalte zu finden, die sich für ein Gespräch zur Verfügung stellten. Der Kontakt musste hergestellt, das Anliegen erläutert und ein Termin vereinbart werden. Im Anschluss an das Interview waren alle gesammelten Informationen zu dokumentieren, Datenlücken zu schließen, Berechnungen mit einheitlicher Vorgehensweise für alle Haushalte durchzuführen und objektive Beurteilungen auch qualitativer Merkmale für die Gitternetze transparent zu machen. Die einzelnen Phasen der Datenerhebung und -auswertung werden im Folgenden in chronologischer Reihenfolge im Einzelnen dargestellt.

3.1 Suche und Auswahl von InterviewpartnerInnen

Im Laufe der (durchaus arbeitsintensiven) Suche von geeigneten Haushalten und InterviewpartnerInnen erfolgte eine Kontaktaufnahme zu 36 Haushalten. Davon konnte in 22 Haushalten ein Interview durchgeführt werden.

Bei der Kontaktaufnahme zu geeigneten Haushalten unterstützten uns vor allem die ExpertInnen aus der sozialen Arbeit, mit denen ein ExpertInneninterview durchgeführt worden war, aber auch einige ihrer nicht interviewten KollegInnen. Auf ihre Vermittlungs- und Werbetätigkeit hin kamen zwölf und damit mehr als die Hälfte der Interviews zustande. Sieben weitere Haushalte konnten auf Anregung von Haushalten befragt werden, mit denen bereits eine Interview durchgeführt worden war. Unser erster Projekthaushalt hat nach einem überregionalen Presseartikel Kontakt mit dem Institut aufgenommen.

Weiterhin wurde im Anschluss an einen Vortrag auf einem Kongress für allein Erziehende in Gießen, in dem auch erste Ergebnisse dieses Projekts referiert wurden, sehr erfolgreich um InterviewpartnerInnen geworben. 20 der ca. 150 TeilnehmerInnen haben sich spontan für ein Interview zur Verfügung gestellt. Diese hohe Bereitschaft kann darauf zurückgeführt werden, dass an einem solchen Kongress Frauen und Männer teilnehmen, die ihre Lebenssituation bewusst reflektieren und keine Bedenken haben, über ihre Alltagsprobleme und -erfahrungen zu sprechen. Da wir zu diesem Zeitpunkt bereit relativ viele Haushalte von allein Erziehenden befragt hatten, entschieden wir uns, zwei Haushalte in das Sample einzubeziehen, die bisher noch nicht berücksichtigte Besonderheiten aufwiesen.

Generell waren allein Erziehende relativ leicht für die Teilnahme an Interviews zu gewinnen. Gründe dafür könnten zum einen im höheren Leidensdruck liegen, der dadurch verursacht wird, dass der Alltag in Alleinverantwortung bewältigt werden muss. Zum Zweiten ist anzunehmen, dass im Zusammenhang mit Trennung und Scheidung vermehrt Erfahrungen mit professionellen Helfern und Behörden gewonnen werden, somit mehr ‚Übung' im Umgang mit außenstehenden Personen besteht. Drittens schließlich ist davon auszugehen, dass solche tief greifenden persönlichen Krisen häufig mit einer Reflexion der eigenen Situation einhergehen und ein größeres Mitteilungsbedürfnis begründen.

Die Gewinnung von Haushalten, in denen Männer und Frauen als Paare zusammenleben, hat sich tendenziell schwieriger gestaltet. In der Regel waren Frauen unsere Gesprächspartnerinnen beim telefonischen Erstkontakt. Direkt oder ‚zwischen den Zeilen' wurden in einigen Fällen Eheprobleme thematisiert, die sich in einem Fall kurz vor dem geplanten Interviewtermin derart zugespitzt hatten, dass die potenzielle Teilnehmerin sich nicht in der Lage sah, gelassen über ihre Lebenssituation zu sprechen und abgesagt hat. In einem weiteren Fall wurde ein zuvor vereinbarter Interviewtermin mit der Begründung wieder abgesagt, dass die angesprochenen Fragen doch zu intim seien. Außerdem mussten wir einmal die Erfahrung machen, dass an zwei vereinbarten Terminen trotz mehrfachen Klingelns die Haustür nicht geöffnet wurde.

Zwei Haushalte, in denen jeweils Ehepaare mit mehreren Kindern leben, waren durch Mitarbeiterinnen des Jugendamtes angefragt worden. Sie konnten sich nach einer eingeräumten Bedenkzeit jedoch nicht für eine Teilnahme am Projekt entscheiden. Von den Jugendamtsmitarbeiterinnen wurde das darauf zurückgeführt, dass beide Familien bereits generationenübergreifend außerordentlich viel Kontakt mit professionellen Helfern und Institutionen hatten, und weitere Personen, die im Namen einer öffentlichen Institution auftreten, zu viel seien.

Zwei Expertinnen aus der Sozialen Arbeit hatten im Anschluss an Sachstandsberichte über die laufende Projektarbeit auf Haushalte mit Problemlagen und –lösungen hingewiesen, die für unser Projekt zusätzlich interessant und wichtig seien. Trotz mehrfacher Nachfragen kam die in Aussicht gestellte Vermittlung allerdings nicht zustande.

Bei den telefonischen Erstkontakten kam mehrfach die Frage auf, ob sich denn durch solche Untersuchungen wirklich etwas ändere in der Politik. Die geäußerten Zweifel haben aber in keinem Fall dazu geführt, dass ein Interview abgelehnt wurde.

Es hat sich generell bewährt, die Haushalte einen Tag vor dem geplanten Interview telefonisch an den vereinbarten Termin zu erinnern, da die Termine mitunter vergessen oder verwechselt worden waren. Einige Haushalte haben bei diesen Telefonaten mehrfach um Terminverschiebung gebeten, was in der Regel beim dritten Mal als unausgesprochene Absage an ein Interview gewertet wurde.

3.2 Durchführung der Interviews

Die ersten beiden Interviews fanden als Pretests am 27.06.2000 und am 31.10.2000 statt, alle weiteren im Zeitraum von Mai bis Dezember 2001. Alle Interviews wurden von Dipl. oec. troph. Eva Maria Sunnus und in der überwiegenden Zahl mit jeweils einer weiteren Wissenschaftlerin, Dipl. oec. troph Silke Mardorf, Dr. Heide Preuße oder Prof. Dr. Uta Meier durchgeführt. An zwei Interviews nahm eine Diplom-Ökotrophologin (Dipl. oec. troph Iris Wahl bzw. Dipl. oec. troph. Kirsten Schäfer) teil, um Erfahrungen in der Durchführung von Interviews für ein anderes Projekt sammeln zu können. Außerdem waren in einigen Fällen zusätzlich studentische Hilfskräfte anwesend, die die Aufgabe hatten, die auf Kassette mitgeschnittenen Interviews im Anschluss niederzuschreiben. Die Dauer der Interviews betrug üblicherweise zweieinhalb Stunden; eine Dauer von dreieinhalb Stunden wurde in keinem Fall überschritten. Alle Interviews fanden in den Wohnungen der Haushalte statt. In den meisten Fällen konnte die Wohnung im Anschluss an das Interview besichtigt werden. Die Haushalte wurden in chronologischer Reihenfolge der Interviewführung mit jeweils einem Buchstaben des Alphabets gekennzeichnet und dadurch anonymisiert.

Interviewverlauf
Die Interviews wurden auf Kassetten aufgezeichnet, die von allen InterviewpartnerInnen sofort oder nach einer sehr kurzen Eingewöhnungsphase ohne Probleme akzeptiert wurden.

Damit konnte nicht nur die Gesprächsführung entlastet, sondern der Gesprächsverlauf und die Gesprächsinhalte im Originalton gesichert werden. Die Aufzeichnungen dienen jedoch keiner sprachwissenschaftlichen Analyse .

Zu Beginn der Interviews wurde das Projekt vorgestellt und die Zusage zur Anonymisierung des Interviews gegeben. Sofern Textpassagen in Vorträgen oder Veröffentlichungen Verwendung finden sollten, sicherten wir eine vorherige Rücksprache mit den InterviewpartnerInnen zu. Mittlerweile haben wir bereits die Erfahrung gemacht, dass einige InterviewpartnerInnen das Anliegen hatten, Informationen, die sie uns im Interview gegeben hatten, nicht in Vorträgen und Veröffentlichungen einem breiteren Publikum zugänglich machen wollten. Das betraf insbesondere die Einkommenszusammensetzung, aber auch familiäre Konflikte.

Wir sind davon ausgegangen, dass wir die Themen, über die Menschen nicht sprechen möchten, die möglicherweise sogar tabuisiert sind, nicht im Einzelfall kennen. ProbandInnen reagieren sehr unterschiedlich, wenn diese Bereiche angesprochen werden. Um den dadurch im Gespräch möglicherweise auftretenden Spannungen vorzubeugen, haben wir zu Beginn darum gebeten, uns im Gespräch darauf aufmerksam zu machen, welche Sachverhalte nicht thematisiert werden sollten. Diese Gelegenheit wurde jedoch nur in seltenen Fällen genutzt; im Gegenteil wurde uns gegenüber ein erstaunlich hohes Maß an Offenheit gezeigt. Wir hatten in vielen Fällen den Eindruck, als Zuhörerinnen einem großen Mitteilungsbedürfnis der InterviewpartnerInnen entgegen zu kommen.

Detaillierte Fragen in den Bereichen Zeit und Geld haben einige InterviewpartnerInnen zu Beginn der Interviewreihe zu der Frage veranlasst, wen das im Detail überhaupt so genau interessiere. In den folgenden Interviews wurde daraufhin in der Einführung erläutert, dass auf der Grundlage der von uns erfragten Detailinformationen die tatsächliche Situation von Haushalten in prekären Lebenslagen differenziert dargestellt werden kann, um in einem weiteren Schritt fundierte und verallgemeinerungsfähige Empfehlungen an Politik und Beratung ableiten zu können.

Ein großer Teil der im Haushalt regelmäßig anfallenden Einnahmen und Ausgaben war den befragten Personen erstaunlich präsent oder konnte mit Hilfe der Interviewerinnen ermittelt werden, indem wir die Beträge aus der Kombination von Zahlungshäufigkeiten und den jeweiligen Geldbeträgen pro Zahlungstermin schätzen ließen. Bei diesen Schätzungen wurden zur Erleichterung geeignete Zeiträume oder Zeitpunkte vorgeschlagen, die für die einzelnen Einnahme- oder Ausgabearten typisch sind. So konnten Lebensmittelkosten meistens bezogen auf eine Woche am besten angegeben werden, Bekleidungsausgaben in Abhängigkeit von Jahreszeiten und getrennt für Kinder und Erwachsene.

Zur Vereinfachung der Erfassung des Einkommens haben viele Haushalte kurzfristig ihren aktuellen Sozialhilfebescheid oder auch andere Dokumente zum Kopieren zur Verfügung gestellt.

Die Erfassung der Zeitverwendung hatte das Ziel, einerseits die individuelle zeitliche Belastung der verschiedenen Haushaltspersonen zu ermitteln und die vor allem aus Gender-Perspektive wichtigen Unterschiede in den Zeitbelastungen zwischen (Ehe)Partnern aufzuzeigen; andererseits sollte auch festgestellt werden, wie strukturiert der Alltag in der Familie abläuft, weil aus Untersuchungen von Arbeitslosen und praktischen Erfahrungen in der Sozialen Arbeit bekannt ist, dass sich für Menschen ohne zeitliche Bindungen durch Erwerbstätigkeit bzw. Ausbildung bestehende feste Zeitstrukturen schnell auflösen (Meyer 2001: 63). Zu diesem Zweck war ursprünglich im Interviewleitfaden vorgesehen, nicht nur Art und Dauer von Erwerbstätigkeit sowie der Haushaltsarbeiten abzufragen, sondern auch die Beschreibung eines typischen Tagesablaufs der

Bezugsperson vom Aufstehen bis zum Schlafen gehen. In der Befragungssituation zeigte sich jedoch, dass beide Ansätze zusammen die Interviewdauer unverhältnismäßig ausgedehnt hätten, vor allem, weil es den Befragten meistens schwer fiel, typische Strukturen aufzuzeigen, ohne spezielle Besonderheiten von Einzeltagen ausführlich zu erwähnen. Aus diesem Grunde gingen wir dazu über, Art und Dauer von Tätigkeiten in konkret benannten Bereichen zu erfragen, die durch die Erhebungsformulare „Haushaltsanalyse" im Hinblick auf typische Versorgungsmuster bereits gut vorstrukturiert und damit über Kennziffern auswertbar waren.

Es hat sich bewährt, die Themen Zusammenleben der Familie, Netzwerke, Hilfebedarfe und Hauptproblem oder -probleme des Haushalts am Ende des Interviews zu platzieren. Viele Fragen zu diesen Themen hatten sich bereits im Interviewverlauf bei Themenbereichen Haushaltspersonen, Wohnung und Wohnumgebung, Geld und Zeit beantwortet, so dass am Ende gezielter nachgefragt werden konnte. Fragen zu Eheproblemen werden im Zusammenhang mit Themen der Geld- und Arbeitswirtschaft mitunter unmittelbarer und ehrlicher thematisiert, als wenn explizit danach gefragt wurde. Auch Informationen zur psychosozialen Situation gaben uns die GesprächspartnerInnen meist ohne konkretes Nachfragen im Zusammenhang mit den gerade genannten Themen, z.B. Probleme im Umgang mit den Kindern bei der Erfassung von Arbeitszeiten oder eine aussichtslose Überschuldung beim Durchgehen der Ausgaben.

Die relativ straffe Interviewführung hat entgegen ursprünglicher Befürchtungen dennoch genügend Raum für diese wichtigen Nebeninformationen gelassen. Aufbauend auf dem im Verlauf der Interviews entstandenen Vertrauen konnte in den meisten Fällen vor allem gegen Ende des Gesprächs sehr offen über psychosoziale Probleme gesprochen werden.

Die präzisen Fragen in Kombination mit einer gewissen inhaltlichen Lenkung der Gesprächsführung ermöglichten es, ein Maximum an Informationen trotz klar begrenzter Gesprächsdauer mitzunehmen. Aus diesem Grund wurden die ursprünglich angedachten zwei Interviewphasen nur in einigen Haushalten erforderlich. In zwei Haushalten fand die Befragung bei zwei aufeinander folgenden Treffen statt, in einigen wenigen wurden offene Fragen im Nachhinein telefonisch geklärt bzw. weitere Informationen erbeten.

Erfahrungs- und Beobachtungsprotokoll

In möglichst direktem Anschluss an die Gespräche in den Haushalten füllten die Interviewerinnen ein Erfahrungs- und Beobachtungsprotokoll aus, in dem auch deren subjektive Eindrücke Raum fanden. Unterschiedliche Sichtweisen der beteiligten Interviewerinnen ließen sich hier festhalten.

Die Reflexion des Interviewverlaufs war vor allem bei den ersten Interviews hilfreich, um die Gesprächsführung und Interviewtechnik bei den folgenden Interviews zu verbessern und noch besser auf den konkreten Informationsbedarf zu lenken.

3.3 Datenaufbereitung

Bevor die Informationen aus den Interviews konkret ausgewertet werden konnten, war es erforderlich, diese in eine auswertbare und für alle Haushalte einheitliche Form zu bringen. Dies wurde mit einer Transkription der Interviewmitschnitte, dem Ausfüllen der Haushaltsanalyse-Formulare sowie einer Kalkulation eindeutig fehlender Daten erreicht.

Transkription
Wissenschaftliche Hilfskräfte haben die auf Kassetten aufgenommenen Interviews verschriftlicht. Die so entstandenen Texte haben einen Umfang von 16 bis zu 63 Seiten[20]. Die Übertragung der Texte erfolgte zum überwiegenden Teil wörtlich. Aus der Dokumentation herausgelassen wurden die Einführung in das Interview sowie Passagen, die ausschließlich der Auflockerung der Gesprächsatmosphäre dienen sollten, wie beispielsweise Erfahrungen der Interviewerinnen mit den eigenen Kindern. Die Wiedergabe erfolgte wortgetreu, aber nicht immer lautgetreu. Angaben zu Einnahmen und Ausgaben sowie zur Zeitverwendung wurden allerdings schematisiert niedergeschrieben, soweit nicht Erläuterungen zum Verständnis der Angaben von den InterviewpartnerInnen gemacht wurden. Beim Thema Geld wurde die Niederschrift auf den jeweiligen Posten und die DM-Angabe beschränkt, beim Thema Zeit auf die jeweilige Tätigkeit und den dazugehörigen Zeitaufwand.

Ausfüllen der Erhebungsformulare (inkl. Kalkulation fehlender Daten)
Im nächsten Schritt wurden die nun schriftlich vorliegenden Informationen in die eigens für das Projekt erstellten Formulare zur Erfassung der Daten für die Haushaltsanalyse eingetragen (vgl. Kap. V.3 und Anhang V.3), um bei der Darstellung der individuellen Lebenslage eine Objektivierung der Daten durch ein einheitliches, theoriegestütztes Erfassungs- und Auswertungsraster zu erzielen (vgl. Preuße 1997). Zum Ausfüllen der Formulare der Haushaltsanalyse standen somit die Interviewtexte, Erfahrungs- und Beobachtungsprotokolle und manchmal auch kopierte Dokumente des Haushalts zur Verfügung.

---

20 Für den Pretesthaushalt A. sind nur neun Seiten dokumentiert, da in diesem Haushalt kein Tonbandmitschnitt erfolgte; in Haushalt X. war das Aufnahmegerät defekt, die Informationen wurden unmittelbar im Anschluss an das Interview ausführlich durch die beiden Interviewerinnen protokolliert.

Da alle Angaben zum Geldmanagement des Haushalts sich auf die Jahre 2001, 2000 (und in den beiden Pretest-Haushalten auch 1999) beziehen, wurden DM-Beträge erfasst und auch ausgewertet. Nicht alle in den Erhebungsformularen aufgeführten Details konnten konkret abgefragt werden. Die Gründe dafür lagen vor allem in der relativ knappen Interviewzeit. Entgegen unseren Befürchtungen waren Datenlücken nur in sehr seltenen Fällen in fehlender Auskunftsbereitschaft begründet. Weiterhin konnten wir feststellen, dass die meisten InterviewpartnerInnen die Situation ihres Haushalts sehr realistisch einschätzen konnten und eine Menge an Detailwissen, z.b. über die Höhe der einzelnen Einnahme- und Ausgabedaten präsent hatten.

Dennoch fehlende Daten wurden im Bereich der Einnahmen und Ausgaben durch Schätzungen ersetzt, die auf den für die Haushaltsstruktur gegebenen gesetzlichen Bestimmungen beruhen, die aufgrund der Kenntnis des Haushalts plausibel erscheinen und durch langjährige Erfahrungen in der Analyse von Lebenslagen mit dem Instrument der Haushaltsanalyse begründet werden können.

Im Folgenden werden die Datenergänzungen und –vereinheitlichungen im Einzelnen für die drei Bereiche Einnahmen, Ausgaben und Haushaltsarbeiten beschrieben.

Einnahmen
Zur Berechnung der Einnahmen stehen folgende, allgemein zugängliche Kalkulationsdaten zur Verfügung:

- Regelsätze nach Bundessozialhilfegesetz (Regelsätze 2001: 242)
- Bekleidungsbeihilfen im Rahmen der Hilfe zum Lebensunterhalt (Beihilfen 2001)
- Weihnachtsbeihilfen im Rahmen der Hilfe zum Lebensunterhalt (Beihilfen 2001)
- Mehrbedarfszuschläge für werdende Mütter, allein Erziehende und Erwerbstätige (BMA 1999: 16 f.)
- Kindergeld (BfA 2001: 7)
- Mindestunterhalt für Kinder (Düsseldorfer Tabelle 2001: 236 ff.)
- Unterhaltsvorschuss (Unterhaltsvorschuss 2000)
- Pflegegeld (BMA 1994: 36 ff.)
- Mindestkrankenversicherungsbeitrag[21].

Sofern bei der Darstellung eines Sozialhilfe beziehenden Haushalts nicht auf exakte mündliche Angaben oder die Kopie eines Sozialhilfebescheides zurückgegriffen werden konnte, wurde das Einkommen anhand der Kosten für die Unterkunft, der Regelsätze, Mehrbedarfszuschläge, Beihilfen für Weihnachten und

---

21 Telefonische Auskunft der AOK

für Bekleidung sowie für Haftpflicht- und Hausratversicherung berechnet. Einmalige Beihilfen für Hausrat wurden dem Einkommen in der tatsächlich geleisteten Höhe zugerechnet. Direkt vom Sozialhilfeträger geleistete Zahlungen für Kosten der Unterkunft sowie Haftpflicht- und Hausratversicherungsbeiträge, die in der Regel von der Sozialhilfe übernommen werden, sind dennoch bei den jeweiligen Einnahmen und Ausgaben der Haushalte verbucht worden, um die Vergleichbarkeit der Haushalte zu gewährleisten.

Ebenfalls im Sinne der Vergleichbarkeit der Haushalte wurden vom Haushalt selbst gezahlte Beiträge an die Krankenversicherung – wie es in einem Haushalt der Fall ist – nicht bei der Berechnung der Ausgaben berücksichtigt. Der entsprechende Anteil fand Abzug beim Einkommen.

Weihnachts- und Urlaubsgeld im Rahmen eines Erwerbseinkommens wurde in Höhe eines 13. Monatsgehalts berücksichtigt.

Ausgaben

Die Erfassung einiger Ausgaben konnte einerseits durch bundesweit geltende Gebühren und andererseits durch gießen-spezifische Regelungen erleichtert werden

- Telefongrundgebühren ermäßigt und nicht ermäßigt
- Rundfunk- und Fernsehgebühren ermäßigt und nicht ermäßigt
- Ermäßigungen für InhaberInnen des „Gießen-Passes".[22]

Ausgaben für die Ernährung in Abhängigkeit von bestimmten Ernährungsstilen und für Bekleidung sind für die Haushalte im allgemeinen schwer schätzbare Ausgabearten. Um hier zu realistischen Angaben zu kommen, wurden Größenordnungen auf der Basis langjähriger Erfahrungen mit der Haushaltsanalyse sowie den in diesem Projekt selbst gesammelten Erfahrungen im Interview zur Diskussion gestellt. Für Versicherungsbeiträge (Hausrat und Haftpflicht) wurde ein Betrag von zusammen 150 DM angesetzt.

Haushaltsarbeiten

Um die zeitliche Dimension des Haushalts abzubilden, wurden im Interview

- zum einen die gebundenen Zeiten für Erwerbsarbeit (inkl. Wegezeiten) und für Freizeitaktivitäten erfragt, und zwar jeweils getrennt für Bezugsperson und PartnerIn,

---

22 Einen Gießen-Pass können EinwohnerInnen der Stadt Gießen beim Sozialamt beantragen, wenn sie SozialhilfeempfängerInnen sind oder ein geringes Einkommen haben, das nicht mehr als 30 % des für sie geltenden Sozialhilfebedarfs überschreitet. Der Gießen-Pass berechtigt, zu ermäßigten Preisen (zumeist 50 %) Frei- und Hallenbäder, Volkshochschulen, Jugendzentren, Stadttheater zu nutzen sowie Wochen- /Monatskarten für den Bus mit einer Ermäßigung zu erwerben.

• zum anderen die haushaltstypischen Versorgungsmuster als Grunddaten zur Berechnung des im Haushalts erforderlichen Arbeitsbedarfs für die Haushaltsarbeit erhoben.

Datenlücken ergaben sich in einigen Haushalten nur im Bereich der Haushaltsarbeiten, wenn das Interview schon sehr lange gedauert hatte oder ein vom Haushalt gegebenes Zeitlimit uns zwang, gegen Ende des Interviews zu kürzen. In diese Fällen haben wir Umfang und Art der Haushaltsarbeiten mit Hilfe der vorangegangenen Interviewinformationen zu den speziellen Gegebenheiten des Haushalts geschätzt. Als „Standardvorgaben" wurden folgende Unterstellungen für die in den Erhebungsformularen verwendeten Antwortalternativen verwendet und in die entsprechenden Formulare eingetragen:

Arbeitsbereich/Art der Arbeiten	Häufigkeit und Umfang der Arbeiten
Management	Nur Grunddispositionen
Einkaufen	Nur Basiseinkäufe und Zuschläge je nach Haushaltsgröße und Wohnort
Wohnungspflege - Unterhaltsreinigung	
- Fußböden und Möbel	1x pro Woche
- Betten einlegen / beziehen	Täglich / alle drei Wochen
- Sanitäreinrichtungen säubern	1x pro Woche
- Arbeitsflächen und Küchengeräte säubern	1x pro Woche
- Treppenreinigung	jede 2. Woche
- Blumenpflege	1x pro Woche
Wohnungspflege – Grundreinigung	
- Fensterreinigung	4x pro Jahr
- Alle übrigen Tätigkeiten	1x pro Jahr
Wäschepflege	
- Wäschemenge	1,5 Waschmaschinenfüllungen pro Person und Woche
- Anteil Bügelwäsche	50 % für Buntwäsche, sonst 25 %
Beköstigung	
- Frühstück, kalte Mahlzeit	Geringe Auswahl an Komponenten
- Warm Mahlzeit	Einfaches Gericht mit Gemüse/Salat
Kinderpflege	
- Versorgung	Eine altersgemäße Entwicklung unterstellend am Lebensalter der Kinder orientiert Insg. 0–15 Min./Tag zuzüglich im Interview
- Betreuung	angegebener Besonderheiten
Sonstige Arbeitsbereiche der Zusatzversorgung	Nicht relevant, sofern nicht im Interview angesprochen

3.4 Berechnung der Daten für den Haushaltsüberschlag

Da die konkrete Datenauswertung für die Fallbeispiele zu einem Zeitpunkt vorgenommen wurde, als das neue Programm Stratha noch gänzlich im Entwicklungsstadium war, erfolgte die Berechnung der gewünschten Kennziffern für den Haushaltsüberschlag auf die traditionelle Art mit Excel-Tabellen. Aus den Erhebungsformularen wurden die Daten in die in Kap. V.2 beschriebenen Tabellen eingetragen, die dort errechneten Kennziffern abgelesen und schließlich in das entsprechende Formular für den Haushaltsüberschlag übertragen.

3.5 Bestimmung der Merkmalsausprägungen in den Gitternetzen

Quantitative Merkmalsausprägungen ließen sich aufgrund der genau festgelegten Grenzwerte unmittelbar einem Punktwert zuordnen. Die Vergabe von Punktewerten geschah im Team auf der Grundlage der Interviewtexte und einer Kurzfassung wesentlicher Informationen zu den Merkmalen der Gitternetze. In den meisten Fällen war die Einschätzung der Beteiligten übereinstimmend; sofern es unterschiedliche Zuordnungen zu Punktwerten gab, die nach einem Auflisten und Abwägen der Begründungen nicht auflösbar waren, wurde die Punkteskala auf 0,5er Schritte erweitert.

Im folgenden Kapitel werden alle Haushalte mit Hilfe der beschriebenen Lebenslagenindikatoren einzelfallbezogen und vergleichend dargestellt.

VI. Die Situation der Projekthaushalte

1. Überblick über die Fallbeispiele

Im Rahmen dieses Projekts konnten insgesamt 22 Haushalte eingehend untersucht werden. 17 Interviews wurden in der Stadt Gießen durchgeführt, darunter eines in einem dörflichen Stadtteil Gießens, fünf in der Gießener Nordstadt, die verbleibenden elf überwiegend in der Innenstadt. Im Landkreis Gießen liegen zwei Haushalte, davon einer in einem Dorf, ein weiterer in einem Kleinzentrum. Drei untersuchte Familien wohnen in verschiedenen Dörfern des Lahn-Dill-Kreises, welcher nordwestlich an den Landkreis Gießen grenzt. Zwei dieser Dörfer besitzen ebenfalls Kleinzentrumsfunktionen.

In 14 der von uns untersuchten 22 Haushalte haben wir allein erziehende Eltern interviewt, darunter 12 Frauen. Von diesen Müttern leben fünf mit einem Kind, darunter zwei, die weitere, allerdings mittlerweile erwachsene Kinder haben. Fünf leben mit zwei, eine Mutter mit drei Kindern. Eine ehemals allein erziehende Mutter lebt mittlerweile allein, ihre beiden Kinder sind erwachsen und führen eigene Haushalte.

Unter diesen allein erziehenden Müttern sind sechs auf Sozialhilfe angewiesen; in einem dieser Fälle ist die Mutter halbtags erwerbstätig, dennoch besteht ein Anspruch auf ergänzende Leistungen. Zwei Haushalte beziehen Arbeitslosenunterstützung; beide Frauen sind hochmotiviert, wieder erwerbstätig zu werden. Zwei Frauen erwirtschaften das Einkommen für sich und ihr Kind aus Erwerbstätigkeit. Einmal handelt es sich jedoch nur um eine Halbtagstätigkeit mit entsprechend niedrigem Einkommen, die andere Probandin hat als Ungelernte ein befristetes Arbeitsverhältnis bei einer Beschäftigungsgesellschaft; die Aussichten nach Auslaufen des Arbeitsvertrages sind damit äußerst ungewiss. Eine Witwe verfügt mit Witwenrente und einem geringfügigen Arbeitseinkommen gerade über so viel Geld, dass immerhin ein Wohngeldanspruch besteht.

Lediglich zwei aller befragten allein erziehenden Mütter leben in einer zufriedenstellenden Einkommenssituation. Frau I. hat dies dem Umstand zu verdanken, eine Erwerbsunfähigkeits- sowie eine Unfallrente zu beziehen. Frau P's derzeitige Einkommenssituation ist vorübergehend. Sie hat die oben bereits angesprochene befristete Anstellung.

Zwei allein erziehende Väter mit zwei bzw. vier Kindern konnten für Interviews gewonnen werden. Die fünfköpfige Familie ist auf Sozialhilfe angewiesen. Der Vater von zwei Kindern hat sich für eine Vollzeiterwerbstätigkeit entschieden, somit besteht eine zufriedenstellende Einkommenssituation, allerdings mit der Folge immenser zeitlicher Belastung.

In vier Haushalten leben Mutter, Vater und ausschließlich gemeinsame Kinder. Hiervon ist eine achtköpfige Familie trotz des regelmäßigen Erwerbseinkommens des Vaters auf ergänzende Sozialhilfe in Form einmaliger Beihilfen angewiesen. Eine weitere sechsköpfige Familie ist durch Überschuldung, wiederkehrende Lohnpfändungen und zum Teil dadurch bedingte Arbeitslosigkeit in Armut geraten. In zwei Fällen ist ein Teil der Kinder fremdplatziert, so dass hier nur noch ein bzw. zwei der Kinder bei ihren Eltern leben. Diese beiden letzteren Haushalte leben zum größten Teil von staatlichen Transferzahlungen, ohne dass eine andere Perspektive zur Einkommenserzielung sichtbar ist.

Zwei ‚Patchwork-Familien'[1] wurden befragt. In einem Haushalt leben insgesamt drei Kinder, in dem zweiten vier Kinder.

Eine allein erziehende Sozialhilfeempfängerin mit massiven gesundheitlichen Einschränkungen versorgt von ihrer Sozialhilfe das Kind ihrer drogenabhängigen Tochter zum Teil mit. Dies ist der einzige Haushalt unserer Untersuchung, der ausschließlich von Sozialhilfe lebt.

In einem einzigen Haushalt haben bislang noch keine Kinder gelebt. Er verfügt über das höchste Äquivalenzeinkommen aller befragten Haushalte. Anlass für die Teilnahme an der Untersuchung sind schwere Krankheiten, insbesondere die Krebserkrankung des Mannes und deren Folgen.

2. Haushaltsdiagnose für einen Beispielhaushalt mit Hilfe eines Haushaltsüberschlags

Für alle Haushalte sind auf der Basis der in den Interviews gewonnenen Daten Haushaltsüberschläge erstellt worden. Aus ihnen kann sowohl die Höhe und Struktur der im Haushalt vorhandenen Ressourcen herausgelesen werden als auch sein Umgang mit diesen Ressourcen im Analysejahr. Die Daten aus dem Haushaltsüberschlag sind die Datengrundlage für Haushaltssimulationen, die es ermöglichen, die Konsequenzen alternativer Entwicklungsverläufe des Haushalts aufzuzeigen (vgl. Kap. III.1 und VII.2).

---

1   „Patchworkfamilie bedeutet Flickwerk und meint in diesem Fall das Zusammenleben von Menschen aus unterschiedlichen Ursprungsfamilien. Wie in der Stieffamilie, nur kommt dann meist noch ein gemeinsames Kind der beiden Ehepartner, zusätzlich zu den Kindern, die in die Ehe gebracht wurden, hinzu" (Horsch, Speck: 2002).

Im Folgenden sind Daten aus einem Haushaltsüberschlag für ein Haushaltsbeispiel (Haushalt T.) dargestellt[2] und aus der Perspektive einer in Haushaltszu-
sammenhängen kompetenten Person interpretiert, die den konkreten Haushalt
jedoch nicht kennt. Es entspricht dem Normalfall in der Sozialen Arbeit, dass
die Haushaltsangehörigen beim Erstkontakt häufig nicht alle zur Einschätzung
der Lebenslage wichtigen Fakten geordnet und präzise mitteilen können oder
wollen. Um Hilfe und Unterstützung aber möglichst passgenau zu gewähren, ist
es dann Aufgabe der Beratungskräfte, in weiteren Gesprächen nach und nach
Informationslücken zu identifizieren oder ggf. Widersprüche aufzudecken. Deshalb erfolgt die Interpretation des Haushaltsüberschlags auch nach drei miteinander verbundenen Prinzipien:
1. Informationen „lesen",
2. Hypothesen aus den Daten zum Wohnstandort, den Haushaltspersonen und
   der Wohnsituation bilden und an den Daten zum Finanz- und Zeitmanage-
   ment überprüfen,
3. Fragen formulieren, wenn sich etwas nicht aus dem Fachwissen und den
   eingetragenen Informationen erklären lässt, um diese anschließend im Gespräch mit dem Haushalt zu besprechen und damit zu einer verbesserten
   Einsicht in das Haushaltsgeschehen und seine Lebenslage zu kommen.

Haushaltsüberschlag

Haushaltsbezeichnung: Hh T.   Zeitraum: 06.11.2000-05.11.2001

I. Wohnstandort

Ortstyp: Dorf   Wohnstandortkennziffer für vorhandene Infrastruktur: 5,38 km

Haushalt T. lebt in einem Dorf. Die Einrichtungen und Institutionen, die für die
Alltagsversorgung von Bedeutung sind, liegen – für diesen Orttyp typisch – im
Durchschnitt mehr als 5 km weit weg, so dass der Haushalt mindestens ein Auto
benötigt. Sofern Kinder im Haushalt sind, dürften auch Chauffeurdienste der
Eltern erforderlich sein. Im Vergleich mit Haushalten, die die bedeutsamen
Infrastruktureinrichtungen in geringerer Entfernung vorfinden, werden sich die
erforderlichen Wege zeitlich und finanziell (Benzinkosten, Fahrkarten des öf-
fentlichen Nahverkehrs) auswirken.

---

2 Alle Informationen, die zum Haushaltsüberschlag gehören, sind grau hinterlegt.

II. Haushaltsangehörige

Stellung d. Person im Haushalt	Geburts- jahr	Schuli- scher/Beruflicher Abschluß	Tätigkeiten	Anwesen- heit in Tagen
Bezugsperson	1961	Bäckereifachver- käuferin	Haushaltsarbeit	337
Ehemann	1961	Schlosser	Arbeitslos seit 4/2001+ ab 11/2001, 5-10/2001 „Arbeit statt Sozialhilfe", Haushalt	365
Sohn 1	1989		Schüler	344
Sohn 2	1993		Schüler	344
Sohn 3	1993		Schüler	337
Tochter	1996		Kita	337

Stellung d. Person im Haushalt	Vve Ar- beit	Vve Geld	Zusatz- versorgung Arbeit	Zusatz- versorgung Geld	Arbeits- fähigkeit Haushalt	Mitarbeit im Haus- halt	Einkom- mensbei- trag
			Akh/Jahr	DM/Jahr	%	Ja/Nein	DM/Jahr
Bezugsper- son	0,9	1,0			100	Ja	20040
Ehemann	1,1	1,1			100	Ja	
Sohn 1	0,9	0,7	65	400	100		3240
Sohn 2	0,8	0,6	312	1000	100		3240
Sohn 3	0,8	0,6	312	400	100		3600
Tochter	0,7	0,5	368		100		4200

Bei dem Sechs-Personen-Haushalt handelt es sich um ein Ehepaar mit vier Kindern (drei Söhnen und einer Tochter). Die beiden jüngeren Söhne sind Zwillinge. Die Kinder gehen ihrem Alter entsprechend in Schule bzw. Kindergarten. Aufgrund der Familienstruktur ist ein Arbeitsbedarf für die Versorgung, Erziehung und Betreuung zu erwarten, der deutlich mehr als acht Arbeitsstunden am Tag erfordert[3]. Diese Anforderungen lasten eine Person zeitlich voll aus.

Die Tätigkeiten des Ehepaares zeigen, dass das beide Ehepartner Haushaltsarbeit leisten. Die Ehefrau geht keiner Erwerbstätigkeit nach, der Ehemann hat sowohl zu Beginn als auch zum Ende des Analysezeitraumes keine Erwerbsarbeit. Zwischendurch war er einige Monate über das Programm „Arbeit statt Sozialhilfe" beschäftigt, konnte aber offenbar keine feste Anstellung erreichen. Das heißt, dass die finanzielle Situation der Familie äußerst angespannt sein dürfte, während in Bezug auf die zeitliche Auslastung Reserven für den Haushalt insgesamt wahrscheinlich sind, die je nach Arbeitsteilung unterschiedlich zwischen Mann und Frau verteilt sein können.

---

3   Ganz grob kann mit einem Zeitbedarf von zwei Stunden pro Person und Tag kalkuliert werden.

Sowohl der Ehemann als auch die Ehefrau können eine abgeschlossene Ausbildung aufweisen. Sie gehören also nicht zur Gruppe derjenigen ohne beruflichen Abschluss, die – mindestens insgesamt gesehen – am schwierigsten in Erwerbsarbeit zu vermitteln sind. Dennoch scheint die Perspektive, überwiegend mit Erwerbseinkommen den Lebensunterhalt der Familie zu bestreiten, ziemlich ungünstig. Zusätzlich zur offenbar schon länger anhaltenden Arbeitslosigkeit des Familienernährers sprechen dafür die Haushaltsgröße mit vier noch relativ kleinen Kindern, die erhebliche Zeitressourcen im Haushalt erfordern, sowie auch das relativ niedrige Lohnniveau für Bäckereifachverkäuferinnen. Es ist zunächst nicht klar zu erkennen, welche psychischen Belastungen daraus für das Familienleben erwachsen.

Angesichts dieser prekären Situation ist es auffällig, dass außer dem Ehemann alle Familienmitglieder drei, z.T. auch vier Wochen nicht zu Hause waren. Die Mutter könnte mit den Kindern zu einer Mutter-Kind-Kur gewesen sein.

Die weiteren personenbezogenen Angaben entsprechen der Familienkonstellation: Die Vollversorgungseinheiten Arbeit und Geld weisen auf eine dem Alter und den Anwesenheitstagen volle Versorgung hin, und die Einkommensbeiträge zeigen die große Bedeutung des Kindergeldes für das Familieneinkommen. Für jedes Kind ist im Haushaltsüberschlag ein Zeitbedarf aufgeführt, der in seiner Abhängigkeit vom Alter nicht gerade gering, aber unter den gegebenen örtlichen Gegebenheiten durchaus plausibel ist (Chauffeurleistungen). Bei der Zusatzversorgung Geld fällt ein hoher Betrag für die beiden Zwillingssöhne ins Auge, der sich nicht erklären lässt.

III. Wohnsituation

Wohnhaustyp:	Einfamilienhaus		Eigentumsverhältnis:	Mietwohnung	
Baujahr:	Ca. 1900	Wohnfläche:	110 m²	Grundstück:	m²
(letzte) Umbauten (Jahr):			Maßnahme(n):		

1. Funktionale Aspekte

Kennziffern		Bewertungsschema	
qm/Kopf	18,3	Wohnraum allgemein	23 /55
% Mindestflächenbedarf	-8	Haustechnik	25 /25
Räume/Person	0,83	Unterbringungsmöglichkeiten	8 /20

2. Arbeitswirtschaftliche Aspekte

Bewertungsschema		Wert des Gebrauchsvermögens (Analysebeginn)		
			DM	%
Beköstigung	13 /20			
Wäschepflege	7 /20	Hauswirtschaftliche Geräte	4500	45
Wohnungspflege	16 /20	Verkehrsmittel	1961	20
Gartenbau	20 /20	Unterhaltungselektronik	1300	13
Vorratshaltung	11 /20	Informations-/Gesundh.technik	2290	23
Insgesamt	67 /20	Gebrauchsvermögen insg.	10051	100

Die Familie bewohnt eine Mietwohnung in einem älteren Einfamilienhaus. Erstaunlicherweise steht kein Garten zur Verfügung. Renovierungsmaßnahmen sind nicht aufgeführt, was einerseits darauf beruhen kann, dass diese vor dem Einzug der Familie erfolgten. Andererseits können sie einen schlechten Zustand des Hauses signalisieren.

Betrachtet man die drei Kennziffern zur Wohnungsgröße, zeigen diese, dass die Familie recht beengt wohnt:

- Mit 18 qm pro Kopf steht ein Quadratmeter weniger zur Verfügung als im Durchschnitt aller Familien mit vier und mehr Kindern (BMFSFJ 2003: 167).
- Im Vergleich zum Mindestflächenbedarf für sechs Personen von 120 qm hat die Wohnung 8 % weniger Wohnfläche.
- Nicht jede Haushaltsperson verfügt über einen eigenen Raum.

Die Kennzahlen für die Funktionalität der Wohnung weisen, gemessen an den jeweils rechts stehenden Höchstpunktzahlen, in fast allen Bereichen Abstriche auf. Sie lassen sich vor allem durch ungünstige baulichen Gegebenheiten (Grundriss, wenig flexible Möblierungsmöglichkeiten) erklären, denn der Bereich Haustechnik (Heizung, Elektro- und Wasserinstallationen) ist offenbar auf dem neuesten Stand und deshalb mit der vollen Punktzahl bewertet.

Haushalt T. verfügt über Gebrauchsvermögen im Wert von etwa 10.000 DM. Fast die Hälfte davon steckt in hauswirtschaftlichen Geräten (Herd, Kühlschrank, Waschmaschine etc.), dennoch lässt sich der Betrag leicht erreichen, wenn ein oder zwei neue Geräte kürzlich angeschafft worden sind. Auffallend ist der geringer Wert für Verkehrsmittel im Haushalt. Angesichts des Wohnstandortes, der – wie bereits vermutet – das Vorhandensein mindestens eines Pkw erfordert, kann es sich nur um ein ziemlich altes Auto handeln.

IV. Geldmanagement

1. Haushaltsbilanz

Haushaltsressourcen		Analysebeginn (DM)	%	Analyseende (DM)	%
Finanzumlaufvermögen					
Dar.	Girokonto				
Finanzanlagevermögen					
Dar.	Sparbücher				
	Lebensversicherungen				
Konsumtivsachvermögen		*10051*	*100*	*8948*	*100*
Dar.	Wohneigentum				
	Gebrauchsvermögen	*10051*	*100*	*8948*	*100*
Summe Vermögen		*10051*	*100*	*8948*	*100*
Verbindlichkeiten		*54500*	*542*	*48020*	*537*
Dar.	Ratenkredit	*Ca. 6500*		*3980*	
	Verwandtendarlehen	*3000*		*0*	
	Div. Zahlungsrückstände	*45000*		*44040*	
Eigenkapital		*-44450*		*-39072*	

Die Familie verfügt am Analysebeginn über ein Vermögen von insgesamt 10.000 DM, das ausschließlich aus Sachvermögen bestand. Dieses ist im Laufe des Analysezeitraumes durch den Wertverlust bei den technischen Geräten jedoch auf unter 9.000 DM gesunken. Familie T. hat weder am Analysebeginn noch am –ende irgendwelche finanziellen Reserven. Allerdings bestehen Verbindlichkeiten aus Ratenkrediten, Verwandtendarlehen sowie Zahlungsrückständen von 54.500 DM am Analysebeginn, die eine massive Überschuldung deutlich machen. Im Laufe des Analysejahres ist es der Familie erfreulicherweise gelungen, das Verwandtendarlehen ganz zurückzuzahlen und den Ratenkredit zu bedienen. Auch die Zahlungsrückstände, die mit über 40.000 DM eine beträchtliche Summe ausmachen, konnten etwas reduziert werden.

2. Ausgaben und Aufwand

	Ausgaben	Kalkulator. Größen	Aufwand	Prozent- anteile
	DM/Jahr	DM/Jahr	DM/Jahr	%
Steuern/Sozialversicherung	0	-----	0	0
Wohnen	! 19000		19000	29
Reparaturen, Wartung	350	4608	4608	7
Hauswirtschaft	380	-----	380	0,6
Versicherungen	300	-----	300	0,5
Steuern	500	-----	500	0,8
Gebühren/Zinsen	2487	-----	2487	4
Geschenke/Spenden	500	-----	500	0,8
Sonstiges	0	-----	0	0
Haushaltsgrundversorgung	*23517*	-----	*27775*	*42*
Lebensmittel	! 24075		24075	37
Persönliche Ausstattung	3780	-----	3780	6
Aktive Regeneration	3255	-----	3255	5
Verkehrsmittel	2442	-----	2442	4
Haustechnik	1260	-----	1260	2
Körper- und Gesundheitspflege	982	-----	982	1
Taschengeld	552	-----	552	1
Personengrundversorgung	*36346*	-----	*36346*	*55*
Löhne f. Hilfskräfte im Haushalt	0	-----	0	0
Haustiere	0	-----	0	0
Grabpflege	0	-----	0	0
Sonstiges	0	-----	0	0
Haushaltszusatzversorgung	*0*	-----	*0*	*0*
Gesundheit	600	-----	600	1
Bildung	1200	-----	1200	2
Betreuung	0	-----	0	0
Erwerbstätigkeit	0	-----	0	0
Ausrichtung von Festen	0	-----	0	0
Personenzusatzversorgung	*1800*	-----	*1800*	*3*
Nichtzuteilbar	0	-----	0	0
Haushaltsaufwand insg.	-----	-----	*65921*	*100*
Vermögensbildung	0	-----	-----	-----
Kreditraten	! 6480	-----	-----	-----
Investitionen	0	-----	-----	-----
Ausgaben insg.	*68143*	-----	-----	-----

Auf der Seite der Einkommensverwendung fallen unter den Prozentangaben drei Einzelpositionen ins Auge, die sich in der Höhe von den anderen, für die Familienkonstellation durchaus „normalen" bzw. eher geringen Beträgen deutlich abheben: Wohnen, Lebensmittel und Kreditraten. Während letztere sich klar aus der Verschuldungssituation erklären, stellt sich beim Wohnen die Frage, ob der Betrag sich aus einer hohen Mietbelastung ergibt oder ob Möbelkäufe ihn hervorgerufen haben. Die Lebensmittelausgaben werden weiter unten mit Hilfe einer besser interpretierbaren Kennzahl erläutert. Die Ausgaben und der Aufwand unterscheiden sich in erster Linie durch die im Aufwand berücksichtigte kalkulatorische Größe, die deutlich macht, in welcher Höhe die Familie finanzielle Rücklagen vornehmen müsste, um defekte technische Geräte und Verkehrsmittel reparieren und ersetzen zu können.

3. Einnahmen und Einkommen

	Einnahmen	Kalkulator. Größen	Einkommen	Prozent- anteile
	DM/Jahr	DM/Jahr	DM/Jahr	%
Einkommen aus Erwerbstätigkeit	12000	------	12000	27
Leistungen aus Sozialversicherungen	8040	------	8040	18
Staatliche Transferzahlungen	23331	------	23331	53
Private Transferzahlungen	0	------	0	0
Eink. aus Geld- und Sachvermögen	0	------	0	0
Sonstige Einnahmen	600	------	600	1
Eink. nach Einkommensquellen	43971	------	43971	100
Auflösung von Vermögen	0	------	------	0
Kreditaufnahme	0	------	------	0
Verkauf Konsumtivsachvermögen	0	------	------	0
Rückzahlungen/Erstattungen	0	------	0	0
Nichtzuteilbar	0	------	0	0
Einnahmen insg.	*43971*	------	------	*100*
Einkommen insg.	------	------	*43971*	*100*

Das Einkommen des Haushalts bestand im Analysejahr zu über 50% aus Transfereinkommen. Daneben spielten Einkommen aus Erwerbstätigkeit und Leistungen aus Sozialversicherungen eine Rolle, was aufgrund der Tätigkeitsbeschreibung des Ehemannes zu erwarten war. In sehr geringem Umfang tragen sonstige Einnahmen zum Einkommen bei. Dieser Betrag erklärt sich jedoch nicht aus den bisherigen Informationen.

4. Finanzielle Situation

		DM/Jahr
Einnahmen des Haushalts	+	43971
Ausgaben des Haushalts	-	68143
Saldo Einnahmen – Ausgaben	=	*-24172*

Einkommen des Haushalts	+	43971
Haushaltsaufwand	-	65921
Finanzierungsüberschuß /-defizit	=	-21950
Abschreibungen/Instandhaltung Gebrauchsverm.		4608
Abschreibungen/Instandhaltung Wohneigentum		0
Wünchenswerte Rücklagen	+	4608
Finanzierungskraft (Cash flow)	=	-17342
Vermögensbildung	-	0
Kreditraten	-	6480
Investitionen	-	0
Auflösung von Vermögen	+	0
Einnahme aus Kreditaufnahme	+	0
Verkauf von Konsumtivsachvermögen	+	0
Noch für Investitionen verfügbar	=	-23822

Kennziffern	
Äquivalenzeinkommen	9316 DM/Vve und Jahr
Personengrundversorgung	2437 DM/Vve und Jahr
Ernährungsaufwand	11,66 DM/Kosttag

Die Gegenüberstellung von Einnahmen und Ausgaben bzw. von Einkommen und Aufwand zeigt in beiden Fällen ein massives Defizit, das in keiner Weise durch finanzielle Rücklagen gedeckt ist. Das vorhandene Einkommen, das zu den niedrigsten aller 22 Projekthaushalte zählt, reicht nicht aus, um den Lebensunterhalt der Familie sicherzustellen. Dabei schränkt die Familie die personenbezogenen Ausgaben mit 2437 DM/Vve und Jahre bereits auf ein Niveau ein, das deutlich unter dem Sozialhilferegelsatz von etwa 5400 DM[4] liegt. Unter den dazu gehörigen Einzelpositionen bildet der Ernährungsaufwand die einzige Ausnahme. Er liegt mit 11,66 DM/Kosttag in einer Größenordnung, die auch in anderen Einkommensgruppen zu finden ist. Angesichts der übrigen Informationen über den Haushalt sollten bei diesem Wert jedoch auch Schätzfehler bei der Datenerfassung erwogen werden. Die Informationen zum Ernährungsaufwand werden aufgrund der Angaben des Haushalts zu den wöchentlichen Ausgaben für Nahrungsmittel, Getränke zuzüglich Verzehr außer Haus auf das Jahr hochgerechnet.

Die finanzielle Situation des Haushalts ist insgesamt als außerordentlich kritisch einzuschätzen. Vermutlich haben sich im Laufe des Analysejahres weitere Kontoüberziehungen, Zahlungsrückstände und/oder Kreditaufnahmen ereignet, über die bisher keine Informationen vorliegen. Eine Schuldnerberatung ist dem Haushalt dringend anzuraten.

---

4   Pro erwachsene Haushaltsperson, die nicht Haushaltsvorstand ist.

V. Zeitmanagement

1. Arbeitsbedarf des Haushalts

Arbeitsbereiche	Arbeits-bedarf	Anteile	Verantwortliche Mitarbeit	Regelmäßige Mitarbeit
	Akh/Jahr	%	Akh/Jahr	Akh/Jahr
Management	215	6	108	107
Einkaufen	200	6	200	0
Wohnungspflege o. Zimmerpfl.	223	6	167	56
Haushaltsgrundversorgung	638	18	638	0
Wäschepflege	669	19	669	0
Beköstigung	997	28	997	0
Zimmerpflege	149	4	112	37
Personengrundversorgung	1815	51	1815	0
Nutz- und Ziergarten	0	0	0	0
Vorratshaltung	0	0	0	0
Handwerkliche Tätigkeiten	50	1	0	50
Tierpflege	0	0	0	0
Gäste	0	0	0	0
Haushaltszusatzversorgung	50	1	0	50
Kinderpflege /-betreuung	1057	30	1057	0
Alten-/Krankenpflege	0	0	0	0
Personenzusatzversorgung	1057	30	1057	0
Haushaltsarbeit	*3559*	*100*	*3559*	*0*
Netzwerkhilfe	*0*	*0*	*0*	*0*
Familiale Zeit	*3559*	*100*	*3559*	*0*

2. Anspruchsniveaus

Beköstigung	3,52 Akh/Woche/Vve B
Zimmerpflege	0,51 Akh/Woche/Vve Z
Wäschepflege	2,14 Akh/Woche/Vve W
Personengrundversorgung	325 Akh/Jahr/Vve A

3. Zeitbudget der Bezugsperson und des Partners

	Bezugsperson		PartnerIn	
	Akh /Woche	Akh/Tag	Akh/Woche	Akh/Tag
Familiale Zeit	63,63	-------	4,82	-------
Öffentliche Zeit		-------		-------
Arbeitszeit	*63,63*	*9,09*	*4,82*	*0,69*
Persönliche Zeit		-------		-------
Gebundene Zeit	*63,63*	*9,09*	*4,82*	*0,69*

Die zeitliche Situation ist erwartungsgemäß für die weibliche Bezugsperson angespannter als für den Ehemann, da dieser nur bei einzelnen Hausarbeiten mithilft, seit er arbeitslos ist. Die hier für das Ehepaar ausgewiesene Arbeitszeit bezieht sich nur auf die Phasen ohne Erwerbsarbeit des Mannes. Als der Ehemann eine Arbeitsstelle hatte, war die Zeitbelastung für beide Ehepartner höher, weil der Mann anstelle von Haushaltsarbeit (fast) ausschließlich Erwerbsarbeit geleistet hat, seine Frau also die jetzt von ihm übernommenen Arbeiten weitgehend zusätzlich erledigt hat. Dies sollte bedacht werden, wenn die Aufnahme einer Erwerbstätigkeit durch die Frau in Erwägung gezogen wird.

Angesichts einer erheblichen Arbeitsbelastung der Ehefrau von etwas über 9 Stunden/Tag (an 7 Tagen in der Woche) scheint eine detaillierte Analyse der Arbeitserledigung im Haushalt angebracht, allerdings zeigt sich ein für den Familientyp durchaus „normales" Bild. Das Anspruchsniveau an die personenbezogene Grundversorgung weist mit 325 Stunden pro Vollversorgungseinheit und Jahr einen Wert auf, der sowohl von fehlenden Alltagsstrukturen und Verwahrlosung als auch von unangemessen übertriebenem Arbeitseinsatz und Putzwut weit entfernt ist. Im Vergleich zu anderen Haushalten, die für die Beköstigung einen deutlich höheren und für die Wäschepflege einen deutlich niedrigeren Zeitbedarf aufweisen, scheint Frau T. in der Essenszubereitung „schnelle Küche" zu bevorzugen, während sie bei der Wäschepflege ein höheres Anspruchsniveau (z.B. durch viel Bügelwäsche) realisiert.

Die von den drei oben abgedruckten Tabellen zuerst genannte Tabelle gibt eine Überblick über die Höhe des Arbeitsbedarfs für alle Arbeitsbereiche. Wie in einem personenreichen Haushalt zu erwarten ist, nimmt die Personengrundversorgung mit 51 % des Arbeitsbedarfs den größten Wert ein. Die Arbeiten der Haushaltsgrundversorgung machen demgegenüber nur 18 % (638 Akh/Jahr) aus. Ein erheblicher Zeitfaktor ist auch die Kinderversorgung und –betreuung, die einerseits in der Begleitung bzw. Fahrdiensten bestehen dürfte und andererseits in der Unterstützung bei Hausaufgaben und dem Üben für die Schule.

Die hohe Zeitbelastung von Frau T. ist also eindeutig eine *Konsequenz der Haushaltgröße und –zusammensetzung* und nicht eines hohen Anspruchsniveaus. Sie macht deutlich, dass für sie die Aufnahme einer Erwerbstätigkeit nur in begrenztem Umfang denkbar wäre und nur unter der Voraussetzung, dass ihr Mann weitere Arbeit im Haushalt übernimmt. Trotzdem ist damit keine Verbesserung der finanziellen Situation zu erwarten, da Erwerbseinkommen zunächst nur die Ansprüche an Sozialleistungen mindern würde. Für die Bewältigung der Überschuldungssituation wäre es unmittelbar jedoch keine Hilfe. Es ist die Frage, welche psychosozialen Konsequenzen diese Belastung für die Familie bewirkt.

Im Laufe der Interpretation des Haushaltsüberschlags blieben einige Fragen und Hypothesen unbeantwortet, für die jedoch aus dem Haushaltsinterview Informationen vorliegen:

• Die Vermutung der Mutter-Kind-Kur ist richtig.

- Die Zwillinge werden regelmäßig ergo- und logotherapeutisch behandelt. Sie besuchen eine Schule für Sprachbehinderte.
- Die Kaltmiete der Wohnung beträgt 1100 DM/Monat (also 10 DM/qm), ist sehr hellhörig und liegt an einer viel befahrenen Durchgangsstraße. Der Familie steht nur die Wohnung zur Verfügung, aber weder Keller noch Garten.
- Bei den sonstigen Einnahmen handelt es sich um ein Geldgeschenk aus der Verwandtschaft von Frau T.

Die Lebenslage der Familie T. scheint insgesamt sehr problematisch. Um Lösungsansätze zu entwickeln, bedarf es eines ganzheitlichen Ansatz, der die prekäre ökonomische Situation in ihren Wechselwirkungen zur Beziehungsebene und den psychosozialen Charakteristika der Haushaltspersonen sieht.

3. Einzelfallbezogene Darstellung aller Projekthaushalte – Lebenslagen und Hilfebedarfe

Im folgenden Abschnitt werden die untersuchten Haushalte einzelfallbezogen dargestellt. Mit Hilfe eines Genogramms[5] wird zunächst ein Überblick über die jeweilige Haushalts- und Familienstruktur gegeben. Die sich daran anschließende textliche Darstellung umfasst die wichtigsten Charakteristika des Haushalts, wobei das Schwergewicht auf der Darstellung seiner Ressourcen liegt. Im fachlichen Kommentar erfolgt eine Bewertung der Stärken und Schwächen des jeweiligen Haushalts. Gegebenenfalls werden objektiv bestehende Handlungsoptionen beschrieben, außerdem wurden Handlungsempfehlungen formuliert, die am jeweiligen Beispielhaushalt besonders gut verdeutlicht werden können. Die einzelfallbezogene Darstellung schließt mit einer bildlichen Darstellung der Ressourcen in Form eines Gitternetzes.

---

5   Die Legende für die Genogramme ist in Kap. V.2 auf S. 131 zu finden.

Haushalt A.

„*Das Schlimmste ist das Finanzielle (...) wir kommen ja auch nie mal raus, das
ist alles zu teuer. Ich habe jetzt fast 20 Jahre durchgearbeitet und würde gerne
mal Urlaub machen. (...) Da habe ich mich informiert über das Müttergene-
sungswerk, aber das kann ich mir auch nicht leisten, da muss ich dann was
zuzahlen.*" (Interview: 9)

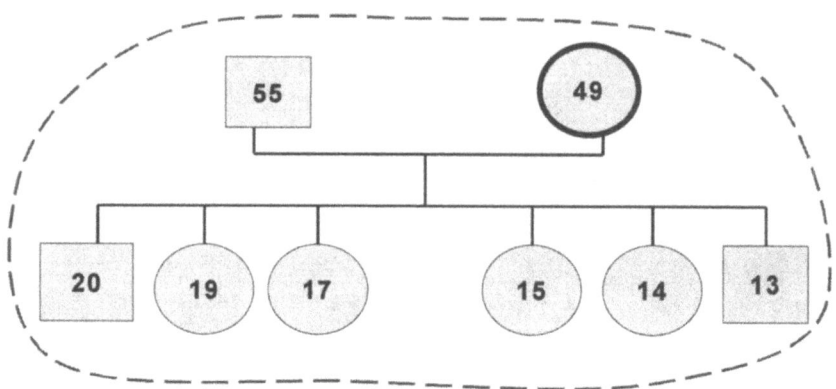

Frau A. wurde durch einen Artikel in der Tageszeitung auf unser Forschungsprojekt aufmerksam und hat sich daraufhin mit unserem Institut in Verbindung
gesetzt. Sie hatte das Anliegen, mit dem Beispiel ihrer Familie darauf aufmerksam zu machen, dass eine achtköpfige Familie, in der der Vater als Verwaltungsangestellter ein durchschnittliches Einkommen erzielt, allein durch die Tatsache, kinderreich zu sein, in eine prekäre Lebenslage gerät.

Die sechs Kinder sind zwischen 13 und 20 Jahre alt. Der älteste Sohn ist in
einer Ausbildung. Die Familie bezieht deshalb für ihn kein Kindergeld mehr.
Sein Lehrgeld verbraucht er weitgehend für den Unterhalt seines Autos, Bekleidung usw. Er lebt bei seinen Eltern und wird dort mitversorgt. Frau A. hat den
Wunsch, dass alle Kinder mindestens einen mittleren Abschluss erreichen.

Die Familie wohnt im Kern eines kleinen Dorfs in idyllischer Lage. Das von
der Familie bewohnte Haus war eine Schenkung eines kinderlosen Ehepaars.
Als Gegenleistung erwartete dieses Paar, im Alter gepflegt zu werden. Die Frau
verstarb jedoch bereits vor dem Einzug; lediglich der Mann lebte noch ein Jahr

mit im Haus. 1980/81 wurde ein alte Scheune abgerissen und auf der Fläche ein Anbau errichtet. Im alten Teil des Hauses wurde nach und nach renoviert. Die Baumaßnahmen wurden mit Hilfe von Krediten finanziert. Zur Zeit hat der Haushalt monatliche Ratenverpflichtungen in Höhe von 1429 DM.

Das Haus bietet 145 m² Wohnraum und hat sieben Zimmer, die sich auf ein Wohnzimmer, ein an die Küche grenzendes Esszimmer, ein Schlafzimmer für die Eltern und vier Zimmer für die Kinder verteilen. Jeder Sohn besitzt ein Zimmer, die Töchter teilen sich jeweils eines. Der Platz wird als ausreichend empfunden. Frau A. weiß jedoch nicht, ob sie das Haus halten können.

Der Haushalt hat ein monatliches Nettogesamteinkommen von 5677 DM. Die Familie liegt damit knapp unter der Bedarfsgrenze der Sozialhilfe. Frau A. hat sich erst wenige Monate vor der Erhebung überhaupt entschließen können, Anträge beim Sozialamt zu stellen. Zunächst hatte Frau A. einen Antrag auf eine einmalige Beihilfe für die Klassenfahrt einer Tochter gestellt. Sie hatte dafür allerdings schon Ansparungen auf einem dafür vorgesehenen Konto in der Schule gemacht. Dies geschah auf Kosten einer weiteren Girokontoüberziehung. Der Antrag auf diese Beihilfe wurde vom Sozialamt – rechtlich korrekt – mit der Begründung abgelehnt, dass das Geld dafür schon ausgegeben sei. Erfahreneren SozialhilfeempfängerInnen wäre das vermutlich nicht passiert.

1998 ist die Mutter des Ehemannes an Krebs gestorben. Sie lebte die letzten sechs Monate mit in der Familie. Bis zu ihrem Tod unterstützte sie die Familie monatlich mit ca. 400 DM. Nach Angaben von Frau A. fehlen zur Zeit monatlich 400 bis 500 DM in der Haushaltskasse, etwa der Betrag, den ihre Schwiegermutter zu Lebzeiten monatlich beigesteuert hat. Seit deren Tod ist die Girokontoüberziehung ständig angestiegen. Zur Zeit steht das Konto mit 14.000 DM im Soll. Vierteljährlich werden ca. 360 DM für Überziehungszinsen gezahlt. Gleichzeitig fließen 190 DM in eine Lebensversicherung. Lediglich die Tatsache, dass eine kapitalbildende Lebensversicherung bei gleichzeitigen hohen Kapitaldiensten aufrechterhalten wird, kann in diesem Haushalt als irrational bezeichnet werden. Hierbei ist allerdings zu berücksichtigen, dass die Lebensversicherung eine starke emotionale Bedeutung im Hinblick auf die Altersversorgung zu haben scheint. Das Ehepaar ist in Sorge, ob im Ruhestand des Ehemannes eine ausreichende Rente zur Verfügung steht, da Herr A. erst im Alter von 30 Jahren ins Erwerbsleben eingetreten ist.

Hervorzuheben ist die Disziplin in der Haushaltsführung, die am eindrucksvollsten durch die Tatsache illustriert wird, dass es einem Haushalt mit sechs jugendlichen Kindern gelingt, regelmäßig eine Telefonrechnung von nicht mehr als 100 DM zu haben.

Trotz einer täglichen Arbeitszeit in der Familie von 9,12 Stunden sagt Frau A.: „Als die Kinder kleiner waren, da war ich rund um die Uhr im Einsatz (...)

Im Moment habe ich's gut, da könnte ich mir gut noch was suchen" (Interview: 8).

Andererseits äußert sie: „Ich fühle mich jetzt ein bisschen ausgelaugt und erschöpft, durch das Finanzielle und wir kommen so langsam in die Wechseljahre, manchmal gibt es Spannungen zwischen meinem Mann und mir. Er hat manchmal Probleme mit den heranwachsenden Kindern" (Interview: 8 f.).

Die Belastungen haben sich verändert: „Heute macht man sich Gedanken, wo hängt die rum (...). Am Wochenende ist hier oft viel los, das abendliche Weggehen der Kinder bringt viel Unruhe rein. Früher war die körperliche Arbeit mehr. Heute ist es mehr die Auseinandersetzung mit den einzelnen Personen. Wenn die mittags nach Hause kommen, dann lassen die alles ab, und ich denke, was machen die, wenn ich nicht da bin" (Interview: 9).

Auf Nachfragen haben wir erfahren, was nach dem Interview geschehen ist: Frau A. hat eine Umschulung zur Altenpflegerin begonnen, das bedeutet 1000 DM mehr Einkommen für die Familie. Außerdem hat inzwischen eine Umschuldung stattgefunden und die Lebensversicherung wurde aufgelöst.

Fachlicher Kommentar:
Dieser Haushalt weist mit der Eigenschaft kinderreich zu sein, ein typisches und in der Armutsforschung vielfach benanntes Charakteristikum auf. Obwohl der Familienvater als Verwaltungsangestellter vollzeitbeschäftigt war und seit 25 Jahren eine typische männliche ‚Normalerwerbsbiografie' vorweisen kann, lebt die Familie nur knapp oberhalb der Sozialhilfeschwelle.

Eine Entschärfung der Situation ist im Grunde nur durch einen gerechteren Familienleistungsausgleich zu erreichen. Lange Zeit wurde die Situation durch regelmäßige finanzielle Zuwendungen der Mutter von Herrn A. entschärft. Seit deren Tod ist ein ständig wachsendes Soll auf dem Girokonto entstanden, einhergehend mit einem Lebensgefühl, das von permanenten finanziellen Sorgen geprägt ist.

Die inzwischen begonnene Umschulung zur Altenpflegerin durch Frau A. und die damit verbundene finanzielle Besserstellung hat zur Entlastung der Haushaltssituation beigetragen, weil nicht mehr bei jeder Einzelentscheidung ein so hohes Maß an Selbstdisziplinierung vonnöten ist, wie zum Zeitpunkt der Haushaltserhebung. Allerdings deutet einiges darauf hin, dass die nunmehr außerhäusig erwerbstätige Mutter von sechs Heranwachsenden täglich ein sehr hohes Arbeitspensum zu bewältigen hat, das mit dem Stichwort ‚Doppelbelastung' wohl kaum angemessen beschrieben ist. Insofern hat eher eine Problemverschiebung von einer extrem belastenden finanziellen Situation hin zu einer hohen physischen Belastung der Ehefrau und Mutter stattgefunden.

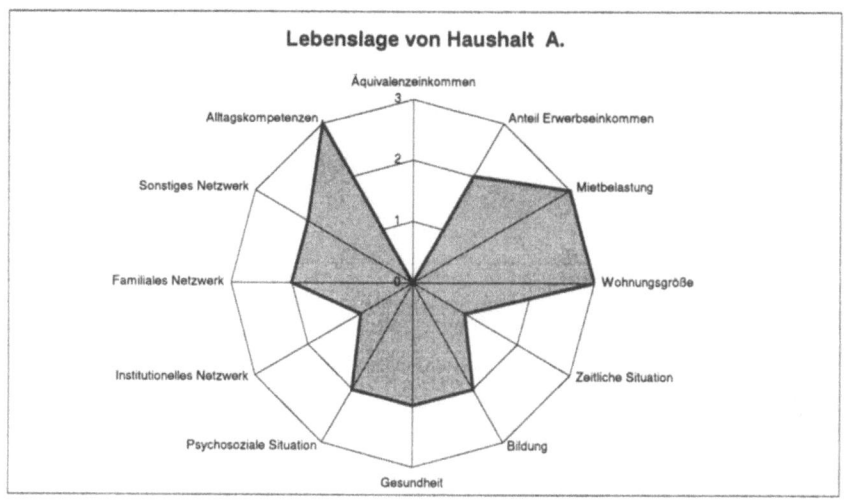

Haushalt B.

„Ich möchte gerne einmal in meinem Leben in den Urlaub fahren, auf das Land nach Frankreich. Und irgendwann, wenn wir uns bis dahin irgendwie oder irgendwo einmal sehen, dann erzähle ich Ihnen davon." (Interview: 16)

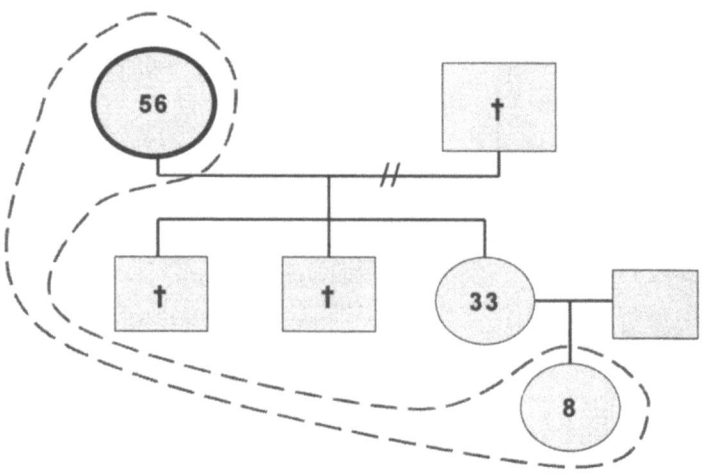

Zum Haushalt gehören die Großmutter – sie ist 56 Jahre alt – und die achtjährige Enkeltochter, die besucht die dritte Klasse. Seit ihrem vierten Lebensjahr lebt die Enkelin überwiegend bei ihrer Großmutter. Nach der Schule verbringt das Mädchen den Nachmittag bei ihr. Abends wird die Enkelin zur Mutter gebracht, die in der Nachbarschaft wohnt. Am Wochenende hält sich die Enkelin durchgehend bei ihrer Großmutter auf. Die Tochter hat massive Drogenprobleme und ist deswegen nicht durchgängig in der Lage, ihr Kind zu versorgen. Sie ist im Methadonprogramm. Mit ihrem Lebensgefährten wohnt sie in einer eigenen Wohnung.

Der Ehemann von Frau B. ist vor 22 Jahren aus der gemeinsamen Wohnung ausgezogen. „Er war schon zehn Jahre lang ausgezogen. Er ist nur immer gekommen und hat geguckt. Ich habe das nur nicht gewusst, bis er im Krankenhaus lag und hatte einen Herzinfarkt. Und da hat meine Tochter und mein Sohn ihn besucht und da saß da schon die andere Frau da. Das habe ich nicht gewusst. (...) Und da habe ich gesagt, dass man das nicht machen kann. Einer muss seinen Kindern gegenüber geradestehen und lass uns in Frieden und Freundschaft auseinander gehen. Und er war damit einverstanden. Er ist nach (...) gezogen und er ist öfter gekommen und viele Male gekommen. Und wir hatten so ein gutes Verhältnis, trotz allem. Das waren halt die Öfen, die er bezahlt hat und das Wohnzimmer, das er bezahlt hat und das hat er uns gelassen. Er ist leider verstorben, ein Jahr bevor die (...) [Enkelin] auf die Welt kam" (Interview: 15).

Ein Sohn von Frau B. ist als Kind an einer Lungenentzündung gestorben, der zweite Sohn vor fünf Jahren an einer Überdosis Rauschgiftkonsum.

Offiziell lebt die Enkelin bei ihrer Mutter, die Sozialhilfe und Kindergeld für das Kind bezieht. Die Mutter verwendet beispielsweise die Bekleidungsbeihilfen dafür, ihrer Tochter neue Kleidung zu kaufen. Frau B. erhält kein Geld von ihrer Tochter für die Versorgung der Enkelin. Frau B. lebt ausschließlich von Sozialhilfe; die gezahlten Leistungen entsprechen ihrem offiziellen Status als alleinlebende ältere Frau. Das Nettogesamteinkommen des Haushalts von Frau B. beträgt 1170 DM.

Das Beantragen von einmaligen Beihilfen im Rahmen der Sozialhilfe ist für Frau B. mit einem Schamgefühl verbunden. „Das ist mir heute noch nicht (...). Dann beantragt man Bettwäsche. Man beantragt ein Fahrrad und beantragt mal dieses und mal jenes. Das ist für mich ein Weg nach Kanossa. Das mache ich nicht. Ich nehme das, was Sie mir geben, zwei mal im Jahr das Bekleidungsgeld und wenn mal eine Nachzahlung von der Jahresstromabrechnung anfällt, dann zahlt das das Sozialamt und hängt mir das hinten dran. Es wird mir in kleinen Raten wieder abgezogen, aber ansonsten gehe ich da nicht hin. Ich weiß nicht (...) ich bin nicht zu stolz (...)" (Interview: 16).

Gefragt, wie sie es denn schaffe, mit einem solch geringen Einkommen zurechtzukommen, antwortet Frau B.: „Irgendwie schaffe ich es immer, irgendwie komme ich rum. Ich weiß es nicht. (...) Ich kann mir das Geld einteilen und vielleicht liegt das daran, dass ich die 10 Jahre im Kinderheim verbracht habe. Dort wurde man nach dem Militär gedrillt. Dort herrschte Disziplin und Ordnung. Da war alles ein bisschen anders, und dass ich das dort gelernt habe, und das ist in mir drin. Das geht jetzt nicht mehr anders, und ich habe mir das beibehalten. Aus wenig, also dann gibt es auch einmal Krümelnudeln. Kennen Sie das? Das sind Nudeln, die werden im Fett gebacken und mit Paniermehl bestreut und dazu gibt es Apfelbrei hinterher. Da kann die (...) [Enkelin] einen Hähnchenschenkel für stehen lassen und das schmeckt wunderbar" (Interview: 7 f.).

Die Wohnung von Frau B. ist außergewöhnlich sauber und aufgeräumt. Das Inventar besteht aus sehr gepflegten Möbeln und Gegenständen, so dass die jahrelange Einkommensknappheit erst auf den zweiten Blick sichtbar wird.

Frau B. hat massive gesundheitliche Probleme, unter anderem einen Tumor im Gesicht und ein Hüftleiden, das dazu führt, dass sie nur mit Mühe zu ihrer Wohnung in den dritten Stock gelangen kann. Sie leidet außerdem an Rheuma, Arthrose und Magenproblemen, die zu schlimmen Schmerzen führen.

Sie hat den Wunsch, wegen ihrer gesundheitlichen Beschwerden aus ihrer kleinen Dreizimmerwohnung in eine gleich große Parterre-Wohnung umzuziehen. Bei den geltenden Vergabekriterien von Sozialwohnungen lässt sich dieses Ziel nur schwerlich realisieren. Ihr steht als offiziell ,allein lebender Frau' allenfalls eine Zweizimmerwohnung zu, weil ihre Betreuungsleistungen für die Enkelin offiziell nicht berücksichtigt werden. Sie hat jedoch, um die Mutterrolle ihrer drogenabhängigen Tochter zu stärken, den verständlichen Wunsch, dass die Enkelin weiterhin bei der Mutter gemeldet ist.

Fachlicher Kommentar:
Die Lebenssituation dieses Haushalts verdeutlicht die vielfältigen Facetten des Zusammenhangs von Armut, Gesundheitszustand und Generationenbeziehungen. Die Großmutter übernimmt trotz ihres schlechten Gesundheitszustandes verlässlich einen Großteil der Versorgung und Betreuung ihrer Enkelin, ohne den offiziellen Status einer Erziehungsberechtigten zu haben. Die drogenabhängige Tochter ist auf diese Hilfe angewiesen. Dennoch ist es der Großmutter ein Anliegen, ihrer Tochter die Verantwortung für die Betreuung und Erziehung ihres Kindes nicht gänzlich abzunehmen. Darin drückt sich ihre hohe sozialpsychologische Kompetenz aus.

Unter ausschließlicher Berücksichtigung streng formaler Gesichtspunkte kann man Frau B.s Wunsch, in eine andere Dreizimmerwohnung umzuziehen, nicht nachkommen. Hier sind unkonventionelle Einzelfallentscheidungen auf der kommunalpolitischen Ebene gefragt. Dabei ist zu bedenken, dass der Ausfall von Frau B. eine Unterbringung des Kindes in einer Pflegefamilie bedeuten würde. Die Kosten für ein Pflegekind betragen ca. 1500 DM im Monat und lägen damit deutlich höher als die Übernahme von Kosten der Unterkunft im Rahmen der Sozialhilfe, um das gegenwärtige Betreuungsarrangement zu erhalten.

Intelligente und vernetzte Einzelfallhilfen im lokalen Kontext sind somit geeignet, zur Alltagsbewältigung und zur Stabilisierung der Generationenbeziehungen von Menschen in prekären Lebenslagen beizutragen. Zugleich zeigt dieses Fallbeispiel, dass Lösungen, die weniger an Formalien als an der konkreten Alltagssituation orientiert sind, für die Kommunen durchaus kostengünstiger sein können.

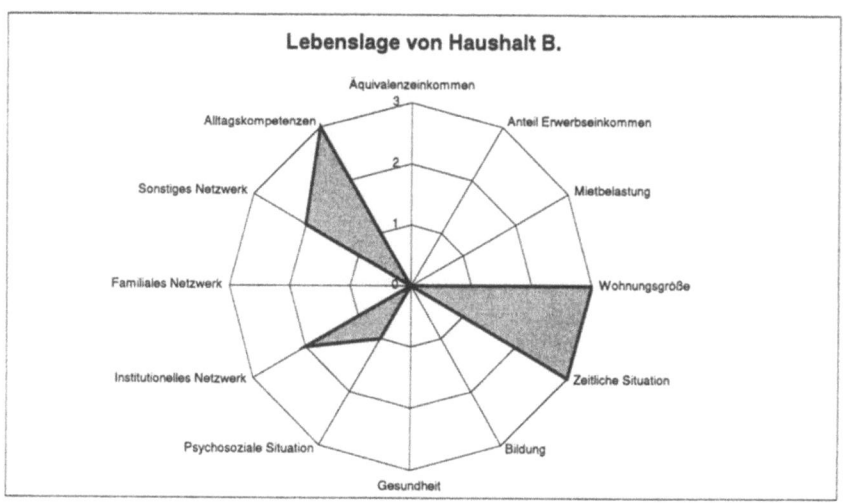

Haushalt C.

„Als ich arbeiten gegangen bin, habe ich festgestellt, dass ich besser über die Runden komme, wenn ich richtigen Stress habe. Im Moment habe ich ja Zeit und da verschiebt man Dinge. Wenn ich Stress habe, weiß ich, dass ich keine Zeit habe und dass die Dinge gemacht werden müssen. Und dann mache ich die Dinge auch, aber so (...)" (Interview: 34)

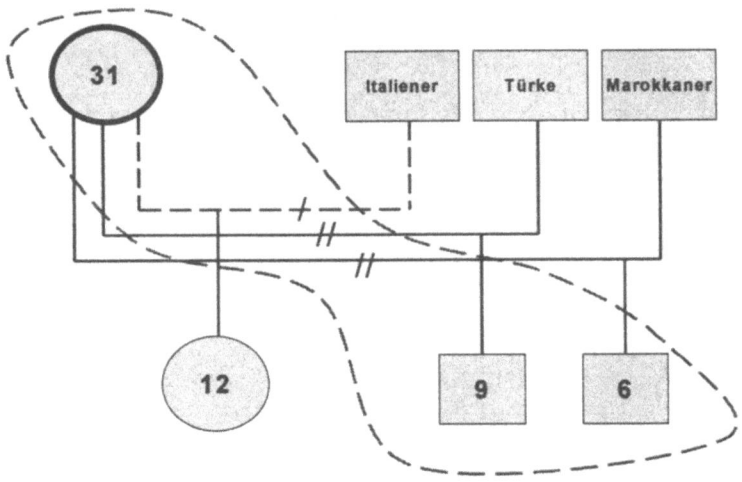

Frau C. hat drei Kinder aus unterschiedlichen Beziehungen mit Männern aus verschiedenen Herkunftsländern. Mit den Vätern der Söhne war sie jeweils verheiratet. Zum Vater der Tochter bestand nur eine kurzfristige Beziehung.

Sie beschreibt die Trennung vom ersten Ehemann: „Die Kulturen waren eindeutig zu unterschiedlich. (...) Ich kann ja nicht einfach anfangen, ein Kopftuch anzuziehen, wenn er meint, ich solle mal ein Kopftuch anziehen. Da denke ich doch, bei dem brennt der Kittel. Ich habe immer gesagt, ich ziehe das nicht an. Das ist nicht meine Kultur und Feierabend. Dann gab es noch andere Differenzen und dann habe ich zu ihm gesagt, dass er seinen Weg gehen soll und ich meinen und Schluss. Und der war eigentlich auch schon wieder ausgezogen, bevor das Kind auf die Welt kam" (Interview: 5).

Der zweite Ehemann hat nicht gearbeitet, mit ihm habe sie „immer so viel Stress gehabt" (Interview: 8). Er hat Frau C. beträchtliche Schulden hinterlassen, über die sie aber nicht sprechen möchte, „dann bekomme ich wieder Zorn"

(Interview: 23). „Ich füttere keinen Mann mehr durch. Diese Zeiten sind vorbei" (Interview: 7).

Die Tochter lebt bei der Tante von Frau C. „Ja das kam eigentlich so. Meine Tochter hat bei meiner Oma gelebt. Ich bin arbeiten gegangen, weil ich vom Sozialamt kein Geld bekommen wollte. Mit einem Kind ging das ja noch. Ich bin arbeiten gegangen und meine Oma hat nach der Tochter geschaut. Sie [Oma] ist dann in das Haus meiner Tante gezogen und die Kleine mit. Sie [Tochter] ist dann auch (...) [dort] in die Schule gegangen und wollte einfach lieber dort bleiben. Da habe ich gesagt, dass das o.k. so ist" (Interview: 4). Offiziell lebt die Tochter in Pflege bei der Tante, sie besucht ihre Mutter und ihre Brüder gelegentlich am Wochenende oder in den Ferien.

Die Söhne leben bei Frau C. Der Neunjährige besucht nach der Schule einen Hort, der Sechsjährige wird bis mittags in einer Kindertagesstätte betreut.

Frau C. hat keine Berufsausbildung abgeschlossen. Eine begonnene Ausbildung hat sie ein halbes Jahr vor dem Ende abgebrochen. „Ich hatte daheim Zoff und bin dann von zu Hause fort. Ich hatte keinen Bock mehr" (Interview: 12). Zur Zeit arbeitet sie als Aushilfe in der Kneipe ihres Vaters, in der Regel abends oder nachts. Sie würde gerne ganztags arbeiten gehen. Bislang sei das an Problemen bei der Betreuung des jüngeren Sohnes gescheitert. „Das liegt noch nicht einmal an mir, das liegt an meinem Sohn. Ich hatte schon Arbeit. (...) Dann hatte ich Glück und hatte (...) wieder einen Ganztagsplatz gehabt. Der ist mit dem Kindergarten und der Situation nicht zurecht gekommen. (...) Der ist wieder abgehauen. Der hat Krach gemacht. Und nach vier Wochen musste ich ihn wieder abholen. Die sagten: ‚Bitte nehmen Sie ihn wieder mit. Der ist für uns nicht tragbar.' Dann hätte ich arbeiten können. Das war so eine Arbeitsbeschaffungsmaßnahme. Eine Stelle, so irgendetwas mit Jugendlichen zusammen. Ich weiß auch nicht so genau ..." (Interview: 10). Es ist relativ unbedeutend für Frau C., welcher Art ihre Tätigkeit ist, „am Fließband, in der Kneipe oder sonst wo" (Interview: 11). Den Wunsch nach einer Ausbildung thematisiert sie nicht. Derzeit beträgt die tägliche Arbeitszeit von Frau C. für Familientätigkeit 4,5 Stunden.

Der Haushalt bezieht neben dem geringfügigen Arbeitseinkommen ergänzende Sozialhilfe, Kindergeld und Unterhaltsvorschuss. So entsteht ein monatliches Nettogesamteinkommen von 2682 DM, das zu 85 Prozent aus staatlichen Transferzahlungen besteht. Dies ist der zweithöchste Wert unter den von uns befragten Haushalte.

Auf die Frage nach Schulden bekommen wir eingeschränkte Auskünfte. Aufgrund der in der zweiten Ehe entstandenen Schulden musste Frau C. eine eidesstattliche Versicherung abgeben. Für die relativ neue Wohnzimmereinrichtung wurde ein Kredit in Höhe von 1.300 DM aufgenommen. Da Frau C. selbst nach Abgabe der eidesstattlichen Versicherung nicht mehr kreditwürdig ist, ist ein guter Bekannter als offizieller Kreditnehmer aufgetreten.

Frau C. hat zwei enge Freundinnen, bei einer handelt es sich um die Nachbarin. „Die (...) ist aber wirklich wichtig für mich. Die könnte die ganze Familie adoptieren. Meine Kinder sagen Omi zu ihr. (...) Sie schaut auch nach meinen Kindern, wenn ich arbeiten gehe" (Interview: 13).

Neben der Unterstützung im Freundeskreis sucht Frau C. bei Bedarf professionelle Hilfe, sie wendet sich an die Mitarbeiterin des Jugendamtes, wenn sie sich in Erziehungsangelegenheiten überfordert fühlt. „Wenn etwas ist, dann gehe ich einfach hin. Ich warte nicht bis irgendetwas passiert ist. Ich gehe hin und sage was los ist, was passiert ist oder dass ich Hilfe brauche" (Interview: 8). Darüber hinaus finden alljährlich Hilfeplangespräche wegen der Tochter statt. Dort treffen sich die für Pflegefamilien zuständige Mitarbeiterin des Jugendamtes, die Tante, bei der die Tochter lebt sowie Frau C., um die Situation der Tochter zu besprechen.

Den Kontakt zum Sozialamt beschreibt Frau C. derzeit als unproblematisch. „Das ist wirklich nicht so, dass ich jeden oder jeden zweiten Monat auf das Sozialamt renne. Wenn die etwas wollen, dann gehe ich hin. An Papierkram habe ich nicht viel. Die Einkommensbelege müssen hingeschickt werden" (Interview: 33). Mit „Rennen auf das Sozialamt" spielt Frau C. auf häufiges Beantragen einmaliger Leistungen im Rahmen der Sozialhilfe an, welches in der Regel gründliche Kenntnisse des Sozialhilferechts und ein Selbstbewusstsein, diese in auch Anspruch nehmen zu wollen, voraussetzt.

Fachlicher Kommentar:

In Familie C. treffen wir auf generationenübergreifende Problemlagen und Hilfebedarfe. Der Haushalt ist auf den längerfristigen Bezug von Sozialhilfe eingerichtet. Frau C. hat den Wunsch, ein Einkommen zu erzielen, das über der Sozialhilfe liegt. Sie ist sich allerdings der Tatsache bewusst, dass sie ohne abgeschlossene Ausbildung auch bei voller Erwerbstätigkeit lediglich ein Einkommen erzielen kann, dass nur unwesentlich über ihrem jetzigen Einkommen liegt. Deshalb scheint ihre Motivation zur Aufnahme einer Erwerbstätigkeit eher gering zu sein.

Zur Zeit sieht sie sich zudem vor unlösbaren Problemen einer entsprechenden Betreuung für ihre Kinder. So ist es nachvollziehbar, dass Frau C. derzeit nicht aktiv auf der Suche nach einer Erwerbstätigkeit ist.

Die individuellen Maßnahmen der Jugendhilfe sind gut auf die Bedarfe von Frau C. und die ihrer Kindern abgestimmt. Die aktive Suche nach Gesprächen und Hilfen bei gegebenen Anlässen seitens Frau C. kommt dem entgegen. Frau C. erlebt das Jugendamt nicht als eine im negativen Sinne eingreifende Institution.

Darüber hinaus muss es insbesondere das Ziel von Bildungspolitik sein, die Weitergabe von (Aus-)Bildungsdefiziten an die kommende Generation zu unterbrechen. Dieses Ziel ist neben hinreichenden Institutionen zur Kinderbetreuung und einem gerechteren Familienleistungsausgleich eine wesentliche Voraussetzung dafür, damit allein erziehende Mütter tatsächlich lebbare Alternativen zum langfristigen Sozialhilfebezug entwickeln können.

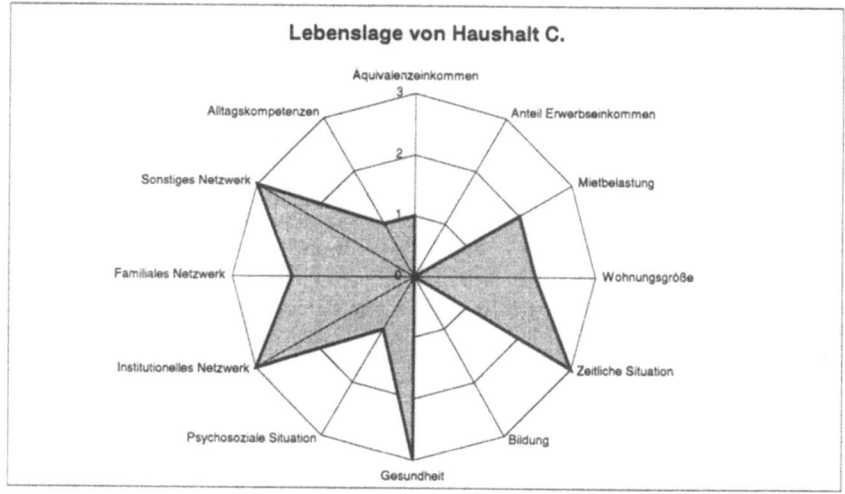

Lebenslage von Haushalt C.

Haushalt D.[1]

„Es ist nicht so, dass man von der Sozialhilfe reich wird, aber es ist ein Stückchen Sicherheit. Es hat aber auch so etwas Abhängiges und es ist ganz schwer, aus dieser Abhängigkeit wieder raus zu kommen. Mit der Sozialhilfe war immer alles geregelt. Wenn ich jetzt den Gießen-Pass beantragen will, dann muss ich erst einmal tausend Bescheinigungen zusammensuchen. Das werde ich nicht machen." (Interview: 3)

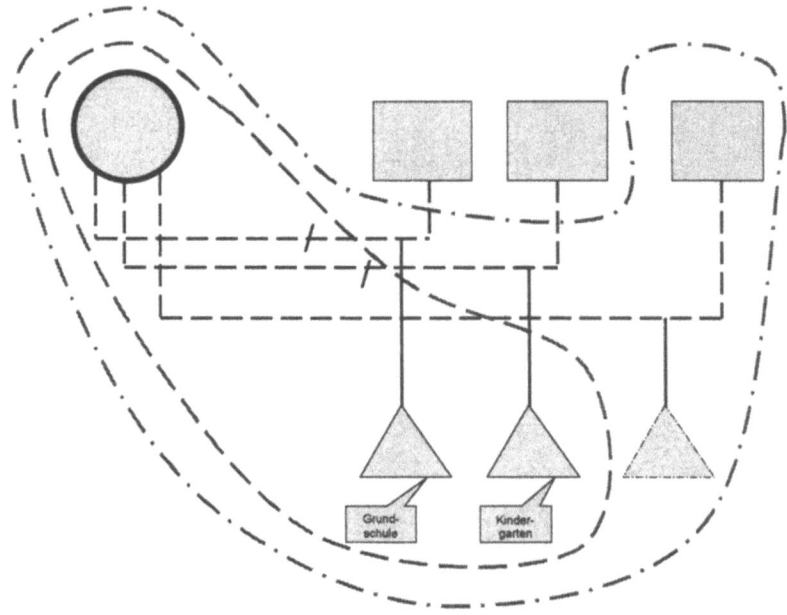

Frau D. hat zwei Kinder im Grundschul- und im Kindergartenalter. In drei Monaten erwartet sie das dritte Kind. Mit dem Vater dieses Kindes plant Frau D. erstmals in ihrem Leben eine gemeinsame Zukunft mit einem Mann. Zur Zeit kommt er an den Wochenenden und in seinem Urlaub zu Besuch. Demnächst wird er zu Frau D. ziehen.

Die beiden Kinder sind in einer Ganztagsschule bzw. einer Kindertagesstätte durchgehend bis zum Nachmittag betreut. Die tägliche Arbeitszeit von Frau D.

---

1   Auf Wunsch des interviewten Haushalts sind die Informationen zu Haushalt D. allgemeiner gehalten als bei den anderen Fallbeispielen; deshalb fehlen auch Alters- und Geschlechtsangaben im Genogramm.

beträgt 4,5 Stunden. Frau D. hat ein Fachhochschulstudium abgeschlossen. Wegen der Geburten der Kinder konnte sie keine Arbeitsstelle antreten. Aufgrund einer Erkrankung befindet sie sich seit langem in Behandlung. „Im Nachhinein gesehen hätte ich gar nicht arbeiten gehen können. In dem Moment, wo ich den Job hätte anfangen können, sind mir die Verflechtungen klarer geworden. Mir war klar, dass ich krank war. (...) das [Arbeiten] wäre mir (...) gar nicht möglich gewesen. (...) Ohne die Kinder wäre ich ganz im sozialen Abseits gewesen. (...) Studieren kann man da ja noch, weil man da nicht immer da zu sein braucht. (...) Aber einen Job kann man damit einfach vergessen. Das ist mir auch erst später so bewusst geworden. Durch das Muttersein schaffe ich ja auch etwas und habe einen gewissen Stand in der Gesellschaft. Ich tue etwas und erziehe Kinder und es fällt nicht so auf, wenn ich einmal ausfalle. (...) Also für mich ist der Sozialhilfebezug in dieser Situation ein Segen gewesen" (Interview: 5).

Durch die neue Partnerschaft sieht sich Frau D. vor umfassenden Veränderungen. „Das ist mein erstes Wunschkind. Ich merke jetzt auf einmal auch, welche Nachteile es hat, ein Kind nicht allein auf die Welt zu bringen" (Interview: 2). „Ich muss lernen, in einer Beziehung zu leben und das verläuft parallel mit dem Weg aus der Sozialhilfe heraus. Also, ich bin gerade dabei, ein wenig erwachsener zu werden, eben auch selber finanzielle Verantwortung zu übernehmen" (Interview: 6). „In dem Moment (...) wo ich heirate. (...) Es wird keine staatliche Unterstützung mehr geben" (Interview: 7).

Der Haushalt hat zum Zeitpunkt, wo der neue Lebenspartner noch nicht zum Haushalt gehört, ein Nettogesamteinkommen von 2737 DM.

Zur Zeit hat der Freund eine 2/3 Stelle, die nach dem Bundesangestelltentarif, Tarifgruppe 3 bezahlt wird. „Wenn er jetzt so weiter machen würde mit 30 Stunden, dann hätten wir weniger als den Sozialhilfesatz mit drei Kindern. Und das muss man sich einmal überlegen bei BAT 3. Das ist ja eigentlich ein sehr gutes Gehalt. Also wenn das uns schon so geht. Wie geht es dann anderen Familien, die nicht so viel verdienen?" (Interview: 2).

Das Paar berechnet unterschiedliche Erwerbs- und Einkommenssituationen für die gemeinsame Zukunft. „Da müssen wir es irgendwie hinbekommen, dass der eine 30 Stunden arbeiten geht und der andere auch in dieser Zeit irgendwie etwas arbeitet. Auf jeden Fall soll es nicht so sein, dass eine Person 50 Stunden weg ist. (...) Dann würde ich lieber allein Erziehende bleiben. Wenn man dann nämlich Kinder hat, die ja auch viel Zeit in Anspruch nehmen und auch noch eine Partnerschaft leben will, das geht nicht" (Interview: 7).

Frau D. hat die Fähigkeit, immer wieder Freundinnen und Freunde zu finden, die sie im Alltag unterstützen. Sie hat jahrelang mit einer Freundin zusammengewohnt, die sich um die Kinder gekümmert hat, wenn es ihr nicht gut ging. Eine Nachbarin versorgt die Kinder, wenn Frau D. krank ist. Der Vater des

Sohnes hat Frau D. und ihre Kinder bisher regelmäßig besucht und handwerkliche Arbeiten übernommen. Durch das Auftreten des neuen Partners sei der jetzt nicht mehr „richtig integriert" (Interview: 16). Auch auf offizieller Ebene ist Frau D. in der Lage, Unterstützung zu mobilisieren, beispielsweise im Umgang mit dem Sozialamt. „Also, was ich toll fand (...): Auf dem Sozialamt wollten die mich irgendwie zwingen (...) Natürlich möchte ich irgendwann einmal arbeiten, aber durch dieses Sozialhilfegesetz müsste ich ja jede Arbeit annehmen und das will ich natürlich nicht. Wenn, dann möchte ich eine Arbeit, die mir Kraft gibt. (...) Das hat mich einfach fertig gemacht, einfach auch dieses Rechtfertigen, obwohl ich eigentlich schon genug mache. Da hat eine Bekannte für mich beim Sozialamt vorgesprochen und hat mir damit aus meinem Dilemma helfen können." (Interview: 17).

Fachlicher Kommentar:
Frau D. verfügt über eine Persönlichkeitsstruktur, der es gelingt, sowohl institutionelle als auch private Hilfen zu mobilisieren. Sie besitzt eine ausgeprägte Fähigkeit zur Reflexion der eigenen Lebenssituation. Sie erlebt die Situation, mit ihrer Familie im Sozialhilfebezug zu stehen, nicht negativ und mit Scham verbunden. Sie ist sich der Tatsache bewusst, dass das Beantragen ergänzender Sozialhilfe und weiterer Unterstützungsleistungen bei einem anzurechnenden Arbeitseinkommen mit weit mehr Rechtfertigungs- und Verwaltungsaufwand verbunden sein wird – verglichen mit ihrer jetzigen Situation, in der sie die Sozialhilfe als ein relativ verlässliches Netz erlebt. Die neue Partnerschaft führt an genau diesem für Frau D. entscheidenden Punkt zu Veränderungen.

Die mit einer Erwerbstätigkeit verbundene Mehrarbeit und Eigeninitiative findet keinen lohnenden Niederschlag in einer verbesserten finanziellen Situation. So finden sich bei Frau D. in der Zeit, in der sie allein erziehende Mutter ohne festen Partner war, keine Überlegungen, eine Erwerbstätigkeit zum Zwecke einer Einkommenserhöhung aufzunehmen. Mittlerweile sieht sie allerdings aufgrund ihres Alters schlechte Chancen als Berufsanfängerin.

Wenn jedoch der Übergang vom Sozialhilfebezug als Haupteinnahmequelle in eine traditionelle Kernfamilienstruktur mit einem Erwerbseinkommen auf Akademikerniveau für die Familie zu finanziellen Einbußen führt, werden an diesem Fallbeispiel die Grenzen des bestehenden Familienleistungsausgleichs anschaulich deutlich.

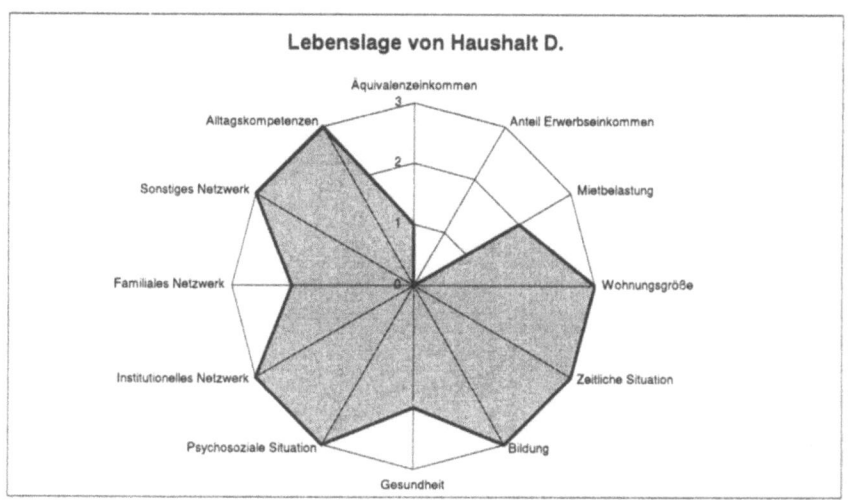

Haushalt E.

„Man bleibt immer auf dem gleichen Stand, es lohnt sich einfach nicht. Zumin-
dest nicht, dass es ein Ansporn sein kann. Das ärgert mich. Auch der ganze
Aufwand." (Interview: 3)

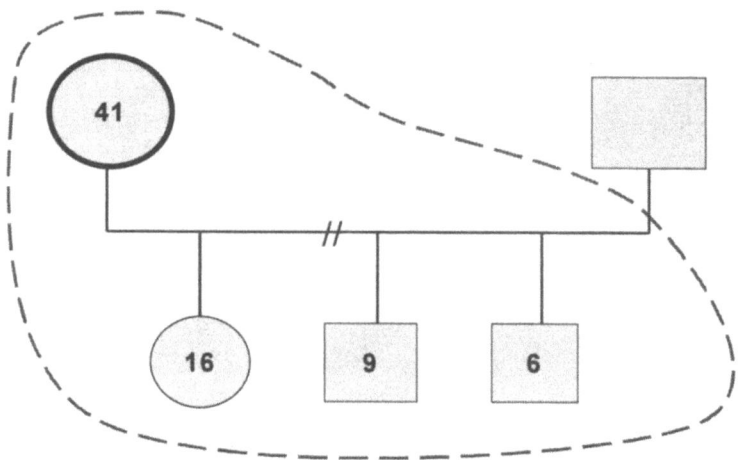

Frau E. lebt seit gut fünf Jahren mit ihren drei Kindern allein. Nach der Scheidung von ihrem Mann ist sie in eine kleinere Wohnung umgezogen, „wegen der
billigen Miete", wie sie sagt. Die Drei-Zimmer-Wohnung hat eine Größe von 62
m² und liegt damit deutlich, nämlich 15 m², unter den Kölner Empfehlungen als
Mindestflächenbedarf der vierköpfigen Familie. Frau E. bewohnt ein Zimmer,
die Tochter hat einen Raum für sich und die beiden Jungen teilen sich ein Kin-
derzimmer. Für gemeinsame Aktivitäten und Kommunikation ist kein Platz, der
kleine Essplatz in der Küche reicht dafür nicht aus. Frau E. bemerkt zudem:
„(...) es wäre schon schön, wenn wir ein größeres Bad hätten. Das ist schon sehr
klein. Und dass die Jungs jeder ein Zimmer hätten, das wäre gut, weil die jetzt
in ein Alter kommen, dass sie sich schon auch mal heftig auseinandersetzen"
(Interview: 9). Für wichtiger als ein gemeinsames Wohnzimmer hält sie es auch,
selbst ein eigenes Zimmer als Rückzugsmöglichkeit zu haben.

Frau E. arbeitet halbtags als Schreibkraft, wenn die Kinder in der Schule und
im Kindergarten sind. Sie ist gelernte Bürokauffrau. Vorher hat sie außerdem
nachts bei einer Gießener Zeitung gearbeitet bis zur totalen Erschöpfung: „(...)
das Resultat war dann Erbrechen und Migräne und Notdienst" (Interview: 11).

Jetzt hat sie weniger Geld zur Verfügung. Was sie aber besonders verärgert hat, ist die Tatsache, dass sie beim Sozialamt einen Nachweis erbringen musste, warum sie diese Nachtarbeit nicht mehr ausüben kann. Seit ihrer Kündigung bei der Zeitung erhält sie kein pauschaliertes Wohngeld mehr und muss für ergänzende Sozialhilfe von monatlich 68 DM Nachweise und Abrechnungen erbringen. Konflikte ergeben sich durch die unterschiedlichen Abrechnungsmodi der ehemaligen Firma und des Sozialamts. „Hab ich die einen Tag zu spät geschickt, hatte ich schon den Wisch mit der Drohung im Briefkasten. (...) Ich kann die Abrechnung aber erst schicken, wenn ich sie habe. (...) Und für alles brauchen sie einen Termin, sie müssen sich anstellen und warten und da sitzen sie dann stundenlang wegen einem Papierchen und wegen 68 Mark. (...) Da sind sie dann irgendwann so weit, dass sie sagen, ich schenk euch die 68 Mark" (Interview: 11 f.). Ihr Ärger im Umgang mit den Behörden ist auch ablesbar an ihrer Beobachtung, dass „sich das alles überschneidet, obwohl die alle in einem Haus sitzen, (...) da hängen alle Computer zusammen, die bräuchten das nur abrufen, und ich muss da immer wieder hingehen und Neuanträge stellen und die Kinder da mitschleppen" (Interview: 3). Für den Haushalt ergibt sich ein monatliches Nettogesamteinkommen von 2882 DM.

Auch ihre kranke Mutter ist ihr keine Hilfe. Im Gegenteil. „Wenn die diese Bescheide kriegt, ist sie total aus dem Häuschen. Die versteht die Bescheide schon grad überhaupt nicht, da liegt alles brach dann" (Interview: 16). Frau E. leistet dann moralischen Beistand, obwohl sie den selbst dringend bräuchte. Seit sie berufstätig ist, profitiert sie zwar durch den Zuschlag für ihre Erwerbstätigkeit beim Haushaltseinkommen. Aber ein Ansporn ist das durch den mit der geschilderten Bürokratie entstehenden Stress keineswegs. Hinzu kommt, „dass andere, die gar nichts tun und weniger Kinder haben, zu mir dann sagen, du bist bescheuert. (...) Ihr habt nicht viel mehr Geld, ihr macht euch den Stress, ihr seid doch echt bescheuert" (Interview: 5 f.).

Der Vater der Kinder zahlt keinen Unterhalt und der Unterhaltsvorschuss vom Sozialamt ist ausgelaufen. Frau E. hat mit ihrem Ehemann eine Existenzgründung auf selbstständiger Basis versucht: „Das waren zwei LKW, die kaputtgegangen sind." Dadurch wurden hohe Schulden verursacht, sie hat eine eidesstattliche Versicherung abgegeben, „(...) aber das sind Summen, die sind ganz hinten angestellt" (Interview: 14). Trotz dieser schweren Enttäuschung durch ihren Ehemann, der sie inzwischen mit diesen Schulden allein gelassen hat, ermöglicht sie ihren Kindern zweimal wöchentlich Kontakt zu ihrem Vater. „Montags und freitags kommt der seine Kinder besuchen. Die lieben ihren Daddy, und je mehr ich da tun würde, desto mehr würde ich mir Eigentore schießen." Sie will das Bild, das die Kinder von ihrem Vater haben, nicht zerstören. Die Vorstellung, dass eines ihrer Kinder sagen könnte, „dann gehe ich zu meinem Papa", würde sie „mehr treffen als alles andere" (Interview: 5, 14).

Frau E. ist erschöpft von ihrem beschwerlichen Alltag und durch die Balanceakte gegenüber ihrem Exmann. Die Kinder sind „dann zwar total entsetzt, wenn die Mutter mal heult oder total fertig ist, aber ich möchte das Bild nicht zerstören" (Interview: 15). Frau E. wünscht sich eine Anlaufstelle, die ihr bei den Anforderungen des Alltags zur Seite steht. „(...) einfach mal nur jemand, wenn man keine Nerven mehr hat, dass man mal fragen kann, wie würdest du das machen oder so. Da ist niemand da, den man mal fragen könnte" (Interview: 5).

Fachlicher Kommentar:
Das Fallbeispiel verdeutlicht ein erhöhtes Armutsrisiko von allein Erziehenden mit mehreren Kindern, selbst bei Ausübung einer Halbtagsbeschäftigung als gelernte Bürokauffrau. Der Entschluss der Mutter, nach der Scheidung in eine kleinere Wohnung zu ziehen („wegen der billigen Miete" (Interview: 1), ändert an dieser prekären Lebenslage grundsätzlich nichts. Die Unterversorgung mit Wohnraum ist eine Folge antizipierter finanzieller Probleme und führt wiederum zu sehr starken Einschränkungen für gemeinsame Aktivitäten in der Wohnung der vierköpfigen Familie bzw. auch zu einem Mangel an Rückzugsmöglichkeiten für die jüngeren Kinder.

Die jahrelange Alleinverantwortung für ihre Kinder und die Beschwernisse des Alltags haben wiederholt zur totalen Erschöpfung der Mutter geführt. Ihr fehlen Netzwerke, die sie entlasten könnten. Im Gegenteil. Sie leistet parallel zu ihrem kompakten Alltag zwischen Beruf und Familie auch noch die erforderliche Netzwerkhilfe für ihre kranke Mutter, übernimmt Einkäufe, putzt und steht ihr bei der Regelung von Behördengängen bei. Weil ihre Kinder in der Schule ‚unauffällig' sind, erhält sie jedoch keinerlei Unterstützung psychologischer oder anderer Art, wie sie etwa für Eltern von leistungsschwachen oder verhaltensgestörten Kindern angeboten werden. Hier sind vernetzte kommunale Unterstützungs- und Hilfsangebote vonnöten, die sich gerade auf diese Zielgruppe sensibel beziehen im Sinne präventiver Sozialarbeitskonzepte. Vor allem aber sind die von ihr beschriebenen bürokratischen Hürden nach Aufnahme einer Teilzeitbeschäftigung kontraproduktiv, um den Weg aus der Sozialhilfe zu suchen und beizubehalten. Der geringfügige finanzielle Vorteil gegenüber dem Status als Sozialhilfeempfängerin vermag die jetzt entstehenden, zeitlich aufwendigen und Stress verursachenden Anforderungen der Behörden nicht auszugleichen.

‚Unbürokratische Hilfen aus einer Hand', gepaart mit einer Praxis der Wohnraumvergabe, die dafür Sorge trägt, dass der Mindestflächenbedarf pro Familienmitglied nicht unterschritten wird, würde zur Entlastung der Mutter und zum Wohlbefinden der ganzen Familie wesentlich beitragen.

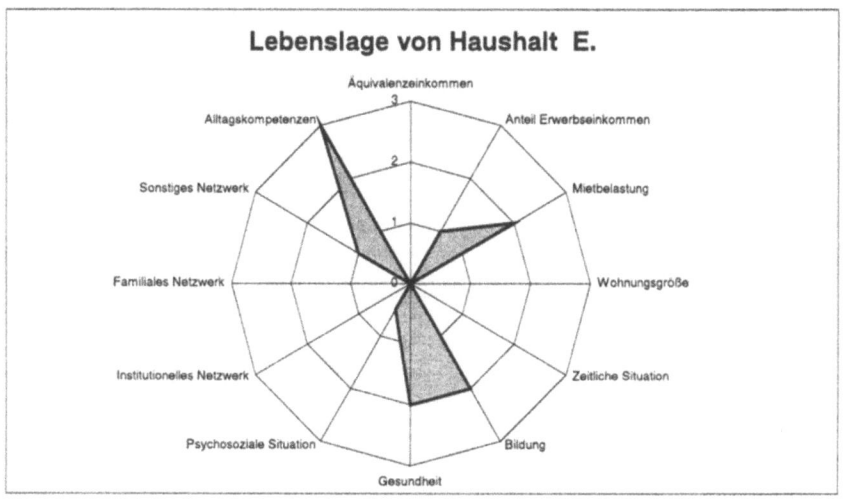

Haushalt F.

„Ich bin da also hin und heule denen vor, dass ich total verzweifelt bin und dann tun die so, als ob ich meine Kinder misshandeln würde oder denen nichts zu essen geben würde. Das war echt total krass." (Interview: 3)

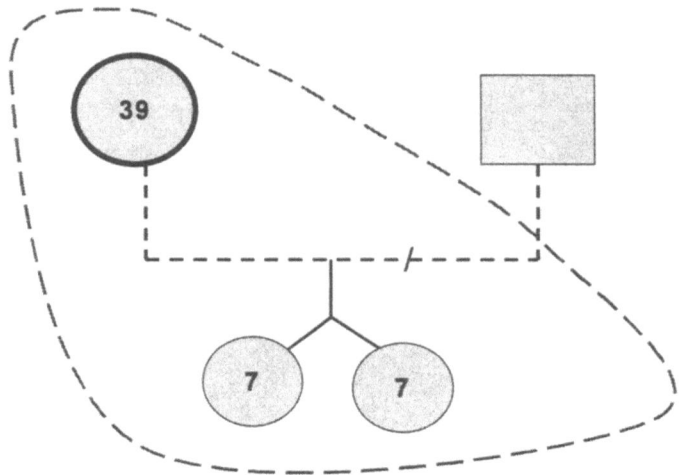

Frau F. hat ein Studium an der Universität absolviert und gibt ihre Berufstätigkeit nach der Geburt ihrer Zwillinge auf. Ihre inzwischen siebenjährigen Kinder hat sie praktisch von Anfang an allein groß gezogen. Der Kindesvater hat die schwierige Situation überhaupt nicht bewältigen können, die Mutter entschließt sich zur Trennung. Die Kinder waren nach der Geburt „extrem dünn (...) sahen echt aus wie verhungert, die waren immer krank und bleich im Gesicht und dann haben die alles, was man ihnen verfüttert hat, wieder unverdaut ausgeschieden" (Interview: 3). Die Kinder haben nachts extrem schlecht geschlafen. Eine Odyssee von Untersuchungen führt zu keiner stichhaltigen Diagnose. Die Krankheitssymptome sind vermutlich auf eine Allergie zurückzuführen, die bis heute nicht bewiesen ist. Die Kinder vertragen keine Kuhmilch, Eier, Schokolade, Tomaten, Paprika, Wurst, viele Käsesorten und Kuchen.

Frau F. hat um eine unterstützende Betreuung für ihre kleinen Kinder zu Hause gebeten. Mit diesem Anliegen wird sie zunächst nicht ernst genommen, dringende Hilfe bleibt aus. Als allerdings eine Sozialarbeiterin eins der Kinder unbekleidet gesehen hat, wurde Frau F. indirekt unterstellt, sie kümmere sich nicht hinreichend um ihre Kinder und würde sie nicht richtig ernähren. Ihr wurde vorgeschlagen, die Kinder in einer Pflegefamilie unterzubringen. Frau F. war entsetzt: "Ich wollte das auf keinen Fall. Ich habe (...) total an meinen gehangen" (Interview: 3).

Das Jugendamt verlangt darüber hinaus, dass auch der Vater Verantwortung übernimmt und die Kinder alle vierzehn Tage versorgt: „Die haben gebrüllt und gebrüllt und der ist einfach ausgerastet. Der wusste überhaupt nicht mehr, was er tun sollte" (Interview: 3).

Eine wirksame Entlastung setzt erst ein, als eine neue Mitarbeiterin im Jugendamt ihre Situation erkennt und ihr für die häusliche Betreuung eine sozialpädagogische Fachkraft für 20 Stunden pro Woche zur Seite stellt: „Die hat mir echt toll geholfen" (Interview: 5).

Der Kindergarten hat die Kinder wegen ihrer Krankheit und den damit verbundenen Anforderungen an Betreuung und Ernährung erst im Alter von vier Jahren aufgenommen. Die Kinder hatten dann dort wegen ihrer Krankheit integrative Plätze. Für drei Jahre, also auch noch, als die Kinder sieben Jahre alt waren, wurde dem Kindergarten pro Kind und Jahr eine ordentliche fünfstellige Summe gezahlt.

Ihren eigenen Gesundheitszustand beschreibt sie rückblickend so: „Ich kann mich gut erinnern, wie ich mit dem Zwillingswagen durch den Seltersweg gefahren bin und ich hatte immer das dringende Bedürfnis, mich da hinzulegen. Echt, meine Augen, die haben so weh getan. (...) Irgendwie war ich auch immer permanent krank und angeschlagen. Erkältung, Schnupfen, Mandelentzündung. (...) Als die Kinder in den Kindergarten kamen, habe ich oft Magen-Darm-Grippe gehabt" (Interview: 6). Die Tatsache, dass sie überall als Bittstellerin auftreten muss, empfindet sie als persönliche Kränkung.

Mit Unterstützung ihres Vaters ist sie in eine größere Wohnung umgezogen, die sich jedoch als sehr hellhörig erweist. Nachbarn verursachen am Tag und in der Nacht extremen Lärm, so dass wieder ausgeprägte Schlafprobleme entstehen. Im Winter kommt es feuchtigkeitsbedingt zu Schimmelbildung, der jedoch erst nach einem energischen Drohbrief an den Vermieter fachmännisch beseitigt wird. Momentan verfügt Frau F. weder über das Geld noch die Kraft, erneut umzuziehen.

Seit die Kinder den Kindergarten besuchen, hat sie etwas mehr Ruhe und Zeit, um sich zu erholen. Sie kocht täglich Diät für die Zwillinge und gibt ihnen die Speisen mit in den Kindergarten, damit sie auch dort angemessen versorgt sind.

Finanziell lebt Frau F. von Sozialhilfe und Unterhalt des Kindesvaters. Ihre Eltern und Verwandte unterstützen sie finanziell mit gelegentlichen Geldgeschenken. Sie versucht nach Möglichkeit, den Kindern ihre Wünsche zu erfüllen. „Ich will nicht, dass meine Kinder die Einzigen sind, die das nicht haben. Das möchte man einfach nicht. In dem Kindergarten sind eben auch viele Kin-

der von reichen Leuten und man will nicht immer hinten anstehen. Der Kindergarten ist einfach sehr teuer. Ich habe Probleme, mit dem Geld auszukommen,
(...) da ist immer irgendetwas. Da haben die Erzieher Geburtstag und dann wird
Geld eingesammelt oder die fahren ins Theater und es wird Geld eingesammelt
und dann machen die Tagesausflüge und es wird Geld eingesammelt." Gelegentlich ärgert sie sich darüber, dass „die reichen Leute ganz wenig Rücksicht
auf Leute [nehmen], die wenig Geld haben." Insgesamt findet sie aber, dass ihre
Kinder dort gut aufgehoben sind: „Da sind so viele Kinder aus reichen und
guten Elternhäusern, dass die da echt einen guten Umgang haben" (Interview:
19).

Mit einem Freund hat sie ein Arrangement zur gelegentlichen Nutzung seines Pkw getroffen, um ihren Alltag besser organisieren zu können: Sie beteiligt
sich an den Kosten und kann ihn relativ häufig nutzen.

Trotz der herben Enttäuschung über den Vater ihrer Kinder ermöglicht sie
ihm seit drei Jahren wieder den Kontakt zu ihren Töchtern: „Ich dachte erst,
dass das nicht so wichtig sei und habe dann aber doch gemerkt, dass die da ganz
schön darunter leiden. Die sehen halt die anderen Kinder mit ihren Vätern und
der holt sie auch noch vom Kindergarten ab und ihr Vater ist überhaupt nicht da.
(...) Und jetzt ist es halt gut, dass sie den [Vater] präsentieren können. Der wurde im Kindergarten und bei Freunden auch schon vorgezeigt. Für die Kinder ist
es also echt gut. (...) der besucht sie dann einmal in der Woche zwei Stunden
lang. Das ist das Maximale. Mehr will er nicht. (...) Vor kurzem hat er mir gesagt, es wäre ihm ja sowieso lieber, nur eine zu nehmen, denn beide zwei Stunden lang zusammen wären ihm zu anstrengend. Das ist doch wirklich unglaublich. Aber so sind Väter. Natürlich nicht alle, aber wir haben mit ihm da nicht so
viel Glück gehabt ..." (Interview: 1).

Sie wünscht sich eine Halbtagsstelle und möchte dann so schnell wie möglich in eine andere Wohnung umziehen.

Fachlicher Kommentar:
Auslöser der Armutslage von Frau F. ist die Lebensmittelallergie ihrer beiden
Kinder.

Der Kindesvater verlässt seine Familie, so dass Frau F. von Sozialhilfe und
Unterhaltszahlungen leben muss. An eine Rückkehr in den Beruf ist auf Grund
des erhöhten Betreuungsbedarfs der beiden Kinder in den ersten Jahren überhaupt nicht zu denken. Sie mobilisiert nach dem Schock, sehr kranke Kinder zu
haben und von deren Vater verlassen geworden zu sein, ihre Kräfte und Bildungsressourcen, um die Lebenssituation für sich und die Zwillinge erträglich
zu gestalten.

Diese permanenten Anstrengungen über Jahre hinweg sind an Frau F. nicht
spurlos vorüber gegangen. Sie ist physisch und psychisch sehr erschöpft. Die

augenblickliche Wohnsituation trägt nicht zu ihrer Entlastung und Rekreation bei. Ihr gelingt es trotz aller finanziellen Belastungen, zum Beispiel durch die krankheitsbedingt teuren Lebensmitteleinkäufe für ihre Kinder, schuldenfrei zu bleiben. Sie versucht überlegt, mit ihrem Haushaltsbudget entsprechend auszukommen; stößt dabei jedoch immer wieder an Grenzen. Im Kindergarten der Töchter fallen häufig Kosten an, die sie kaum aufbringen kann. Sie setzt dann die gelegentlichen Geldzuwendungen von Eltern und Verwandten ein, um ihren Kindern ein angemessenes Sozialisationsmilieu zu bieten.

Da Frau F. ein verlässliches informelles Netzwerk fehlt, benötigt sie dringend professionelle AnsprechpartnerInnen, die sie bei der komplizierten Alltagsbewältigung unbürokratisch unterstützen.

Eine Rückkehr in den Beruf erweist sich für Frau F. nur dann als realistische Perspektive, wenn für ihre demnächst schulpflichtigen Kinder eine verlässliche, bezahlbare und qualitativ hochwertige Nachmittagsbetreuung gefunden wird. Außerdem müsste sich der zeitliche Aufwand für die dann wahrscheinlich notwendige Beantragung von ergänzender Sozialhilfe oder Wohngeld in Grenzen halten.

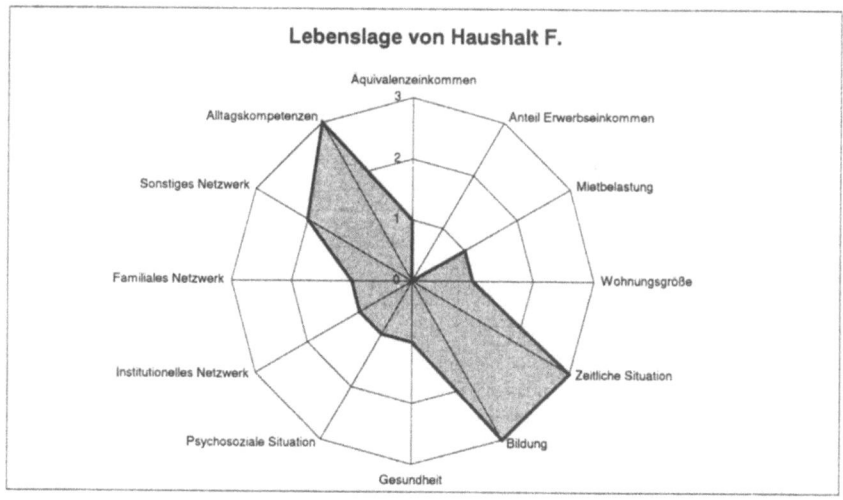

Lebenslage von Haushalt F.

Haushalt G.

„(...) *denn was will ich beispielsweise mit einer Wohnung, wo mir dann eine Blümchentapete entgegen leuchtet, die ich nicht haben möchte.*" (Interview: 26)

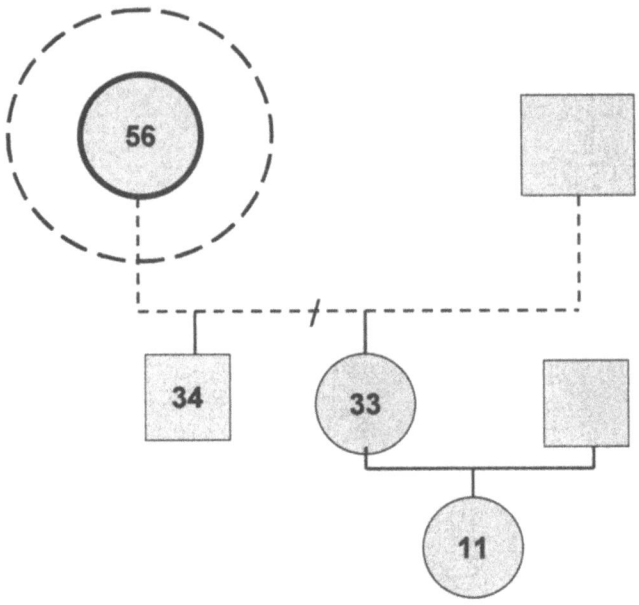

Frau G. ist eine couragierte Mittfünfzigerin, die allein lebt und seit zwei Jahren Arbeitslosenhilfe bezieht. Sie hat zwei erwachsene Kinder, die sie unter Schwierigkeiten ohne Kindesvater großgezogen hat. Sie wurde durch ihre Eltern, bei denen Frau G. mit ihren beiden Kindern gelebt hat, nach besten Kräften unterstützt. Dadurch war es ihr möglich, erwerbstätig zu sein. „Ja, die Oma hat sie morgens zum Kindergarten hingebracht und abends wieder abgeholt. Das war für mich eine wesentliche Hilfe, das Haus war groß genug, es hatte jeder sein Zimmer, und die Oma hat natürlich auch gekocht (...) ich [konnte] beruhigt arbeiten gehen, ich musste mir keine Sorgen machen, wo sind die Kinder jetzt" (Interview: 5).

In ihrem Beruf als Einzelhandelskauffrau hat sie damals verhältnismäßig wenig verdient, hat dann Zeitverträge bei der Universität, wo sie besser bezahlt wird. Es folgt ein Einstellungsstopp im öffentlichen Dienst, so dass sie nicht übernommen wird. Sie arbeitet dann bei der AOK und in der Kommunalverwaltung, aber es kommt zu keiner Zeit zu einem festen Beschäftigungsverhältnis.

Seit zwei Jahren ist sie erwerbslos. Zur Zeit steht ihr ein monatliches Netto-gesamteinkommen von 1615 DM zur Verfügung. Es ist ihr größter Wunsch, wieder berufstätig zu sein; sie bewirbt sich auf verschiedenen Stellen, die das Arbeitsamt anbietet und geht Stellenanzeigen in den einschlägigen Gießener Zeitungen durch. Ihr fortgeschrittenes Alter erweist sich immer wieder als Hauptgrund, warum andere BewerberInnen vorgezogen werden: „Es wird zwar meist schön umschrieben, wir haben uns für jemand anderes entschieden, aber meistens heißt das zwischen den Zeilen, wir haben uns für jemand jüngeren entschieden." Frau G. liefert eine Erklärung für diese Einstellungspraxis: „Na ja, die sind billiger, das ist eine Frage des Preises (...) das gibt erhebliche Abstu-fungen, bei Verkäuferinnen sind da schon mal 1000 Mark brutto drin. Das sind 12.000 Mark im Jahr, und davon können die eine ganze Menge an Ladenmiete bezahlen oder Nebenkosten, was weiß ich. Das ist so" (Interview: 6). In ihren Bemühungen um eine Stelle fühlt sie sich vom Arbeitsamt nicht genügend un-terstützt.

Dennoch ist Frau G. mit ihrem Leben zufrieden. Sie verfügt über verlässli-che Netzwerkpersonen, ihre Kinder, die Schwester gehören dazu, aber auch Freunde und viele Bekannte. Das beruht auf Gegenseitigkeit: „Ich habe schon vielen geholfen, ich gehe auch mit hin, wenn es sein muss (...) Ich bin da etwas rigoros, die Leute [auf dem Amt] sehen mich lieber von hinten" (Interview: 30). Hier profitiert sie von ihren langjährigen Erfahrungen im Umgang mit Behör-den. "Als ich das erste Mal drin war [beim Sozialamt], hatte ich ja schon gleich ein Buch dabei: ‚Mein Recht auf Sozialhilfe'. Da hab ich denen dann vorgele-sen, welcher Paragraph für mich zuständig ist (...)" (Interview: 31).

Bei der Beantragung von einmaliger Beihilfe zwecks Renovierung ihrer Wohnung beim Sozialamt („das war ja ganz selten, dass man wirklich mal was beantragt hat"), ist sie nicht bereit, sich vorschreiben zu lassen, wo sie ihre Ta-pete kauft. „(...) eine Tapete war das, die hat meine Mutter in den 60er Jahren in der Wohnung gehabt, da hab ich gesagt, die möchte ich nicht, ich möchte das Geld ausgezahlt haben, (...) da gab es natürlich großes Geschrei, ich hab's aber gekriegt, nachdem ich mal auf den Tisch geschlagen habe" (Interview: 25). Sie macht im Interview aber auch klar, dass sie gegebenenfalls eben auch eine teu-rere Tapete gekauft hätte, die ihr gefallen und für die sie dann selbstverständlich den Differenzbetrag gezahlt hätte. „Denn was will ich mit einer Wohnung, wo mir dann eine Blümchentapete entgegenleuchtet, die ich nicht haben möchte" (Interview: 26). Sie macht einen Laden aus, der vor der Geschäftsaufgabe steht, erwirbt günstig eine Tapete, die ihr zusagt und kann sich von dem Geldbetrag auch noch einen Tapeziertisch kaufen.

Frau G. handelt aber auch in anderen Bereichen haushälterisch: „Man muss natürlich wissen, wo man was sparen kann, und ich lebe eigentlich gut, ich koche mir jeden Tag, ich hab also genug zu essen, (...) ich habe auch immer Vorräte" (Interview: 28).

Frau G. ist eine gesellige Person und eine der ganz wenigen von uns befragten ProbandInnen, die regelmäßige Freizeitaktivitäten außer Haus ausüben.
Dazu gehören Kneipenbesuche ebenso wie ihre Mitgliedschaft im Kegelverein
oder in einer Vereinigung der 50er Generation in Gießen[2], in der gemeinsam
viel unternommen wird.

Fachlicher Kommentar:
Frau G. ist eine stabile Persönlichkeit, gesellig und durchsetzungsfähig. Man
gewinnt den Eindruck, dass sie, gesund und aktiv, von ihrem Tagewerk keineswegs ausgelastet ist und gerade auch wegen ihrer kommunikativen Bedürfnisse
gern wieder berufstätig wäre. Der von ihr wiedergegebene Eindruck, dass es an
ihrem Alter liegt, dass sich potenzielle Arbeitgeber immer wieder für andere,
vor allem jüngere BewerberInnen entscheiden, ist durchaus realistisch. Hier
braucht es eine gezielte Einzelfallhilfe, die sich auf entsprechende arbeitsmarktpolitische Programme für ältere ArbeitnehmerInnen und Dauererwerbslose
beziehen müsste. Auf sich allein gestellt, dürften die Chancen für Frau G., wieder ins Erwerbsleben zurückkehren zu können, dagegen wenig realistisch sein.
Der bloße Hinweis auf 1471 offene Stellen im Hauptamtsbezirk Gießen ist für
Frau G. wenig hilfreich.

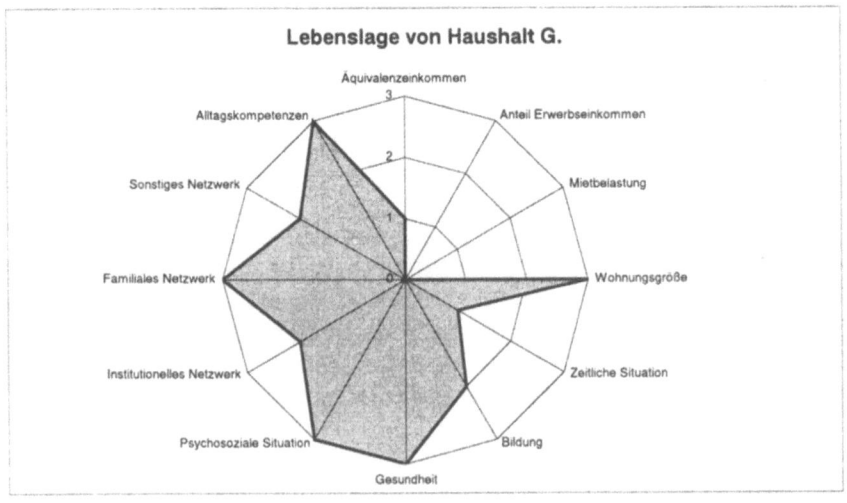

Lebenslage von Haushalt G.

---

2   Eine Erklärung zu den „Fünfziger Vereinigungen" in Gießen siehe Kapitel IV.2.

Haushalt H.

„Ich bin ja 47 Jahre alt, ich bin heilfroh, dass ich in meinem Alter überhaupt genommen worden bin. Wenn man da keine Beziehungen hat, dann kriegt man so eine Stelle nicht. (...) Eigentlich war es Glück im Unglück, ich wollte schon immer in den öffentlichen Dienst, wegen der Absicherung, das gibt Zusatzrente, ich hab' ein 13. Monatsgehalt. Ich hab' einen unbefristeten Arbeitsvertrag, ich hab' Urlaubsgeld und wir haben 40 Tage Urlaub. (...) Da möchte ich gerne bleiben." (Interview: 10)

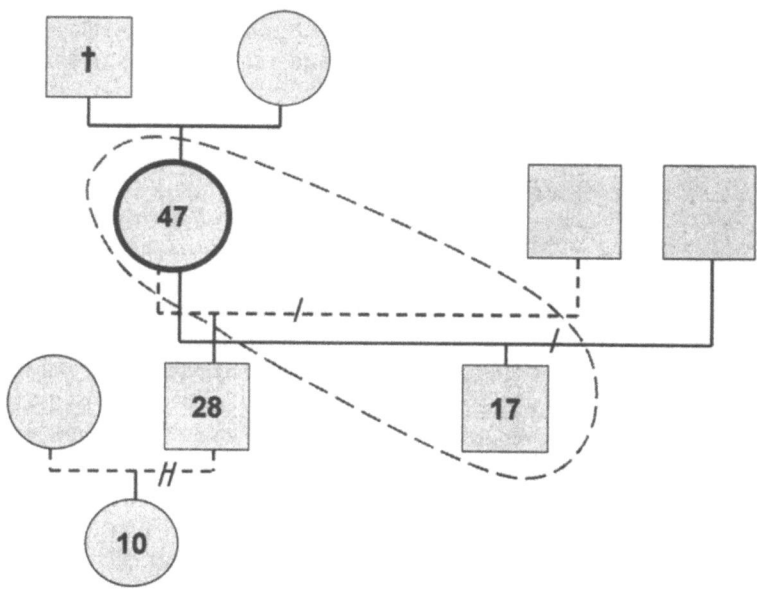

Frau H. ist Mutter von zwei Söhnen. Mit dem jüngeren wohnt sie seit zwei Jahren in der Gießener Innenstadt, in derselben Straße, in der sie aufgewachsen ist. Der erste Sohn wurde geboren, als Frau H. 19 Jahre alt war. Mit dessen Vater war sie nicht verheiratet. 1980 hat sie den Vater ihres zweiten Sohnes, einen US-Amerikaner kennen gelernt, 1984 wurde geheiratet. Sie hat in den 80er Jahren vier Jahre mit ihm in den Vereinigten Staaten gelebt. Vor drei Jahren ist der Mann ausgezogen. Sie weiß nicht, wo er wohnt.

Frau H. hat keine Ausbildung. Sie ist mit kurzen Unterbrechungen seit ihrem 14. Lebensjahr erwerbstätig. Zunächst war sie lange Zeit in einer chemischen Reinigung und später in einer Fabrik am Fließband beschäftigt. Ihren älteren Sohn konnte sie im Alter von drei oder vier Monaten im Kinderwagen mit zur

Arbeit nehmen. Nach der Rückkehr nach Deutschland war sie von 1990 bis 2000 mit einer halben Stelle in einer Pressevertriebsgesellschaft angestellt. Mit der Aussicht auf eine höhere Bezahlung und leichtere Arbeit hat sie diese Stelle gekündigt und eine Vollzeitstelle angenommen. „Ich hätt' was für dich, kannst 2900 Mark verdienen, ganz tolle Arbeit, ganz leicht, nur Kaffeemaschinen auffüllen und bisschen auswischen, bist meist mittags um zwei schon wieder daheim", wurde ihr versprochen. „Und hab's dann auch nach vier Wochen schon bereut. Die haben nur eine Frau gesucht, die Männerarbeit macht für Frauenbezahlung. Das hab ich vier Monate lang gemacht (...) ich wieg ja sowieso nur 50 Kilo, da hab ich noch 42 Kilo gewogen. Da waren dann nicht nur Kaffeeautomaten, da waren auch Cola-Automaten, da mussten Flaschen geschleppt werden und Kästen. Da war ich unterwegs von morgens um sieben bis abends sieben, von montags bis freitags. Also es war totale Ausbeuterei" (Interview: 3).

Seit kurzem ist sie mit einer halben Stelle als Reinigungskraft im öffentlichen Dienst beschäftigt. Über ihre neue Stelle ist Frau H. „ganz glücklich" (Interview: 3). Es handelt sich um eine halbe Stelle in einer Putzkolonne. Die tägliche Arbeitszeit beträgt vier Stunden inklusive einer halben Stunde bezahlte Pause. Der Verdienst beträgt 1274 DM netto im Monat. Zuzüglich Wohngeld, Kindergeld und dem häufig unpünktlich gezahlten Unterhalt steht dem Haushalt seit Antritt der neuen Stelle ein monatliches Nettogesamteinkommen von 2259 DM zur Verfügung.

Aktuell ist Frau H. sehr besorgt, weil der jüngere Sohn bislang noch keinen Platz für ein einjähriges Praktikum gefunden hat. Das Praktikum ist Voraussetzung für den Besuch eines gewerblich-technischen Berufsschulzentrums. „(...) wenn du irgendwo anrufst, dann sagen die: ‚Wir nehmen doch niemanden für ein Jahr, höchstens für 14 Tage.' (...) Das ist eine größere Sorge, als dass die Miete noch nicht abgegangen ist, das macht mich verrückt. Die Kinder, so 16-Jährige, wenn die nicht unterkommen, die lungern dann da rum und das geht net, bei mir geht das net. Ich muss' halt immer arbeiten und ich will, dass die auch was Vernünftiges arbeiten. Der ist ja net dumm, der muss ja net irgendwo auf'm Lager arbeiten, wenn er andere Sachen kann" (Interview: 11 f.).

Frau H. leidet unter verschiedenen gesundheitlichen Beeinträchtigungen. „Durch die ganze Nervenaufreibung habe ich eine riesige Schuppenflechte. Die hab' ich seit zehn Jahren" (Interview: 10). Zudem schlafen häufig ihre Hände ein, was vermutlich auf jahrelange Fließbandtätigkeit zurückzuführen ist. „War ich beim Orthopäden, der hat gesagt, (...) das sind Kalkablagerungen in solchen Kanälen. Jedenfalls, das muss aufgeschnitten werden und dann wird man sechs Wochen krank geschrieben, das muss dann in Gips. Das kann ich jetzt nicht machen lassen. Ich kann meine Arbeit jetzt nicht flöten gehen lassen" (Interview: 16).

Schulden spielen in diesem Haushalt eine bedeutende Rolle. Die Schuldensituation lässt sich mit Hilfe der im Interview gemachten Angaben allerdings nur begrenzt rekonstruieren. „Also ich hab einen Schuldenberg vor mir von 13.000 DM." Die Schulden sind zustande gekommen „durch Lebenshaltungskosten, durch Sachen, die man braucht. (...) Ich hab immer Kredite gehabt, weil ich mir immer was kaufen musste oder wollte. Meistens war es, wenn das Auto kaputt war oder irgendeine Ratenzahlung" (Interview: 7). Frau H. hat es allerdings nie so weit kommen lassen, dass sie eine eidesstattliche Versicherung abgeben musste oder dass ein Schufa-Eintrag erfolgt ist. „Ich war noch nie in der Schufa drin, deswegen hab ich auch so viele Schulden hier" (Interview: 9).

Im Zusammenhang mit der Kreditfinanzierung einer Vitrine für 1000 DM entstand der Kontakt zu einer Kundenkreditbank. „Da hab ich mir einen Schrank gekauft und dann kam die Rechnung auf einmal über (...) -Bank. Und da bin ich dann zur (...)–Bank. (...) Und da war ich dann grad da drin, da war ein ganz netter Mann und der hat gesagt: ‚Sie könnten auch bei uns ein Konto eröffnen. Bei uns könnten sie jetzt sofort 3000 Mark. (...)' Und da hab ich damals genau 3000 Mark gebraucht, da musst ich wieder irgendwas ganz dringend bezahlen. Da hab ich die 3000 Mark genommen und dann hat er gesagt: ‚Sie brauchen sich um nichts zu kümmern, mit der Volksbank das machen wir alles. Eine Unterschrift, ich hole mir die ganzen Unterlagen.' Ich war ja ganz glücklich, dass das alles so ging, ich hatte ja keinen Bürgen. Dann hat er gerechnet, die 3000 hab ich dann mitgenommen, 3500 hab ich noch bei der Volksbank an Schulden gehabt. (...) Und ‚Patsch', da waren es auf einmal 14.000 Mark. (...) Dann hab ich immer die Auszüge geholt, dann hab ich gedacht, wenn du monatlich 370 Mark bezahlst, dann muss doch der Kredit weniger werden. Es ist überhaupt nicht weniger geworden. Dann musst du erst mal Zinsen zahlen und die Absicherung, dass die Kinder nicht für einen aufkommen müssen, kostet auch noch mal 1300 oder 1400 Mark. (...) Ich hab da drin gesteckt und bin da nicht rausgekommen. Und ein Dispokredit-Limit hab ich gehabt von 5000 und hab 1400 verdient. Da hab' ich gedacht, wenn du soviel überziehen kannst, kannst du ja alles bezahlen, is' ja nicht schlimm, kannst dir noch was holen" (Interview: 7).

Vor wenigen Monaten hat Frau H. mit Hilfe einer Freundin umgeschuldet. An die Freundin sind noch zwei Jahre lang monatlich 500 DM zurück zu zahlen.

Frau H. hat viele enge und gute Freundinnen. Auch zu ihrer Schwester hat Frau H. eine enges Verhältnis, die Schwester war Frau H. beispielsweise beim Verfassen von Bewerbungsschreiben behilflich.

Bis vor kurzem wurde Frau H. zuverlässig durch ihre Mutter unterstützt, insbesondere in Form regelmäßiger Mahlzeitenzubereitung. „Solange meine Mutter noch da ist, werden wir nicht verhungern" (Interview: 10). Die zur Zeit noch stattfindende Entlastung dürfte sich in absehbarer Zeit umkehren, die Mut-

ter leidet unter beginnender Demenz. „... abends, wenn ich heim komme, ist
mein erster Gang auch wieder zu meiner Mutter, guck, was sie den Tag über
angestellt hat. Dann läuft sie dreimal auf die Bank und holt Geld und hat keins
mehr, oder sie läuft viermal zum Doktor, lässt sich Tabletten verschreiben. (...)
Normalerweise dürftste sie nicht mehr allein lassen" (Interview: 11 f.).

Fachlicher Kommentar:
Die Haushaltsführung ist durch immer wiederkehrende Verschuldung gekennzeichnet. Frau H.s Umgang mit dem Thema Schulden ist ausgesprochen ambivalent. Sie nimmt Schulden auf, ohne deren belastende Konsequenzen hinreichend zu bedenken. Immer wieder durch Schulden entstehende Kosten werden
in Kauf genommen. Sie hat jedoch bislang immer wieder einen Weg gefunden,
ihre Schulden zurückzuzahlen und kreditwürdig zu bleiben. Sie führt ihre jetzt
bestehenden Schulden auch auf die bislang ausgebliebenen Sanktionen zurück.

Frau H. hat ein gutes und tragfähiges Netz aus freundschaftlichen und verwandtschaftlichen Beziehungen. Die Qualität des privaten Netzwerks zeigt sich
insbesondere in der Bereitschaft, für Frau H. einen Kredit aufzunehmen.

In der Erwerbs- und Einkommenssituation von Frau H., die seit ihrem 14.
Lebensjahr fast durchgehend erwerbstätig ist, schlagen sich die Konsequenzen
einer versäumten Ausbildung nieder. Hier hat es an Unterstützungs-, Motivati-
ons- und Bildungsangeboten für Frauen gefehlt. Bei Frau H. hätte man mit großer Aussicht auf Erfolg an die vorhandene Leistungsbereitschaft und hinreichende intellektuelle Fähigkeiten anknüpfen können. Im Umfeld von Frau H.
gab es in der Lebensphase, die für eine Ausbildung geeignet gewesen wäre,
keine geeigneten Maßnahmen und so hat sie den frauentypischen Weg gewählt,
in jungen Jahren kurz- und mittelfristig ein höheres Einkommen zu erzielen.
Langfristig bedeutet der von Frau H. eingeschlagene Weg bei fehlender Versorgung durch einen Ehemann Verzicht auf ein höheres Einkommen, im speziellen
Fall von Frau H. außerdem beträchtliche gesundheitliche und nervliche Belastungen. Bei ihrem jüngeren Sohn legt Frau H. großen Wert darauf, dass dieser
einen Beruf erlernt, der dessen Fähigkeiten entspricht. Sie benötigt aktuell eine
professionelle Hilfe, um einen Praktikumsplatz für ihren jüngeren Sohn zu erhalten. Davon hängt es letztlich ab, ob er ein gewerblich-technisches Berufs-
schulzentrum besuchen kann, um einen beruflichen Ausbildungsabschluss zu
erwerben. Frau H. legt großen Wert darauf, dass ihr Sohn einen Beruf erlernt,
der seinen Fähigkeiten entspricht. Bei Frau H. selbst hingegen ist die Diskre-
panz zwischen formalem Ausbildungsgrad und intellektueller Kompetenz sehr
augenfällig.

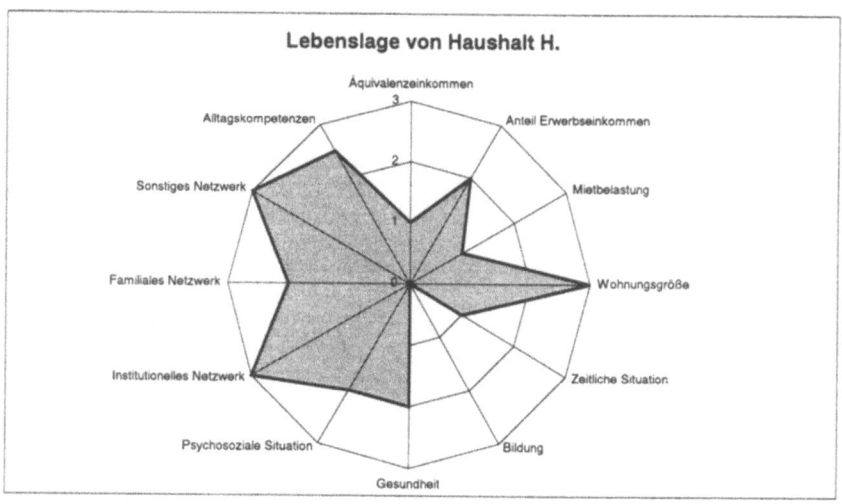

Haushalt I.

„ Und im Oktober waren wir noch mal zur Kur, Mutter-Kind-Kur. (...) Er [Sohn] war extra gewesen. Für ihn wollt' ich extra, weil er immer so nervig ist. (...) Sechs Wochen war er weg, und wir waren vier Wochen. Da war ich auch beim Psychologen und da hat er gesagt: ‚Sie haben so viele Probleme, gehen Sie zu Hause zum Psychologen'. " (Interview: 10)

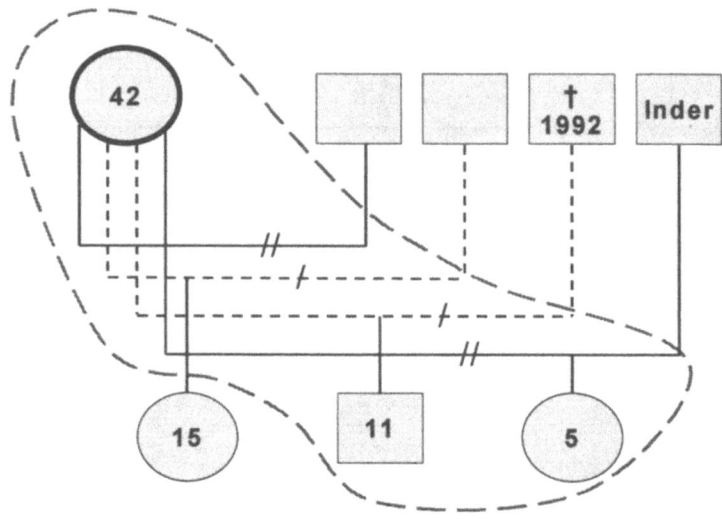

Frau I. hat drei Kinder. Der Sohn und die jüngere Tochter leben bei ihr, die ältere Tochter in der betreuten Wohngruppe einer auswärtigen Einrichtung. Frau I. hat verschiedene unglücklich verlaufene Beziehungen hinter sich. In der Abbildung sind die erste Ehe sowie drei spätere Verbindungen, aus denen jeweils ein Kind hervorgegangen ist, berücksichtigt.

Frau I., die in der ehemaligen DDR aufgewachsen ist, hatte eine problematische Kindheit und Jugend: Ihre erste Ehe, die sie im Alter von 18 Jahren geschlossen hat, begründet sie: „Man musste heiraten, um eine Wohnung zu kriegen. Weil ich auch weg wollte, weil ich auch Probleme hatte zu Hause, hab' ich eben geheiratet, ja, und ich war froh, ich hatte jemanden, der zu mir gehalten hat und dann haben wir eben geheiratet" (Interview: 3 f.).

Zu dem Vater der älteren Tochter hat keine längere Beziehung bestanden. „(...) und der Vater war auch Alkoholiker und da krieg' ich bis heut' keinen

Unterhalt. Einmal nach dreizehn Jahren hat er ihr mal zwanzig Mark geschickt" (Interview: 2).

Den Vater des Sohnes hat Frau I. während der Schwangerschaft mit der Tochter kennen gelernt. Auch diese Beziehung war problematisch. „Zwischendurch hat er och mal geschlagen und das kann ich nicht ab. (...) Andere Frauen (...) und da hab' ich öfter och mal überlegt, nee, irgendwo isset och noch nich' so das Richtige. Aber man hatte irgendwo 'en Halt, der hat eben die Kinder, also meine große Tochter, der war er wie Vater und da hat man das andere mal wieder zurückgesteckt" (Interview: 5). Der Mann, ebenfalls Alkoholiker, ist 1992 tödlich verunglückt.

Die Scheidung vom Vater der jüngeren Tochter, einem Inder, wurde wenige Wochen vor dem Interviewtermin ausgesprochen. Der Vater soll künftig jede zweite Woche unter Aufsicht einer Person von Caritas oder Diakonie einige Stunden mit seiner Tochter verbringen können. Frau I. hat die Sorge, dass er das Kind nach Indien entführt. Dem Mann wird vorgeworfen, die ältere Tochter von Frau I. sexuell missbraucht zu haben.

Die 15-Jährige lebt seit 1999 in einer Mädchenwohngruppe einer Einrichtung für sexuell missbrauchte Kinder. Sie besucht ihre Familie einmal im Monat. „(...) die war (...) in der (...) [Klinik für Kinder- und Jugendpsychiatrie] wegen psychischer Probleme. Sie wollte weg von zu Hause und musste vom Jugendamt erst mal überprüft werden, ob die krankheitshalber sind, die Probleme oder familiär oder so was (...) is' sie dann in eine Mädchenwohngruppe gekommen. (...) Aufgrund ihrer Selbstzerstörung, also sie hat sich geritzt und Medikamente zu viel genommen und alles so was, wurde sie dort mehrmals fixiert und dadurch wurde vom Gericht dann auch der Aufenthalt verlängert. Also von den sechs Wochen ist das halbe Jahr draus geworden. Ja, und jetzt is' sie eben da, und das ist für sexuell missbrauchte Kinder. Das hab ich aber erst Ende voriges Jahr erfahren, das es so'n Mädchenwohnheim ist. (...) Also über zehn Ecken (Interview: 1).

Frau I. zweifelt an den Aussagen ihrer Tochter: „Dann kam meine Tochter mal an und hat mir gesagt, sie müsste mir mal was sagen. Ich sag: ‚Dann sag doch was du willst!' Sie hat nämlich immer einmal im Monat freie Heimfahrt, wo sie herkommen kann. Dann sind wir uns durch den Umzug und so wieder ein bisschen näher gekommen. Also mit Abstand kommen wir besser klar als ohne Abstand, also wenn wir jeden Tag zusammen wären. Und sie müsste mir mal was sagen, ich sag: ‚Dann sag doch was los ist.' ‚Dann schimpfst du bloß mit mir, dann sprichst du nachher wieder nicht mit mir.' Ich sag: ‚Warum soll ich das?' Und dann durch die Trennung von meinem Mann hat sie das dann eben gemacht. (...) Dass sie jetzt auch zum Rechtsanwalt gegangen ist deswegen (...) und hat jetzt eben des in Angriff genommen, 'ne Anzeige gegen meinen

Mann. Aber ich weeß nich' (...) entweder will se ihm eins auswischen, ich weeß et nicht, was da richtig vorgefallen ist" (Interview 1).

Frau I.'s Verhältnis zum Sohn ist ebenfalls problematisch. „Der räumt sein Zimmer nicht auf. Mit seinen Schulaufgaben fängt er an: ‚Ach, ich hab' das noch vergessen, ich muss noch Mathe machen.' Abends um halb acht. Er kann das am Tag machen, er hat genug Zeit dafür. Er hat ja weiter keine Aufgaben hier. So wie wir früher mussten ja in der Landwirtschaft mithelfen. (...) Dann kommt ewig sein Kumpel hier an und nervt. (...) Jetzt ist er in Urlaub gefahren, jetzt ist da erst mal Ruhe." Bis vor kurzem hat ein Mitarbeiter des Jugendamtes den Jungen ein- bis zweimal wöchentlich ambulant betreut, Frau I. war mit dieser Betreuung allerdings nicht einverstanden. „(...) er hat gedacht, er kann dann King spielen. Wir gehen mal zu McDonalds, alles was ich so nebenbei nicht kann. (...) Außerdem ist er jetzt im Hort und ich find' das für ihn im Hort besser, die Betreuung. Der ist unter gleichaltrigen Kindern, was soll er [der Mitarbeiter des Jugendamtes] mit ihm hier durch die Gegend rennen. Und dann sind auch die Hausaufgaben gemacht" (Interview 17 f.).

Frau I. hat verschiedene gesundheitliche Probleme. Nach einem Wegeunfall 1991 sind massive Knieprobleme zurückgeblieben. Außerdem spricht sie von Beschwerden im Rücken und den Füßen. Sie habe „so eine Nervenlähmung in den Beinen" (Interview: 9). Außerdem sei sie „nervlich kaputt" (Interview: 6). „Irgendwo ist mir das alles zu viel. Mein Mann hat auch mal so viel Ärger gemacht, denn kann man auch nachts nicht mehr schlafen. Wenn ich hier eingeschlafen bin, Fernseher hat' ich und dann bin ich eingeschlafen. Aber so wie ich im Bett bin, dann fängt das alles an zu arbeiten. Ich hab' hier abends keinen zum Erzählen, das ist Fernsehen, was mit mir erzählt. (...) Da war ich jetzt auch beim Neurologen, da hatte ich Tabletten. Bloß dann komme ich morgens nich' hoch, wenn ich die jetzt nehmen würde, aber hab' ich jetzt erst mal nicht genommen" (Interview: 17).

Frau I. ist nicht erwerbstätig. Aufgrund der Folgen ihres Unfalls erhält sie eine Erwerbunfähigkeits- und eine Unfallrente. Darüber hinaus bezieht der Haushalt Halbwaisenrente für den Sohn, Unterhalt für die jüngere Tochter, Kinder- und Wohngeld. Das Nettogesamteinkommen des Haushalts beträgt 3205 DM.

Die Familie bewohnt seit einem Jahr eine neue Wohnung. Die Dreizimmerwohnung ist 66 m² groß und liegt damit 2 m² unter dem Mindestflächenbedarf nach den Kölner Empfehlungen. Der Eindruck von der Wohnung ist sehr beengt. Die Küche ist 4,6 m² groß und nur durch das Wohnzimmer zu erreichen. Der Couchtisch im Wohnzimmer ist zugleich der einzige Tisch, an dem gegessen werden kann. Die beiden im Haushalt lebenden Kinder teilen sich ein Zimmer.

Gefragt nach ihren Wünschen antwortet Frau I.: „Ich möchte en schönes Haus haben. Ein schönes Haus mit Spielplatz drin wär' schön und ein bisschen Geld, ein bisschen mehr Geld. Dass man nicht immer gucken muss. Die Kinder kommen auch und wollen jede Nase lang was, aber man kann eben nicht alles koofen. Oder McDonalds, ich kann auch nicht jeden Tag nach McDonalds gehen. (...) Aber auch mal schön in Urlaub fahren, weiter weg" (Interview: 9).

Fachlicher Kommentar:
Dieses Fallbeispiel zeigt, wie facettenreich die Lebenslagen sind, die wir unter den Begriff ‚prekäre Lebenslage' fassen.

Frau I.s Haltung gegenüber dem eigenen Leben und dem Leben ihrer Kinder ist teilweise von einer fast depressiv anmutenden Gleichgültigkeit geprägt. Das Wort ‚nervt' kommt immer wieder vor. Die Verhaltensweisen und Probleme im Umgang mit den Kindern sind generationenübergreifend. Ein beträchtlicher Teil der Verantwortung für das Wohl der Kinder wird abgegeben. Institutionen der Jugendhilfe müssen weiterhin Verantwortung für das Wohl der Kinder übernehmen, dazu zählen stationäre wie auch ambulante Maßnahmen.

Aufgrund der Unfall- sowie der EU-Rente steht dem Haushalt ein relativ gutes Einkommen zur Verfügung. Dennoch empfindet Frau I. einen subjektiven Mangel an Konsummöglichkeiten, was sicher auf eine relativ hohe Miete und hohe Nebenkosten sowie die Rückzahlung von Krediten zurückzuführen ist.

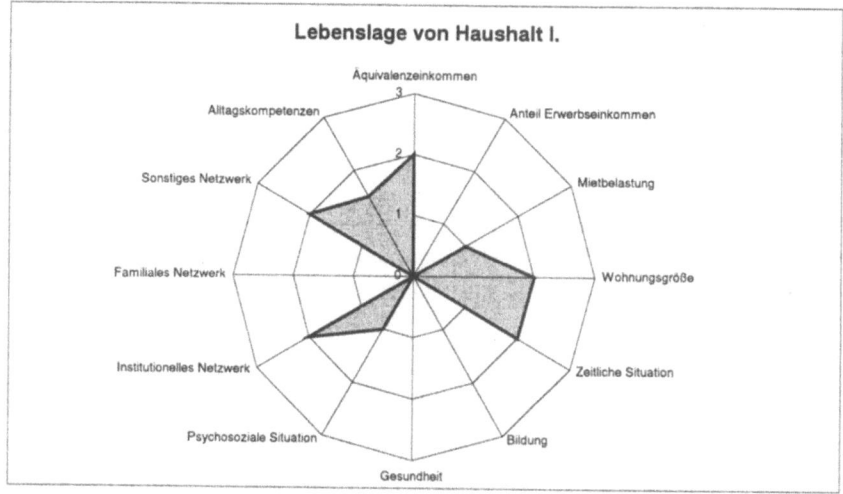

Lebenslage von Haushalt I.

Haushalt K.

„Ich hab mir mein Leben anders vorgestellt, ich mach alles durch, was mein Vater damals durchgemacht hat, also muss sich das Ganze wiederholen oder muss 'ne Ähnlichkeit drin sein. Mein Vater hat Glück gehabt nach drei Jahren, also hab ich noch ein Jahr, wenn ich Glück hab. (...) Ich kann nicht verlangen, wenn ich jemanden kennen lernen würde, kann ich der nicht vor den Kopf knallen: ‚Ich bin geschieden, ich hab' vier Kinder.' ,Wie, du hast vier Kinder?' Zack, das war's." (Interview: 38)

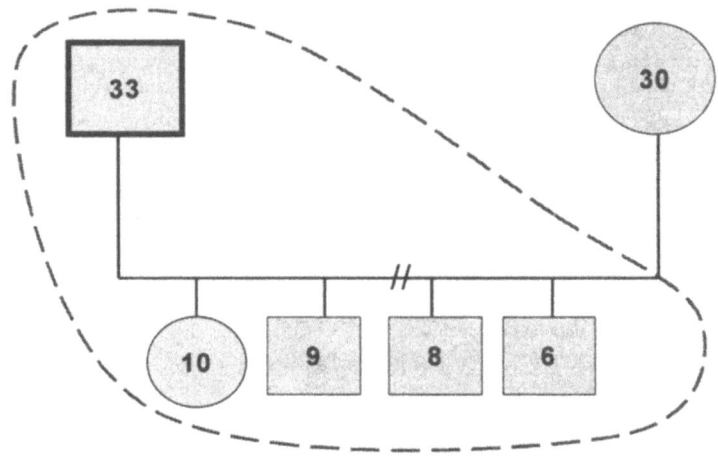

Seit zwei Jahren lebt Herr K. allein mit seinen Kindern. „Meine Frau ist dann spurlos verschwunden, hat alle Gelder mitgenommen. (...) Meine Frau hat sich im Prinzip zwei Jahre nicht um die Kinder gekümmert und versucht hier, die Familie kaputt zu machen, mit Morddrohungen und Drohanrufen" (Interview: 2 f.).

Er beschreibt die Situation vor der Trennung: „(...) die Gefühle gegenüber der Mutter waren tot, die Mutter wurde hier beschimpft, getreten, bespuckt, aber immer dann, wenn ich nicht da war. Also so die autoritäre Erziehung war weg. (...) Wir hatten also früher auch noch einen Hund und eine Katze. Die haben dann hier mehrmals reinuriniert und hingemacht, das wurde liegen gelassen, und die Kinder haben dann also auch Hundefutter oder Tierfutter gegessen, immer wenn hier Besuch voll war, das wurde mir erzählt seitens der Nachbarn, dann wurden hier also Partys gefeiert, wurden dann hier Nintendos hinten reingestellt oder Playstation, damit die Kinder den Mund halten" (Interview: 7 f.).

Herr K. hatte selbst „keine einfache Kindheit. Leibliche Mutter: kein Kontakt. Ich hatte als Baby einen Darmverschluss aufgrund von Misshandlung von meiner leiblichen Mutter. Meinen Vater und meine Mutter hab ich so richtig kennen gelernt erst mit sechs. Dann war ich ein Jahr zu Hause, dann bin ich wieder ins Heim, weil mein Vater im öffentlichen Dienst tätig ist, beim Zoll, der wurde also auch mehrmals versetzt in der Zeit. Dann war ich mal wieder zu Hause, dann wieder im Heim. (...) Da hab ich dann auch so ziemlich alles hängen lassen. (...) die Schule, ich hatte auch mehrere kriminelle Erlebnisse, bin auch aufgrund Vernunft von meinem Vater da rausgeholt worden und hab noch rechtzeitig die Kurve gekriegt" (Interview: 3).

Zur Zeit ist Herr K. nicht erwerbstätig. In seinen erlernten Berufen als Zimmermann sowie Maler und Lackierer kann er aus gesundheitlichen Gründen nicht arbeiten. Aufgrund einer angeborenen Fehlstellung der Wirbelsäule hat er mehrere Bandscheibenvorfälle. Er war in der Vergangenheit bereits im Pressevertrieb, als Glasgebäudereiniger und Montagearbeiter tätig. Sein ausgeprägter Wunsch ist eine Teilzeiterwerbstätigkeit und zwar als Glasgebäudereiniger, „(...) dass ich mal für mich ein anderes Umfeld hab' und mich etwas leichter ins soziale Umfeld integrieren kann, mich finanziell ein bisschen besser darstellen kann ..." (Interview: 8).

Die dafür erforderliche Kinderbetreuung müsste allerdings am frühen Morgen für die verschiedenen Kinder zu unterschiedlichen Uhrzeiten und in den Ferien zur Verfügung stehen. Herr K. muss auch auf Abruf für die Arbeit zur verfügbar sein. Die betreuende Person muss außerdem bereit sein, sich mit vier aufgrund ihrer Vorgeschichte mitunter problematischen Kindern auseinander zu setzen. „(...) wenn es (...) zur Eskalation kommt oder die Kinder haben mal einen schlechten Tag, dass der (...) [Sohn 3] eventuell mal geholt werden muss, da muss man auch auf Abruf bereit sein" (Interview: 11). Eine solche Kraft erhalte pro Kind und Stunde fünf DM und die sei nicht zu finden.

Auch eine dringend erforderliche Reha-Maßnahme wegen der Rückenprobleme von Herrn K. lässt sich mit den Erfordernissen der Kinderbetreuung nicht vereinbaren. 1996 musste Herr K. sich einer Bandscheiben-Operation unterziehen, nach der sich weitere Komplikationen ergeben haben.

Die fünfköpfige Familie bewohnt eine 71 m² großen Vier-Zimmer-Wohnung in einem Wohnblock des Sozialen Wohnungsbaus. Für die Beheizung der ganzen Wohnung stehen insgesamt drei Öfen zur Verfügung. Das Wohnzimmer wird von Herrn K. zugleich als Schlafzimmer und als Esszimmer für die ganze Familie genutzt, denn bei der Küche handelt es sich lediglich um eine kleine Zeilenküche ohne Essplatz. Gemessen an der Tatsache, dass in dem Haushalt vier Kinder im Alter von sechs bis zehn Jahren auf sehr begrenztem Raum leben, ist es beeindruckend sauber und ordentlich. Der Eingangsbereich des Hauses hingegen fällt durch dringende Renovierungsbedürftigkeit und Müllablagerungen negativ ins Auge.

Der Haushalt lebt ausschließlich von Transferzahlungen, dazu zählen Kindergeld, Unterhaltsvorschuss, Wohngeld sowie ergänzende Sozialhilfe. Das monatliche Nettogesamteinkommen beträgt 3423 DM.

Von diesem Einkommen werden auch Schulden zurückgezahlt. In der Ehezeit sind beträchtliche Schulden bei verschiedenen Gläubigern in Höhe von knapp 50.000 DM entstanden, die Herr K. heute verantworten muss. 1999 hat er bereits eine eidesstattliche Versicherung abgegeben. Herr K. leistet monatliche Rückzahlungen in Höhe von 700 DM, so dass nach Abzug dieser Zahlungen 2723 DM für die Familie bleiben. Er tut dies, obwohl das Einkommen der Familie ohnehin unter der Pfändungsfreigrenze liegt.

Wir fragen Herrn K.: „Wie viel Mark bräuchten Sie im Monat mehr, damit die finanzielle Situation entspannt wäre?" „Vorneweg 1000 DM. Minimum. Wenn ich normal arbeiten gehen würde, so wie früher, das waren fast 2.800, die ich mitheimgebracht habe. Plus das Kindergeld, plus das, was meine Frau nebenbei noch verdient hat, die 630 Mark. (...) [Dann] (...) wäre der Druck weg, man könnte die Kinder dann anmelden im Fußballverein, aber das wird ja auch alles gestrichen, Jugendamt hat angeblich keine Gelder, um die anzumelden im Verein, dass sie sich irgendwie einen Ausgleich suchen. (...) Leute sagen halt, was, vier Kinder, da lebst du aber ganz schön gut vom Kindergeld. So Sprüche kommen halt rüber, man wird im Schlecker angehalten, na, heute wieder Zahltag oder was" (Interview: 38 f.).

Herr K. hat kein familiales Netzwerk. Zwei Freunde seien ihm geblieben. Viele haben sich im Laufe der Ereignisse im Zusammenhang mit der Trennung zurückgezogen. Er hat das Gefühl, allein dazustehen mit vier Kindern. Unterstützung findet er im Rahmen von Angeboten der Jugendhilfe. Etwa einmal wöchentlich sucht er den Kontakt zu einer Mitarbeiterin des Allgemeinen Sozialen Dienstes des Jugendamtes. Zudem kommt eine durch das Jugendamt finanzierte hauswirtschaftliche Fachkraft einmal in der Woche für fünf Stunden in die Familie. Sie macht Unternehmungen mit den Kindern und führt Gespräche mit Herrn K.

Fachlicher Kommentar

Zur Zeit hat Herr K. kaum eine Chance, erwerbstätig zu sein, da es keine verlässliche und gleichzeitig bezahlbare Kinderbetreuung gibt. Berufstätig sein zu können, bedeutet für Herrn K. vor allem, aus dem sozialen Abseits heraus zu kommen. Die Einkommensverbesserung infolge einer Halbtagserwerbstätigkeit würde in dem fünfköpfigen Haushalt allerdings nicht zu einer Unabhängigkeit von Sozialhilfe führen. Das Einkommen würde im Endeffekt lediglich um den Zuschlag für Erwerbstätigkeit erhöht.

Herr K. steht als allein erziehender Vater von vier Kindern, die eine schwierige Vorgeschichte haben, vor Problemen, die in dieser Form kein anderer Haushalt unserer Untersuchung zu bewältigen hat. Das Fallbeispiel verdeutlicht die massiven Benachteiligungen, die kinderreiche Familien in Kauf nehmen müssen, sofern sie nicht über überdurchschnittlich hohe Einkommen verfügen. Diese Benachteiligungen verschärfen sich bei allein Erziehenden. Realistische Aussichten auf eine Unabhängigkeit von Sozialhilfe existieren nicht, solange die Kinder versorgt werden müssen. Dies verdeutlicht die Grenzen des bestehenden Familienleistungsausgleichs.

Auf individueller Ebene ist Herrn K. dringend zu raten, Unterstützung bei einer Schuldnerberatung zu suchen. Von dem ohnehin geringen Haushaltseinkommen werden 700 DM für eine im Endeffekt aussichtslose Schuldenregulierung verwendet. Es ist zu prüfen, ob Herr K. im Rahmen des Verbraucherinsolvenzverfahrens die Möglichkeit hat, schuldenfrei zu werden.

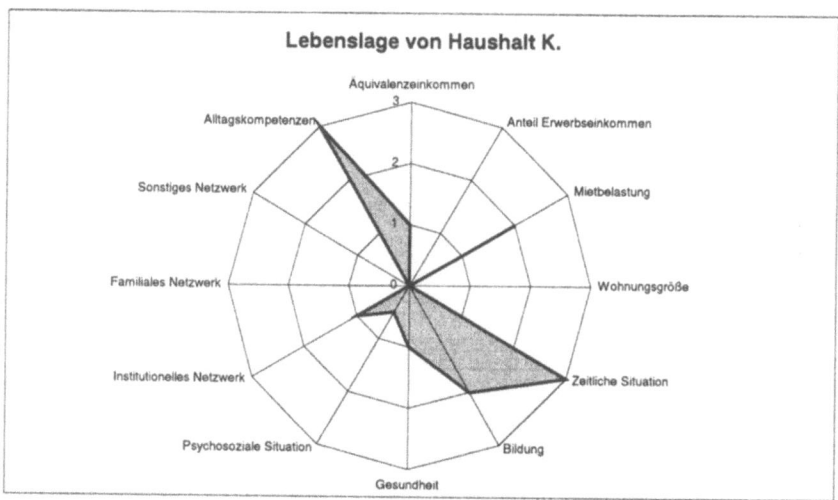

Lebenslage von Haushalt K.

Haushalt L.

„Also wenn ich es noch mal zu tun hätte, würde ich es nicht mehr. (...) Ich bin ja schon 41 geworden, wie der Junge auf die Welt gekommen ist. (...) Ich wollte noch eins. (...) Wenn man das alles vorher wüsste, wie sich das entwickelt, dann (...). Ich möchte ihn nicht missen, dann wäre ich ja ganz alleine. Es ist doch ein bisschen Halt noch. Obwohl ich die anderen auch noch hab', aber an dem merkt man, es muss weiter gehen." (Interview: 12)

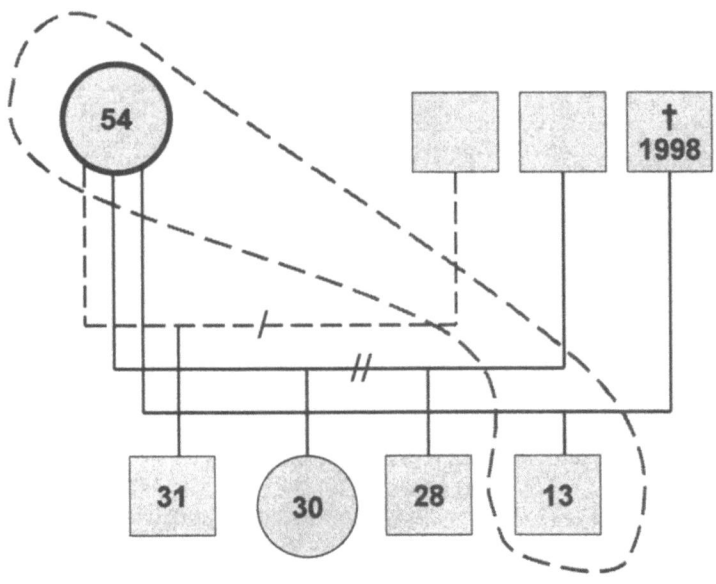

Frau L. lebt mit ihrem 13-jährigen Sohn allein, nachdem ihr zweiter Mann vor drei Jahren unerwartet starb. Sie hat drei weitere bereits erwachsene Kinder. Mit dem Vater ihres ersten Sohnes war sie nicht verheiratet. Die Tochter und der zweite Sohn stammen aus einer Ehe, die 1983 geschieden wurde. Dieser Mann sei Alkoholiker und gewalttätig gewesen.

Frau L. war mit ihrem zweiten Mann und ihren drei Kindern 1985 in eine 71m² große Dreizimmerwohnung gezogen. Die Wohnung liegt in einem Haus mit 27 Mietparteien des Sozialen Wohnungsbaus. Bezeichnend für den Zustand der Wohnung sind die dringend erneuerungsbedürftigen 40 Jahre alten Heizkörper.

Durch den Tod des Vaters und Ehemannes hat sich die finanzielle Situation der Familie gravierend verschlechtert. Das Einkommen schwankt geringfügig

um die Sozialhilfeschwelle. Bis vor kurzem noch hatte der Haushalt einen Anspruch auf ergänzende Sozialhilfe, der nach Angabe von Frau L. infolge einer
Wohngelderhöhung weggefallen ist. Der Haushalt verfügt zur Zeit über ein
monatliches Nettogesamteinkommen von 2037 DM. Seit dem Tod ihres Mannes
ist sie zwei Stunden täglich als Putzhilfe in einer Arztpraxis beschäftigt. Als
ältestes von fünf Kindern musste sie früh arbeiten, um Geld zu verdienen und
konnte deshalb keine Ausbildung machen.

Auf ihre Gesundheit hin angesprochen, spricht Frau L. von einem „Malheur
mit den Wechseljahren, Schwindel und mittlerweile habe ich auch noch Rheuma, mir tun die Knochen so weh. (...) wenn man immer gesund war, und das
kommt alles von heute auf morgen, das ist furchtbar. Weil, ich kenn' das gar
nicht anders, ich bin immer arbeiten gegangen und mir fällt das alles so (...),
auch mein Haushalt, der fällt mir so schwer. (...) Früher ging das in ein, zwei
Stunden, heute brauche ich das doppelte oder noch länger. (...) Das mache ich
jetzt schon sechs Jahre mit. (...) Das Rheuma habe ich erst seit voriges Jahr"
(Interview: 2). Die Ärzte „die sagen, das wäre seelisch und nervlich bedingt"
(Interview: 4). Selbst gekaufte Medikamente brachten bislang keine Besserung.

Die Beziehungen zu den erwachsenen Kindern sind teilweise durch Kontaktabbrüche bzw. immer wiederkehrende Schwierigkeiten gekennzeichnet.
„Die Tochter sehe ich überhaupt nicht, weil die ja mit so 'nem Ausländer rum-
macht. Und das, ich muss ehrlich sagen, damit bin ich nicht einverstanden und
deswegen kommt sie auch nicht. Der andere [Sohn 2], der jetzt hier ist, der
kommt oft. Der ist oft hier" (Interview: 4). „Oder meinen anderen Sohn [Sohn
1], der war jetzt auch wochenlang nicht da. Vorige Woche das erste Mal wieder
seit bestimmt acht Wochen oder zwölf Wochen. Und wir brauchen ja nur da
über die Straße gehen. Ich hab' gesagt: „Wenn die nicht kommen, seh' ich nicht
ein, warum ich hingehen soll." (...) Ich nehm' an, dass die Kleine hierher wollte,
sie hat mich nämlich angerufen und gesagt, sie wollte gerne mal zu der Desi-
Oma. Da hab´ ich gesagt: „Warum ruft die an? Warum bringt ihr die Kleine
nicht einfach? Das ist doch selbstverständlich, wenn die zu mir will, dass ihr das
Kind bringen könnt." Ich mein', wenn ich jetzt mit irgendjemand Krach hab'
und es sind Kinder da, ich lass' nie die Kinder drunter leiden" (Interview: 15).

Große Sorgen hat Frau L. wegen der Schulschwierigkeiten ihres jüngsten
Sohnes, die sich mit Hilfe der Informationen, die Frau L. dazu liefert, nur begrenzt beschreiben lassen. Der Junge sei in der Schule aggressiv, wenn ihm
etwas nicht passt, oder er geht überhaupt nicht in die Schule. „Also wir glauben,
auch die Psychologin, dass das damit [mit dem Tod des Vaters] zu tun hat, dass
er im Moment so ist. Er hat das nicht richtig verkraftet. Der hat sich ganz abge-
sondert gehabt, hat net drüber gesprochen und gar nichts, mit niemand. Wir
haben ihn gleich weggezogen, weil mein Mann ist ja hier gestorben und da
haben wir ihn gleich weggezogen, vielleicht war das ein Fehler" (Interview: 12).

Ein Lehrer habe sich „eigentlich ganz toll für ihn eingesetzt" (Interview: 11).
Ihm ist es zu verdanken, dass erst einmal eine Psychologin zu Frau L. gekommen ist, von der Frau L. sich gut verstanden fühlt. So konnte bislang der Kontakt zum Jugendamt vermieden werden. „Man sagt immer, wenn die einmal im
Haus sind, dann kriegt man die nicht mehr los" (Interview: 10).

Fachlicher Kommentar:
Was hier durch das besondere Engagement eines Lehrers gelungen ist, könnte
durch eine engere Vernetzung von Schule und Sozialer Arbeit in Form eines
Sozialen Dienstes an Schulen zu einem institutionalisierten Angebot – insbesondere in benachteiligten Stadtteilen und Wohnquartieren – ausgebaut werden.
So müsste seltener ein Eingreifen des Jugendamtes veranlasst werden, ein Mittel, das häufig als diskriminierend empfunden wird. Perspektivisch gilt es für
den jüngsten Sohn, eine Weitergabe generationenübergreifender Defizite insbesondere im Bereich der Bildung zu vermeiden.

Die Tatsache, dass Frau L., die als Mädchen in eine kinderreiche Familie
geboren wurde, keine Ausbildung gemacht hat, ist eine wesentliche Ursache für
die prekäre Lebenslage des Haushalts. Hinzu kommt, das sie mehrere Kinder
erzogen und demzufolge nur geringe Erwerbszeiten aufzuweisen hat. Auslöser
dafür, dass die in einer typisch weiblichen Biografie begründeten Defizite zum
Tragen kommen, ist der relativ frühe Tod des Ehemannes. Die frühe Verwit-
wung führt sowohl gegenwärtig als auch später im Rentenalter zu Einkommenseinbußen. Für Frau L. besteht, sofern nicht unerwartetes geschieht, keine Chance mehr, ein Einkommen zu erreichen, das wesentlich über der Sozialhilfe liegt.
Sie wird mit einer hohen Wahrscheinlichkeit, sofern sie nicht mit Unterstützung
durch ihre Kinder rechnen kann, von Altersarmut betroffen sein.

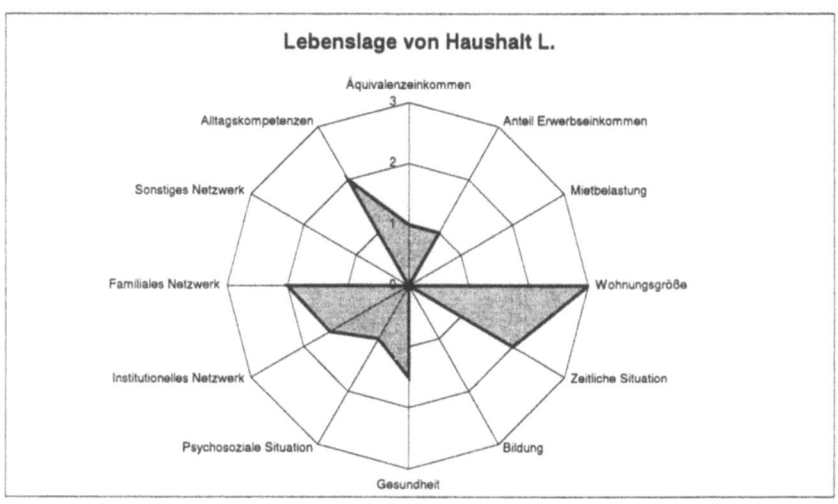

Haushalt M.

„Irgendwo ist der Staat ungerecht in dem Fall. Jedem x-beliebigen Arschloch gibt er Sozialhilfe und Jüngeren, die wirklich (...) kerngesund sind, wo alles in Ordnung ist, die könnten sie ruhig arbeiten schicken." (Interview: 19)

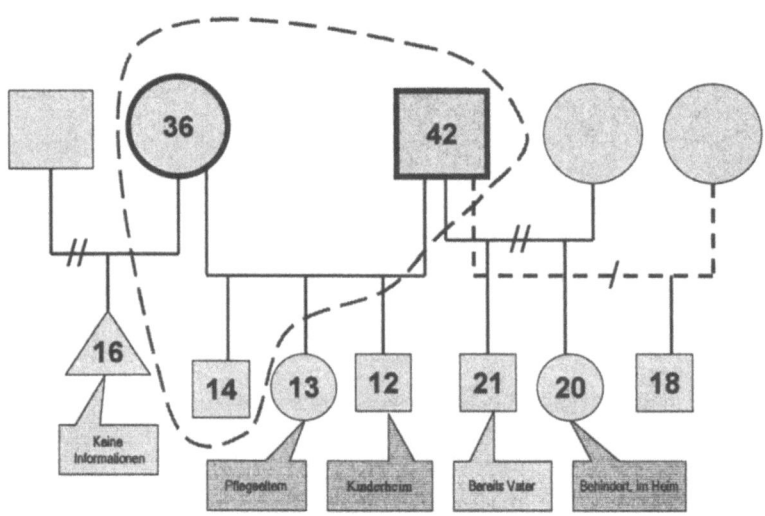

Herr und Frau M. haben drei gemeinsame Kinder, von denen zur Zeit nur der älteste Sohn im Haushalt der Eltern lebt. Die Tochter lebt bei Pflegeeltern, der jüngere Sohn in einem Heim. Frau M. hat ein Kind aus einer vorangegangenen Ehe. Zu diesem Kind erhalten wir keine Informationen. Herr M. hat drei weitere Kinder aus zwei vorangegangenen Beziehungen. Die Tochter ist behindert. „(...) die hat bei der Geburt Gehirnhautentzündung gehabt, die hat auf deutsch gesagt 'en Wasserkopf" (Interview: 1 f.). Herr M. hat keinen Kontakt mehr zu dem Kind. Über die beiden anderen ist zu erfahren, dass es sich um Söhne handelt. Der älteste sei bereits selber Vater. Die unterschiedlichen Zeiten der Fremdplatzierungen der Kinder sind im Gespräch nicht zu rekonstruieren.

Herr M. berichtet, wie es dazu kam, dass die Kinder aus der Familie herausgenommen wurden. „Ich hab' meinem Jungen eine Ohrfeige gegeben. So fing es an. Jetzt war der hier blau gewesen und ich sag' zu ihr [Frau M.], sie soll nicht mit ihm raus gehen und irgendeine Nachbarin hat es aber doch gesehen. (...) Die hat das Jugendamt alarmiert. Dann kamen die natürlich und das erste Mal haben sie mir meinen Großen weggenommen, der jetzt wieder hier im Haushalt ist, und die anderen zwei waren noch da. Ich hab' zu der Zeit Schrott gefahren (...) macht sie nur die Tür auf, sagt überhaupt nichts (...) rennt se weg und hat geheult. Sag' ich: ‚Was ist denn los?' ‚Ei, die haben die Kinder abgenommen. Die haben den Jung' geholt.' Sag ich: ‚Wie, die haben den Jung' geholt, das gibt's doch gar nicht.' Weil meine Meinung ist, wenn sie ein Kind holen, nehmen sie die anderen auch mit. Da sag' ich: ‚Wo wollten die hin?'. Da sagt sie: ‚Kinderklinik.' Und wie gesagt, ich war früher nicht unbeschrieben, also net harmlos, hab' ich e' Pistole abgehängt von der Wand, ich hab' früher eine Waffensammlung gehabt, hab' ich die Pistole von der Wand abgehängt und bin in sämtliche Krankenhäuser gefahren. Hab' ich meinen Jungen nirgends gefunden, zwischen vier und fünf fiel mir das Jugendamt in, bin ich auf 'en Jugendamt gefahren und da seh' ich nur 'en Kinderschatten stehen, vor der Glastür. Sonst hätt' ich die Tür ja aufgetreten damals" (Interview: 4).

Herr M. ist nicht erwerbstätig. Er begründet dies mit einer Erkrankung. Vor ca. zehn Jahren sei zufällig im Zusammenhang mit einer Augenverletzung ein Tumor entdeckt worden. Ein Gutachten bescheinigt Herrn M., „dass (...) [er] gesundheitlich in der Lage sein müsste (...), eine halbschichtige, leichte bis mittelschwere Tätigkeit ohne Zeitdruck und ohne besondere psychische Beanspruchung zu verrichten. Erwerbsunfähigkeit (...) besteht derzeit noch nicht" (Interview: 19). „Die haben mich zum Beispiel schon in 'ne Fußbodenfirma hingeschickt, da sagt der Chef zu mir: ‚Wann können Sie denn anfangen?', ‚Nächste Woche. Nur geben sie mir Brief und Siegel, ich arbeite auch, ich bin drei Wochen krank.' ‚Wie, Sie sind drei Wochen krank?' ‚Ich hab's mit dem Herz, ich hab' schon zwei Herzinfarkte, hab' 'en Gehirntumor, bin auf einem Auge blind.' ‚Ja, da schickt mir das Arbeitsamt so Leute!", hat er gesagt. Also jüngere Leute müssten die mal (...)" (Interview: 19).

Frau M. ist als Putzhilfe täglich zwei Stunden bei einem Geldinstitut beschäftigt. Herr M. ist mit der Erwerbstätigkeit seiner Frau im Grunde nicht einverstanden: „Ich bin ja eigentlich dagegen, dass meine Frau arbeiten geht. (...) Es geht halt bei mir nicht, durch die Krankheiten, kann ich ihnen auch schriftlich zeigen. Ich hab' ja 'en Schwerbehindertenausweis auch. Aber es liegt bei uns so in der Familie, der Mann hat für die Familie aufzukommen. E' Frau, sag ich mir, gehört hinter den Herd. Donnerstags zum Beispiel, da kommt die heim, da wird es meistens viertel nach acht, bis dann gegessen wird, ist es neun, bis man fertig wird in der Küche, ist es zehn, dann ist der Abend schon wieder gelaufen. Ich geh', wenn sie tagsüber fort geht, in meinen Keller oder geh' in meine Garage jetzt, dass net so langweilig ist. Helfe mal da irgendwas, helfe mal da. Das mach ich nur, dass die Langeweile vergeht, nicht dass ich was verdiene, aber die Langeweile geht dann fort" (Interview: 10). Die gesamte tägliche Arbeitszeit von Frau M. beträgt sechs Stunden, die von Herrn M. 1,2 Stunden.

Frau M. bezieht Arbeitslohn in Höhe von 570 DM, für den Sohn wird Kindergeld gezahlt, darüber hinaus erhält der Haushalt ergänzende Sozialhilfe. Das durchschnittliche monatliche Gesamtnettoeinkommen beträgt 2718 DM. Bei der Frage nach Schulden gibt Herr M. drei Beträge zwischen 400 und 700 DM an. Herr M.: „Wissen Sie, ich komm' auch irgendwie [hin] (...) mein Nachbar, bei dem hab' ich zum Beispiel Schulden, der sagt: ‚Ich weiß nicht wie du das machst, ich krieg' regelmäßig mein Geld von dir.' Frau M.: „Das wird auch vorher schon alles in meinem Kopf geplant" (Interview: 11).

Die 60 m² große Wohnung ist sehr sauber und ordentlich, was durch die Abgenutztheit vieler Dinge allerdings erst auf den zweiten Blick sichtbar ist. Das Zimmer des 14-jährigen Sohnes ist auffallend aufgeräumt. Sauberkeit und Ordnung spielen eine wichtige Rolle insbesondere für Herrn M.. „Dreizehn Jahre wohne ich schon hier, früher war es besser hier. Ich sag mal, das liegt an der Erziehung von den Eltern. Ich fang' jetzt mal an hier mit den Häusern, mit den Rasenflächen. (...) Wir können den Kindern sagen, was wir wollen, es haut einfach nicht hin. Hier ist ein Schild: ‚Fußball spielen verboten'. Sie machen es trotzdem. Da schmeißen se Dreck hin (...)" (Interview: 12).

Fachlicher Kommentar:
Familie M. ist gekennzeichnet durch Generationen übergreifende Problemlagen und hohe Hilfebedarfe. Die Jugendhilfe musste in der Vergangenheit massiv eingreifen und umfangreiche Maßnahmen initiieren. Die Eltern überlassen die Sorge und Verantwortung für das Wohl der Kinder beinahe ausschließlich der Jugendhilfe. An der Mehrzahl der Kinder haben die Eltern kein Interesse, was sich darin ausdrückt, dass teilweise kein Kontakt mehr besteht und dass im Falle der behinderten Tochter der Vater nicht einmal weiß, wo diese lebt. Ein Kind lebt derzeit in der Familie. Um das Risiko einer Gefährdung für den Jungen zu minimieren, findet eine ambulante Betreuung durch eine Mitarbeiterin des ASD des Jugendamtes statt.

Der Haushalt bezieht langfristig Sozialhilfe. Der Wunsch und das Engagement, von Sozialhilfeleistungen unabhängig zu werden, sind nicht vorhanden. Herr und Frau K. verlassen sich auf die Maßnahmen der Sozialhilfe wie auch der Jugendhilfe. Bei den äußerst geringen Erziehungskompetenzen der Eltern ist das für das Wohl der heranwachsenden Generation unabdingbar. Familien mit derart massiven und generationenübergreifenden Problemen und Benachteiligungen leben gehäuft in bestimmten Quartieren.

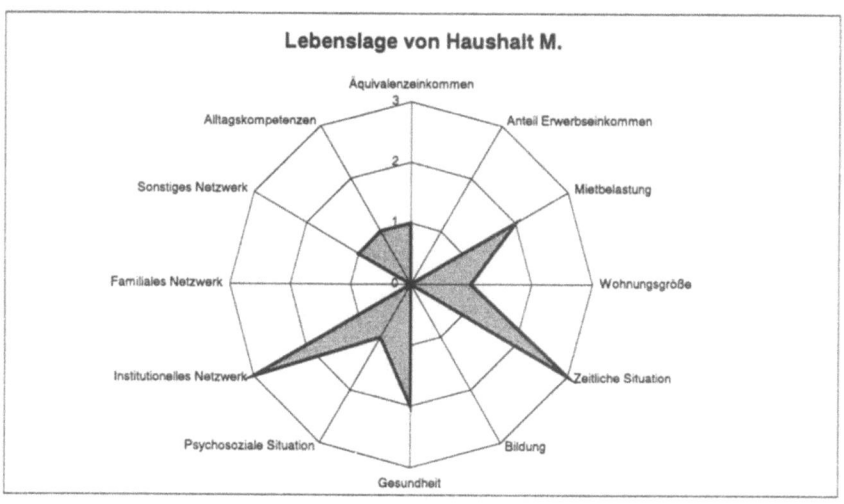

Haushalt N.

*„Dadurch kommen meine psychisches Probleme auch, wenn du hast keine Ar-
beitsplatz, du hast keine Geld. Wenn du hast kein Geld, du bekommst Probleme.
Ich muss alleine für eine Kind sorgen, ich muss alles alleine tun. (...) Kann das
sein, ich habe Glück, finde etwas [Arbeit] und hoffentlich ich brauche die Stadt
[für Sozialhilfe] nicht."* (Interview: 25)

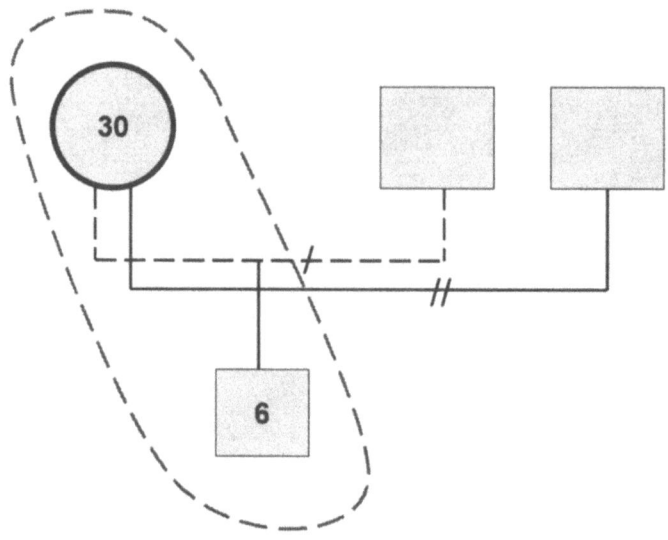

Frau N. lebt seit ca. 16 Jahren in Deutschland. Sie hatte damals ihren in
Deutschland lebenden Onkel besucht. „Mir hat das gefallen, weil ich war alleine
und durfte machen, was ich wollte. Weil eigentlich diese griechische Mentalität,
meine Eltern waren ein bisschen zu streng und so bin ich hier geblieben" (Interview: 1).

Mit dem griechischen Vater ihres Sohnes hat sie nicht zusammen gelebt, sie
ist seit der Geburt allein erziehend. Der Vater hat sein Kind im Alter von sechs
Jahren einmal gesehen. Ein Jahr nach der Geburt des Sohnes ist Frau N. eine
neue Beziehung eingegangen, nach drei Jahren wurde geheiratet. Ein Jahr später
hat Herr N. sich getrennt. „Einfach ist eine Tag gekomme', wo er hat gesagt:
,Weißt du was, ich lieb dich nicht mehr, kannst du gehen'" (Interview: 13).

Einen Monat vor unserem Interview hat Frau N., die keine abgeschlossene Ausbildung hat, nach zehnjähriger Betriebszugehörigkeit ihren Arbeitsplatz in der Fertigung eines Industriebetriebes verloren. Frau N. konnte voll erwerbstätig sein, weil ihr ein verlässliches familiales Netzwerk zur Verfügung steht. Während der Arbeitszeit von Frau N. wurde der Sohn, teilweise von der Schwester von Frau N. und von ihren Schwiegereltern betreut. Außerdem hat er mehrfach für einige Monate in Griechenland bei seinen Großeltern gelebt. Zuletzt war er zehn Monate dort. Zur Zeit besucht der Junge den Kindergarten, im nächsten Jahr kommt er in die Schule. „(...) er kann gut Deutsch nicht, leider, er konnte früher ganz perfekt, aber zehn Monate ist lange Zeit. Früher er konnte keine Griechisch, jetzt kann er Griechisch, kann er kein Deutsch" (Interview: 7).

Frau N., die sehr unter ihrer Arbeitslosigkeit leidet, hat unmittelbar nach dem Verlust des Arbeitsplatzes einen Deutschkurs bei der Volkshochschule begonnen, um ihre Chancen auf dem Arbeitsmarkt zu verbessern.

Frau N. berichtet von ihren starken Sehproblemen: „Na klar, ich werde auch manchmal traurig, weil es ist auch wirklich schwer, wenn Arzt sagt zu dir: ‚Kann sein, kommt ein Tag, da bleibst du blind.' Das ist auch nicht so schön, aber ich muss damit leben. Das einzige Problem jetzt ist, was geht weiter mit mir, ob ich kann wieder eine Arbeit finden, weil eine Firma denkt das auch nach. (...) hier zu Hause habe ich auch keine Schwierigkeit, außer mit Lesen. (...) wenn es zu klein ist, kann ich es nicht lesen, mit Fernseher so wie so nicht. Ich gucke gerne griechische Filme, da kenn ich die Leute mit der Stimme" (Interview: 5). Auf Nachfragen erklärt Frau N., dass es sich bei der Augenerkrankung um Astigmatismus (Hornhautverkrümmung) handele. Sie hat keine detaillierteren Informationen zu ihrer Krankheit, eine Hornhautverkrümmung führt in der Regel nicht zur Erblindung.

An anderer Stelle äußert sich Frau N. zum Thema Gesundheit in einer Art und Weise, die auf völlige Gesundheit schließen ließe: „Von unserer Seite ich sag: Wenn mein Kind ist gesund, es ist wirklich alles egal. Es gibt so viele, was du siehst jeden Tag und wenn du hast Gesundheit, meine ich, kannst du immer etwas tun, kommt das Leben immer irgendwie weiter" (Interview: 7).

Seit kurzem ist sie im Besitz eines Behindertenausweises, „aber das war noch nicht fertig damals mit meiner Kündigung, sonst ich sollte auch Kündigungsschutz haben" (Interview: 3).

Der Haushalt hatte bis zur Kündigung des Arbeitsplatzes ein monatliches Gesamtnettoeinkommen von 3090 DM, das sich aus Arbeitseinkommen, Unterhaltsvorschuss und Kindergeld zusammensetzt. Der Arbeitgeber hat die letzten drei Löhne allerdings erst nach Einleitung gerichtlicher Schritte ausgezahlt. „Da kann man auch nichts reden mit Sozialamt, wo ich habe die ganze Problem durch meinen Chef gehabt, drei Monate er hat keinen Lohn geschickt extra, also vor die Arbeitsgericht. Das war ganz schön hart, bist du alleine, hast du ein Kind und die lässt dich ohne Geld. Da bin ich die erste Monat zum Sozialamt gegangen und bis wann die bezahlt nur meine Miete, nur meine Miete und 300 Mark oder so für mich, für ganze Monat. Weil da kommt abgezogen die ganze Geld, Unterhaltsgeld, egal wenn sein Vater bezahlt oder nicht, die rechnen das mit. Kindergeld kommt dazu. Ich musste zwei Wochen da rennen, jeden Tag, nur um Miete zu bezahlen und die 300 Mark. Und die hat das (...) bezahlt ungefähr Mitte des Monats, nach zwei Wochen haben die das Geld wieder zurückbekommen, aus meinem Geld. (...) Genau, das war auch keine schöne Sache. Normal ich weiß, ich geb' auch hier, ich bezahl' auch Steuer, das ist wirklich keine schöne Sache. Manchmal es sind Leute, wo lebt nur vom Sozialamt und es ist unfair, brauchst du was und kriegst du nicht, es ist wirklich unfair" (Interview: 9).

Frau N. würde jetzt auch eine Arbeit als Putzfrau annehmen, um nicht von Sozialhilfe abhängig zu werden. Zunächst hat sie eine Tätigkeit als Bedienung, bei der sie monatlich zwischen 400 und 800 DM verdienen kann. Sie weiß allerdings nicht, wie viel Arbeit für sie da sein wird.

Frau N. hat nach der Trennung von ihrem Mann vor einem Jahr mit ihrem Sohn eine neue 57 m² große Zwei-Zimmer-Wohnung bezogen und völlig neu eingerichtet. Die Kaltmiete beträgt 1000 DM. „Und du stehst so einfach mit eine kleine Kind alleine. Das ist die Sache, was machst du, draußen mit einem kleinem Kind schläfst du nicht, ich tu das nicht. Habe ich meinen Arbeitsplatz gehabt, ich hab damit Kredite genommen. Das ich kann umziehen. Das war Maklerverträge, das war Kaution, dann Möbel gebraucht, viele Sachen. (...) Mein Ex-Mann hat mich nichts geholfen, (...)" (Interview: 13).

Frau N. unterhält ihr Girokonto bei einer Kundenkreditbank, zu der der Kontakt in aller Regel im Zusammenhang mit der Kreditfinanzierung von Gebrauchsgütern wie beispielsweise Möbeln entsteht. Das Konto ist mit 10.000 DM überzogen, dafür zahlt sie alle drei Monate 400 DM Zinsen. Ein weiterer Kredit beträgt jetzt noch 12.000 DM, die monatliche Rate beträgt 229 DM. Der Kontakt zu dieser Bank ist vor einem Jahr durch einen Möbelkauf entstanden. Zu dem Zeitpunkt der Entstehung der Schulden macht Frau N. widersprüchliche Angaben. Einmal gibt sie an, dass alle Schulden im Zusammenhang mit der Trennung sowie dem Bezug und der Einrichtung der neuen Wohnung entstanden seien. An anderer Stelle sagt sie, Schulden in Höhe von 10.000 DM habe sie bereits vor der Trennung gehabt.

Bei den im Interview von Frau N. angegebenen und geschätzten Ausgaben und Einnahmen ergibt sich ein durchschnittlicher monatlicher Ausgabenüberschuss von 1935 DM. Dieser Überschuss ist im Wesentlichen auf den nicht vorhandenen Überblick über die eigenen finanziellen Angelegenheiten zurückzuführen. In keinem anderen Haushalt hat sich auch nur annähernd eine nicht erklärbare Differenz in dieser Größenordnung ergeben. Die Frage „Wissen Sie,

was Sie an Wohngeld kriegen?" hat Frau N. beantwortet mit „Keine Ahnung"
(Interview: 17).

Fachlicher Kommentar:
Frau N. besitzt eine ausgesprochen große Erwerbsorientierung. Sie hat unmittelbar nach dem Verlust ihres Arbeitsplatzes eine Aushilfstätigkeit in einer Kneipe
angenommen und einen Deutschkurs begonnen. Der Gedanke, keine neue Arbeit zu finden und möglicherweise auf Sozialhilfe angewiesen zu sein, bereitet
ihr sehr großes Unbehagen und veranlasst sie zu Aktivitäten, führt aber gleichzeitig auch zu massiven psychischen Problemen.

In einem eigentümlichem Widerspruch zu dieser Zielstrebigkeit im beruflichen Bereich stehen Verhaltensweisen in den Bereichen Umgang mit Geld sowie Ämtern und Behörden und Umgang mit Gesundheit. Frau N. erinnert sich
nicht, wann sie Kredite in erheblichen Größenordnungen aufgenommen hat,
kann nicht angeben, ob und wie viel Wohngeld sie bezieht und schätzt ihre
eigenen Ausgaben völlig falsch ein.

Bei Frau N. besteht schon seit längerem eine Sehbehinderung, die so ausgeprägt ist, dass sie Schauspieler im Fernsehen nicht an ihrem Aussehen, sondern
an ihrer Stimme identifiziert und Menschen auf der Straße in einer Entfernung
von drei bis vier Metern nicht erkennen kann. Sie hat allerdings erst nach dem
Verlust ihres Arbeitsplatzes einen Schwerbehindertenausweis bekommen, der
sie im Vorhinein vermutlich vor der Arbeitslosigkeit hätte schützen können. Da
eine solch starke Sehbehinderung auch eine Teilnahme am Straßenverkehr aus-
schließt, hätte Frau N. mit entsprechenden Merkzeichen im Schwerbehindertenausweis auch die Möglichkeit der unentgeltlichen Beförderung in öffentlichen
Verkehrsmitteln nutzen können. Ohne den entsprechenden Ausweis sind für die
täglichen Fahrten zum Arbeitsplatz mit der Bundesbahn über Jahre beträchtliche
Ausgaben entstanden.

Im Rahmen dieses Projekts können wir eventuelle kulturspezifische Verur-
sachungsfaktoren für das Verhalten und die Situation von Frau N. – auch aufgrund sprachlicher Schwierigkeiten – nicht hinreichend ausloten. Zudem liegt
das Ausmaß psychologischer Probleme und Faktoren im Dunkeln.

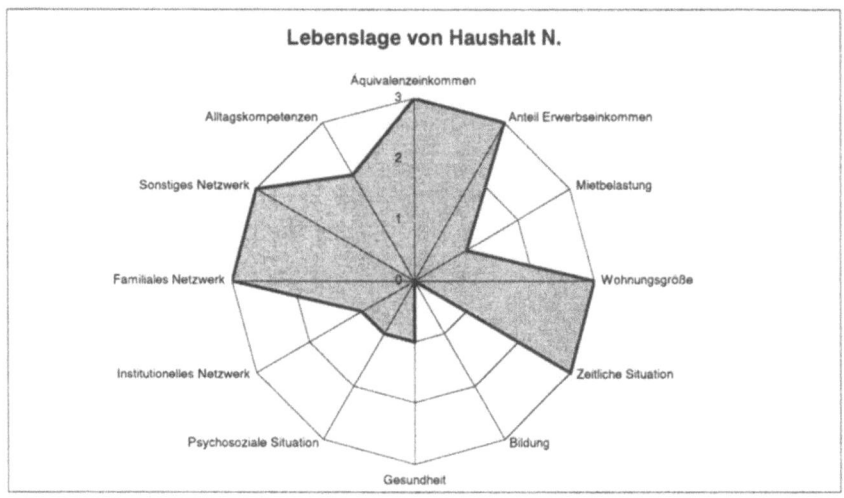

Haushalt O.

„Als mein Mann die 1200 Mark Arbeitslosengeld bekommen hat, sind wir damit ausgekommen, weil ich dann auch gemanagt hab' und wo es jetzt mehr Geld ist, manage ich immer noch, nur gebe halt mehr aus. Man muss ganz einfach den Blick fürs Wesentliche net verlieren. Das, was man hat, muss man so einsetzen, dass es rundrum passt und man net zusätzlich irgendwo großartig bitten und betteln muss. Also es geht, es ist machbar. Mit Konsequenz und Disziplin und mit Organisationssinn." (Interview: 22 f.)

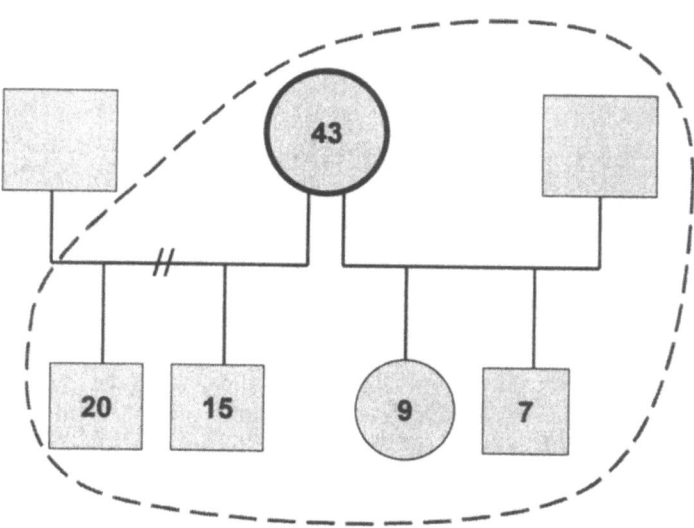

Frau O. hat bei der Vereinbarung zu einem Interviewtermin gefragt, ob sie denn jetzt, wo ihr Mann einen Verdienst von 5000 DM habe, überhaupt in Frage komme. Sie würde sich nicht als arm bezeichnen. Sie hat allerdings nach der Trennung von ihrem ersten Mann und dann noch einmal später, während der Arbeitslosigkeit ihres jetzigen zweiten Mannes Erfahrungen mit sehr geringen Einkommen gesammelt.

Von ihrem ersten Ehemann hat sich Frau O. getrennt. „(...) die ehelichen Missstände [fingen] an, als mein Mann fremd ging (...) und da hab ich dann zwei Jahre gebraucht, um mit der Situation seinerzeit, mir das überhaupt bewusst zu machen, sowie da irgendeinen Schlussstrich zu ziehen, den ich gezogen hab, als ich 31 war und dann die Scheidung eingereicht hab" (Interview: 3).

„Schlimm war die Zeit, weil es gab viel Lauferei für mich, mit 'nem kleinen Kind, das erste Kind damals sieben Jahre alt. Ich musste aufs Sozialamt, um überhaupt irgend 'ne Unterstützung zu bekommen. Die wurde mir damals nicht zugesagt, da ich Grundbesitzerin war und das Sozialamt mit ins Grundbuch wollte, als Grundbuchseigentümer mit, wenn ich da eine monatliche Zahlung bekomm'. Und da hab' ich gesagt: ‚Nee, bevor das Sozialamt ins Grundbuch eingetragen wird, bei uns im Haus, dann seh' ich doch lieber so zu, dass ich über die Runden komm.' (...) Meine Mutter, die jetzt auch gestorben ist, die hat mich viel unterstützt. Es gab ja den Unterhalt für die Kinder, es gab das Kindergeld und mein Ex-Mann hat auch, glaube ich, für mich was zahlen müssen. (...) Da war auch die Oma noch am Leben (...) da hab ich dann am Wochenende sauber gemacht bei der Oma, bin für die Oma einkaufen gegangen, konnt' ich ja die Kinder immer mitnehmen, je nach dem. Da hab ich dann auch die ein oder andere Mark bekommen" (Interview: 4).

Der Grundbesitz bestand in einem Haus, das Frau O. und ihren Geschwistern derzeit in Erbengemeinschaft gehörte.

Nicht lange nach der Trennung lernte Frau O. ihren jetzigen Ehemann kennen. „Und so lief mir dann so mir nichts dir nichts mein jetziger Mann über den Weg, (...) da hat man sich gefunden und dann kam das dritte Kind, die Tochter auf die Welt und dann haben wir uns gesagt, wir könnten ja dann noch eins, aber dann wird geheiratet, sag' ich" (Interview: 3). „Ich bin kein Mensch, der gern alleine ist. Ich bin ein absoluter Familienmensch und da, wie gesagt, wir liefen uns über den Weg und da ergab sich das dann so" (Interview: 5). „Seit ich vierzehn bin, wollte ich vier Kinder haben" (Interview: 10).

Herr O. hat eine Ausbildung als Dachdecker. 1996/97 wurde er nach einer Kündigung vor dem Winter nicht wie erwartet im Frühjahr wieder eingestellt. „Wegen Personalabbau, wirtschaftliche Lage und was da alles Gründe waren. Setzt dann einen Mann vor die Tür, der vier Kinder, quasi, zu ernähren hat. Und da haben wir dann zweieinhalb Jahre Arbeitslosigkeit mit Flohmarkt überbrückt, sag' ich mal. (...) Und immer wieder beworben, das waren so 100 Bewerbungen im Jahr (...) was hier im Gießener Raum gar nichts gegeben hat und dann mehr oder weniger zufällig durch die Frankfurter Zeitung, da ein Inserat rausgepickt und direkt bei der Zeitung haben sie dann einen Versandarbeiter gesucht und da ist er heut' noch" (Interview: 5).

Der Haushalt hat jetzt ein durchschnittliches monatliches Nettogesamteinkommen von 7407 DM, das neben dem Erwerbseinkommen von Herrn O. aus Kindergeld, Kostgeld des ersten Sohnes, der eine Lehre absolviert, und Kindesunterhalt für den zweiten Sohn besteht.

Die Familie bewohnt eine Vier- und eine Zweizimmerwohnung in einem Mietshaus des Sozialen Wohnungsbaus. In der kleineren Wohnung leben die beiden älteren Söhne, sie nehmen aber an allen Mahlzeiten mit der ganzen Familie teil. Frau O. übernimmt außerdem die Wäschepflege und einen Teil der Wohnungspflege für ihre Söhne. „Ansonsten bin ich Mutter und mache das, was gemacht werden muss als Mutter, und müssen die Kinder nichts machen. Können sie selber machen, wenn sie alt genug sind, es sei denn, sie finden 'ne Frau die es macht. Obwohl, die Tochter, die will auch machen, aber ich sag immer: ‚Du brauchst nicht, ich mach' das schon.'(...) Soll sie lieber spielen gehen, als hier was machen, das ist wichtiger. Bei mir sind die Kinder Kind, auch der mit 20 Jahren" (Interview: 22).

Frau O. hatte eine Zeit lang mehrere ehrenamtliche Funktionen in Schulelternbeirat, Frauenrunde, Kirche und Stadtteilwerkstatt. Das ließ sich dann aber mit der Tätigkeit von Herrn O., bei der zu einem großen Teil Nachtarbeit zu verrichten ist, und der Betreuung der Kinder nicht vereinbaren. In ihren erlernten Beruf als Arzthelferin möchte Frau O. nicht zurückkehren. Sie würde gerne in der Schülerbetreuung, die möglicherweise in der näheren Umgebung eingerichtet wird, die Mittagsküche übernehmen.

Fachlicher Kommentar:

Frau O. hat in unterschiedlichen Haushaltszusammensetzungen Ereignisse erlebt, die als Verursacher für prekäre Lebenslagen gelten. Sie war allein erziehend mit zwei Kindern, wovon eines zum Zeitpunkt der Trennung erst zwei Jahre alt war. Später war ihre Familie, in der mittlerweile vier Kinder lebten, von Arbeitslosigkeit des Hauptverdieners betroffen.

Frau O. hatte als allein erziehende Mutter den Vorteil, über ausgesprochen hohe Alltagskompetenzen sowie ein verlässliches familiales Netz zu verfügen. Ein zuverlässiges familiales Netz ist durch institutionelle Hilfen nur begrenzt zu ersetzen. Es sei denn, es handelt sich um Haushalte, die die Verantwortung für das Wohl der Kinder und die finanzielle Versorgung in einem sehr hohen Maße an die Institutionen der Jugend- und der Sozialhilfe delegieren. Haushalte allein Erziehender oder kinderreicher Eltern haben bei hohen Alltagskompetenzen und ausgeprägter Erwerbsbereitschaft häufig dennoch keine Chance, wesentlich über das Einkommensniveau der Sozialhilfe hinaus zu kommen. An diesem entscheidenden Punkt hat Frau O. in der Zeit, in der sie allein erziehend war, Unterstützung durch ihre Familie.

Vor allem den hohen Alltagskompetenzen von Frau O. ist es zu verdanken, dass später, als Herr O. arbeitslos wurde, die Versorgung aller Familienmitglieder in den wesentlichen Bereichen weiterhin gewährleistet war.

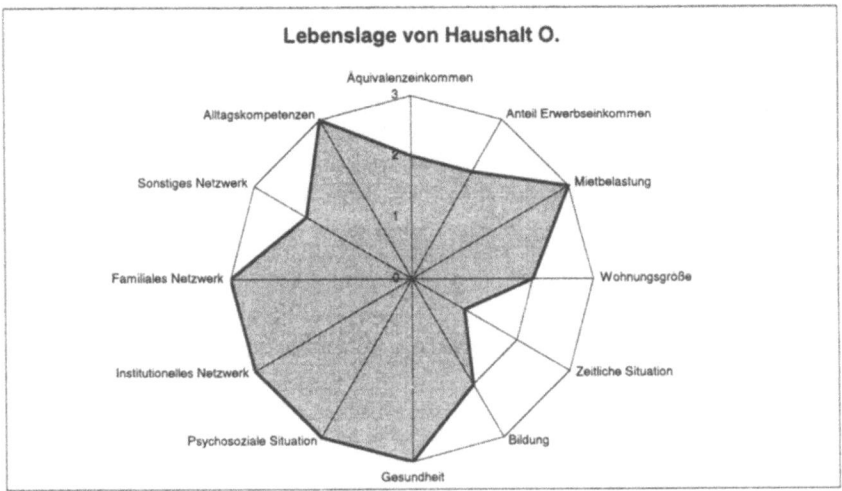

Haushalt P.

„Ein Kurs ja, aber 'ne Ausbildung möchte ich nicht unbedingt machen, da hab ich jetzt keinen Nerv mehr mit 30 (...), es ist einfach zu stressig, für mich jetzt persönlich. Unter anderem auch geldmäßig gesehen." (Interview: 7)

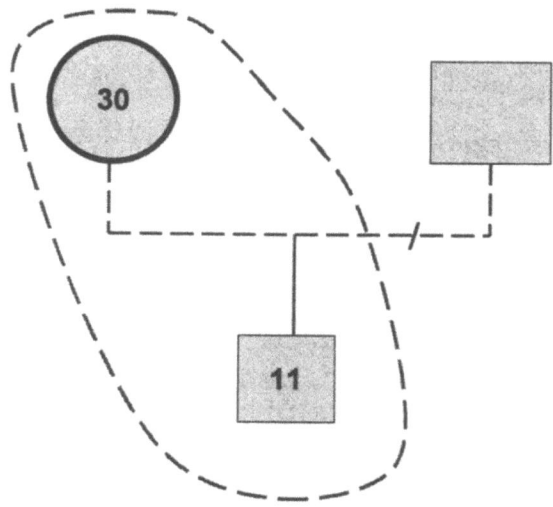

Frau P. wächst zunächst bei ihrer Mutter auf, die sie jedoch, um den Unterhalt für sie beide zu verdienen, bei Tagespflegeeltern unterbringt. Es gibt Probleme zwischen Mutter und Tochter. Sie bezeichnet sich im Rückblick als starrsinnig, schwänzt die Schule, zieht mit 17 zu Hause aus und findet bei der Aktion ‚Junge Menschen in Not' eine Bleibe im Rahmen eines betreuten Wohnprojekts. Mit 19 Jahren bringt sie ihren Sohn zur Welt, an eine Berufsausbildung ist für sie als allein erziehende Mutter in dieser Zeit nicht zu denken.

Kurzzeitig arbeitet sie nachts bei den amerikanischen Streitkräften im Depot: „LKWs haben wir beladen, das war aber nur kurzfristig (...) dann Zwischenjobs, abends, nebenbei irgendwas. Dann als Reinigungskraft bei der Stadt, auf 630-Mark-Basis. Dann bin ich in den Verkauf gekommen, da ist mir zum 1.11.2000 gekündigt worden" (Interview: 2). Als sich im September 2000 abzeichnet, dass Frau P. ihren Job bei der Stadt verlieren würde, geht es ihr psychisch extrem schlecht. In dieser Zeit fällt ihr Sohn in der Schule durch schlechtes Betragen, völliges Desinteresse und Leistungsverweigerung auf, „in der Gruppe, er versuchte den Klassenclown zu spielen und sackte dadurch natürlich ab" (Interview: 6). Er schwänzt die Schule, zieht mit einer Clique los; es folgen Ladendiebstähle. Polizei und Jugendamt schalten sich ein. Frau P.: „Ja, das war halt so, sehr sehr extrem" (Interview: 5). Es folgen Gespräche beim schulpsychologischen Dienst; nach kurzer Zeit wird das als nicht mehr für notwendig erachtet, weil sich der Junge im Einzelgespräch als einsichtig, hilfsbereit und umgänglich zeigt.

Eine Schülerbetreuung ist inzwischen für den Nachmittag organisiert worden, dennoch bleibt die Situation schwierig. Hausaufgaben werden trotz des nachmittäglichen Betreuungsarrangements häufig nicht erledigt. Die betreuenden Lehrkräfte greifen nur ein, wenn die Schüler Hilfebedarf anmelden. Frau P.: „Ich bekomme [von ihm] immer gesagt ‚Ich habe keine Hausaufgaben auf.' Und bekomme am Ende der Woche einen Zettel, was mein Sohn vergessen hat." Dann müssen Hausaufgaben nachgearbeitet und Strafarbeiten geschrieben werden. Weiter erinnert sich Frau P., dass „an Gesprächen mit Lehrern sehr viel Zeit ins Land gegangen ist in diesem Jahr" (Interview: 18).

Als sie noch Arbeit hat, erfährt sie von der Möglichkeit, in eine gerade neu renovierte Wohnung in der Innenstadt umzuziehen. Ihre Zwei-Zimmer-Wohnung in der Nordstadt wird für beide ohnehin zu klein. Sie trägt sich als Interessentin für eine Drei-Zimmer-Wohnung bei der Wohnbau ein. Sie ist hoch motiviert, ihr Leben in den Griff zu bekommen und freut sich auf die schöne Wohnung für sich und ihren Sohn. Dann folgt die Kündigung und Frau P. muss wieder Sozialhilfe beziehen. Das Sozialamt macht ihr klar, dass der Umzug finanziell nicht unterstützt wird, weil die Wohnung für sie und ihren Sohn zu groß ist. Weil sie allerdings durch die Initiative ‚Arbeit statt Sozialhilfe' einen Ganztagsjob beim Zentrum für Arbeit und Umwelt Gießen e.V. in Aussicht hat, entscheidet sie sich, auf eigene Kosten umzuziehen. Freunde helfen ihr beim Umzug. Ihre Mutter unterstützt sie finanziell, nimmt einen Kredit für ihre Tochter auf, die wegen früher entstandener Schulden in Höhe von ca. 10.000 DM bei vier Gläubigern selbst nicht mehr kreditwürdig ist. Frau P. erhält den Job bei einer Beschäftigungsgesellschaft und ist stolz, nicht mehr vom Sozialamt abhängig zu sein. Nach besten Kräften kommt sie ihren Kreditverpflichtungen – auch bei ihrer Mutter – nach.

Ihre Zukunftswünsche: „Dass ich einen Computerkurs machen kann, dass ich dann irgendwo auf dem ersten Arbeitsmarkt eine gute Stelle kriege und dass es mit meinem Sohn besser klappt, (...) dass er das Einsehen irgendwann mal hat, dass es wichtig ist [mit der Schule] ..." (Interview: 6).

Fachlicher Kommentar:

Das Fallbeispiel illustriert die fatale Verknüpfung von Bildungsarmut, prekärer Beschäftigung, finanziellen Schwierigkeiten und psychischer Gesundheit, verstärkt durch die Lebensform als alleinerziehende Mutter.

Zugleich vermittelt diese Biografie einen Eindruck von jenen Mechanismen, die in der Fachsprache mit dem Begriff der ‚sozialen Vererbung von Bildungsarmut' umschrieben werden. Frau P. hofft, dass ihr Sohn ein Einsehen in die Bedeutung von Schule hat, eine Strategie, wie das gelingen könnte, ist allerdings nicht zu erkennen. Da sie offensichtlich selbst keine positiven Erfahrungen mit Schule und Ausbildung gemacht hat und sich auch selbst nicht zutraut, eine Ausbildung zu absolvieren, ist sie in dieser Hinsicht völlig überfordert und bräuchte für ihren Sohn dringend professionelle Unterstützung. Eine nachmittägliche Schülerbetreuung, die es dem Jungen selbst überlässt, Hilfe bei den Hausaufgaben abzurufen, scheint nach Lage der Dinge wenig erfolgversprechend.

Ihr mutiger Schritt, den Umzug für sich und ihren Sohn selbst zu finanzieren, hat einen hohen Preis: Sie muss sich auf zusätzliche Zahlungsverpflichtungen einlassen, obwohl die Tilgung von Schulden in Höhe von 10.000 DM aussteht, die bei ihrem Gehalt ohnehin schon belastend genug sind.

Vor allem aber bleibt ungewiss, was nach dem auf achtzehn Monate befristeten Beschäftigungsverhältnis bei der Beschäftigungsgesellschaft folgt. Falls sie danach keine Beschäftigung findet, wäre sie erneut auf Sozialhilfe angewiesen. Dann dürfte ihr das Sozialamt den Umzug in eine kleinere Wohnung nahe legen, weil die derzeitige Wohnfläche um einiges über dem Mindestflächenbedarf liegt und die Mietkosten in dieser Höhe wahrscheinlich nicht übernommen würden. Die Motivation von Frau P., es aus eigener Kraft zu schaffen, wäre zerstört und mit erheblichen materiellen und psychischen Folgekosten für sich und ihren Sohn verbunden, die am Ende von Kommune und Gesellschaft mitgetragen werden müssen.

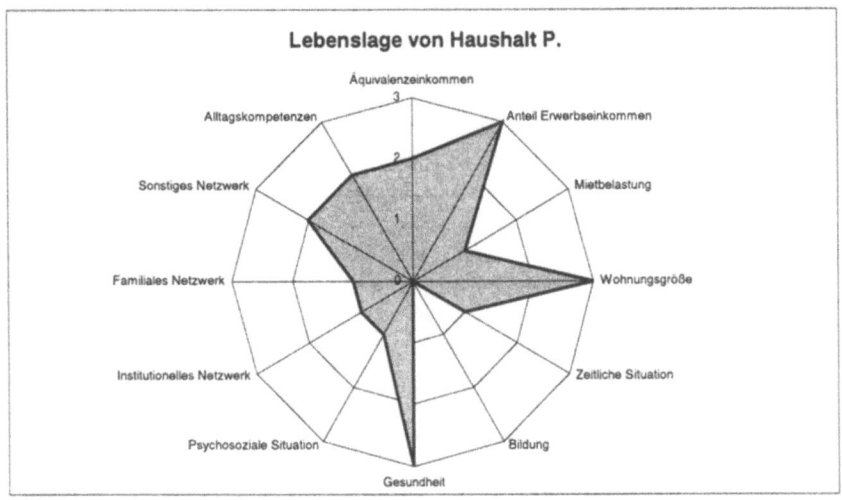

Haushalt R.

„ (...) wenn es einfach Erziehungsgeld wäre oder Mutterschaftsgeld, man wird (...) mit den Sozialhilfeempfängern in einen Topf geschmissen und da entsteht dann dieser Eindruck, die wollen ja nicht arbeiten, im Endeffekt ist ja das Mutterdasein, wenn ich überlege, was ich an Jobs schon alles gemacht habe, das intensivste. (...) Ich war bis jetzt noch nie bei einer Arbeit an solche Grenzen geraten wie mit einem Kind. Und, hab' ich, muss ich dazu sagen, als ich berufstätig war, auch noch nicht so verstanden, man sieht's von außen nicht, man sieht die da auf dem Spielplatz sitzen und denkt, ach, die hat 'ne Stunde frei, und hab selbst aber auch meine Kolleginnen nicht verstanden, wenn die dann dastanden und sagten, ich muss jetzt gehen, Kindergarten und so, und fand das unkollegial. Man kann das glaub' ich nur nachvollziehen, wenn man das selbst mal gelebt hat." (Interview: 10)

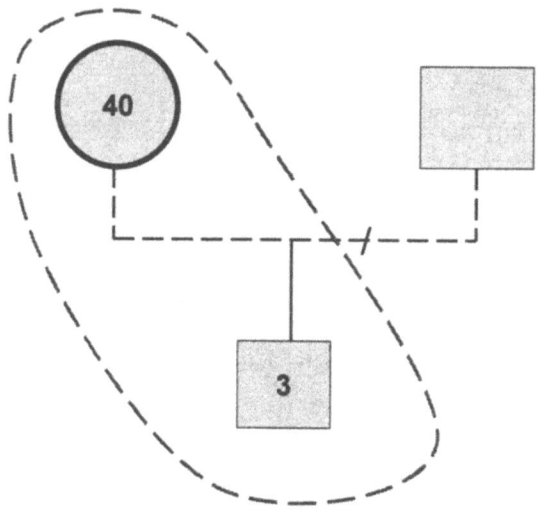

Bereits kurz nach der Geburt hat Frau R. sich vom Vater ihrer Tochter getrennt. Der Vater kümmert sich mittlerweile nicht mehr um sein Kind.

Frau R. ist zur Zahnarzthelferin ausgebildet. Ein daran anschließendes Studium der Zahnmedizin hat sie vor dem Physikum abgebrochen, danach eine Ausbildung zur Zahnmedizinischen Fachkraft absolviert und in diesem Beruf gearbeitet. Seit 1997 bis zur Geburt ihrer Tochter war Frau R. nur stundenweise beschäftigt, um nebenbei Kunstpädagogik zu studieren.

Frau R. kommt aus einem problematischen Elternhaus, die Mutter sei Alkoholikerin. Frau R. leidet unter sporadischem Asthma und häufigen Erkältungsinfekten. Die Tochter ist gesund. Seit kurzem besucht sie den Kindergarten.

Mutter und Tochter bewohnen eine 75 m² große Dreizimmerwohnung, die Warmmiete beträgt 1250 DM. Ein Zimmer wird untervermietet, denn Preis und Größe der Wohnung werden in dieser Höhe vom Sozialamt nicht akzeptiert. Da die Mieteinnahmen von der Hilfe zum Lebensunterhalt abgezogen werden, lebt Frau R. faktisch zu 100 Prozent von Transferzahlungen. Das Nettogesamteinkommen des Haushalts beträgt 2355 DM.

Frau R. nimmt diese Wohnsituation in Kauf, da im selben Haus eine ebenfalls allein erziehende Mutter lebt, mit der eine enge Freundschaft besteht. Die Frauen unterstützen sich gegenseitig bei der Kinderbetreuung. Die Kinder haben ein geschwisterähnliches Verhältnis.

Frau R., die seit der Geburt ihrer Tochter Sozialhilfeempfängerin ist, hat den Wunsch, dass Sozialhilfe für allein erziehende Mütter anders deklariert wird. Mit der Bezeichnung Sozialhilfeempfängerin findet sie ihre Erziehungsleistung nicht angemessen gewürdigt. Sie empfindet es außerdem als unangenehm, wenn sie sehr persönliche Dinge beim Beantragen von Sozialhilfe vorbringen muss, beispielsweise, wenn sie bei einem männlichen Sachbearbeiter die Übernahme der Kosten für Empfängnisverhütungsmittel beantragt, „das geht dann so ins Intime und Privatleben" (Interview: 32).

Die finanzielle Situation von Frau R. ist immer wieder von problematischen Kreditverhältnissen geprägt. „(...) die ersten Schulden fingen da an, als ich von zu Hause ausgezogen bin, hab ich von meinen Eltern keine Unterstützung bekommen, und oft sind Sachen aus Beziehungen entstanden, das war eine Beziehung, wo wir zusammenziehen wollten, der dann plötzlich gesagt hat, nee, ich will doch nicht und hatte aber schon den Mietvertrag (...) das liegt dann auch so an meinem Charakter, dass ich das gar nicht überschaut habe, sondern ich hab' da, da war ich ja berufstätig, an der Kasse mit Scheck bezahlt, und plötzlich waren doch größere Summen zusammengekommen, was ich aber gar nicht überschaut hab', das ist aber eine Charaktersache, anderen würde das wahrscheinlich nicht passieren, das liegt wahrscheinlich an meiner Art, mit der ich jetzt erst mal lernen musste zu sparen, was ich eben nicht gelernt hab" (Interview: 18).

Frau R. war wegen ihres Arbeitsplatzes auf ein Auto angewiesen. Vor dem Hintergrund ihres regelmäßigen Arbeitseinkommens schließt sie einen Leasing-Vertrag ab. „Und dann hatte ich das Auto auch noch, als ich Studentin war, und da konnte ich die Raten nicht mehr bezahlen. Und hab' das dann auch nicht überschaut und hab' das dann storniert, so dass die Zinsen immer mehr wurden, und da sind dann Schulden angewachsen, die waren dann schon so im 10.000 DM-Bereich. Also, durch die Zinsen wurde dann überhaupt nicht großartig abgezahlt. Und wie das Geld da dann vorne und hinten nicht reichte, da wurde das immer noch ein wenig aufgestockt, und ich hab' zu der Zeit bei dem Zahnarzt ganz gut verdient und wenn ich dann zur Bank bin und sich wieder mal ein bisschen zu viel Soll angesammelt hatte auf dem Konto, dann bin ich hin und hab' gemeint, können wir nicht den Kredit noch wieder ein bisschen aufstocken, dann war das überhaupt kein Problem, ja, klar, wenn Sie mal fertig sind als Zahnärztin, das war superleicht eigentlich Geld zu bekommen" (Interview: 19).

So sind schließlich Schulden in Höhe von 20.000 DM entstanden. Nach dem Abbruch des Studiums hat Frau R. die Schulden mit 400 DM monatlich zurückgezahlt. Als die Tochter geboren wurde, waren noch ca. 5.000 DM an Schulden übrig, die dann von Frau R's Vater übernommen wurden.

Heute hat Frau R. ca. fünf Gläubiger, denen sie Beträge zwischen 300 und 500 DM schuldet. Sie spricht offen von ihren Problemen im Umgang mit Geld. „Und ich muss sagen, ich hab' es wirklich an der Armutsgrenze erst gelernt" (Interview: 22). Für ihre Schuldenprobleme führt Frau R. im Wesentlichen psychologische Gründe an, die sie im Rahmen einer Therapie aufarbeitet, weniger einen Mangel an Bildung und Wissen. „Ich meine, rechnen kann heute fast jeder" (Interview: 24).

Ein einziges Mal hat Frau R. nennenswerte Unterstützung durch ihre Familie erhalten, als ihr Vater bei der Geburt der Tochter Restschulden übernommen hat. Möglicherweise hätte ihr Vater auch sonst schon mal geholfen, aber sie habe nie danach gefragt und von sich aus habe er es nicht angeboten. Frau R. verfügt auch ansonsten über kein umfangreiches Netzwerk, sie führt das auch auf ihre eigene Persönlichkeitsstruktur zurück. „Es gibt Menschen, wobei ich (...) [Name der Nachbarin] dazuzählen würde, die hat die Eigenschaft, sehr gut zu organisieren, sich helfen zu lassen. Sie nimmt viele Hilfe in Anspruch und hat das Talent dazu, das zu organisieren, was ich bewundere. Ich bin dazu erzogen worden, alles alleine zu schaffen und man muss es aber lernen, gerade als allein Erziehende, Hilfe überhaupt in Anspruch zu nehmen, weil es geht manchmal gar nicht alleine. Aber es fiel mir sehr schwer. Also, ich bin eher der Typ der sagt, also bis zum letzten, ich hab auch im Wochenbett wirklich auch lange alleine vieles auch machen müssen, wo man einfach nicht schafft, auch Hilfe in Anspruch zu nehmen. Ich hätte mir ja auch eine Haushaltshilfe organisieren können (...) ich wollte einfach möglichst früh das alles alleine machen" (Interview: 18). Hilfe bei der Betreuung der Tochter durch den Vater oder die Schwester von Frau R. beginnt jetzt langsam.

Fachlicher Kommentar:
Frau R. war seit der Geburt ihrer Tochter 24 Stunden täglich ununterbrochen für einen Säugling bzw. ein Kleinkind allein verantwortlich und hat in dieser Situation ausgesprochenes Verantwortungsgefühl bewiesen. Die bis zum Eintritt der Tochter in den Kindergarten erbrachte Leistung drückt sich weniger in einer absoluten Stundenzahl als vielmehr der ausgesprochen hohen zeitlichen Bindung aus, die in dieser Form bei keiner Erwerbstätigkeit existiert. Von dieser Belastung dürften ausschließlich allein erziehende Mütter betroffen sein, die weder mit Unterstützung durch den (Ex-)Partner noch durch ihre Familie rechnen können.

In dieser Situation, in der es ihr überhaupt nicht möglich wäre, selbst ein ausreichendes Erwerbseinkommen zu erzielen, empfindet sie als diskriminierend, Sozialhilfeempfängerin zu sein. Sie hat keine andere Wahl und findet die von ihr erbrachte Leistung nicht hinreichend gewürdigt. Die Diskriminierung empfindet sie zum Zeitpunkt des Interviews besonders deutlich, da der hessische Ministerpräsident gerade eine öffentliche Diskussion zur Arbeitspflicht von Sozialhilfeempfängern angestoßen hat.

Frau R. ist sich ihrer Schwierigkeiten im Umgang mit Geld bewusst. Sie ist die einzige Teilnehmerin unserer Untersuchung, die ihre finanziellen Probleme von sich aus in einen psychologischen Zusammenhang stellt. In einer Zeit, in der ihr ein höheres Einkommen zur Verfügung stand und sie als Studentin der Zahnmedizin ein noch höheres erwarten konnte, kamen die großzügigen Kreditvergabepraktiken der Banken ihrem weniger planvollen Konsumverhalten entgegen. Erst nach Abbruch des Studiums, als klar wurde, dass das erwartete hohe Einkommen als Zahnärztin ausbleiben würde, hat Frau R. sich mit den Konsequenzen der Kreditaufnahme auseinandergesetzt. Sie hat die Situation bewältigt, ohne dauerhaft zahlungsunfähig zu werden. Heute hat sie noch ein wenig mit ‚kleineren Beträgen' und Geldnöten am Ende des Monats zu kämpfen. Sie hat das Glück, jetzt einen Partner gefunden zu haben, der sie sowohl mit gelegentlichen Geldbeträgen als auch beim Ordnen ihrer Angelegenheiten unterstützt.

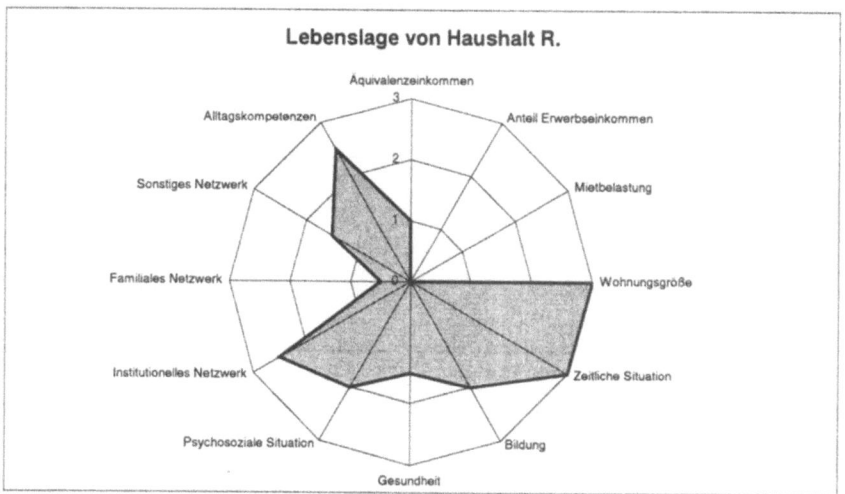

Haushalt S.

*„Wahrscheinlich wäre ich irgendwann zusammengekracht, wenn ich nicht im-
mer wieder Hilfe gefunden hätte durch Frühförderung, Beratungsstellen, (...)
die mir insofern geholfen haben, dass das noch lebbar ist. Ich denke, viele
Frauen gehen in so einer Situation irgendwann in die Psychiatrie.“* (Interview: 1)

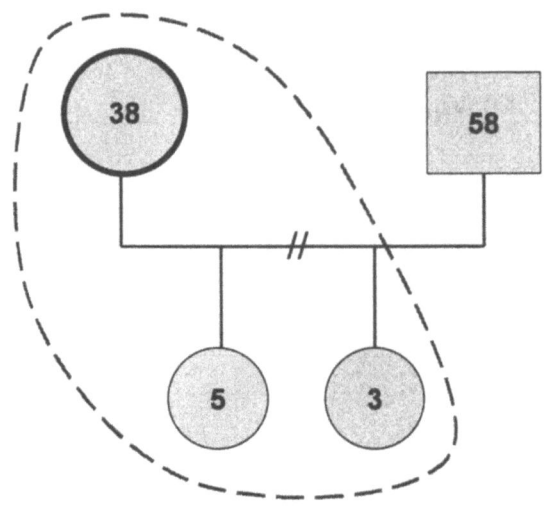

Frau S. hat sich 1999 nach einem halben Jahr heimlicher Vorbereitung von
ihrem Mann getrennt. Die Töchter waren zu der Zeit ein und drei Jahre alt.
Noch nach der Trennung wurde Frau S. von ihrem Mann bis in ihre Wohnung
verfolgt. Auf verschiedenen Rat hin hat sie den Erlass einer einstweiligen Verfügung beantragt, mit der dem Mann untersagt werden soll, sich in der Umgebung des Hauses, in dem Frau S. und ihre Kinder wohnen, aufzuhalten.
    „Den hab ich quasi vor zehn Jahren kennengelernt. (...) Damals war ich in
einem ganz schlechten Zustand. Ich bin (...) einem Gewaltverbrechen zum Op-
fer gefallen und ich war hochgradig traumatisiert, also ich war vergewaltigt und
zusammengeschlagen worden und hab mich ins PKH einweisen lassen, bin dort
weggelaufen und hab dann meinen Ex-Mann kennen gelernt. (...) Mein Ex-
Mann ist 20 Jahre älter gewesen wie ich und ich hab' natürlich jemanden gesucht (...) ein Stück Papa, ein Stück jemanden, der mir alles macht. (...) Im Zuge

dieser Ehe musste ich so stark werden, ich hab irgendwann gemerkt, dass ist ganz schön Scheiße, (...) denn er hat mich auch geschlagen, hat sich zwar entschuldigt, aber es ist immer wieder passiert. Er konnte sich ganz schwer kontrollieren. (...) Die Beziehung funktionierte nur, solange ich sehr, sehr schwach war. Ich merkte irgendwann, ich muss alles doch selber machen. Das heißt, ich musste stärker werden und ich durfte ihm nicht das Gefühl geben, dass ich alles mache, weil ich hab' alles gemacht (...)" (Interview: 2).

Kurz vor der Trennung hatte Frau S. bereits ein Studium der Sozialarbeit aufgenommen. Bis dahin hatte sie keine abgeschlossene Ausbildung. Sie selbst spricht von „eine[m] (...) atypischen Lebenslauf, der nicht so gelaufen ist, wie es sollte" (Interview: 1). Sie hatte eine Töpferausbildung begonnen und wieder abgebrochen, in einer Kneipe und in einem Café gearbeitet. Mit ihrem Mann hatte Frau S. überwiegend von Sozialhilfe gelebt.

Derzeit bezieht der Haushalt ein monatliches Nettogesamteinkommen von 2539 DM, das sich fast ausschließlich aus Transferzahlungen zusammensetzt. Dazu zählen Wohn- und Kindergeld, Sozialhilfe, Unterhaltsvorschuss und Ausbildungsförderung. Dass Frau S. überhaupt zu einem relativ späten Zeitpunkt noch Leistungen nach dem Bundesausbildungsförderungsgesetz (Bafög) beziehen konnte, ist darauf zurückzuführen, dass sie anhand von Attesten nachweisen konnte, dass sie in jüngeren Jahren nicht in der Lage war zu studieren und zu arbeiten. Die Gründe seien psychische Probleme, insbesondere eine Essstörung und die Folgen des Gewaltverbrechens gewesen. Ein Sachbearbeiter des Bafög-Amtes hatte sie auf die Möglichkeit aufmerksam gemacht, beim Beantragen entsprechend zu argumentieren. Heute hat der Haushalt neben Bafög Ansprüche auf Leistungen im Rahmen der Sozialhilfe, dazu zählen der Zuschlag für allein Erziehende, Regelsätze für die Kinder, Bekleidungsbeihilfen, der Mietanteil für die Kinder und einmalige Beihilfen für den Haushalt wie z.B. für eine Waschmaschine. Die Übernahme der Krankenversicherung sei eine Kulanzleistung des Sozialamtes.

Im Semester fährt Frau S. an zwei oder drei Tagen in der Woche zum Studium in die nächste Großstadt. An diesen Tagen werden die Kinder von einer Tagesmutter aus dem Kindergarten abgeholt und betreut. Der Kindergarten hat Frau S. bei der Bewältigung familiärer Konflikte unterstützt. In der Zeit, als Frau S. und ihre Kinder sich durch Verfolgungen des Ex-Mannes bedroht fühlten, wurden sie auf den Wegen vom und zum Kindergarten von Personal der Einrichtung begleitet. Bei der Umsetzung des Umgangsrechts des Vaters mit den Kindern vermittelt der Kindergarten.

Frau S. bekommt wegen des sogenannten ‚Stalkings' durch den Ex-Mann Unterstützung durch den Weißen Ring. Sie hat einen Scheck über 500 DM und finanzielle Unterstützung für einen Urlaub gemeinsam mit den Kindern erhalten. Im Jahr nach der Trennung hat Frau S. die Möglichkeit, eine Mutter-Kind-Kur zu machen, genutzt.

Neben institutionellen Netzwerken hat Unterstützung durch Familie und Freundinnen große Bedeutung. Das Verhältnis zwischen Frau S. und ihren Eltern war lange problematisch. Heute unterstützen die Eltern ihre Tochter und Enkelkinder auf vielfältige Weise. Das von Familie S. bewohnte Haus gehört dem Vater, der es umfangreich saniert und zum Teil eingerichtet hat und es für 580 DM an seine Tochter vermietet. Es liegt in unmittelbarer Nachbarschaft. Frau S. wird bei der Kinderbetreuung unterstützt „Ohne Großmutter wäre das nie gegangen" (Interview: 1) und in Form indirekter finanzieller Hilfen. Frau S. kann beispielsweise das Auto ihrer Mutter benutzen. Private Kontakte, die Frau S. pflegt, sind „eklatant wichtig" (Interview: 7). Dazu zählen Freundinnen aus Kinderzeit und durch Studium, sowie andere Mütter im Ort, hier findet gegenseitige Unterstützung bei der Kinderbetreuung statt.

Zusätzliche Belastungen entstehen in der Familie durch gesundheitliche Probleme beider Kinder. Die ältere Tochter hat Neurodermitis und Asthma. Die jüngere „(...) reagiert (...) psychosomatisch (...) Sie ist auch das Kind, das aus der Kleinigkeit. (...) Wie gesagt, Magen-Darm-Infekt, zack, Blinddarmentzündung. Das ist unfassbar, eigentlich. Sie hat auch schon Lungenentzündungen ganz viele gehabt, Lebensmittelvergiftung, wo sie auch wieder das einzige Kind war, was das kriegte. Sie reagiert da sehr heftig, sie wird sehr schnell krank" (Interview: 6). Sie hat außerdem infolge von Sauerstoffmangel während der Geburt eine Muskelschwäche, die mit Gymnastik behandelt wird.

Fachlicher Kommentar:
Frau S. besitzt die erforderlichen Kompetenzen, um Netzwerke zu mobilisieren und die Möglichkeiten von Transferzahlungen auszuloten. Die Unterstützung durch den Kindergarten bei Trennungskonflikten und Durchführung bei der Umgangsregelung zwischen dem Vater und seinen Töchtern ist nicht selbstverständlich. Der Bezug von Bafög-Leistungen in Kombination mit Leistungen der Sozialhilfe hat überdurchschnittliches Engagement gefordert und war, wie auch die Unterstützung durch den Kindergarten bei trennungsbedingten Problemen, mit der Bereitschaft verbunden, sehr persönliche bzw. familiäre Sachverhalte offiziell vorzutragen.

Die Situation von Haushalt S. zeigt, in welch hohem Maße allein erziehende Elternteile, die Erwerbstätigkeit bzw. Ausbildung und Kindererziehung miteinander verbinden wollen, auf Eigeninitiative angewiesen sind, wenn sie passgenaue Unterstützungsleistungen finden wollen. Dies gilt um so mehr, wenn die Situation durch zusätzliche Probleme, wie in diesem Falle die Trennungsfolgen, verschärft wird. Frau S. ist bei allen institutionellen Netzwerkhilfen auf umfangreiche familiäre Unterstützung angewiesen, sie hat trotz aller Hilfen eine tägliche Arbeitszeit von immerhin zehn Stunden.

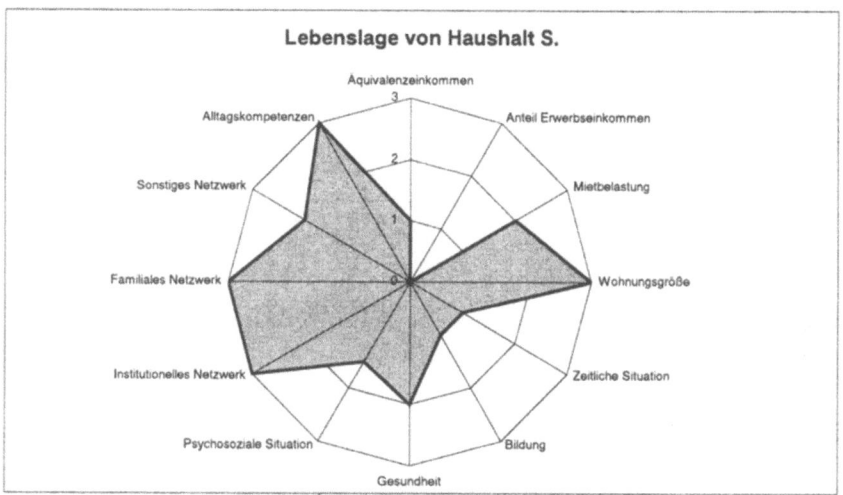

Haushalt T.

„Immer auf sich alleine gestellt, keine Oma, kein Opa, keine Familie drumrum,
die geholfen hat. Alles immer alleine, alleine, alleine. " (Interview: 3)

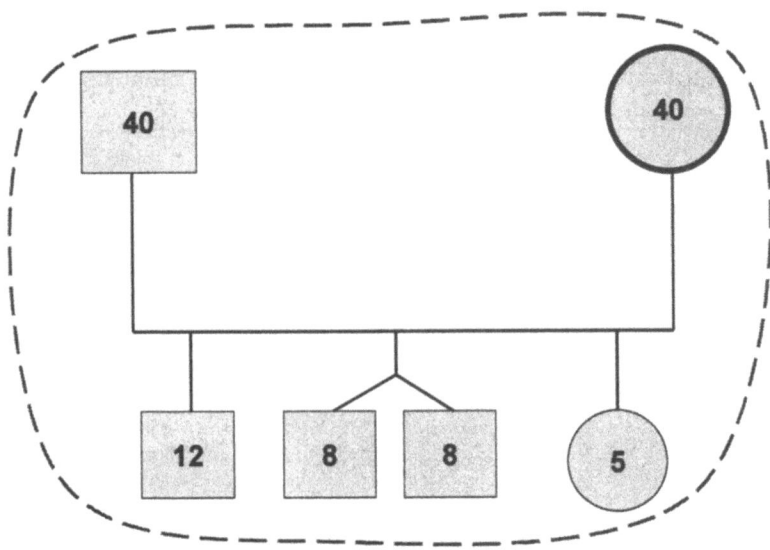

Frau T. ist gelernte Bäckereifachverkäuferin, Herr T. ist Schlosser. Ihre vier
Kinder sind zwischen fünf und zwölf Jahre alt. Der Alltag der Familie ist von
permanenten Geldsorgen überschattet, weil erhebliche Summen an Schulden
abbezahlt werden müssen. Sie sind durch den fatalen Kreislauf der Erwerbslosigkeit des Vaters und der Kreditaufnahme für die erforderlichen Mietkautionen
zwecks mehrerer Umzüge in billigeren Wohnraum entstanden, weil die Familie
nicht in der Lage war, die aufgelaufenen Mietschulden zu bezahlen. Hinzu
kommt ein gescheiterter Versuch von Herrn F., sich als Subunternehmer selbstständig zu machen. „(...) da hatte er schon Schulden, das ist immer schlecht,
dann so was aufzubauen" (Interview: 42). Diese Situation hat schließlich zu
Lohnpfändungen und wiederholten Verlusten des Arbeitsplatzes des Familien-
vaters geführt.

Eine im Rahmen der Initiative ‚Arbeit statt Sozialhilfe' angetretene Haus-
meisterstelle erweist sich nach den Aussagen von Frau T. als ausbeuterisch:
Überstunden wurden nicht bezahlt, der letzte Lohn ebenfalls nicht. Keine Verlässlichkeit gab es auch bei zeitlichen Verabredungen. Der Arbeitgeber zog die

Urlaubsgenehmigung für Herrn T. drei Tage vor dem Kurantritt seiner Frau zurück, die aber auf eine Betreuung für zwei ihrer Kinder angewiesen war. „Er hatte natürlich Angst um den Arbeitsplatz, im Dorf die Leute (...), die haben sich bereit erklärt, die Kinder zu nehmen von morgens bis abends, sonst hätte ich da auch nicht hinfahren können" (Interview: 22).

Zur Zeit steht der sechsköpfigen Familie ein Nettogesamteinkommen von 3760 DM monatlich zur Verfügung. Frau T. würde gerne eine Halbtagsbeschäftigung aufnehmen, aber es fehlt an einer praktikablen und bezahlbaren Kinderbetreuung. „(...) und das Geld, was ich dann verdiene, würde ich dann hinterher (...) in die Kinderbetreuung reinstecken müssen" (Interview: 11).

Die Familie wohnt seit 1995 in einem Dorf in einer an die Stadt Gießen angrenzenden Gemeinde. Herr und Frau T. hatten bis dahin keinerlei Bezug zu dem Ort. Sie hatten dort eine Wohnung gefunden, nachdem sie die letzte wegen Mietschulden verlassen mussten. Die Wohnung liegt über einer Bäckerei, hat 110 m², fünf Zimmer, eine Küche und ein Bad, die Kaltmiete beträgt 1100 DM. Es steht weder ein Keller noch ein Speicher zur Verfügung. Die Wohnung, die vor dem Einzug der Familie länger leer gestanden hatte, ist sehr hellhörig und sie liegt direkt an einer viel befahrenen Durchgangsstraße. Sie ist schlecht isoliert und zugig, es entstehen hohe Heizkosten. Die Wohnung ist grundsätzlich sanierungs- und zum Teil auch renovierungsbedürftig. Als der Bäcker, der bedingt durch seine Arbeitszeiten tagsüber geschlafen hat, noch im Haus wohnte, hatten die Kinder sich tagsüber entsprechend leise zu verhalten, was bei vier kleinen Kindern zu einer immensen nervlichen Anspannung der Mutter führte.

Frau T. fühlt sich häufig erschöpft, sie neigt zu Depressionen „hoch und runter, wie eine Achterbahn", der Rücken ist „kaputt", ebenso die Zähne, aber sie kann sich keine neuen leisten. Herr T. hat Probleme mit Bandscheiben, Magen und Galle. Als Gründe für die Gesundheitsprobleme werden auch die Nerven angegeben (Interview: 46 ff.). Da die Zwillinge lange Zeit Schwierigkeiten sowohl mit der Grob- als auch der Feinmotorik hatten; werden sie regelmäßig ergo- und logotherapeutisch behandelt. Sie besuchen eine Schule für Sprachbehinderte.

Bei Angehörigen fand und findet die Familie keine Unterstützung. Frau T. hat sich im Zusammenhang mit schwierigen Schwangerschaften, Geburten, Krankenhausaufenthalten und anstrengenden Kleinkindphasen sehr allein gefühlt. Die noch nicht sechzigjährige Mutter von Frau T. ist pflegebedürftig, hat Krebs und seit einigen Jahren Depressionen. Frau T. vermisst eine gute Freundin. Die Unterstützungsangebote des Frauenbüros empfindet Frau T. als sehr hilfreich, ebenso eine Einladung der Aktion ‚Junge Menschen in Not' zu einer Veranstaltung, in der es um den Stress für Mütter in der Advents- und Vorweihnachtszeit geht. Sie vermisst eine Anlaufstelle für wirtschaftliche Fragen, konnte sich allerdings noch nicht dazu durchringen, die Hilfe einer Schuldnerberatung in Anspruch zu nehmen. „(...) da muss ich alles zusammen haben. Den ganzen Kram und ach - ich müsste es machen, klar müsste ich es machen" (Interview: 42).

Fachlicher Kommentar:
Das Fallbeispiel illustriert die fatale Verknüpfung von Einkommensarmut in Mehrkind-Familien mit Benachteiligungen in anderen Lebensbereichen: Wohnen, Gesundheit, Bildung, gesellschaftliche Teilhabe. Die finanzielle Situation führt zu Schwierigkeiten, eine familiengerechte Wohnung in einem entsprechenden Wohnumfeld zu finden. Geldsorgen beeinträchtigen auch die gesundheitliche Situation der Mutter, die erschöpft ist und zu Depressionen neigt. Der notwendige Zahnersatz kann nicht finanziert werden, Rückenschmerzen erschweren öfter die Versorgung der Kinder.

Die finanzielle Misere von Familie T. wirkt sich auch auf die Bildungschancen der Kinder aus. Die überwundenen Entwicklungsverzögerungen der Zwillinge an einer Sonderschule sind nicht gleichbedeutend mit einem Anschluss an weiterführende Bildungswege. Der Nachhilfeunterricht für den ältesten Sohn kann nicht bezahlt werden. Kosten für Lehrmittel erweisen sich bei vier Kindern immer wieder als hohe Belastung. Obwohl Frau T. gern aktiv in der Elternvertretung wäre, bedingt die finanzielle Misere faktisch ihren Ausschluss. Während es für andere Eltern normal ist, beim Elternstammtisch etwas zu essen und zu trinken, fehlt ihr dieses Geld wieder an anderer Stelle.

Als eine wirkliche Hilfe erweisen sich die Kursangebote des Frauenbüros und der Aktion ‚Junge Menschen in Not', aus denen sie Kraft und Energie bezieht. Das Fallbeispiel ist ein eindrücklicher Beleg für die hohe Bedeutung solcher sozialen Infrastrukturangebote.

Familie T. braucht zunächst dringend professionelle Hilfe bei der Bewältigung ihrer Schulden. Um eine wirtschaftliche Sanierung und psychosoziale Stabilität zu erreichen, ist ein Case Management gefragt, das vernetzte professionelle Dienste – von der Wohnraumvermietung bis zur quartiersbezogenen Schülerhilfe – in ein Sanierungskonzept einbezieht. Die Mitwirkungsbereitschaft von Frau T. und der Wunsch, aus der Schuldenfalle herauszukommen, kann vorausgesetzt werden. Beschäftigungsinitiativen für Herrn T. wären mit Blick auf arbeitsrechtliche, finanzielle und zeitliche Bedingungen und mit Blick auf eine berufliche Perspektive als Haupternährer zu überprüfen. Eine teilzeitliche Berufsrückkehr von Frau T. ist nur möglich bei einer verlässlichen und kostenlosen Kinderbetreuung und setzt zudem vereinfachte Beantragungsverfahren für ergänzende Sozialhilfe oder für Mietzuschüsse voraus.

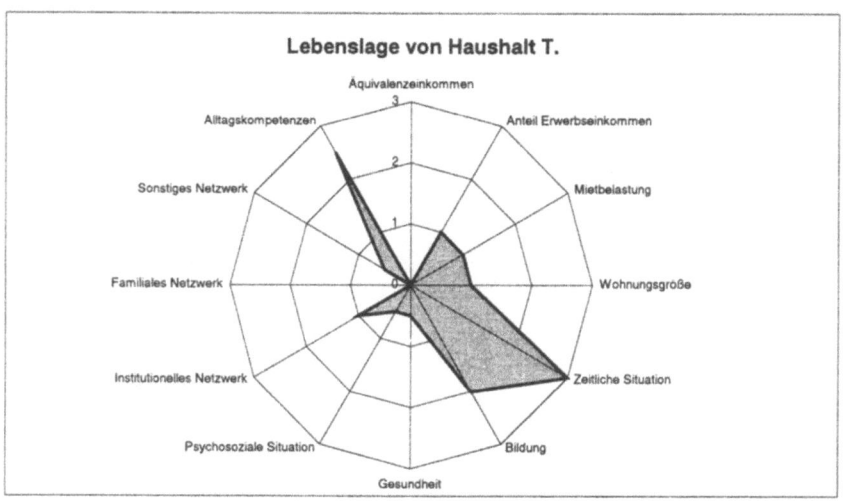

Haushalt U.

„Man muss sagen, durch den Alkohol hat der M. einen Schaden bekommen (...)
und mein anderer, der ist auch weg, der hat auch einen Schaden abgekriegt vom
Alkohol." (Interview: 7)

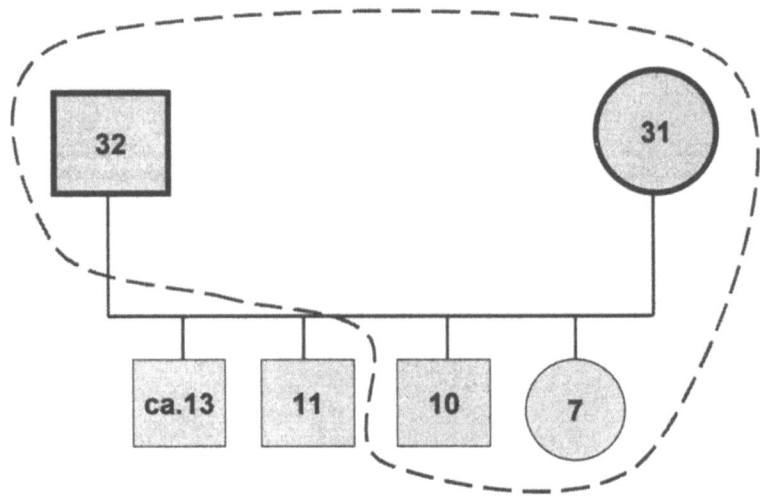

Herr und Frau U. haben vier Kinder. Die beiden älteren Söhne leben in stationären Einrichtungen. Sie besuchen ihre Familie 14-tägig von Freitag bis Sonntag.
Alle drei Söhne waren in der Vergangenheit bereits mehrfach fremdplatziert,
oder sie haben bei den Eltern von Frau U. gelebt. Herr und Frau U. können sich
an die Zeiten im Einzelnen allerdings nicht erinnern. Frau U. selbst ist bei ihren
Großeltern aufgewachsen.

Beide Ehepartner sind nicht erwerbstätig. Herr U. hat früher bereits als La-
gerarbeiter, Tierhelfer und Korbwagenschieber bei einem Einkaufsmarkt gearbeitet. Er gibt an, zuletzt von 1988 bis 1991 gearbeitet zu haben, kann sich allerdings nicht mehr ganz genau erinnern. Frau U. ist vom Sozialamt auferlegt
worden, sich Arbeit zu suchen; sie könne damit aber warten, bis der Umzug, der
gerade stattgefunden hat, bewältigt ist.

Die Familie wohnt jetzt in einer 79 m² großen Dreizimmerwohnung des Sozialen Wohnungsbaus. Die beiden im Haushalt lebenden Kinder teilen sich ein
Zimmer. Wenn die älteren Söhne am Wochenende zu Besuch kommen, schläft

einer auf der Couch im Wohnzimmer und der zweite mit seinem jüngsten Bruder in einem Bett. Mit der neuen Nachbarschaft sind Herr und Frau U. nicht zufrieden. Man habe sie bereits der Kindesmisshandlung bezichtigt.

Herr U. war nach eigenen Angaben schon als Kind Alkoholiker „(...) mein Vater (...) und ein Bruder von ihm, der hat mich weggeschickt gehabt mit einem Kasten Bier, und dann hab ich das getrunken gehabt, ein Kasten Bier auf ex" (Interview: 8). Mit 22 Jahren wurden Herrn U. infolge von Magengeschwüren drei Viertel des Magens entfernt.

Frau U. hat teilweise während ihrer Schwangerschaften Alkohol getrunken. Der jüngste Sohn hat nach Aussage seines Vaters einen Schaden durch Alkohol. Als Baby sei er „ausgetrocknet gewesen" (Interview: 15). Der Zehnjährige sieht deutlich jünger aus und ist motorisch nicht altersgemäß entwickelt. Er kann beispielsweise eine Treppe nicht mit beiden Füßen abwechselnd herunterlaufen. Beim Sitzen beugt er sich mehrmals hintereinander immer wieder nach vorne, so wie es bei Menschen mit Hospitalismusfolgen zu beobachten ist. Die Eltern sind nicht in der Lage, die Behinderung ihres Sohnes zu benennen. Der Junge erhält krankengymnastische und ergotherapeutische Maßnahmen. Die Transporte zu diesen Terminen übernimmt die Arbeiterwohlfahrt.

Die Tochter wirkt im Vergleich zu ihrem Bruder auffallend ‚normal'. Sie ist das einzige Kind, das durchgehend bei den Eltern aufgewachsen ist. Das Jugendamt hatte hier bereits bei dem Kleinkind Maßnahmen der Frühförderung in die Wege geleitet.

Das Einkommen des Haushalts setzt sich ausschließlich aus Transferzahlungen zusammen. Dazu zählen Arbeitslosengeld, Sozialhilfe, Wohngeld, Kindergeld und Pflegegeld für den jüngsten Sohn. Das monatliche Gesamtnettoeinkommen des Haushalts beträgt 3065 DM.

Frau U. empfindet ihre finanzielle Situation als beengt: „Wenn ich nur wüsste, wo ich das immer alles hernehmen sollte. Ich sag ja, die Schulen, die verlangen und verlangen, aber ich weiß nicht, wo ich es her kriegen soll" (Interview: 37).

Herr U. hat bereits mit 20 Jahren die erste eidesstattliche Versicherung abgegeben. Die Schulden sind aus Kreditverträgen entstanden, die er für seine Eltern unterschrieben hatte, sie betragen 60.000 DM. Familie U. hat außerdem Mietschulden sowie Schulden bei einem Versandhaus, einem Anwalt und aus Handyverträgen. Einen Festnetzanschluss bekommt die Familie nicht mehr.

Obwohl Herr und Frau U. nicht erwerbstätig sind, empfindet Frau U. ihre Zeit als knapp: „Und dann, wenn ich dann auf die Ämter oder so gehe, dann dauert das natürlich eine ganze schöne Zeit. Dann muss ich sie ja um halb eins wieder – also mein Tagesablauf geht nach der Uhr. (...) Also Sie sehen ja, was ich an Zeit habe. Ich bin ja immer nur unterwegs. Ich weiß ja nicht, wie das werden soll, wenn ich noch arbeiten gehe. Dann wird's ein bisschen schwierig.

Weil mein Mann hilft mir ja so gut wie er kann, das ist ja eigentlich gar kein Thema" (Interview: 19, 24). Die objektiv gemessene Zeitbelastung liegt für Frau U. bei 6,5 Stunden pro Tag.

Im Alltag wird die Familie durch ambulante Hilfen des Jugendamtes unterstützt. Eine Mitarbeiterin des Jugendamtes hilft sowohl bei erzieherischen Problemen als auch bei alltagspraktischen Angelegenheiten, beispielsweise beim Kauf der zur Renovierung der neuen Wohnung erforderlichen Tapeten. Eine durch das Jugendamt finanzierte hauswirtschaftliche Fachkraft sucht die Familie zweimal in der Woche für zwei Stunden auf. „Die ist eingeteilt worden nur zum Kucken, ob wir alles richtig machen, die kocht auch schon mal mit" (Interview: 38).

Fachlicher Kommentar:

Familie U. ist gekennzeichnet durch generationenübergreifende Problemlagen und hohe Hilfebedarfe. Der Haushalt bezieht langfristig Sozialhilfe. Der Wunsch und das Engagement, von Sozialhilfeleistungen unabhängig zu werden, sind nicht vorhanden.

Die Eltern überlassen die Sorge und Verantwortung für das Wohl der Kinder zu einem großen Teil der Jugendhilfe. Neben den wiederholten stationären Aufenthalten der Kinder wird die Familie engmaschig ambulant betreut. Mit Hilfe verschiedener aufeinander abgestimmter Maßnahmen wird dafür Sorge getragen, dass die Kinder auf der einen Seite einen möglichst großen Kontakt zu ihren leiblichen Eltern haben und auf der anderen Seite Gefahren für die Kinder durch Vernachlässigungen und eventuelle Misshandlungen minimiert werden. Der Haushalt kann sich auf die Maßnahmen der Sozialhilfe wie auch der Jugendhilfe verlassen. Bei den äußerst geringen Alltagskompetenzen der Eltern ist das für das Wohl der heranwachsenden Generation unabdingbar. Durch gezielte und frühzeitig einsetzende individuelle Maßnahmen kann eine Weitergabe der massiven Benachteiligungen an die kommende Generation zumindest zu einem Teil verhindert werden. Die im Vergleich zu den Brüdern auffallend problemlose Entwicklung der Tochter, bei der bereits in sehr jungem Alter Maßnahmen der Frühförderung eingeleitet wurden, belegt dies. Vorbeugung setzt allerdings nicht nur individuell in der Familie an. Familien mit derart massiven Problemen und Benachteiligungen leben gehäuft in bestimmten Quartieren.

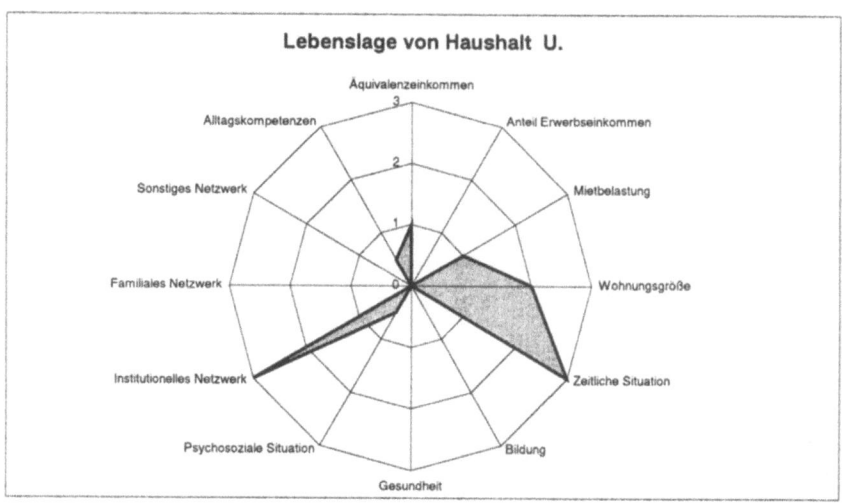

Haushalt V.

„So umstehende Leute, denen ist das irgendwo dann scheißegal, weil das ist irgendwann normal und dann sind sie ja der starke Mann und dann müssen sie auch wieder. Ich sehe das auf der Arbeit, da hat es das erste halbe Jahr gehei-ßen: ‚Ich bewundere das, wie Sie das schaffen.' und dann heißt es: ‚Sie müssen aber dann und dann hier sein, arbeiten.' Da wird nicht gefragt, ob ich Kinder habe, ob ich allein erziehend bin. Ich nehme mir halt gewisse Rechte raus und sage: ‚Nö, das mache ich nicht'. " (Interview: 29)

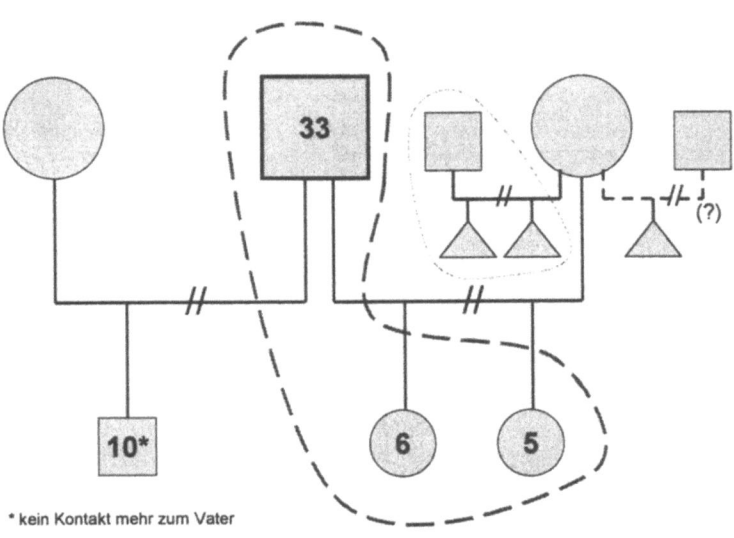

* kein Kontakt mehr zum Vater

Herr V. hat sich vor vier Jahren von seiner zweiten Frau getrennt. Seitdem lebt er allein mit seinen beiden Töchtern in einem Haushalt. Der Kontakt zur Mutter der Töchter ist seit drei Jahren abgebrochen. Zu seinem Sohn aus erster Ehe hat Herr V. heute keinen Kontakt mehr. Herr V. ist gelernter Maschinenschlosser. Zur Zeit arbeitet er vollzeitig im Außendienst als Vertreter für Frisörartikel. Die Töchter besuchen die Grundschule bzw. den Kindergarten. Darüber hinaus werden die Kinder von einer Tagesmutter betreut.

Herr V. beschreibt die Trennung: „Meine zweite Ex-Frau war magersüchtig, hatte auch psychische Probleme. Hatte also starke Minderwertigkeitskomplexe (...) dadurch war natürlich immer krankheitsmäßig was im Busch. (...) Dann war sie das erste Mal in Kur (...) nach vier Wochen hab' ich sie am Wochenende heimgeholt und dann kam sie nicht im Jogginganzug, sondern in guten Klamotten und war zurechtgemacht. Da war mir schon klar: Hier ist was faul im Staate Dänemark. Als ich sie dann am letzten Wochenende heimholen wollte, meinte sie: ‚Nee, du brauchst mich nicht holen, ich wird' gebracht.' ‚Na', sag ich, ‚Prima'. Dann kam sie heim, kam dann hier rein und sagte: ‚Ich muss mit dir reden'. Stand draußen das Auto von dem Kurschatten noch. ‚Ich will das Leben endlich mal genießen, ich will endlich mal ich sein, ich will endlich mal leben.' Da hab ich nur gesagt: ‚Mädel, weißt du wat, du hast ja grad gepackt, da ist die Tür, raus!' und das war unsere Trennung" (Interview: 2).

Herr V. besitzt ein altes Fachwerkhaus im Dorfkern, das er 1991 für 125.000 DM erworben hat. Das Haus wurde und wird von Herrn V. laufend in Eigenarbeit saniert und renoviert. Durch Herrn V.s Erwerbs- und Familientätigkeit sowie die Arbeit in und am Haus entsteht eine durchschnittliche tägliche Arbeitszeit von 12,46 Stunden. Im Falle von Herrn V. steht der hohen Arbeitsbelastung immerhin ein relativ hohes Einkommen gegenüber. Das monatliche Nettogesamteinkommen des Haushalts beträgt 4248 DM.

Angesprochen auf das Thema ‚Zeit' antwortet Herr V.: „Ganz armselige Geschichte (...) Zeit ist echt ein Problem. Ich bin jetzt seit vier Jahren allein. Das erste Jahr lief wunderbar. Ich hatte keine Probleme, meinen Haushalt hier zu führen. Urlaub habe ich gar nicht gebraucht. Ich war so glücklich, das lief alles so prima, weil ich hatte noch richtig Dampf in den Knochen. Das hat nach vier Jahren doch schon nachgelassen. Die Kraft ist weg. Ich habe keinen Puffer (...) den Akku wieder voll zu machen, das ist ganz schön schwer. Das geht nicht so von heute auf morgen, weil es kommt halt immer irgendwas. (...) Ich mache die Arbeit von zwei bis drei Leuten (...) und das bleibt nicht in den Kleidern stecken" (Interview: 28 f.).

Herr V. hat bei dieser zeitliche Belastung das Glück, eine Arbeit zu haben, die er gerne verrichtet. „Wobei ich sagen muss, mir macht meine Arbeit Spaß. Es ist für mich auch ein bisschen Ersatz für Freizeit. (...) Auf der Arbeit kann ich mich mit den Leuten treffen. Wenn ich abends zu Hause bin und meine Kinder liegen im Bett, dann bleibe ich zu Hause, dann haue ich nicht mehr weg. Insofern ist es also für mich ein bisschen Freizeitersatz. Aber unterm Strich, man macht sich dann schon mal Vorwürfe: ‚Du müsstest eigentlich mehr mit den Kindern unternehmen.' Dann ist man aber irgendwo wieder so ausgelaugt, dass man sonntags sagt, komm, ich kann heute einfach nicht, ich leg' mich erst mal eine Stunde auf's Ohr" (Interview: 28).

Tatkräftige Unterstützung findet Herr V. in seiner Herkunftsfamilie. Die Mutter betreut die Kinder, wenn Herr V. abends unterwegs sein muss. Sie putzt häufiger und nimmt Wäsche mit. Vater und Bruder helfen bei Arbeiten am

Haus. Herr V. und seine Töchter haben außerdem ein gutes Verhältnis zu den Eltern der Ex-Frau.

Auch in der Nachbarschaft findet Herr V. Unterstützung. „Also wir haben eine ganz tolle Nachbarschaft. Wir helfen uns gegenseitig, er kommt schon mal rüber: ‚Haste noch ein Kabel?' (...) und ich hab dem letztens seinen Schornstein neu gemauert. (...) Hier unten drunter die, die haben ein Gestüt, eine Reitschule. Da ist die Kleine, die ist etwas jünger als meine Beiden, die spielen viel. Da heißt es schon mal: ‚Wenn du deine Kinder suchst, die sind unten bei den Pferden, wir haben die dabei.', also ganz Klasse" (Interview: 7).

Herr V. hatte in der Vergangenheit auf unterschiedlichen Ebenen Kontakt mit dem Jugendamt und dabei die Arbeitsweisen der dortigen MitarbeiterInnen sehr unterschiedlich erlebt.

Herr V. beschreibt die Ereignisse im Zusammenhang mit der Regelung von Sorgerecht und Aufenthalt seines Sohnes, die schließlich zum Kontaktabbruch führten: „Das lebt bei der Mutter. Ich hab mittlerweile sämtlichen Kontakt abgebrochen, da ich nur angerempelt habe. Ich konnte ihr nachweisen, dass sie das Kind misshandelt hat. Das Jugendamt hat das verzögert, hat sich sechs Wochen Zeit genommen, um das Kind endlich mal anzukucken und daraufhin habe ich gesagt: ‚Ende, aus, ich pack' das nicht mehr, irgendwann würde ich einen Mord begehen', irgendwann würde ich ausflippen und deswegen habe ich gesagt, ich kann dem Jungen nichts Gutes tun, ich zieh' mich zurück. Das ist die einzige Tätigkeit, die ich noch positiv ausführen kann" (Interview: 2).

Das Kind lebte vor dem Aufenthalt bei der Mutter bereits einige Zeit bei Herrn V. „Ich hatte sechs Wochen lang meinen Sohn bei mir, aus erster Ehe und dann kriegte meine Ex-Frau mit: Ohne Kind kein Geld. Da wollte die das Kind haben, da kriegte die das. Es ist ja so: ‚Wenn Sie arbeiten gehen, haben Sie ja keine Zeit für ihr Kind, können Sie es ja nicht betreuen.' Ich war ursprünglich berufstätig damals. Dann habe ich meinen Job verloren. ‚Wenn sie arbeitslos sind, können Sie ihr Kind ja selber nicht versorgen.' (...) Und dann habe ich den Jungen mehr oder weniger entführt. Ich bin mit dem ins Krankenhaus. Ich habe vom (...) Krankenhaus ein entsprechendes Schreiben bekommen, dass ein Kontakt zum Jugendamt dringend ratsam wäre, weil fünfzig-Pfennig-Stück-große blaue Flecken, die die Beine von den Knöcheln bis an den Po übersäen, nicht normal sind. Da nimmt der Mann sich sechs Wochen Zeit und nach sechs Wochen kriege ich gesagt, was wollte ich denn eigentlich, dem Jungen wäre doch nichts. Natürlich in sechs Wochen, wenn ich weiß, da ist was gelaufen, dann achte ich darauf, dass ich den Jungen nicht mehr so blau haue" (Interview: 26).

Für seine beiden Töchter konnte Herr V. eine Tagesmutter in einem etwa fünf Kilometer entfernten Dorf engagieren, die Herr V. sehr schätzt und von seinen Kindern gemocht wird. „Unter der Woche, wenn ich abends um sechs Uhr heimkomme, brauche ich kein Kind mehr zu animieren, Hausaufgaben zu machen. Das geht nicht. Dann muss es die Tagesmutter übernehmen. Die Frau ist über die 50, die ist fast 60, sieht das alles ein bisschen gelassener wie ich, finde ich auch toll. Hat zwar dieselbe Einstellung wie ich, aber ist den Sachen gegenüber ein bisschen gelassener" (Interview: 5). Das Jugendamt stellt die Eignung der Tagesmutter, die noch weitere Kinder betreut, wegen fehlender baulicher Voraussetzungen jedoch in Frage. Der Ärger von Herrn V. gegenüber dem entsprechenden Mitarbeiter des Jugendamtes ist groß: „Und da hab' ich gesagt: ‚Machst du den Laden zu, dann nehm' ich das persönlich. Dann fliegst du aus dem zweiten Stock'" (Interview: 21).

Eine Mitarbeiterin des ASD hingegen wird von Herrn V. geschätzt. „Die Frau (...), das ist die, an die ich mich wende, wenn ich wirklich mal Fragen habe. (...) Wenn ich Probleme habe, brauche ich jemanden, der kompetent ist. Net irgend so einen Hennebeppel" (Interview: 20).

Fachlicher Kommentar:

Das Fallbeispiel verdeutlicht die immense Arbeitsbelastung, die allein Erziehende zu tragen haben, wenn sie eine Abhängigkeit von Sozialhilfe vermeiden wollen. Herr V. bezahlt die Tatsache, mit seiner Familie über ein durchschnittliches Einkommen verfügen zu können, seit nunmehr vier Jahren mit einer durchschnittlichen täglichen Arbeitszeit von fast 13 Stunden und daraus resultierender Erschöpfung.

Herr V. hat in der sehr schwierigen Frage der Kinderbetreuung eine Lösung gefunden. die es ihm ermöglicht, ganztags erwerbstätig zu sein. Die Kinder fühlen sich wohl bei ihrer Tagesmutter und Herr V. ist mit ihr zufrieden. Dieses positive Grundgefühl betreffend die Betreuungssituation der Kinder auch auf Seiten der Eltern ist eine grundlegende Voraussetzung dafür, dass erwerbstätige allein erziehende Eltern, die ohnehin – wie auch Herr V. – häufig Schuldgefühle haben, dass sie sich nicht genügend um ihre Kinder kümmern können, langfristig einer einkommenssichernden Erwerbstätigkeit nachgehen können.

Das Verweisen auf mögliche Mängel bei der Tagesmutter, die eher im Formalen liegen, ist kontraproduktiv und würdigt Herrn V.s Engagement nicht. Würde dessen hoher Einsatz ausbleiben, wäre das im Endeffekt zum Nachteil der Kinder und es hätte beträchtliche Belastungen für die Kommune zur Folge.

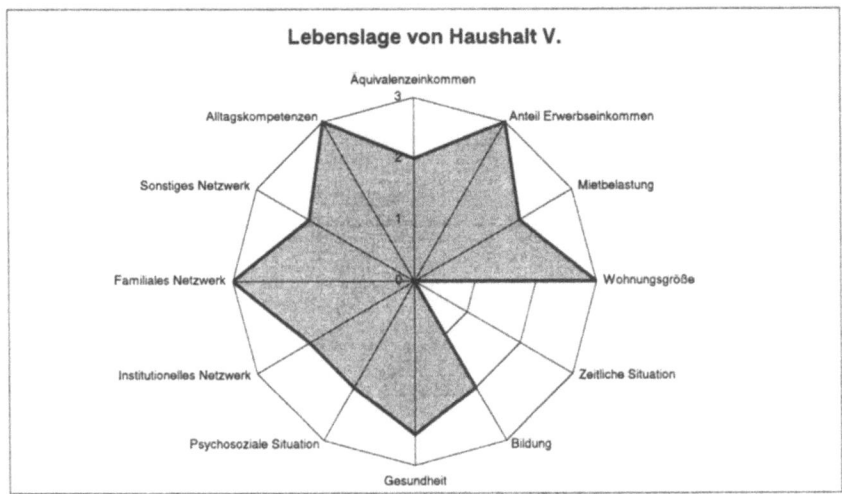

Haushalt W.

*Wenn's mal wirklich hart auf hart kommt, wenn man mal eine Krankheit hat, es
ist kein Mann da, wo man wirklich sein Geld gezahlt kriegt. Keiner ist dann da,
der einem dann noch hilft. Ich weiß bis heute noch nicht, warum ich für den
Staat Geld bezahle. Warum ich Steuern zahlen muss. Wenn ich krank werde, der
hilft mir nicht.* " (Interview: 24)

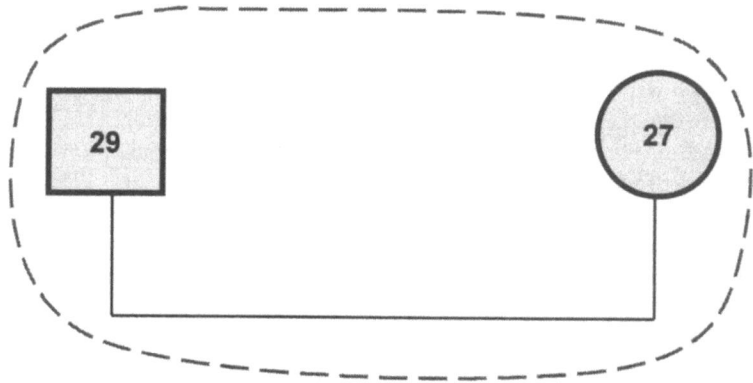

Herr und Frau W. hatten durch einen bereits von uns interviewten Verwandten
von unserer Untersuchung gehört und ausrichten lassen: „Die kannst du auch
mal zu uns schicken."

Herr W. ist gelernter Kfz-Schlosser. Zur Zeit arbeitet er als Lagerist. Frau
W. hat eine Ausbildung als Frisörin abgeschlossen und bis zu einem Unfall fünf
Jahre in diesem Beruf gearbeitet, jetzt arbeitet sie als Putzhilfe im Rahmen einer
geringfügigen Beschäftigung. Dem Haushalt steht ein monatliches Nettogesamteinkommen von 4120 DM zur Verfügung.

Massive gesundheitliche Probleme beider Partner dominieren den Alltag.
Frau W. ist extrem übergewichtig. Sie hat diverse Diäten ohne dauerhaften Erfolg hinter sich. 1994 hat sie einen Autounfall verursacht und dabei Schnitt- und
Platzwunden sowie Brüche erlitten. „Und den Abend bin ich noch mal weg und
habe dann wohl einen Kreislaufkollaps beim Autofahren gehabt (...) und hatte

den Tag wohl auch zu wenig gegessen" (Interview: 3, 6). Nach dem Unfall seien ein leichter Bandscheibenvorfall sowie ein nach Angaben von Frau W. zu 95 Prozent steifer rechter Arm zurückgeblieben. Sie leidet darüber hinaus unter Allergien, die mit Cortison behandelt werden. Eine Getreideallergie hat zu einer chronischen Darmentzündung geführt.

Herr W. hatte 1997 Hodenkrebs mit einem untypischen Verlauf. Hodenkrebs gilt im Allgemeinen als der Krebs mit den besten Heilungschancen. Bei Herrn W. seien im restlichen Körper ohne Verbindung zum Hoden explosionsartig Metastasen aufgetaucht. Betroffen waren Dünndarm, Lunge und Nieren. Der Krebs sei zur Zeit „im Ruhestand" (Interview: 10). Als täglich spürbare Folgen der Krebserkrankung nennt Herr W., weniger belastbar, schneller müde zu sein und „(...) irgendwie immer solche Schmerzen, das geht nicht mehr so schnell weg wie bei einem normalen Menschen" (Interview: 11). Es ist erstaunlich, dass Herr W. bei den beschriebenen gesundheitlichen Beeinträchtigungen einer vollen Erwerbstätigkeit als Lagerist inklusive Überstunden nachgeht.

Mangelnde Unterstützung durch Institutionen, Freunde und Verwandte im Krankheitsverlauf sind ein wichtiges Thema für beide Partner. „Da kann ich Ihnen wieder eine ganz tolle Geschichte erzählen. Wird mal richtig ordentlich krank, und dann werde wieder gesund, und dann nimmst du noch mal deine zehn Finger und zählst die ab und dann wirst du sehen, es bleiben nur noch zwei Finger übrig" (Interview: 39).

Die Herkunftsfamilie von Frau W. hat das Ehepaar in schwierigen Zeiten unterstützt. Herr W.: „Sagen wir es mal kurz, bei meinen Schwiegereltern, die stehen mir näher als meine eigenen, das war dann das Sozialamt, das wir eigentlich die Zeit über gebraucht hätten" (Interview: 26). Die Eltern haben z.B. den Kühlschrank aufgefüllt, Reparaturkosten übernommen, das Auto ausgeliehen, Fahrdienste geleistet und menschlich zur Seite gestanden.

Auf die Frage, welches die bitterste Erfahrung gewesen sei, die man mit Ämtern und Behörden im Laufe der schweren Erkrankung gemacht habe, wurde geantwortet: Herr W.: „Ja, Sozialamt, Rente, alles was mit dem Staat zu tun hatte." Frau W.: „Sagen wir mal so, es war bitter, dass die Ausländer mit vier 500 Mark Scheine aus der Tür kamen und ich kriege gesagt, für Sie haben wir nichts." Herr W.: „Wir sind halt abgewiesen worden." Man habe zu der Zeit lediglich über das Renteneinkommen von Herrn W. in Höhe von 1600 DM verfügen können (Interview: 24).

Herr W. ist nach überstandener Krankheit zunächst stundenweise wieder in den Beruf eingestiegen. Über das Vorgehen der Landesversicherungsanstalt für Angestellte (LVA) in diesem Zusammenhang sind Herr und Frau W. sehr verärgert. „Weil die von heut' auf morgen aufgehört haben zu zahlen, uns aber keinen triftigen Grund genannt haben. (...) Da mussten wir wirklich vor Gericht gehen, um das wir dann aufgeklärt worden sind (...) er arbeitet jetzt vier Stunden, und wenn er vier Stunden arbeitet, sind sie nicht dafür zuständig, wenn er nur drei Stunden arbeiten würde, dann müssten sie weiter bezahlen" (Interview: 36).

Wir fragen Frau W., ob es mit einem zu 95 Prozent steifen Arm nicht ebenso schwierig sei, zu putzen, wie als Frisörin zu arbeiten. „Ja, ist es auch. Also, rechtlich gesehen, müsste ich meine Stelle aufgeben. Aber es ist halt eben das nötige Kleingeld, mir haben noch keinen Urlaub zusammen gehabt, und ich spare das Geld für einen Urlaub. Und ich habe gesagt, nächstes Jahr wollen wir ein Baby ansetzen, dann muss ich sowieso aufhören. Ich war in letzter Zeit öfters beim Doktor wegen der Schulter, und ich muss eigentlich aufhören, weil ich hatte vor zwei Jahren für zwei Monate in einer Kneipe gearbeitet und habe da neun Stunden bedient und hatte Überbelastung, und ich hatte wirklich so ein chronisches Zittern nach der Zeit gekriegt, und dann musste ich also Tätigkeiten, also das Arbeitsamt sollte mich umschulen, aber dadurch, dass ich halt eben, also eigentlich eine Liste mit Sachen, die ich eigentlich gar nicht machen darf, und auch laut Arbeitsamt nicht die schulische Ausbildung habe, die man bräucht'" (Interview: 3).

Das Ehepaar war über den Umgang des Arbeitsamtes mit Frau W. während der Krankheit von Herrn W. äußerst unzufrieden: „137 Mark haben die mir Arbeitslosenhilfe zugesprochen, weil wir in einer eheähnlichen Gemeinschaft gelebt hatten und er musste mich mitversorgen. Dann wurde er krank und dann sollte ich einen Lehrgang machen. Und zwar waren das fünf Wochen Computerlehrgang. (...) Und drei Wochen sollte ich dann in irgendeiner Firma in der Fabrik (...) dann hatte ich mich mit denen in Verbindung gesetzt, dass er so schwer krank geworden ist, und dass ich jeden Tag bei ihm sitzen müsste, weil er mehr oder weniger am Sterben war, dann kriegte ich gesagt, die Ausrede käme jede Woche und wenn ich den Lehrgang nicht machen würde, würden sie mir das Geld streichen. Und wenn sie mir das Geld streichen würden, wäre ich nicht mehr krankenversichert, das sollte ich mir überlegen. Dann hatte ich mit der Hausärztin gesprochen, die sagte, Mensch mach' die acht Wochen, und ich habe dann gesagt, nicht für 137 Mark im Monat. Weil ich stelle mich dann nicht acht Wochen hin und dann kann ich nicht zu ihm jeden Tag. Weil es war ja manchmal – gerade die erste Notoperation, da kam ich grad, so 10 Minuten war ich bei ihm, dann wurde er geholt in den OP und dann sagt der Arzt zu mir, verabschieden Sie sich von ihm, ich kann Ihnen nicht garantieren, dass Sie ihn lebend wiedersehen. Und dann wollte ich das einfach nicht. Ich habe gesagt, kann man das nicht normal regeln, ja, vier Monate verschieben, doch das wollten die nicht. Und dann haben die mir das Geld gestrichen. Und dann haben wir nachdem geheiratet. Er sagte, ich wäre abgesichert, wenn ihm wirklich was passieren sollte, und war so bei ihm mitversichert" (Interview: 21 f.)

Fachlicher Kommentar:

Herr und Frau W. besitzen durchaus den Willen sowie die Fähigkeiten, ein eigenverantwortliches Leben zu führen. Sie sind allerdings mir dem ‚Behörden- und Verwaltungsdschungel', mit dem sie in einer ohnehin belastenden Situation konfrontiert sind, überfordert. Es fehlt an Unterstützungs- und Beratungssystemen, die Menschen bei schweren Krankheiten und der Bewältigung von deren Folgen zur Seite stehen. Nur ein gravierender Mangel auf dieser Ebene kann erklären, dass Herr W. den mit Kosten verbundenen Weg vor Gericht antreten muss, um zu der Erkenntnis zu gelangen, dass bei Erwerbstätigkeit ab einem gewissen Stundenumfang jede Leistung der LVA wegfällt. Eine frühzeitige Beratung, die den Wissenstand von Herrn und Frau W. berücksichtigt, hätte das verhindern müssen.

Schwere Krankheiten und Unfälle führen regelmäßig zu massiven Einkommenseinbußen und/oder zu einem erhöhten Verwaltungsaufwand, der zusätzlich zu allen Folgen der Krankheit bewältigt werden muss. Dies gilt, sofern die Betroffenen nicht sehr vermögend sind oder aber bereits vor Eintreten der Krankheit in umfangreiche staatliche und vom Versorgungsgedanken geprägte Sicherungssysteme, wie das der Sozialhilfe oder Versorgungssysteme nach dem Beamtenrecht eingebunden sind.

Frau W. äußert ausführliche Überlegungen betreffend ihre berufliche Situation. Im Gespräch erläutert sie mehrfach die Gründe, die gegen diese oder jene Tätigkeit bzw. Maßnahme sprechen. Eigene Ansätze seitens Frau W., eine befriedigende berufliche Situation zu erreichen, sind nicht zu erkennen. Das Arbeitsamt wird zum einen als sanktionierende Institution erlebt, zum anderen als die Stelle, die zusätzliche Argumente gegen diese oder jene Tätigkeit bereit hält. Eine ressourcenorientierte Beratung durch das Arbeitsamt sollte Frau W. darin unterstützen, mit ihr gemeinsam Gründe für bestimmte Tätigkeiten und Wege zur Umsetzung zu finden und sie angemessen in die Verantwortung für den eigenen beruflichen Werdegang einbinden.

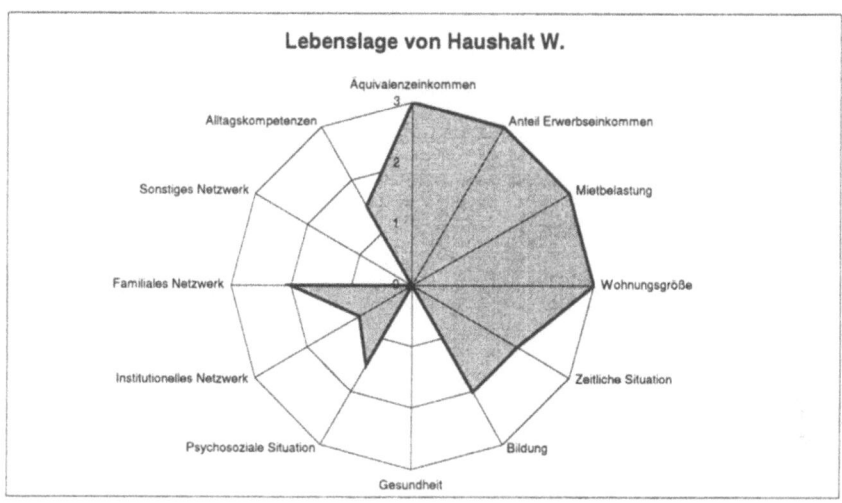

Haushalt X.

„Die Werte haben sich geändert. Der Freundeskreis hat sich geändert, früher waren wir viel unterwegs, sind öfter ausgegangen, haben zuviel gearbeitet. Heute geht das nicht mehr. Wir haben einen anderen Sinn im Leben gefunden."

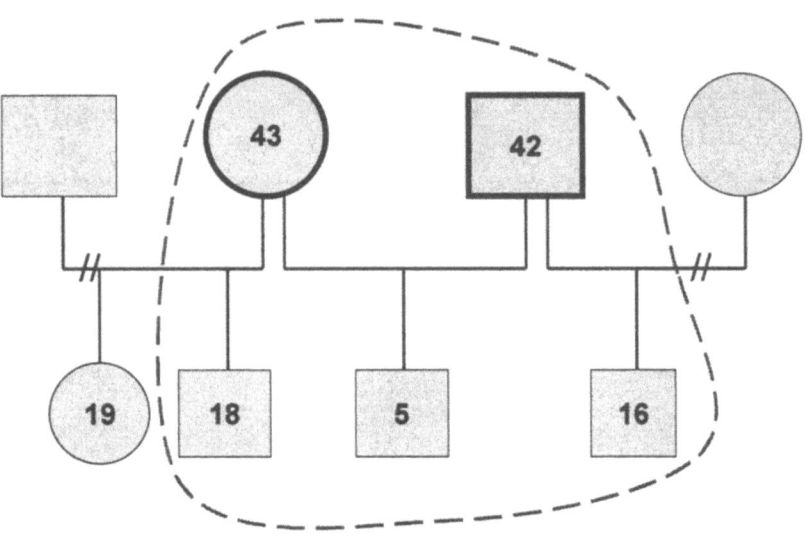

Frau und Herr X. haben einen gemeinsamen fünfjährigen Sohn. Frau X. hat zwei Kinder aus erster Ehe. Die 19-jährige Tochter macht eine Ausbildung zur Küchenhilfe und kommt jedes zweite Wochenende für zwei Tage und Nächte zu Besuch. Der ein Jahr jüngere Sohn von Frau X. wohnt im Haushalt, er nimmt an einer berufsvorbereitenden Maßnahme in einer Schule teil. Der sechzehnjährige Sohn von Herrn X. aus erster Ehe nimmt ebenfalls an einer berufsvorbereitenden Maßnahme teil, er wohnt etwa zur Hälfte bei Familie X. In der übrigen Zeit lebt er bei seiner Mutter. Herr und Frau X. müssen ihre Familienverhältnisse und die Gründe für verschiedene Nachnamen häufig erklären, insbesondere bei Kontakten mit Ämtern und Behörden. Ihnen gefällt der Begriff ‚Patchworkfamilie', den wir im Interview benutzen.

Arbeitslosigkeit, Krankheiten, Überschuldung und die sich aus diesen Faktoren ergebenden Veränderungen in der Familie sind wichtige Themen des Interviews.

Frau X. ist gelernte Verkäuferin, sie geht zur Zeit einer geringfügigen Beschäftigung nach. Herr X. hat eine Ausbildung zum Maurer, er ist arbeitslos. Wegen gesundheitlicher Probleme kann er nicht mehr in seinem erlernten Beruf arbeiten. Er bemüht sich regelmäßig beim Arbeitsamt und bei der nahegelegenen Universität um Hausmeister-, Lageristen- oder Pförtnerstellen, bislang jedoch ohne Erfolg. Er hat zwei Bandscheibenvorfälle und gibt an, generell Rückenprobleme aufgrund einer Wirbelsäulenverkrümmung zu haben. Er darf nicht mehr als 10 kg heben. Außerdem hat er Herz- und Lungenprobleme, bei Anstrengungen wie Treppensteigen bekommt er Atemprobleme. Auch Frau X. hat gesundheitliche Probleme. Sie spricht von Allergien und Lungenfunktionsstörungen und hatte in der Vergangenheit mehrere schlimme Asthmaanfälle. Die Allergien führt sie auf ihre Tätigkeit als Verkäuferin in einem Kaufhaus zurück, dort zum einen auf die Präparation der Waren und zum Zweiten auf die Desinfektionsmittel, die nach Feierabend versprüht werden.

Das Nettogesamteinkommen des Haushalts betrug bis vor kurzem 4717 DM, nach einer neuerlichen Kürzung des Arbeitslosengeldes 4292 DM.

Im Zusammenhang mit Arbeitslosigkeit und Erkrankungen hatte Herr X. viele Kontakte mit Institutionen wie Versorgungsamt, Arbeitsamt und der Landesversicherungsanstalt für Angestellte (LVA). Den Umgang dieser Behörden mit seinen Problemen beschreibt Herr X. zusammengefasst als sehr unbefriedigend. Laut LVA lägen die Krankheiten, die zur Arbeitsunfähigkeit geführt haben, „am Nichtstun". Er habe viel Ärger mit Ämtern gehabt. Es haben sich einige Ordner mit Schriftwechsel angesammelt.

Eine von diversen Parametern abhängige Hausfinanzierung ist gescheitert und hat schließlich zur Einleitung eines Verbraucherinsolvenzverfahrens geführt. Die Familie hatte ca. 1995/96 ein Haus für ca. 450.000 DM gekauft. Zum Zeitpunkt des Hauskaufs bestanden zusätzliche Geschäftsschulden aus einer ehemaligen Selbstständigkeit in Höhe von 20.000 DM. Frau X. war derzeit selbstständig als Auslieferin von Zeitungen und Zeitschriften tätig. Der Verlust einer von zwei Touren führte zu entsprechenden Einkommenseinbußen. Zudem wurde Herr X. in dieser Zeit arbeitslos. Hinzu kam, dass eine Freundin nicht, wie ursprünglich geplant, in die Einliegerwohnung des Hauses einzog. Schließlich musste das Haus verkauft werden. Nach dem Verkauf des Hauses und der Verwendung des Verkaufserlöses für die Ablösung von Krediten blieben Schulden in Höhe von 150.000 DM. Im Jahr 2000 wurde das Insolvenzverfahren eingeleitet. Herr und Frau X. bewerten die Schuldnerberatung mit dem Ergebnis der Einleitung des Insolvenzverfahrens als hilfreich und positiv.

Herr und Frau X. sehen die durch Krankheiten und Überschuldung verursachten Veränderungen und Krisen als eine Chance. Man habe über den Lebenssinn nachgedacht. Der Freundeskreis habe sich geändert, man sei früher viel unterwegs gewesen, öfter ausgegangen, man habe zuviel gearbeitet. Die Werte seien heute andere. Dies spiegelt sich in einer unkonventionellen und ideenreichen Haushaltsführung.

Der jüngste Sohn trägt relativ hochwertige gebrauchte Kleidung aus dem Freundeskreis. Frau X. kauft auf dem Flohmarkt Hausrat und eine großen Teil ihrer Bekleidung. Der Fernseher ist gebraucht erworben. Es werden viele Tauschgeschäfte gemacht. So bekommt die Familie beispielsweise Blumen von Nachbarn und gibt dafür Eier aus eigener Hühnerhaltung. Die Hennen stammen aus Legebatterien, wo sie ausgesondert wurden, weil sie dort wegen Erschöpfung keine Eier mehr legen konnten. Nach einer Zeit der Erholung bei Familie X. legen diese Tiere wieder. Außerdem werden weitere Kleintiere wie Hasen und Enten gehalten. Eine Bäcker gibt der Familie gesammeltes altes Brot zum Verfüttern. Man kennt Quellen, günstig an Hundefutter und Fleisch zu kommen.

Fachlicher Kommentar:
Die Ursachen für die Überschuldung sind in diesem Haushalt relativ klar zu beschreiben. Der Überschuldung liegt keine immer wiederkehrende und häufig spontane Konsumentenkreditaufnahme zugrunde. Es kann daher davon ausgegangen werden, dass die Chancen für ein erfolgreiches Insolvenzverfahren von Anfang an gut waren und dass hohe Aussichten bestehen, dass der Haushalt auch nach Beendigung des Verfahrens schuldenfrei bleiben wird.

Die Ressourcen dieses Haushalts liegen in der Bereitschaft und Fähigkeit unkonventionelle Wege zu gehen, insbesondere, wenn es darum geht, Ausgaben zu minimieren. Die zahlreichen Tauschgeschäfte sind an die Fähigkeit geknüpft, die dafür notwendigen Kontakte zu schließen und zu pflegen. Man kann hier von einem kreativen Haushaltsstil und einer kreativen Sparsamkeit sprechen.

Hier haben sich individuelles Engagement in Kombination mit einer relativ neuen vom Gesetzgeber geschaffenen Möglichkeit, schuldenfrei zu werden, optimal ergänzt.

Bezüglich der Erwerbslosigkeit läuft individueller Einsatz allerdings ins Leere. Gezielte arbeitsmarktpolitische Programme, die sich auf relativ junge gesundheitlich eingeschränkte Dauererwerbslose beziehen, fehlen.

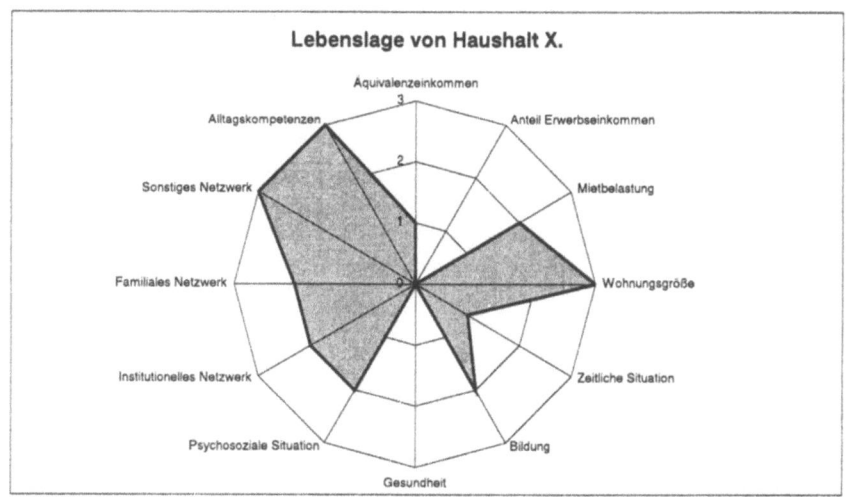

4. Vergleichende Interpretation der Lebenslagenindikatoren

Nachdem im vorangegangenen Abschnitt die Situation der Projekthaushalte einzelfallbezogen dargestellt wurde, werden nun deren Lebenslagen aus der Perspektive einzelner Indikatoren analysiert. Dabei wird die Reihenfolge der Indikatoren, die in Kapitel V.2.2 theoretisch beschrieben sind, jedoch zur besseren Darstellung der Zusammenhänge geringfügig abgewandelt. Die im nachfolgenden Text verwendete Reihenfolge findet sich in nachfolgender Tabelle.

Verteilung der Merkmalsausprägungen

Merkmal / Punkte	0	0,5-1	1,5-2	2,5-3
Äquivalenzeinkommen	4	12	4	2
Anteil Erwerbseinkommen	12	3	3	4
Zeitliche Situation	2	7	3	10
Bildung	9	1	10	2
Mietbelastung	4	7	8	3
Wohnungsgröße	2	3	4	13
Gesundheit	5	4	8	5
Psychosoziale Situation	0	12	7	3
Institutionelles Netzwerk	1	7	6	8
Familiales Netzwerk	7	3	7	5
Sonstiges Netzwerk (Freunde, Nachbarn, Bekannte)	4	3	10	5
Schulden	ohne quantitative Bewertung			
Alltagskompetenzen	0	3	5	14

Da bei der Darstellung der verschiedenen Indikatoren vor allem aussagekräftige Zusammenhänge herausgearbeitet werden sollen, wird auf eine schematische und vollständige Abhandlung aller möglichen Merkmalsausprägungen und -kombinationen verzichtet. Stattdessen wird entweder innerhalb eines Indikators herausgearbeitet, unter welchen Vorraussetzungen Haushalte besonders hohe bzw. niedrige Bewertungen erzielen, oder es werden die Ausprägungen in den Beurteilungen verschiedener Indikatoren miteinander verglichen.

Die Schuldensituation der einzelnen Projekthaushalte konnte – wie bereits in Kap. V.2.2 begründet – aufgrund ihrer Komplexität nicht quantitativ in einem Punkteschema abgebildet werden und ist deshalb in den Gitternetzen nicht als Merkmal enthalten. Zu den Faktoren, die Verschuldungshöhe, Rückzahlungsmodalitäten und Restschuldentwicklung bestimmen, zählen die unterschiedlichen Verwendungszwecke der Kredite, die verschiedenen Kreditformen sowie die unterschiedlichsten Folgen des Zahlungsverzugs. ,Schulden' werden in diesem Kapitel aufgrund ihrer Bedeutung für die Gesamtsituation der Haushalte qualitativ einbezogen und an vorletzter Stelle vor den abschließend dargestellten

Alltagskompetenzen behandelt, da der Umgang mit Schulden als ein Ausdruck von Alltagskompetenzen interpretiert werden kann.

4.1 Äquivalenzeinkommen

Die Abgrenzungen zur Bewertung der Äquivalenzeinkommen orientieren sich an den ab Juli 2001 geltenden Regelsätzen der Sozialhilfe. So werden beispielsweise für ein Äquivalenzeinkommen, das oberhalb des vierfachen Sozialhilferegelsatzes für erwachsene Personen liegt, die nicht Haushaltsvorstand sind, drei Punkte vergeben. Bei der vorgenommenen Bewertung wird die Tatsache berücksichtigt, dass SozialhilfeempfängerInnen über den Regelsatz hinaus weitere Leistungen erhalten wie z.b. die Übernahme von Kosten für die Wohnung oder einmalige Beihilfen für Bekleidung.

Haushalte mit relativ hohen Äquivalenzeinkommen (zwei und drei Punkte)
Lediglich zwei Haushalte der Untersuchung erreichen bei der Bewertung des Äquivalenzeinkommens drei Punkte. Es handelt in einem Fall um den einzigen Haushalt, in dem keine Kinder leben oder gelebt haben und dessen Einkommen ausschließlich aus Erwerbseinkommen besteht. In dem zweiten Haushalt lebt eine allein erziehende Mutter mit einem Kind, die dank der Unterstützung ihrer Eltern bei der Kinderbetreuung bislang voll erwerbstätig sein konnte. Zum Zeitpunkt des Interviews hatte sie allerdings gerade ihren Arbeitsplatz verloren.

Vier weitere Haushalte haben relativ hohe Einkommen. Sie zeichnen sich bis auf Haushalt I. durch einen relativ hohen Anteil des Erwerbseinkommens am Haushaltsbudget aus.

Frau I. bezieht eine Erwerbsunfähigkeits- sowie eine Unfallrente. Somit trägt zu der positiven Einkommenssituation in diesem Haushalt ebenfalls Erwerbstätigkeit bei und zwar in Form einer aus Erwerbstätigkeit abgeleiteten sozialen Sicherung.

In zwei von drei weiteren Haushalten, deren Einkommenssituation als zufrieden stellend bezeichnet werden kann, ist die Erwerbssituation dennoch mit Problemen behaftet. Es handelt sich um die Haushalte P. und V. Bei Haushalt P. ist das derzeitige Einkommen zeitlich begrenzt. Die allein erziehende Mutter eines Kindes ist ohne abgeschlossene Ausbildung und zur Zeit mit einem befristeten Arbeitsvertrag bei einer Beschäftigungsgesellschaft angestellt. Sie verfügt über mittlere Alltagskompetenzen. Der allein erziehende Herr V. nimmt für die positive Einkommenssituation seiner Familie mit 12,61 Stunden täglich die zweithöchste zeitliche Belastung der an der Untersuchung teilnehmenden Haushalte in Kauf.

Uneingeschränkt positiv kann zur Zeit lediglich die Erwerbs- und Einkommenssituation der Familie O. gewertet werden. Die sechsköpfige Familie verfügt nach einer Phase der Arbeitslosigkeit des Vaters wieder über ein zufriedenstellendes Einkommen. Es handelt sich hier um den einzigen Haushalt mit Kindern im Rahmen dieser Untersuchung, der unter Einsatz der Ressourcen Bildung und hohe Alltagskompetenzen seine jetzige zufriedenstellende finanzielle Situation erreichen konnte, ohne dabei eine Überlastung eines Familienmitglieds zu riskieren.

Festzuhalten bleibt an dieser Stelle: Erwerbstätigkeit oder eine aus Erwerbstätigkeit hervorgehende Absicherung erweist sich als eine unbedingte, aber nicht hinreichende Bedingung für ein relativ hohes Einkommen bei Haushalten in prekären Lebenslagen.

Haushalte mit sehr niedrigen Äquivalenzeinkommen (null Punkte)
Alle vier Haushalte unserer Untersuchung, die mit sehr niedrigen Einkommen wirtschaften müssen, sind oder waren kinderreich. Sie zeichnen sich durch hohe Alltagskompetenzen aus. Es bestehen Ansprüche auf ergänzende Sozialleistungen, die allerdings nicht in voller Höhe ausgeschöpft werden, wie die Beispiele der Haushalte A. und E. zeigen.

Haushalt A. konnte sich erst kürzlich überhaupt entschließen, Anträge auf ergänzende Beihilfen im Rahmen der Sozialhilfe zu stellen. Haushalt E. stellt ein Beispiel für Haushalte dar, die trotz knappster finanzieller Ressourcen die Möglichkeit, die die Sozialhilfe bietet, nicht voll ausnutzen bzw. sie bei grundlegenden Entscheidungen nicht einkalkulieren. In diesem Falle betrifft das die Versorgung der Familie mit angemessenem Wohnraum.

Frau B. verfügt nur über ein äußerst niedriges Einkommen. Sie wurde relativ jung Mutter, hat mehrere Kinder großgezogen und auch deshalb keinen Ausbildungsabschluss erreicht. Haushalt B., der einzige Haushalt, der ausschließlich von Sozialhilfe lebt, ist ein Sonderfall, weil Frau B. von der ihr zustehenden Sozialhilfe ihre Enkelin – das Kind ihrer kranken Tochter – überwiegend mitversorgt. Frau B. ist geschieden, der geschiedene Ehemann ist mittlerweile verstorben. Aus ihrer Ehe hat sich kein hinreichender Versorgungsanspruch ergeben. Auch die Altersrente, auf die Frau B. in der Zukunft Anspruch hat, wird nicht für sie ausreichen, um von Sozialhilfe unabhängig zu werden. Frau B. wie auch eine weitere Probandin[1] werden trotz oder gerade wegen ihrer umfangreich geleisteten Erziehungsarbeit aller Voraussicht nach von Altersarmut betroffen sein.

Alle vier Haushalte mit sehr niedrigen Einkommen besitzen hohe Alltagskompetenzen. Hohe Alltagskompetenzen bedeuten auch eine ausgeprägte Eigenverantwortung für die Erzielung des eigenen Einkommens. Die Energien der Erwachsenen sind auf das Erkunden weiterer Einkommensquellen und/oder das

---

1   Es handelt sich um Frau L., deren Haushalt über ein relativ niedriges Einkommen verfügt)

‚Zurechtkommen' mit weniger Einkommen gerichtet. Das hohe Maß an Eigenverantwortung hat diese Haushalte davon abgehalten, ihre Rechtsansprüche im Rahmen der Sozialhilfe in voller Höhe geltend zu machen. Diese Verhaltensweisen in Kombination mit Kinderreichtum führen in der Konsequenz bei fehlenden Einkommensalternativen zu den niedrigsten Einkommen der untersuchten Haushalte. So bleibt festzuhalten: Die Tatsache des ‚Kinderhabens' verursacht Armut. Hohe Alltagskompetenzen verhindern Armut in diesen Fällen nicht. Treten hohe Alltagskompetenzen in Verbindung mit nicht genutzten Sozialleistungen auf, sind niedrigste Äquivalenzeinkommen die Konsequenz.

Haushalte mit relativ niedrigen Einkommen (ein Punkt)
In dieser Gruppe von 12 Haushalten finden sich alle diejenigen, die mittel- und langfristig im Sozialhilfebezug stehen. Die routinemäßige Auszahlung von Bekleidungsbeihilfen, die in der Regel erfolgt, wenn HilfeempfängerInnen ein halbes Jahr lang Hilfe zum Lebensunterhalt beziehen sowie die Kenntnisse im Bereich möglicher zu beantragender einmaliger Beihilfen unterscheidet diese Haushalte von denjenigen mit sehr niedrigen Einkommen.

Bei drei weiteren Haushalten mit niedrigen Einkommen sind die Gründe dafür in Erwerbslosigkeit oder niedrig entlohnter Erwerbsarbeit zu suchen. So findet Frau G. im Alter von 56 Jahren in ihrem Beruf als Einzelhandelskauffrau keine Stelle mehr. Frau H. hat keine abgeschlossene Berufsausbildung, war dennoch fast durchgehend berufstätig und ist heute froh, eine halbe Stelle als Reinigungskraft im öffentlichen Dienst gefunden zu haben. Beide Frauen waren bzw. sind allein erziehende Mütter. In Haushalt X. schließlich konnten sowohl Frau X. als auch Herr X. aus gesundheitlichen Gründen nicht mehr in ihren erlernten Berufen als Verkäuferin bzw. Maurer arbeiten.

4.2 Anteil Erwerbseinkommen am Haushaltsgesamteinkommen

Dieser Indikator zeigt, in welchem Maß ein Haushalt in der Lage ist, seine Existenz selbst zu sichern. Umgekehrt drückt eine niedrige Bewertung aus, in welchem Ausmaß eine Familie von staatlichen Transferzahlungen abhängig ist.

Lediglich ein Haushalt lebt ausschließlich von Erwerbseinkommen; da das Ehepaar (noch) kinderlos ist, wird auch kein Kindergeld bezogen. Drei weitere Haushalte weisen einen hohen Anteil an Erwerbseinkommen auf, d.h. er beträgt 75 bis 100 Prozent des Gesamteinkommens. Die damit verbundene geringere Abhängigkeit von Transferzahlungen bedeutet jedoch nur bei sicherer Arbeitsplatzsituation auch Verhinderung von Armut. In einem Fall hat die allein erziehende Mutter gerade ihren Arbeitsplatz verloren, in einem anderen Fall ist der Arbeitsplatz von vornherein befristet.

Zwölf Haushalte sind in hohem Maße von Transferzahlungen (null Punkte) abhängig, das heißt, weniger als 25 Prozent des Einkommens werden durch Erwerbstätigkeit erwirtschaftet. Bis auf zwei Ausnahmen verfügen diese Haushalte über niedrige – nicht über sehr niedrige – Äquivalenzeinkommen. In einem Sonderfall versorgt eine offiziell alleinstehende Frau ihr Enkelkind teilweise mit, so dass sich ein sehr niedriges Äquivalenzeinkommen ergibt. Im anderen Falle sorgen Rentenzahlungen für eine mittleres Äquivalenzeinkommen.

Geht man der Frage nach, wie hoch die Anteile an Erwerbseinkommen in den Haushalten sind, denen nur sehr niedrige Äquivalenzeinkommen zur Verfügung stehen, finden sich in drei der vier Haushalte mit sehr niedrigen Äquivalenzeinkommen Erwerbseinkommensanteile, die mit einem oder zwei Punkten bewertet werden können. Diesen drei Haushalten ist gemeinsam, dass sie hohe Anstrengungen in die Erzielung von Erwerbseinkommen investieren, bestehende Ansprüche auf ergänzende Sozialleistungen jedoch nicht voll ausnutzen.

Dieser Zusammenhang zwischen dem Äquivalenzeinkommen und dem Anteil des Erwerbseinkommens am Haushaltsgesamteinkommen lässt eindrücklich deutlich werden, dass die Verantwortung für eine Erhöhung des Familieneinkommens nicht alleine den Haushalten zugeschoben werden kann.

4.3 Zeitliche Situation

Dieser Indikator bildet die mit Hilfe der Haushaltsanalyse ermittelte zeitliche Belastung der interviewten Bezugsperson des Haushalts ab. In den folgenden Ausführungen wird gezeigt, dass eine gleich hohe zeitliche Belastung in den Haushalten mit sehr unterschiedlichen Ausprägungen der anderen Merkmale – vornehmlich des Einkommens – verbunden sein kann.

Zeitnot
Zwei Haushalte tragen derart große zeitliche Belastungen, dass 0 Punkte beim Indikator ‚zeitliche Situation' vergeben wurden. Es sind in beiden Fällen allein erziehende Elternteile mit hohen Alltagskompetenzen (3 Punkte). Der alleinerziehende Vater zweier Töchter, Herr V., geht einer vollen Erwerbstätigkeit nach. Auf das Thema Zeit angesprochen antwortet er: „Ganz armselige Geschichte" (Interview Haushalt V.: 9). Durch Familien- und Erwerbstätigkeit ergibt sich für Herrn V. eine durchschnittliche tägliche Arbeitszeit von 12,6 Stunden. Dieser Wert wird nur von Frau E., die halbtags erwerbstätig und allein erziehende Mutter dreier Kinder ist, geringfügig übertroffen. Sie arbeitet durchschnittlich 12,9 Stunden pro Tag.

Die Kombination von Erwerbs- und Familientätigkeit bei allein erziehenden Eltern mit mehreren Kindern bedingt Zeitnot. Die immense zeitliche Belastung ist allerdings nur unter bestimmten weiteren Voraussetzungen mit einer zufriedenstellenden Einkommenssituation verbunden. Das zeigt die nähere Betrachtung der Bedingungen, unter denen die Haushalte ihren anstrengenden Alltag bewältigen.

Herr V. hat das Glück, eine zuverlässige Tagesmutter gefunden zu haben, bei der seine Töchter sich sehr wohl fühlen, zudem kann er auf ein verlässliches familiales Netzwerk zurückgreifen. Nur aufgrund dieser positiven Voraussetzungen ist es ihm überhaupt möglich, neben seiner Familientätigkeit einer Vollzeiterwerbstätigkeit nachzugehen. Der Haushalt erreicht so immerhin ein mittleres Äquivalenzeinkommen. Die zeitliche Überforderung wird zumindest mit einer entspannten finanziellen Situation belohnt.

Anders ist die Situation bei Frau E., sie muss ihren Alltag ohne ein familiales Netzwerk bewältigen. Frau E. muss ihrer eigenen Mutter zur Seite stehen, wenn diese mit Behördenangelegenheiten überfordert ist. Frau E. ist zusätzlich zeitlich belastet durch Behördenangelegenheiten und –gänge. Als erwerbstätige Bezieherin von ergänzender Sozialhilfe hat sie immer wieder aufs Neue Nachweise über ihre finanzielle Situation vorzulegen. Frau E. erreicht trotz ihres Einkommens aus ihrer Halbtagstätigkeit in ihrem erlernten Beruf als Bürokauffrau nur ein sehr niedriges Äquivalenzeinkommen. Die extrem hohe zeitliche Belastung findet überhaupt keinen Niederschlag in der finanziellen Situation.

Die Inkaufnahme extremer zeitlicher Belastung wird also nur unter bestimmten Bedingungen mit einer positiven Einkommenssituation belohnt.

Zeitknappheit

Der oben aufgeführte Zusammenhang zeigt sich auch bei den Haushalten, in denen die Bezugsperson täglich neun bis elf Stunden arbeitet. Diese hohe zeitliche Belastung (1 Punkt) führt zu unterschiedlichen Äquivalenzeinkommen, also nicht durchgängig zu einer Erhöhung des Einkommens. Das hängt i.d.R. von Anzahl und Alter der Kinder ab, wodurch ein unterschiedlich hoher Teil der Zeit für Familientätigkeit verwendet wird. Die ‚Entlohnung' in Form des Familienleistungsausgleichs für diese Tätigkeit fällt ungleich geringer aus als Lohn für eine ähnlich beanspruchende und umfangreiche Erwerbstätigkeit.

Eine angespannte zeitliche Situation finden wir in sieben Haushalten. Diese Haushalte verfügen mit einer Ausnahme über hohe Alltagskompetenzen, einer hat mittlere Alltagskompetenzen. Lediglich in Haushalt G. führt zeitliche Unterforderung zu geringer Bewertung. Es handelt sich um eine ältere, mittlerweile allein lebende Frau, die trotz hoher Motivation keinen Arbeitsplatz findet. Als ehemals allein erziehende und berufstätige Mutter hatte sie in der Vergangenheit allerdings ebenfalls ein knappes Zeitbudget.

In den übrigen sechs Haushalten arbeitet die Bezugsperson zwischen neun und elf Stunden pro Tag. In diesen Familien sind mehrere Kinder zu versorgen oder die Bezugsperson muss die Erziehung eines oder mehrerer Kinder mit Erwerbstätigkeit bzw. einem Studium vereinbaren.

Hohe zeitliche Belastung geht in den von uns untersuchten Haushalten in allen Fällen mit hohen Alltagskompetenzen einher. Hohe Alltagskompetenzen bedeuten allerdings im Umkehrschluss nicht durchgehend eine hohe zeitliche Belastung. Die Versorgung mehrerer Kinder sowie die Kombination von Erwerbstätigkeit und Familientätigkeit führen i.d.R. zu Zeitknappheit.

Entspannte zeitliche Situation
Drei Haushalte verfügen lediglich über geringe Alltagskompetenzen, alle drei leben in einer zeitlich entspannten und daher mit drei Punkten bewerteten Situation. In zwei dieser drei Haushalte sind die Mütter im Rahmen geringfügiger Beschäftigungsverhältnisse tätig. Weitergehende Erwerbstätigkeit gibt es nicht. In allen drei Haushalten sind die Kinder teilweise fremdplatziert. Wegen der – noch oder wieder – im Haushalt lebenden Kinder ist das Jugendamt mit ambulanten Hilfen eingebunden. In diesen Familien überlassen die Eltern den Institutionen der Jugendhilfe einen beträchtlichen Teil der Verantwortung für das Wohl der Kinder. In Teilbereichen der Haushaltsführung, insbesondere im Bereich der Nahrungszubereitung, besteht ein niedriges Anspruchsniveau. Bezüglich der Einkommenserzielung verlassen sich die Haushalte langfristig auf die Hilfe zum Lebensunterhalt im Rahmen der Sozialhilfe, sie geben damit einen großen Teil der Verantwortung für ihre finanzielle Situation an die Sozialhilfe ab. Die Abgabe von Verantwortung in den verschiedenen Bereichen des Haushalts ist mit einem Gewinn von zeitlichem Freiraum verbunden.

Das Phänomen ‚entglittener' Zeitstrukturen wird in einem Fall von der Betroffenen selbst erkannt und thematisiert. „Als ich arbeiten gegangen bin, habe ich festgestellt, dass ich besser über die Runden komme, wenn ich richtigen Stress habe. Im Moment habe ich ja Zeit und da verschiebt man Dinge" (Interview Haushalt C.: 34).

Anders hingegen empfindet es Frau U., in deren Haushalt zwei Kinder leben. Sowohl sie als auch ihr Mann sind nicht berufstätig, sie verfügen damit über vergleichsweise viel Zeit. Frau U.: „Und dann, wenn ich dann auf die Ämter oder so gehe, dann dauert das natürlich eine ganze schöne Zeit. Dann muss ich sie ja um halb eins wieder – also mein Tagesablauf geht nach der Uhr. Mein ganzer Tagesablauf geht nach der Uhr. Ich muss immer auf die Uhr gucken, was ich schaffen tu und was ich nicht schaffe. (...) Also Sie sehen ja was ich an Zeit habe. Ich bin ja immer nur unterwegs. Ich weiß ja nicht, wie das werden soll, wenn ich noch arbeiten gehe. Dann wird's ein bisschen schwierig" (Interview Haushalt U.: 19, 24).

4.4 Bildung

Bei der Analyse des Indikators Bildung haben sich in der vergleichenden Betrachtung mit den Indikatoren Alltagskompetenzen und Einkommen bedeutsame Zusammenhänge gezeigt, die im folgenden beschrieben werden.

Zusammenhang Bildung/Alltagskompetenzen
Elf von zwölf Haushalten, die bei der Bewertung des Indikators Bildung zwei bzw. drei Punkte erreicht haben, verfügen gleichfalls über hohe Alltagskompetenzen.

Drei Haushalte besitzen bei hohen Alltagskompetenzen keinen oder nur einen geringen Ausbildungsgrad. Es handelt sich in allen drei Haushalten um solche mit ausschließlich weiblichen Bezugspersonen. Zwei dieser Frauen sind 1944 bzw. 1954 geboren. In ihrer Zeit und ihrem Umfeld war eine Ausbildung für Frauen nicht selbstverständlich. Die 56-jährige Frau B. musste als Waisenkind bis zu ihrer Eheschließung als Ungelernte arbeiten. Bei der 46-jährigen Frau H. wird das Thema Ausbildung nicht angesprochen. Die für eine Berufsausbildung erforderlichen intellektuellen Fähigkeiten sind bei beiden Frauen zweifellos vorhanden. Im dritten Fall befindet sich die allein erziehende Mutter im Studium und kann in absehbarer Zeit einen Hochschulabschluss vorweisen.

Haushalte mit mittleren bis geringen Alltagskompetenzen (0,5 – 2 Punkte) erreichen bis auf eine – oben bereits angeführte – Ausnahme null Punkte beim Indikator Bildung, d.h. in diesen Haushalten verfügt keine erwachsene Person über eine abgeschlossene Ausbildung.

Im Ergebnis zeigt sich, dass formale Bildungsabschlüsse und Alltagskompetenzen deutlich korrelieren, sofern nicht frauen- und generationenspezifische Bildungsmängel diese Regelmäßigkeit durchbrechen.

Zusammenhang Bildung/Äquivalenzeinkommen
In 12 Haushalten verfügen alle erwachsenen Mitglieder über eine abgeschlossene Ausbildung. Auffallend ist, dass sich immerhin drei der vier Familien mit sehr niedrigen Einkommen in dieser Gruppe befinden. Diese drei Familien sind kinderreich.

Der vierte Haushalt mit einer sehr schlechten Einkommenssituation (0 Punkte) erreicht auch beim Indikator Bildung nur 0 Punkte. Es handelt sich allerdings um den Haushalt der 1944 geborenen Frau B., die oben bei der Darstellung des Zusammenhangs von Bildung und Alltagskompetenzen dadurch auffiel, dass nicht vorhandene berufliche Bildung auf biografische und soziale Faktoren zurückzuführen ist, aber trotzdem mit hohen Alltagskompetenzen einhergeht.

Unter den genannten 12 Haushalten konnten zwei beim Indikator Bildung mit der höchstmöglichen Punktzahl von drei Punkten bewertet werden. In beiden Haushalten leben allein erziehende Mütter von jeweils zwei Kindern mit einem Fachhochschul- bzw. Hochschulabschluss langfristig von Sozialhilfe. Die Notwendigkeit der Kinderbetreuung sowie Krankheiten haben in den Haushalten F. und D. eine Berufstätigkeit bislang verhindert. Frau F. war es durch die schwere Krankheit ihrer Zwillinge bislang überhaupt nicht möglich, einer Erwerbstätigkeit nachzugehen. Selbst als die um ein Jahr verspätete Aufnahme der Kinder in einer Tagesstätte mit integrativen Plätzen möglich wird, muss Frau D. noch regelmäßig selbst spezielle Nahrung zubereiten, die die Kinder dort zu sich nehmen können.

Frau D., die zum Zeitpunkt des Interviews das dritte Kind erwartet, begründet ihre Nichterwerbstätigkeit zum einen mit den Anforderungen, die durch Kindererziehung an sie gestellt werden, zum anderen mit ihrer eigenen Krankheit: „Im nachhinein gesehen hätte ich gar nicht arbeiten gehen können. In dem Moment, wo ich den Job hätte anfangen können sind mir die Verflechtungen klarer geworden. Mir war klar, dass ich krank war. ((...)) Seit vier Jahren mache ich jetzt die Therapie. Ich hätte wahrscheinlich sowieso nicht mehr arbeiten können. Ohne die Kinder wäre ich ganz im sozialen Abseits gewesen" (Interview Haushalt D.: 5).

Anhand der bisher aufgeführten Zusammenhänge wird deutlich: (Aus-) Bildung verhindert Armut kinderreicher Familien nicht. Die Einkommenssituation von Familienhaushalten wird bei der gegenwärtigen Ausgestaltung des Familienleistungsausgleich durchgängig bestimmt vom Umfang der Erwerbstätigkeit, den ein Haushalt erbringen kann. Die Möglichkeit erwerbstätig zu sein, wird wiederum wesentlich bestimmt durch die Anforderungen an Kinderbetreuung. Da allein Erziehende dieses Dilemma in einer Person lösen müssen, haben sie grundsätzlich entweder einen höheren zeitlichen Einsatz zu bringen oder sie müssen auf Einkommen verzichten. Diese Regelmäßigkeit kann bis zu einem gewissen Grad mit Hilfe von Netzwerken – insbesondere familialen Netzwerken – durchbrochen werden, wie unten noch zu zeigen sein wird.

4.5 Mietbelastung

Die Miete ist ein entscheidender Faktor der Ausgabenseite eines jeden Haushalts. Haushalte können, sofern sie Entscheidungsspielraum haben, in diesem Bereich wesentliche Einsparungen vornehmen. Bei Haushalten in prekären Lebenslagen sind diese Entscheidungsspielräume allerdings in der Regel eingeschränkt. So ist bezahlbarer Wohnraum für kinderreiche Familien nur schwer zu haben, wie unten noch gezeigt wird. Die Mietbelastung ergibt sich aus dem Zusammenspiel von Einkommens- und Miethöhe. Sowie eine Einkommenseinbuße hinzunehmen ist, kann eine bislang positiv zu bewertende Mietbelastung ins Negative abrutschen.

Der Zusammenhang zwischen Mietbelastung und Äquivalenzeinkommen ist nicht so deutlich wie erwartet. Nur in sieben Haushalten stimmen die Klassenzuordnungen überein, d.h. Haushalte mit niedrigen Einkommen haben eine hohe anteilige Mietbelastung und umgekehrt. In 13 Haushalten weichen sie um einen Punkt ab und nur in jeweils einem Haushalt um zwei bzw. drei Punkte.

Höchste Mietbelastungen finden sich erwartungsgemäß in drei Haushalten, die über sehr geringe Äquivalenzeinkommen verfügen. Sie sind unter den 13 Haushalten zu finden, die über angemessen großen Wohnraum verfügen. Diese drei InterviewpartnerInnen sind auch darüber hinaus mit ihren Wohnungen zufrieden.

Sehr günstige Mietbelastungen finden sich zweimal in Haushalten mit mittleren bis hohen Einkommen, im dritten Fall bei einer kinderreichen Familie mit sehr niedrigem Einkommen, die wegen der ,Wohnungsfrage' auf das Land gezogen ist. Die Mietbelastung bei in der Innenstadt liegenden Haushalten ist allerdings nicht generell höher, was auf den ,Entlastungseffekt' durch den Sozialen Wohnungsbau zurückzuführen ist. Die sechsköpfige Familie T. hat auf dem Land eine relativ teure Wohnung angemietet, weil die Familie nach mehreren Kündigungen wegen nicht gezahlter Mieten keinen anderen Wohnraum finden konnte.

Prüft man die Zusammenhänge zwischen den Merkmalen Mietbelastung und Wohnungsgröße, stellt man einerseits fest, dass Haushalte, die mit Wohnraum unterversorgt sind, eine relativ günstige Mietbelastung haben. Umgekehrt haben Haushalte mit überdurchschnittlich großen Wohnungen meist eine hohe Mietbelastung zu tragen. Dazu gehören auch die Haushalte, die ihre Wohnung schon lange bewohnen und aus denen familienzyklisch bedingt ein Teil der Mitglieder ausgeschieden ist. Die Entscheidungen, in einer solchen Wohnung zu leben, sind also unter anderen Voraussetzungen getroffen worden.

4.6 Wohnungsgröße

Im Rahmen der quantifizierten Indikatoren haben wir uns im Bereich Wohnen im Interesse der Vergleichbarkeit für die Messung der Wohnungsgröße entschieden. Die Interpretation des Indikators erfolgt an dieser Stelle unter zusätzlicher Berücksichtigung qualitativer Wohnungsmerkmale, da Merkmale wie beispielsweise die Versorgung mit Heizkörpern oder Lärmbelastung entscheidenden Einfluss auf die Qualität des Wohnens haben.

Alle fünf Haushalte mit einer mittleren bis guten Einkommenssituation (zwei bis drei Punkte) erreichen bei der Wohnungsgröße positive Bewertungen (zwei bis drei Punkte). Außerdem wurden in all diesen Fällen keine gravierenden Mängel der Wohnungsqualität genannt. Eine positive Einkommenssituation geht somit durchgängig einher mit einer der Zahl der Familienmitglieder angemessenen Wohnungsgröße wie auch mit einer angemessenen Qualität der Wohnung.

Zwei Haushalte unterschreiten mit der Größe ihrer Wohnung die Kölner Empfehlungen um 18 bzw. 19,5 Prozent, sie erhalten daher bei der Bewertung der Wohnungsgröße null Punkte. Es handelt sich um die Haushalte allein Erziehender mit drei bzw. vier Kindern. Sie verfügen über geringe bis sehr geringe Äquivalenzeinkommen (null bis ein Punkte).

Der allein erziehende Vater erreicht bei der Bewertung des Äquivalenzeinkommens immerhin einen Punkt. Das verfügbare Einkommen ist allerdings erheblich durch Schuldenrückzahlung eingeschränkt. Die Wohnung für die fünfköpfige Familie ist 71 m² groß, hat vier Zimmer und wird lediglich mit drei Öfen beheizt. Der Mindestflächenbedarf nach den Kölner Empfehlungen liegt bei 103 m². Die tatsächliche Wohnfläche unterschreitet diesen Wert um 18 Prozent. Herr K. nimmt für sich und seine Kinder weniger Wohnraum in Anspruch, als im Rahmen der Sozialhilfe berücksichtigt würde. Die Wohnsituation von Familie K. deckt sich mit einer Feststellung im kommunalen Armutsbericht der Stadt Gießen, wo festgestellt wird, dass sich bei einkommensschwachen Haushalten mit Kindern ab einer Haushaltsgröße von fünf Personen Flächenunterversorgung zeigt[2]. Der Eingangsbereich des mehrstöckigen Mietshauses fällt durch dringende Renovierungsbedürftigkeit und Müllablagerungen negativ ins Auge.

Die allein erziehende Frau E. lebt mit ihren drei Kindern in einer 62m² großen Drei-Zimmer-Wohnung. Die Wohnung verfügt über eine Zentralheizung, allerdings sind die 20 bis 30 Jahre alten Heizkörper „so dick zugeklatscht, dass die kaum noch Leistung bringen. (...) aber mir wurde auch gesagt, bei der Miete wird hier so schnell nichts gemacht" (Interview Haushalt E.: 10). Im Sommer kann Frau E. die Wäsche auf dem etwa 3 m² großen Balkon trocknen, der wegen Tauben mit einem Netz geschützt werden muss. Im Winter ist sie auf das ca. 12 m² Wohnzimmer, welches gleichzeitig auch ihr Schlafzimmer ist, als Trockenplatz für die Wäsche ihrer vierköpfigen Familie angewiesen. Der eigentlich dafür vorgesehene Speicher eignet sich nicht, da wegen kaputter Dachfenster dort Tauben nisten.

Auch im Falle von Familie E. würde das Sozialamt mehr Wohnraum anerkennen. Frau E. hatte sich nach der Trennung für diese kleine Wohnung entschieden, um an diesem Punkt zu sparen. Der Fall von Frau E., die einer Er-

---

2   Dargestellt ist die durchschnittliche Wohnfläche einkommensschwacher Haushalte in Gießen am 31.12.2000 nach Haushaltsgröße. Herangezogen wurden die EmpfängerInnen von Tabellenwohngeld. (Mardorf u.a. 2002: 169)

werbstätigkeit nachgeht, ohne damit ein Einkommen oberhalb der Sozialhilfeschwelle zu erzielen, zeigt auch hier, dass sich Verzicht und Eigeninitiative
haushaltsökonomisch gesehen nicht lohnen.

Sowohl Familie K. als auch Familie E. verzichten auf den ihnen zustehenden
Wohnraum, allerdings bietet der Wohnungsmarkt auch nicht ausreichend bezahlbaren Wohnraum für kinderreiche Familien. In Gießen wird eine „Hohe
Nachfrage nach größeren Wohnungen" festgestellt. Bei der Wohnbau suchen
220 kinderreiche Familien Vier-Zimmer-Wohnungen" (Gießener Allgemeine
11.02.02: 12).

Eine schlechte Finanzsituation muss sich umgekehrt jedoch nicht immer in
einer geringen Wohnungsgröße widerspiegeln. Von insgesamt vier Haushalten,
deren Äquivalenzeinkommen sehr gering ist (null Punkte), besitzen zwei Wohnraum, dessen Größe mit drei Punkten zu bewerten ist. Es handelt sich hierbei um
die Haushalte A. und B. Die trotz sehr geringen Einkommens vorhandene Größe
des Wohnraums ist in beiden Fällen auf besondere Umstände zurückzuführen.

Die achtköpfige Familie A. lebt auf einem relativ abseits gelegenen kleinen
Dorf im Lahn-Dill-Kreis. Die in Gießen verzeichnete Not an Wohnraum existiert hier nicht. Die Familie ist gerade wegen der Möglichkeit, auf dem Land
relativ günstig ein Haus zu erwerben, dorthin gezogen. Dennoch steht die Größe
des Wohnraums zur Disposition, denn die Rückzahlung der Kredite für die
Finanzierung des Hauses, in dem die achtköpfige Familie lebt, ist fraglich.

Die gute Versorgung mit Wohnraum in Haushalt B. ist auf familienzyklische
Veränderungen zurückzuführen. Die Kinder sind altersbedingt aus dem Haushalt ausgeschieden. Frau B. hat ein spezielles Problem bezüglich ihrer Wohnung. Seit 30 Jahren wohnt sie in einer Drei-Zimmer-Wohnung der Wohnungs-
baugesellschaft. Heute lebt ihre Enkelin, die Tochter ihrer kranken Tochter
überwiegend bei ihr. Offiziell ist das Kind bei der Mutter gemeldet. Frau B. hat
massive gesundheitliche Probleme. Ein Hüftschaden macht es ihr sehr schwer,
ihre Wohnung im dritten Stock, zu der kein Aufzug führt, zu erreichen. Die
Großmutter hat deshalb den Wunsch, aus ihrer Dreizimmerwohnung in eine
gleich große Parterre-Wohnung umzuziehen. Das lässt sich bei den geltenden
Vergabekriterien von Sozialwohnungen allerdings nicht realisieren. Als offiziell
‚allein lebende Frau' steht ihr allenfalls eine Zweizimmerwohnung zu, weil ihre
Betreuungsleistungen für die Enkelin offiziell nicht berücksichtigt werden.

Drei Haushalte verfügen über knapp bemessenen Wohnraum (ein Punkt).
Zwei von ihnen, die Haushalte F. und T., müssen weitere gravierende Woh-
nungsmängel hinnehmen.

Frau F. und ihre Kinder wohnen in einem 1957 erbauten Wohnblock. Bis auf
den Einbau neuer Fenster wurde seit der Erbauung keine nennenswerte Reno-
vierungs- oder Sanierungsmaßnahme mehr ausgeführt. Immer wieder tritt
Schimmel auf. Dass Frau F. nicht mit Einzelöfen heizen muss, hat sie der Tatsa-

che zu verdanken, dass die Vormieterin auf eigene Kosten eine Heizung hat einbauen lassen. Die am massivsten empfundene Einschränkung der Wohnung ist Lärm. Frau F. berichtet: „Im Moment ist niemand da und deshalb hören Sie nichts, aber man wohnt hier wie auf einem Campingplatz. Wenn die von unten sich normal unterhalten, kann man verstehen, was die sagen. Oder wenn ich im Bett liege und die gehen auf das Klo, dann höre ich das so laut, dass ich das Gefühl habe die würden mir auf den Kopf pissen. Ehrlich! Das hört sich blöde an, aber es ist unglaublich hier. (...) Wir wohnen seit eineinhalb Jahren hier und ich bereue den Umzug echt jeden Tag. Das Haus ist also echt extrem hellhörig. (...) Morgens ist es immer relativ ruhig und mittags, wenn die Kinder aus der Schule kommen, dann ist es laut. Das größte Problem ist aber abends und nachts. Das ist echt ein Problem, seit wir hier wohnen. Man kann nicht so viel schlafen, wie man möchte" (Interview Haushalt F.: 7 ff.).

Familie T. ist nach einer Räumungsklage in die jetzige Wohnung gezogen. „Das war auch so'n Zwang, denn das Ding stand ewig leer gell, der war froh, dass er einen gefunden hat, einen Dummen halt auf Deutsch gesagt" (Interview Haushalt T.: 5). Die Wohnung befindet sich über einer Bäckerei. Das Haus ist hellhörig. Als der Bäcker, der tagsüber schlafen musste, noch im Haus wohnte, musste Frau T. ständig dafür sorgen, dass ihre vier relativ kleinen Kinder sich so leise verhalten, dass dieser nicht gestört wurde. Das Haus liegt in einem Dorf an einer typisch hessischen, d.h. engen und viel befahrenen Ortsdurchfahrt. Zusätzlicher Lärm entsteht wegen eines Zigarettenautomaten in der Nähe des Hauses. Bei Tag und Nacht halten Autos vor dem Haus, dabei schlagen Autotüren. Der sechsköpfigen Familie fehlen Unterbringungsmöglichkeiten, es gibt weder Keller noch Speicher. Die Wohnung ist schlecht isoliert, es ist zugig, die Heizkosten sind sehr hoch. Frau T.: „Es gibt zu wenig große Wohnungen für so Leute wie uns, Sozialwohnungen, oder die gefördert werden. Ich hab die auch schon 'zig mal angeschrieben, die sagen – Sie brauchen gar nicht zu kommen, wir haben für Sie nichts. Es ist enttäuschend halt" (Interview Haushalt T.: 19).

Wie oben gezeigt, haben die beiden Haushalte mit der geringsten Wohnungsgröße allein erziehende Bezugspersonen. Bei der Analyse der Haushalte, deren Wohnungsgröße Bewertungen zwischen ein und drei Punkten erhält, fallen die allein erziehenden Haushalte in unserer Untersuchung nicht durch eine vergleichsweise schlechtere Versorgung mit Wohnraum auf. Bei dieser Interpretation ist allerdings darauf hinzuweisen, dass allein Erziehende hier ausschließlich in Vergleich gesetzt werden zu Familien, die sich ebenfalls in prekären Lebenslagen befinden. Die Relationen innerhalb der von uns untersuchten Haushalte dürfen daher nicht zu Fehlschlüssen im Sinne einer Verharmlosung der besonderen Problemlagen allein Erziehender führen.

4.7 Gesundheit

Bei der Bewertung des gesundheitlichen Zustandes der Haushaltsmitglieder wird gefragt, inwieweit Krankheiten, Erschöpfungszustände und/oder Behinderungen den Alltag, die Teilnahme am Erwerbsleben, das Einkommen sowie das Wohlbefinden bzw. die Lebensqualität der Haushaltsmitglieder beeinträchtigen.

Haushalte ohne gesundheitliche Einschränkungen
Die fünf Haushalte, die ohne nennenswerte gesundheitliche Einschränkungen leben, zeigen weniger Gemeinsamkeiten als zunächst vermutet. In drei Haushalten besitzen alle Erwachsenen abgeschlossene Ausbildungen und hohe Alltagskompetenzen. In zwei Haushalten dagegen leben allein erziehende Mütter, die keine Ausbildung abgeschlossen haben und lediglich über geringe bis mittlere Alltagskompetenzen verfügen. Haushalte, die ihren Alltag mit massiven gesundheitlichen Einschränkungen bewältigen müssen, zeigen hingegen mehr Gemeinsamkeiten. Es können deutliche Korrelationen zum Indikator Bildung hergestellt werden.

Massive gesundheitliche Einschränkungen
In fünf weiteren Haushalten dominieren Krankheiten, Erschöpfungszustände und/oder Behinderungen den Alltag sehr stark. Die umfangreichen Einschränkungen sind sehr unterschiedlicher Art; ebenso verschieden sind die sich daraus ergebenden Konsequenzen. Aus diesem Grund sollen die Fallbeispiele der Haushalte B., I., U., W. und X. ausführlicher unter dem Aspekt Gesundheit beschrieben werden.

Die nachfolgenden Beispielen zeigen deutlich, dass mangelnde Bildung sich in der Bewältigung von Krankheitsfolgen widerspiegelt. So bestehen mitunter Schwierigkeiten, Krankheiten – eigene und die der Kinder – überhaupt exakt zu bezeichnen. Eine aktive Auseinandersetzung mit Diagnosen, verschiedenen Behandlungsmaßnahmen und Einschätzungen von ÄrztInnen findet kaum statt.

Unter diesen stark von gesundheitlichen Beeinträchtigungen betroffenen Haushalten ist der von Frau B. hervorzuheben. Kein weiterer Haushalt der Untersuchung ist Generationen übergreifend so umfassend von Krankheiten betroffen. Frau B. verfügt über hohe Alltagskompetenzen, konnte aber nie eine Ausbildung absolvieren.

Die 56-jährige Frau B., deren Tochter rauschgiftabhängig ist und die einen Sohn infolge einer Überdosis Rauschgift verloren hat, litt und leidet unter diversen Erkrankungen: „(...) ich hatte diesen Krebs (...) , ich weiß nicht wie der heißt, der Krebs mit Speichel und Lymphdrüsen und Gesichtsnerv. Das haben Sie mir hier rausgemacht (...)" (Interview Haushalt B.: 11). Sie hat außerdem Rheuma, Arthrose, Magenprobleme und infolge von Osteoporose so starke

Hüftprobleme, dass sie nur mit Mühen ihre Wohnung im dritten Stock erreichen kann. Die formalen Hindernisse, die einen Wechsel in eine gleich große Wohnung im Erdgeschoss bislang verhindert haben, wurden bereits im Abschnitt Wohnung erläutert. Hier wie auch beim Umgang mit Krankheiten und ihren Folgen wird deutlich, welcher persönliche Einsatz erforderlich ist, wenn Unterstützung für das Leben mit Krankheit oder die Überwindung von Krankheiten gesucht wird. Frau B., die sich mit Ergebenheit und Bescheidenheit in ihr Schicksal fügt („(...) und ich will hier niemanden etwas wegnehmen. Ich möchte nur ein bisschen niedriger wohnen, damit ich nicht so viel laufen muss. Damit das nicht immer so weh tut, dass ich nicht im ersten Stock stehen bleiben muss, im zweiten wieder und im dritten (...)" (Interview Haushalt B.: 4)) muss all das vor dem Hintergrund eines sehr niedrigen Einkommens bewältigen.

Die Schicksalsergebenheit, mit der Frau B. ihre Leiden trägt, drückt sich unter anderem in der Tatsache aus, dass sie sich bislang keine Gedanken darüber gemacht hat, einen Mehrbedarfszuschlag wegen Krankheit oder Behinderung im Rahmen der Hilfe zum Lebensunterhalt zu beantragen.

Frau I. bezieht wegen der Folgen eines Unfalls auf dem Weg zur Arbeit eine Erwerbsunfähigkeits- sowie eine Unfallrente. Wir können in diesem Fall davon ausgehen, dass Frau I., die keine abgeschlossene Ausbildung hat, als allein erziehende Mutter dreier Kinder, von denen zwei in ihrem Haushalt leben, ohne den Bezug dieser Renten ein wesentlich geringeres Einkommen hätte. Sie hat somit „Glück im Unglück". Auf die Frage, wie es ihr ansonsten gesundheitlich gehe, antwortet sie „Nervlich kaputt" (Interview Haushalt I.: 6). Bezüglich des Umgangs mit den massiven seelischen Problemen ist von Frau I. im Wesentlichen zu erfahren, dass ihr bislang noch keine Fachkraft helfen konnte.

Massive gesundheitliche Probleme liegen in Haushalte U. vor. Herr U. war nach eigenen Angaben bereits als Kind Alkoholiker. Im Alter von 22 Jahren seien ihm dreiviertel des Magens entfernt worden. Frau U, die im Alter von ca. 19 Jahren das erste von vier Kindern geboren hat, trank während ihrer Schwangerschaften teilweise Alkohol. Die beiden älteren – zur Zeit fremdplatzierten – Söhne haben vermutlich Lernbeeinträchtigungen, aber auch gesundheitliche Probleme. Wir schließen dies aus Äußerungen über Schwierigkeiten in verschiedenen Schulen und Tabletten, die ein Sohn einnehmen muss, von denen die Eltern allerdings nicht wissen, worum es sich handelt. Der dritte Sohn hat eine vermutlich durch Alkohol in der Schwangerschaft verursachte Behinderung. Die Eltern können seine Behinderung nicht genau beschreiben. Sie beziehen Pflegegeld für das Kind, der Junge hat einen Schwerbehindertenausweis. In einem Gutachten heißt es: „Eine residuale Hirnschädigung mit psychomotorischer Entwicklungsverzögerung und rechts lateralisierter, beinbetonter spastischer Parese, Zerebrales Anfallsleiden fokal generalisiert" (Interview Haushalt U.: 44).

Haushalt W. ist ausschließlich durch schwere Krankheiten und deren Folgen in eine prekäre Lebenslage geraten. Krankheiten und deren Folgen – insbesondere die überstandene schwere Krebserkrankung des Ehemannes – dominieren Erzählen und Erleben der Eheleute W., die zwar beide über eine abgeschlossene Ausbildung, aber nur mittlere Alltagskompetenzen verfügen. Am Beispiel dieses Haushalts wird deutlich, welche äußeren Folgen Krankheit hat, wenn die Betroffenen nicht durch ein staatliches Sicherungssystem versorgt und verwaltet werden (Sozialhilfe, Verbeamtung). In Fällen nicht vorhandener staatlich und kommunal organisierter „Rundum-Versorgung" sind hohe Alltagskompetenzen zur Bewältigung von Krankheitsfolgen erforderlich. Dies betrifft insbesondere den zur Einkommenssicherung erforderlichen Verwaltungsaufwand.

In den massiv von gesundheitlichen Einschränkungen betroffenen Haushalten bildet Haushalt X. eine Ausnahme. Herr und Frau X. besitzen beide abgeschlossene Berufsausbildungen, der Haushalt verfügt über hohe Alltagskompetenzen. Sowohl die Berufsbiografien beider Eheleute als auch die daraus resultierende Einkommenssituation sind wesentlich durch Krankheiten geprägt. Mit Hilfe hoher Alltagskompetenzen und einem kreativen Lebensstil werden die Krankheitsfolgen bewältigt. Krankheiten werden rückblickend auch als Ergebnis eines Lebensstils interpretiert, der stark auf Arbeit und Konsum ausgerichtet war.

Deutliche gesundheitliche Einschränkungen

In vier weiteren Fällen dominieren Krankheiten, Behinderungen und Erschöpfungen das Haushaltsgeschehen, wenn auch in weniger hohem Maße als in den oben angeführten Beispielen. Zum einen führen hohe Belastungen bei Müttern vieler Kinder oder bei allein Erziehenden zu Erschöpfung, zum anderen haben Eltern wegen der allein zu tragenden Belastungen durch Kinderbetreuung in materieller und zeitlicher Hinsicht zu wenig Chancen auf Erholung und Rehabilitation. In diesen Fällen handelt es sich um Eltern mit abgeschlossenen Ausbildungen.

Der Alltag von Frau F., die einen Hochschulabschluss vorweisen kann, war über Jahre durch die schwere Krankheit ihrer Kinder geprägt. Anstrengende Tage in Kombination mit vielen schlaflosen Nächten haben zu einer Erschöpfung geführt, die auch Monate, nachdem die Kinder „so einen Sprung gemacht" haben (Interview Haushalt F.: 6), nicht überwunden war.

Herr K. kann als allein erziehender Vater nicht an einer Rehabilitationsmaßnahme teilnehmen, die wegen einer schwereren Rückenerkrankung dringend erforderlich wäre.

Frau R. sowie Frau T. fühlen sich regelmäßig durch Krankheitssymptome beeinträchtigt: Frau R. leidet unter sporadisch auftretendem Asthma sowie sehr häufigen Erkältungsinfekten. Frau T. berichtet von Depressionen, einem „kaputten" Rücken und „kaputten" Zähnen, die sie aus Geldmangel nicht sanieren kann, wobei wir im Gespräch nicht erkunden konnten, ob sie die finanziellen Möglichkeiten für Zahnersatz hinreichend ausgelotet hat.

Haushalt N. bildet unter dem Aspekt Gesundheit in unserem Projekt eine Ausnahme, insofern die im Interview gegebenen Informationen kein schlüssiges Gesamtbild zulassen. Frau N. berichtet einerseits von drohender Erblindung, andererseits nennt sie uns die Diagnose Astigmatismus (Hornhautverkrümmung), eine Krankheit, die nicht zu Erblindung führt.

Haushalte mit leichten gesundheitlichen Einschränkungen
Bei acht weiteren Haushalten werden bei der Bewertung der Gesundheit geringfügige Abstriche an der höchstmöglichen Punktzahl von drei Punkten vorgenommen, weil entweder gesundheitliche Beeinträchtigungen vorliegen, die gut in den Alltag integriert werden können oder hohe Belastungen im Alltag zu Überforderung und Erschöpfung führen. Im Falle von Herrn V. haben wir einen Abstrich in Form von 0,5 Punkten vorgenommen, weil wir vermuten müssen, dass die derzeitige Belastung auf Dauer möglicherweise nicht zu tragen ist: „(...) ich hatte noch richtig Dampf in den Knochen. Das hat nach vier Jahren doch schon nachgelassen. Die Kraft ist weg. Ich habe keinen Puffer und das ist echt (...), den wieder aufzufüllen, den Akku wieder voll zu machen, das ist ganz schön schwer. Das geht nicht so von heute auf morgen (...)" (Interview Haushalt V.: 29).

In vielen Familien erleben die interviewten Bezugspersonen die Folgen langfristiger Überforderung bereits jetzt. Wir haben in diesen Fällen Abzüge von einem Punkt vorgenommen. Der Mehrzahl der InterviewpartnerInnen, die mit Erschöpfung und gesundheitlichen Beeinträchtigungen leben müssen, ist gemeinsam, dass ihnen finanzielle Ressourcen fehlen, um sich Erholung und gelegentliche Abwechslung vom Alltag zu gönnen bzw. zu organisieren. Frau A. sagt: „Wir kommen ja auch nie mal raus, das ist alles zu teuer" (Interview Haushalt A.: 9). Ähnlich äußert sich die oben bereits angeführte Frau T., deren Familie ebenso wie auch Familie A. (beide sind kinderreich) mit einem sehr niedrigen Einkommen wirtschaften muss, die aber zusätzlich mit verschiedenen gesundheitlichen Problemen leben muss: „Ich hab ja keine Luft zum Atmen, ich komme ja nicht mal weg" (Interview Haushalt T.: 46).

4.8 Psychosoziale Situation

Unter ‚psychosoziale Situation' wird eine zusammenfassende Darstellung und Bewertung psychologischer und zwischenmenschlicher Faktoren in den untersuchten Haushalten bzw. Familien vorgenommen.

Indizien für psychosoziale Belastungen sind unter anderem konfliktreiche Partnerschaft(en), Trennungs- und Scheidungsprobleme, Fremdplatzierung(en) von Kindern, Arbeitslosigkeit und Überschuldung, Krankheiten und/oder Suchtmittelabhängigkeiten. Im Fokus der Bewertung stehen die Konsequenzen dieser Faktoren für das Wohlbefinden der Haushaltsmitglieder. Entscheidend ist hierbei, ob angemessene Wege gefunden wurden, mit vorhandenen Schwierigkeiten umzugehen bzw. mit ihnen zu leben.

Positive psychosoziale Situation
Bei drei Haushalten wurden keine Abzüge bei der Bewertung der psychosozialen Situation vorgenommen. Die in diesen Haushalten interviewten Frauen vermitteln im Interview den Eindruck von einer grundsätzlichen Zufriedenheit, obwohl in zweien (Haushalte D. und F.) objektive Problemlagen festzustellen sind.

Frau D. ist als allein erziehende Mutter auf Sozialhilfe angewiesen. Allerdings sei sie aufgrund einer Erkrankung ohnehin nicht in der Lage gewesen, erwerbstätig zu sein. „Viele haben mir auch gesagt, dass ich so eine Zufriedenheit ausstrahlen würde. Natürlich bin ich unzufrieden, nach dem Motto Sozialhilfe halt, aber so über alles gesehen und für mein Lebensgefühl bin ich echt zufrieden. Da habe ich das Optimale raus geholt. Das klingt jetzt vielleicht blöd, weil ich ja mit zwei Kindern allein Erziehende bin. Für meine Situation war es aber das Beste" (Interview Haushalt D.: 4).

Frau F. sucht als gelernte Einzelhandelskauffrau im Alter von 56 Jahren vergeblich nach einer Arbeitsstelle. Wir sprechen sie im Interview auf die Zufriedenheit an, die sie ausstrahlt: „Ich hab's zwar manchmal bisschen enge, es könnte etwas mehr geben, aber ich komm eigentlich ganz gut aus, ich lebe gut, ich geh fort, sie sehen ja, dass ich ziemlich aktiv bin, ich gehe jeden morgen in die Kneipe, ich geh dreimal im Monat kegeln, ich geh zu meinen 50ern (Verweis auf Kapitel IV. 2), mit denen wandern" (Interview Haushalt G.: 16).

Bei Haushalt O. schließlich handelt es sich um den Haushalt mit den umfangreichsten Ressourcen in unserer Untersuchung. Frau O., mittlerweile Mutter von vier Kindern, war vor einigen Jahren als Mutter von zwei Kindern eine Zeit lang allein erziehend. Sie hat diese Situation mit hohen Alltagskompetenzen sowie familialer Unterstützung gemeistert. Heute lebt sie als Hausfrau und Mutter das Leben, das sie sich seit ihrer Jugend gewünscht hat: „Seit ich vierzehn bin, wollte ich vier Kinder haben und dementsprechend bin ich auf Kinder fixiert. (...) Ansonsten bin ich Mutter und mache das, was gemacht werden muss als Mutter, und müssen die Kinder nichts machen. Können sie selber machen, wenn sie alt genug sind" (Interview Haushalt O.: 14, 22).

Negative psychosoziale Situation

An 13 Haushalte konnte lediglich maximal ein Punkt im Rahmen der Bewertung der psychosozialen Situation vergeben werden, darunter vier, an die wir nur 0,5 Punkte vergeben konnten.

Bei drei Haushalten führen aus Kinderreichtum resultierende Geldknappheit sowie bedrückende Überschuldung, für deren Überwindung noch keine professionelle Hilfe in Anspruch genommen wurde in Kombination mit weiteren Faktoren zu dieser sehr geringen Bewertung. Es handelt sich um die Haushalte E., K., und T. So muss Frau E. zur Zeit mit der Situation leben, bei einer immensen zeitlichen Überlastung mit einem sehr niedrigen Einkommen wirtschaften zu müssen. Herr K. fühlt sich, da er als allein erziehender Vater von vier mitunter problematischen Kindern nicht erwerbstätig sein kann, im sozialen Abseits. Frau T. leidet unter Depressionen und Unstimmigkeiten in ihrer Ehe.

Familie U. lebt Generationen übergreifend in bedrückenden Lebenslagen, die sich in wechselnden Fremdplatzierungen der Kinder, Suchtmittelmissbrauch – bei Herrn U. bereits in der Kindheit, bei Frau U. auch während der Schwangerschaften – und Entwicklungsverzögerungen der Kinder ausdrückt. Soweit eine Beurteilung aus der Sicht unseres Projektes möglich ist, sind hier mit Unterstützung von Maßnahmen der Jugendhilfe für die Gegenwart bestmögliche Lösungen für die umfangreichen Probleme gefunden worden.

Abgeschwächte negative psychosoziale Situation

Kumulierte Problemlagen in etwas abgeschwächter Form, so dass ein voller Punkt vergeben werden konnte, finden sich in acht Haushalten. Hiervon weisen fünf Haushalte Generationen übergreifenden Defizite auf, die sich in Form von Fremdplatzierungen in drei und massiven Erziehungsschwierigkeiten in zwei Fällen wiederspiegeln. In den beiden letztgenannten Beispielen fallen die elf bzw. 12 Jahre alten Jungen unter anderem durch Leistungsverweigerung und ‚Schule schwänzen' auf.

Anders stellen sich die Problemlagen in den Haushalten B. und F. dar. Frau B., die im Alter von neun Jahren Waise wurde, muss den Drogentod eines Sohnes, die Drogenabhängigkeit ihrer Tochter sowie eigene massive gesundheitliche Probleme, die oben ausführlich beschrieben wurden, verarbeiten. Keine andere InterviewpartnerIn hat vergleichbare Schicksalsschläge hinnehmen müssen.

Frau F. war mit sehr kranken Zwillingen seit deren Geburt allein erziehend, konnte auf kein familiales Netzwerk zurückgreifen und war daher ständiger Überforderung ausgesetzt. Dennoch ist beiden Frauen, so unterschiedlich sich ihre Problemlagen auch darstellen, ein gewisser positiver Blick in die Zukunft gemeinsam.

Frau M. schließlich, die einzige Migrantin der Untersuchung spricht von psychischen Problemen, die wie von ihr selbst geäußert, zu einem großen Teil auf die kürzlich eingetretene Arbeitslosigkeit zurückzuführen ist, sowie auf die Sorge, möglicherweise nicht so schnell wieder eine neue Arbeit zu finden. Bei sechs Haushalten wurden geringe Abstriche an der vollen Punktzahl vorgenommen. Es existieren psychische oder zwischenmenschliche Belastungen, die aber relativ gut in das Familienleben bzw. Haushaltsgeschehen integriert werden können. Diese Haushalte haben langfristige Geldsorgen und in zwei Fällen tritt wiederkehrende Ver- und Überschuldung auf, die aber von den Betroffenen immer wieder soweit gemanagt wird, dass die Kreditwürdigkeit erhalten bleibt. Im Haushalt der allein erziehenden Frau S. prägen die Trennung vom Ehemann und deren Folgen das Familienleben nach wie vor. Der allein erziehende vollzeitig berufstätige Herr V. nähert sich nach zwei Trennungen von problematischen Frauen und infolge jahrelanger zeitlicher Überlastung einem Erschöpfungszustand, der sein Wohlbefinden beeinträchtigen dürfte. „Die Kraft ist weg" (Interview Haushalt V.: 29). Das Geschehen in Haushalt X. ist von Arbeitslosigkeit, Überschuldung sowie Krankheitsfolgen geprägt, wobei in dieser Familie positive Grundeinstellungen entwickelt wurden, um mit dem Erlebten umgehen zu können. Das Ehepaar W. fühlt sich durch die Folgen der schweren Erkrankung nach wie vor stark belastet. In diesem Falle war die gesundheitliche Belastung auch der Anlass, sich von sich aus für ein Interview im Rahmen dieses Projektes zur Verfügung zu stellen.

4.9 Institutionelles Netzwerk

Bei der Analyse des institutionellen Netzwerks konnten wir große Unterschiede in Abhängigkeit von Art und Umfang der Hilfebedürftigkeit feststellen. Volle Punktzahl haben neun Haushalte erreicht. Für die hohe Bewertung sind drei Gründe, die sich auf jeweils drei Haushalte verteilen, auszumachen.

Da der Bewertung des Indikators ‚Institutionelles Netzwerk' bestehende Problemlagen und Hilfebedarfe zugrunde liegen, finden sich auf der obersten Stufe der Bewertung drei Haushalte, die keine Hilfe benötigen.

Drei weitere Haushalte zeichnen sich durch sehr hohe Hilfebedarfe kombiniert mit geringen Alltagskompetenzen aus. Sie beziehen langfristig Sozialhilfe. In allen drei Haushalten wird die Verantwortung für die Kinder zu einem beträchtlichen Teil an Institutionen der Jugendhilfe abgetreten. Ein Teil der Kinder in diesen Familien ist fremdplatziert. Die Erziehung der (z.T. noch oder wieder) in den Familien lebenden Kindern wird intensiv durch MitarbeiterInnen des Jugendamtes begleitet. Die gelegentlich in der Sozialen Arbeit zu beobachtende Überversorgung durch Helfer in Familien mit einer Kumulation von Problemen haben wir in diesen Familien nicht beobachtet. Soweit das aus dem Blickwinkel eines Projekts zur Armutsprävention möglich ist, kann im Fall der von uns untersuchten Haushalte festgehalten werden, dass die Hilfen den Erfordernissen der Familie, insbesondere der Sicherung des Kindeswohls, angepasst sind. In Haushalten mit hohen Hilfebedarfen kommen die ‚Helfer', insbesondere die aus dem Bereich der Jugendhilfe, häufig auf die Familien zu.

Anders ist dies bei Familien mit hohen Alltagskompetenzen. In Haushalten mit hohen Alltagskompetenzen kommen Helfer in der Regel nicht zu den Hilfebedürftigen, sondern sie müssen aktiv aufgesucht werden. Häufig treten deshalb hohe Alltagskompetenzen im Verbund mit fehlender institutioneller Hilfe auf, wie unten zu zeigen ist. Diese Regelmäßigkeit wird durchbrochen in den Fällen, wo hohe Alltagskompetenzen Selbstbewusstsein, Kreativität und Energien einschließen und somit Hilfen aktiv mobilisiert werden. Auf institutioneller Ebene werden hier nicht nur Mitarbeiter der ‚klassischen' Bereiche, nämlich aus dem Bereich der Sozial- sowie der Jugendhilfe, sondern darüber hinaus weitere Personen und Institutionen wie die Frauenbeauftragte, FreundInnen aus der Politik oder der Weiße Ring tätig. Auch Mitarbeiterinnen von Kindertagesstätten engagieren sich weit über das allgemein übliche Maß bei trennungsbedingten Problemen der Kinder oder Besuchsregelungen mit dem Vater.

4.10 Familiales Netzwerk

Generell ist festzustellen, dass ein funktionierendes familiales Netzwerk bei Haushalten in prekären Lebenslagen durch institutionelle und sonstige Netzwerke nicht zu ersetzen ist. Ein solches Netzwerk setzt tragfähige menschliche Beziehungen zwischen den Familienangehörigen bzw. Verwandten voraus.

In fünf Haushalten wurde oder wird über einen längeren Zeitpunkt hinweg Hilfe durch Angehörige geleistet, die durch Art und Umfang wesentlich zum Gelingen der Alltagsbewältigung sowie zur Verbesserung der Lebensqualität beitragen. Grundlegende Entscheidungen zum Wohle der betroffenen Familien in den Bereichen Erwerbstätigkeit, Einkommenserzielung und Wohnung können oder konnten nur mit Hilfe einer verlässlichen Unterstützung durch die Familie getroffen werden. In all diesen Fällen wurden oder werden allein erziehende Elternteile unterstützt.

Frau G., die Ende der 60er Jahre allein erziehende Mutter von zwei kleinen Kindern wurde, spricht von einem „Spießrutenlaufen", sagt aber: „ich hab mich da nicht einschüchtern lassen und mich auch gewehrt. Wenn mir andere erzählen wollten, wie ich meine Kinder großzuziehen habe, auch beim Jugendamt (Interview Haushalt G.: 8). Bis die Kinder 16 und 17 Jahre alt waren, hat sie mit ihnen bei ihren Eltern gelebt. „Ja, die Oma hat sie morgens zum Kindergarten hingebracht und abends wieder abgeholt. Das war für mich eine wesentliche Hilfe, das Haus war groß genug, es hatte jeder sein Zimmer, und die Oma hat natürlich auch gekocht. Das war für mich ein Vorteil. Vor allem konnte ich beruhigt arbeiten gehen, ich musste mir keine Sorgen machen, wo sind die Kinder jetzt." Die Eltern haben Frau G. nicht nur bei der Kinderbetreuung unterstützt, sondern auch in finanzieller Hinsicht. Sie hatte nur eine geringfügige Miete zu zahlen und es „wurde aus einem Topf gelebt" (Interview Haushalt G.: 5). Ohne die Unterstützung durch ihre Eltern hätte Frau G. kaum erwerbstätig sein können.

In drei weiteren Haushalten tragen Eltern wesentlich dazu bei, dass allein erziehende Väter/Mütter erwerbstätig sein bzw. eine Ausbildung absolvieren können. Eltern stehen in einem beträchtlichen Umfang für Kinderbetreuung zur Verfügung, oder aber sie sind ‚immer da, wenn sie gebraucht werden'.

So ist es beispielsweise bei Frau S. Sie hat eine schwierige Trennung hinter sich, ihre zwei Kinder sind häufiger krank, sie studiert und erzählt uns gleich zu Beginn des Interviews: „Ich hab' das als sehr hilfreich, die letzten zwei Jahre, auch bei den Konflikten und auch in meiner Situation gemerkt, wie wichtig es ist, dass man Familie hat. Dass war schon ganz eklatant wichtig, ohne Großmutter wäre das nie gegangen" (Interview Haushalt S.: 7). Frau S. erhält darüber hinaus indirekte materielle Unterstützung verschiedener Art. Hervorzuheben ist das Haus, dass sie mit ihren Töchtern bewohnt. Es grenzt an das Haus der Eltern, denen es auch gehört und wurde vom Vater, der über professionelle Schreinerfertigkeiten verfügt, zu einem großen Teil renoviert und ausgestattet. Die Tochter mietet es zu einem günstigen Preis.

Der zeitlich stark überlastete Herr V. antwortet auf die Frage nach seinen Eltern: „Also das familiäre Verhältnis ist traumhaft" (Interview Haushalt V.: 3). Er erhält vermutlich von seinen Eltern die Hilfe, die notwendig ist, um die grenzwertige zeitliche Belastung durch Familientätigkeit und eine Vollzeiterwerbstätigkeit überhaupt tragen zu können. Bei Bedarf bekommt er durch Mutter, Vater und Bruder sowohl hauswirtschaftliche als auch handwerkliche Hilfe. Außerdem kann er sich darauf verlassen, dass seine Mutter im Falle beruflicher Termine, die am Abend liegen, die Kinder betreut.

Der Sohn von Frau N., einer Griechin, wird über Monate von den in der Heimat lebenden Eltern der Frau N. betreut, so dass diese bis zum Eintritt der Arbeitslosigkeit ohne große Betreuungsprobleme vollzeitig einer Berufstätigkeit nachgehen konnte.

Die mittlerweile wieder verheiratete Frau O. konnte nach der Trennung von ihrem ersten Ehemann dank der Unterstützung durch Mutter und Großmutter eine Abhängigkeit von Sozialhilfe vermeiden. Da Frau O. Mitbesitzerin eines Hauses war, hätte Sozialhilfebezug ein Anrecht des Sozialhilfeträgers auf dieses Grundvermögen bedeutet. „Und da hab' ich gesagt: ‚Nee, bevor das Sozialamt ins Grundbuch eingetragen wird, bei uns im Haus, dann seh' ich doch lieber so zu, dass ich über die Runden komm.' (...) Meine Mutter, die jetzt auch gestorben ist, die hat mich viel unterstützt. Es gab ja den Unterhalt für die Kinder, es gab das Kindergeld und mein Ex-Mann hat auch, glaube ich, für mich was zahlen müssen. (...) Da war auch die Oma noch am Leben (...) da hab' ich dann am Wochenende sauber gemacht bei der Oma, bin für die Oma einkaufen gegangen, konnt' ich ja die Kinder immer mitnehmen, je nach dem. Da hab ich dann auch die eine oder andere Mark bekommen" (Interview Haushalt O.: 4).

Familiale Netzwerkhilfe ist in den oben beschriebenen Beispielen eine entscheidende, wenn nicht *die* entscheidende Bedingung für die Alltagsbewältigung in prekären Lebenslagen.

In abgeschwächter Form gilt dies für sieben weitere Haushalte. Mit den oben aufgeführten Fallbeispielen ist ihnen gemeinsam, dass die Familien sich auf die Hilfe verlassen konnten bzw. können. Es handelt sich in einigen Fällen um zuverlässige und regelmäßige Geldzahlungen. Diese Informationen wurden uns teilweise mit der Bitte gegeben, sie nicht in einer Form zu veröffentlichen, die Rückschlüsse auf die Betroffenen zulässt. Weitere Hilfen gibt es in Form von Kinderbetreuung, regelmäßiger Mahlzeitenzubereitung, durch die eine berufstätige Mutter finanziell und zeitlich entlastet wird. „Solange meine Mutter noch da ist, werden wir nicht verhungern" (Interview Haushalt H.: 10).

Eine Interviewpartnerin kann regelmäßig in der Kneipe ihres Vaters arbeiten.

In Haushalt W. standen die Eltern von Frau W. dem Ehepaar zur Seite, als Herr W. schwer krank war. Herr W.: „Sagen wir es mal kurz, bei meinen Schwiegereltern, die stehen mir näher als meine eigenen; das war dann das Sozialamt, das wir eigentlich die Zeit über gebraucht hätten. Das war dann für uns das Sozialamt" (Interview Haushalt W.: 26).

Haushalt A. liefert ein Beispiel für eine Erfahrung, die in langen Jahren der Durchführung von Haushaltsanalysen immer wieder gemacht wurde. Die kinderreiche Familie wurde bis zum Tod der Schwiegermutter von dieser mit regelmäßigen Geldzahlungen in Höhe von ca. 400 DM monatlich unterstützt. Mit dem Wegfall dieser Zahlungen ist ein stetig wachsendes Minus auf dem Girokonto entstanden, mit der Konsequenz, dass Geldnot zum größten Problem der Familie geworden ist.

Drei Haushalte haben nur einen Punkt bei der Bewertung des familialen Netzwerks erhalten. In allen dreien leben allein erziehende Mütter, die seit der Geburt ihres Kindes bzw. ihrer Zwillinge allein erziehend sind. Die Eltern oder Mütter dieser Frauen leben nur wenige Kilometer entfernt, standen aber nie verlässlich für eine Kinderbetreuung zur Verfügung. Die allein erziehenden Frauen waren somit also fast ausschließlich und ‚rund um die Uhr' für ihre Kleinkinder allein verantwortlich. Bezeichnend ist die Äußerung einer Mutter:

„(...) und das sind so Sachen, wo ich jetzt so langsam mehr Hilfe bekomme, oder auch der Opa mal mit ihr im Kino war, das fängt jetzt langsam erst an. Aber ich muss sagen, die ersten zwei Jahre war ich schon ziemlich an der Grenze" (Interview Haushalt R.: 43). Alle drei Frauen haben punktuell finanzielle Unterstützung erhalten, beispielsweise einmalig als Beitrag zu einer Wohnungseinrichtung.

Sieben Haushalte müssen ihren Alltag ohne jede Unterstützung aus der Familie bewältigen. Darunter befinden sich drei, in denen Kinder fremdplatziert sind und die Erwachsenen ihrerseits von negativen Erlebnissen berichten, wie etwa Herr U., der bereits als Kind Alkohol getrunken hat.

In drei Familien wachsen mehrere Kinder auf, ohne dass jemals Eltern bzw. Großeltern unterstützend zur Seite stehen oder standen. Ein Vater ist alleine für seine vier Kinder, eine halbtags erwerbstätige Mutter alleine für drei Kinder verantwortlich. Herrn K. kann in seiner Situation nicht erwerbstätig sein, obwohl er sich dies auch aus Gründen der sozialen Integration sehr wünscht. Frau E. ‚bezahlt' ihren Einsatz in Familie und Beruf mit zeitlicher Überlastung und Erschöpfung. Frau T., die zwar mit ihrem Mann zusammenlebt, allerdings von Eheproblemen berichtet, beschreibt das Gefühl des Alleinseins: „Ja .., was war .., die Kinder geboren: '89, dann '93 [Zwillinge], '96. Das sind dann so die Stationen gewesen, weil alle drei waren halt, alle vier waren halt, langwierige Sachen halt, lange Krankenhausaufenthalte, dann hat man auch gar net frei bekommen, immer auf sich alleine gestellt, keine Oma, kein Opa, keine Familie drumrum, die geholfen hat. Alles immer alleine, alleine, alleine" (Interview Haushalt T.: 3).

Zu nennen ist schließlich Frau B., die als Kind ihre Eltern verloren hat und deren einziges von drei Kindern, welches noch lebt, drogenabhängig ist. Hier gibt Frau B. ausschließlich Unterstützung an die Familie, indem sie die Verantwortung für das Kind der drogenabhängigen Tochter übernimmt.

4.11 Sonstiges Netzwerk

Insgesamt betrachtet fallen die Leistungen durch das sonstige private Netzwerk, bestehend aus Freunden, Nachbarn und Bekannten, in ihrem Umfang und ihrer Bedeutung für die Alltagsbewältigung wesentlich geringer aus als Leistungen des familialen Netzwerks. Wenn FreundInnen fehlen, wird dies tendenziell eher unter dem Aspekt ‚Geselligkeit' bzw. ‚Alleinsein' bedauert, aber nicht unter fehlender Netzwerkhilfe.

Hervorzuheben sind fünf Haushalte, die hohe Punktzahlen bei diesem Indikator erhalten. Darunter finden sich zwei Frauen, die wiederkehrende finanzielle Schwierigkeiten haben und für die jeweils eine Freundin als offizielle Kreditnehmerin auftritt. In drei weiteren Familien helfen Außenstehende bei der Kinderbetreuung, in Behördenangelegenheiten wie auch praktisch in hauswirtschaftlichen Arbeitsbereichen.

Gelegentliche Geldgeschenke an Kinder, Kinderbetreuung, hauswirtschaftliche sowie handwerkliche Hilfen, Mitarbeit beim Umzug und die Mitbenutzung eines Autos führen in Abhängigkeit vom Umfang der Hilfen und deren Berechenbarkeit zu Bewertungen zwischen einem und zwei Punkten.

Vier Haushalte können überhaupt oder so gut wie gar nicht mit Hilfe von Nachbarn oder Freunden rechnen. Dazu zählt Herr K., der sich als nicht erwerbstätiger Vater ohnehin sozial ausgegrenzt fühlt. Er erzählt: „Hier oben hab' ich auch nur noch wenig Kontakt. Eher gar keinen. Auch vorher die ganzen Jahre nicht, wenn man sich mal gesehen hat, mal ein Hallo, ein kurzes Gespräch, weil ich ja auch noch Fußballtrainer war früher und Schiedsrichter. Und auch selber noch aktiv Fußball gespielt habe, was ich ja dann auch an den Nagel hängen durfte [aus gesundheitlichen Gründen und wegen Erfordernissen der Kinderbetreuung]. Da sind halt so die ganzen Kontakte nach außen etwas verflacht. Oder erloschen mehr oder weniger. Da merkt man also schon, was Freunde sind und was nicht Freunde sind. Viele sind nicht geblieben, zwei Stück. (...) die aber selber auch Familie haben, die selber sehen müssen, wie sie weiterkommen" (Interview Haushalt K.: 7, 33).

Herr W. hat im Verlaufe seiner Krebserkrankung die Erfahrung gemacht, dass nur wenige Freunde bleiben. „Werd mal richtig ordentlich krank, und dann werde wieder gesund, und dann nimmst du noch mal deine zehn Finger und zählst die ab und dann wirst du sehen, es bleiben nur noch zwei Finger übrig" (Interview Haushalt W.: 39).

Haushalt U. illustriert die Tatsache, nicht auf verlässliche Freunde zurückgreifen zu können, anhand des Umzugs in eine andere Wohnung, der kürzlich stattgefunden hat. "Also die da hinten, die Leute haben gesagt, oh ja wir helfen euch, wir helfen euch. Und wie es soweit war, standen wir dann natürlich alleine. Und na, da haben uns halt statt Erwachsene Kinder geholfen" (Interview Haushalt U.: 17).

4.12 Schulden

Schulden werden im Verlauf der Interviews in 16 der 22 Haushalte thematisiert. In einem weiteren Haushalt erfahren wir lediglich, dass das Girokonto nicht mehr überzogen werden kann. Hier kann nur vermutet werden, dass dies auf frühere Zahlungsprobleme zurückzuführen ist. Während der Auswertungsphase haben wir uns entschieden, die Schuldensituation wegen ihrer Vielschichtigkeit nicht in eine quantitative Bewertung im Rahmen der Lebenslagenindikatoren einzubeziehen. Rein monetäre Kennziffern sind wenig aussagekräftig. Ebenso bedeutend sind die folgenden Fragen: Zu welchem Zweck wurden Kredite aufgenommen? Wo wurden Kredite aufgenommen? Werden Schulden überhaupt zurückgezahlt? Ist der Haushalt noch kreditwürdig? Erfolgt bei bestehender Überschuldung und Zahlungswilligkeit eine sinnvolle Rückzahlung an Gläubiger oder wird relativ wahllos an ausgewählte Gläubiger zurückgezahlt, ohne dass ein Gesamtkonzept zur Schuldenregulierung besteht? Ist Überschuldung auf mangelnde rechnerische Kenntnisse zurückzuführen oder dominieren psychologische Faktoren bei der Benennung der Ursachen und wenn ja, um welche handelt es sich?

Schulden im Zusammenhang mit Wohneigentum
Unter den 16 Haushalten mit Schulden besitzen zwei Wohneigentum, in einem dritten Haushalt ist die Hausfinanzierung gescheitert.

Von allen 16 InterviewpartnerInnen mit Schulden gelang und gelingt es lediglich Haushalt V., seinen Kreditverpflichtungen, die im Rahmen einer Hausfinanzierung entstanden sind, regelmäßig und ohne Schwierigkeiten nachzukommen. Der allein erziehende Vater nimmt allerdings für die Erwirtschaftung seines Einkommens Tag für Tag eine immense zeitliche Belastung in Kauf.

Neben Haushalt V. ist Haushalt A. der einzige Haushalt, der ein eigenes Haus besitzt. Die achtköpfige Familie hat ein sehr geringes Äquivalenzeinkommen und zeichnet sich durch sparsame und disziplinierte Haushaltsführung aus. Die Kreditraten werden regelmäßig gezahlt, allerdings wächst seit Jahren die Überziehung des Girokontos. Neben Kreditraten werden auf Rat der Hausbank hin regelmäßig Ansparungen auf Sparbüchern vorgenommen, die nach einigen Monaten wieder abgehoben werden. Außerdem wird in eine Lebensversicherung eingezahlt. Hier wird deutlich, welche Nachteile Haushalten in prekären Lebenslagen entstehen können, wenn sie sich bei finanziellen Entscheidungen ausschließlich auf den Rat von Finanzdienstleistern verlassen. Frau A. sucht den Ausweg aus der finanziellen Misere schließlich in Erwerbstätigkeit bzw. einer Umschulung. So wird aus der bisherigen starken zeitlichen Belastung eine Überlastung. Es zeigt sich eine auffallende Parallele zu Herrn V.

Ein weiterer Haushalt nimmt erfolgreich am Verbraucherinsolvenzverfahren teil. Die Schulden waren im Zusammenhang mit einer Hausfinanzierung entstanden. Gescheitert war sie in erster Linie, weil erwartete Einkommen durch Erwerbstätigkeit ausblieben. Die Besonderheit dieses Haushalts liegt darin, dass die Schuldenregulierung im Rahmen des Verbraucherinsolvenzverfahrens im Zusammenhang mit umfassenderen Änderungen im Haushaltsstil steht. Wir erfahren von den Eheleuten X., dass viel Arbeit, gutes Einkommen und Konsummöglichkeiten früher wichtige Werte gewesen seien. Krankheiten und Arbeitsplatzverluste haben schließlich dazu beigetragen, dass eine Umorientierung von materiellen hin zu immateriellen Werten stattgefunden hat. Diese geänderte Grundeinstellung ist eine Grundvoraussetzung für das Gelingen des Verbraucherinsolvenzverfahrens, welches den Teilnehmern eine beträchtliche Disziplin abverlangt[3].

Schulden aus früheren Partnerschaften
Wir haben fünf allein Erziehende interviewt, die von Schulden berichten, die in einer früheren Ehe entstanden sind. Herr V. konnte sich auch vier Jahre nach der Trennung keinen Überblick darüber verschaffen, welche Schulden seine Ex-Frau während der Ehe gemacht hat. Er muss deshalb nach wie vor mit Pfändungen rechnen. Aus diesem Grund achtet er darauf, dass sich auf seinem Girokonto keine Guthaben befinden. „Die ganze letzte Zeit war ich absichtlich im Minus. (...) Weil ich immer damit rechnen musste, dass meine Ex-Frau mal wieder Mist baut und dat se sich wieder an mich wenden. Und wenn nichts drauf ist, können se nichts pfänden" (Interview Haushalt V.: 17). Eine weitere Probandin kann die in der Ehe entstandenen Schulden nicht genau benennen, sie weiß nicht, welche während der Ehe entstandenen Zahlungsverpflichtungen möglicherweise noch auf sie zukommen.

Drei allein Erziehende mussten bereits Eidesstattliche Versicherungen abgeben. Während in einem Fall weitere von der Bezugsperson verursachte Schulden existieren, haben zwei Interviewpartner ausschließlich mit den in der Ehe entstandenen Schulden zu kämpfen.

Herr K., der mit seinen vier Kindern ausschließlich von Transferzahlungen lebt, verwendet monatlich insgesamt 600 DM seines geringen Einkommens für Schuldentilgung. Zu den Gläubigern zählen u.a. Versandhäuser. Wir erfahren darüber hinaus von Kreditsummen in Höhe von insgesamt 46.800 DM, die zur Zeit nicht bedient werden. Die von Herrn K. geleistete Rückzahlung von Schulden und sein damit zum Ausdruck gebrachtes Verantwortungsgefühl ist mit Blick auf das Ziel, schuldenfrei zu werden, nicht mehr als ‚ein Tropfen auf dem heißen Stein'. Einem nicht sichtbaren Nutzen stehen Ausgaben gegenüber, die

---

3 Während einer sechsjährigen Wohlverhaltensperiode muss der Schuldner folgende Pflichten erfüllen:
   - alle Einkünfte und Vermögen offen legen
   - den pfändbaren Teil seines Einkommens an den Treuhänder abführen
   - im Falle von Arbeitslosigkeit sich um Arbeit bemühen und jede zumutbare Arbeit annehmen
   - dem Treuhänder und dem Gericht Mitteilung über jeden Arbeitsplatz- oder Wohnungswechsel machen
   - ererbtes Vermögen zur Hälfte an den Treuhänder abführen
   - Zahlungen ausschließlich an den Treuhänder leisten, d.h. keinen Gläubiger bevorzugen (Lahn-Dill-Kreis: 2002)

die Familie mit ohnehin geringen finanziellen Freiheiten zusätzlich stark einschränken.

Frau E. hatte gemeinsam mit ihrem Mann ein Geschäft gegründet, welches gescheitert ist. Sie beziffert den geschuldeten Betrag nicht, aber die Information, dass „zwei Lkws (...) kaputt gegangen" sind (Interview Haushalt E.: 14), lässt vermuten, dass es sich um Summen handelt, die Frau E. nie in ihrem Leben wird zurückzahlen können.

Die Einkommen der Familien K. und E. liegen unterhalb der Pfändungsfreigrenze. Dies wird langfristig auch unabhängig von der Tatsache, ob die Bezugspersonen erwerbstätig sind oder nicht, so bleiben. In beiden Familien werden noch über mehrere Jahre hinweg unterhaltspflichtige Kinder zu berücksichtigen sein; diese Haushalte sind damit bezüglich ihres Einkommens in einer Lage, in der sie ohnehin ‚nichts zu verlieren haben'. Sowohl Herrn K. als auch Frau E. ist deshalb mehr als dringend zu raten, jetzt eine Schuldnerberatung aufzusuchen, um die Möglichkeiten einer Restschuldbefreiung im Rahmen des Verbraucherinsolvenzverfahrens zu prüfen bzw. prüfen zu lassen. Beide haben damit möglicherweise die Chance, den Zeiten, die auf die Jahre der Kindererziehung folgen, in finanzieller Hinsicht mit mehr Optimismus entgegenzusehen.

Ständig Schulden, aber immer zahlungsfähig geblieben
Zwei Frauen, Frau R. und Frau H., fallen bei immer wiederkehrenden Schuldenproblemen dadurch auf, dass sie es geschafft haben, stets kreditwürdig zu bleiben.

Frau R., die seit ihrem Auszug aus dem Elternhaus immer wieder Schulden aufgenommen hat, ist die einzige Probandin, die ihr Verhalten im Umgang mit Geld psychologisch reflektiert. Nachdem sie früher stets größere Schulden hatte, die teilweise im Zusammenhang mit gescheiterten Partnerschaften entstanden sind, nennt sie heute ca. sieben Gläubiger, denen sie Beträge zwischen 300 und 500 DM schuldet. Heute sagt sie: „Und ich muss sagen, ich hab' es wirklich an der Armutsgrenze erst gelernt" (Interview Haushalt R.: 22). Für ihre Schuldenprobleme führt sie im wesentlichen psychologische Gründe an, die sie im Rahmen einer Therapie bearbeitet und sagt: „Ich meine, rechnen kann heute, glaub' ich, fast jeder" (Interview Haushalt R.: 24).

Die Schuldensituation von Frau H. lässt sich mit Hilfe der Angaben im Interview nur annähernd rekonstruieren. Sie spricht von einem „Schuldenberg (...) von 13.000 DM". Die Schulden seien zustande gekommen „durch Lebenshaltungskosten, durch Sachen, die man braucht" (Interview Haushalt R.: 7). Frau H. handelt in ihren Geldangelegenheiten nicht rational, eine gewisse Lebenskunst hingegen ist ihr zuzusprechen. Dafür spricht zum einen die bereits angesprochene Tatsache, dass Frau H. immer zahlungsfähig geblieben ist, zum andern, dass sie mit Hilfe einer guten Freundin einen Kredit mit sehr ungünstigen

Konditionen umschulden konnte. Freundschaften, in denen sogar in finanziellen Angelegenheiten geholfen wird, bilden in unserem Projekt die Ausnahme.

Irrationale Kreditaufnahme ohne Bezug zur Lebens- und Finanzsituation
In zwei Haushalten haben wir allein erziehende Mütter interviewt, die nach Umzügen in eine neue Wohnung Kredite aufgenommen haben, um sich komplett neu einzurichten. Beide verfügen längerfristig nicht über Einkommen, von denen die Kredite zurückgezahlt werden können. In einem Fall ist die Mutter als offizielle Kreditnehmerin für die Tochter aufgetreten, weil die Tochter selbst keine Kredite bei Banken mehr erhält. Die offensichtliche Fehlplanung wird in beiden Fällen von den Interviewpartnerinnen nicht thematisiert. Wir können hier nur psychologische Ursachen vermuten, deren Analyse im Rahmen dieses Projekts nicht erfolgen kann.

Kumulierende Faktoren
In Haushalt T. schließlich kommen einige problematische Faktoren zusammen, die in die Überschuldung geführt haben und heute eine Entschuldung erschweren. Zuerst ist ein sehr niedriges Einkommen zu nennen. Herr T. hat, teilweise bedingt durch Lohnpfändungen, wiederholt seinen Arbeitsplatz verloren. Wegen Mietschulden musste die Familie bereits mehrfach umziehen. Bei Herrn und Frau T. treffen unterschiedliche Verhaltensweisen im Umgang mit Geld zusammen. Herr T. hat bereits vor der Ehe Schulden gehabt. Von sich sagt Frau T.: „(...) ich spar' mir lieber irgendwas, ich bin so erzogen worden. Ich bin bei meiner Oma groß geworden. Meine Oma hat immer gesagt, es wird erst gespart und dann kann ich mir irgendwas kaufen. (...) Das ist halt mit so einem Mann, den man dann hat, schrecklich. Aber jetzt sind wir in dem Schlamassel drin" (Interview Haushalt T.: 63). Die Suche nach Hilfe bei einer Schuldnerberatung scheint ausschließlich die Angelegenheit von Frau T. zu sein. Abgesehen von der Frage, ob beide Eheleute bei einer Schuldenregulierung an ‚einem Strang ziehen' würden, konnte sich auch Frau T. allein noch nicht zu einer eindeutigen Haltung durchringen: „Weil mit der Schuldenberatung das ist ja auch nicht so, alles so komische Sachen, da muss ich alles zusammen haben. Den ganzen Kram und ach – ich müsste es machen, klar müsste ich es machen" (Interview Haushalt T.: 42).

Die Mehrheit der Beispiele zum Thema Schulden bestätigt eine Erfahrung, die Schuldnerberater seit langem machen: Schuldnerberatung kann sich, wenn sie erfolgreich arbeiten will, nicht auf die Bearbeitung finanzieller und rechtlicher Aspekte beschränken. Die Suche nach Gründen für die Überschuldung hilft, Ratsuchende zu verstehen; hierbei sind vordergründig irrationale sowie psychologische und soziale Faktoren zu berücksichtigen. Nur bei hinreichender

Berücksichtigung dieser Faktoren ist eine erfolgreiche Entschuldung überhaupt möglich (vgl. Groth, Schulz, Schulz-Rackoll 1994: 198 ff.).

In diesem Sinne äußert sich Frau R., die in ihrer Biografie immer wieder durch Schulden belastet war. „Ich denke einfach, diese andere Begleitung, ich weiß nicht, wie Schuldnerberatung arbeitet, das kann ich nicht sagen, deswegen kann ich mir kein Urteil darüber erlauben, aber ich denke, wenn es einer überhaupt schafft, dahin zu gehen, müsste es auch dazu gehören, wenn das einer erkennt, der diese Beratung macht, und diese Hintergründe merkt, und einen dann letztendlich zu einer Therapie verweist, ich will das jetzt nicht auf die Allgemeinheit beziehen, das ist mein Fall" (Interview Haushalt R.: 24).

4.13 Alltagskompetenzen

Alltagskompetenzen besitzen in diesem Forschungsprojekt zentrale Bedeutung. Sie wurden im Zusammenhang mit den oben behandelten Merkmalsbereichen bereits mehrfach zu anderen Indikatoren in Bezug gesetzt. Sie sollen zum Abschluss dieses Abschnitts dargestellt werden.

Hohe Alltagskompetenzen
Insgesamt sind wir bei den untersuchten Haushalten auf ein erstaunlich hohes Maß an Alltagskompetenzen gestoßen. 14 von 22 untersuchten Haushalte verfügen über hohe Alltagskompetenzen, das heißt, sie sind in der Lage, Entscheidungen zu treffen, die komplexe, langfristige Konsequenzen enthalten. Diese Entscheidungen basieren auf einer realistischen Einschätzung von Bedarfen und halten den Erfordernissen der Familie auch langfristig stand. Eigenverantwortung steht im Vordergrund, institutionelle Hilfen werden im Sinne einer Hilfe zur Selbsthilfe aufgefasst. Einige Haushalte zeichnen sich darüber hinaus dadurch aus, dass sie in der Lage sind, Hilfen über das durchschnittliche Maß hinaus zu mobilisieren.

Besonders augenfällig ist der bereits unter ‚Äquivalenzeinkommen' herausgearbeitete Zusammenhang, dass alle vier Haushalte mit sehr niedrigen Äquivalenzeinkommen sich in der Gruppe der Haushalte mit hohen Alltagskompetenzen befinden. Das überaus hohe Maß an Eigenverantwortung hat diese Haushalte davon abgehalten, alle finanziellen Möglichkeiten, insbesondere die im Rahmen des Bundessozialhilfegesetzes bestehenden, auszuloten. Ins Negative verkehrt sich hohe Eigenverantwortung, wenn wie in den Fällen der Haushalte E. und K. die Möglichkeiten einer Erleichterung verschaffenden Restschuldbefreiung aus Gründen der Scham oder einer gewissen Mutlosigkeit nicht einmal erkundet werden.

Alle Haushalte mit starker zeitlicher Aus- oder Überlastung haben hohe Alltagskompetenzen, denn Eigenverantwortung und Eigenaktivität erfordern Zeit. In Haushalten mit hohen Alltagskompetenzen verfügen die erwachsenen Haushaltsmitglieder in aller Regel über eine abgeschlossene Berufsausbildung. Ausnahmen von dieser Regel sind bildungssoziologisch zu erklären, es handelt sich ausschließlich um Frauen, die zeit- und milieubedingt in keiner Weise darin unterstützt wurden, eine Ausbildung zu absolvieren, obwohl sie durchaus dazu in der Lage gewesen wären.

Wenn in dieser Gruppe in drei Fällen minimale Abstriche in der Bepunktung gemacht werden (2,5 Punkte), so ist dies zweimal auf wiederkehrende Schulden zurückzuführen, die jedoch bislang immer soweit gemanagt wurden, dass ihre Zahlungsfähigkeit erhalten blieb.

In einem Teil der Haushalte wurde/werden außerordentlich hohe Anforderungen bewältigt. Zu diesen Anforderungen zählen von Geburt eines Kindes an allein erziehend oder allein erziehend mit mehreren Kinder zu sein sowie schwere Krankheiten und deren Folgen, ohne in all diesen Fällen auf Unterstützung durch ein familiales Netzwerk zurückgreifen zu können. Hohe Anforderungen bewältigen auch all diejenigen, die über einen langen Zeitraum hinweg ihre kinderreiche Familie trotz niedriger Einkommen angemessen und gut versorgen.

Mittlere Alltagskompetenzen

In fünf Haushalten haben wir bei der Bewertung geringe Abstriche vorgenommen, so dass eineinhalb bis zwei Punkte vergeben wurden.

In zwei Fällen haben Kreditaufnahmen zur Abwertung geführt, die jeder haushälterischen Vernunft entgegenstehen. Mehrjährige Zahlungsverpflichtungen wurden eingegangen, ohne dass dies künftig durch entsprechende Einkommen abgedeckt ist. Den finanziellen Entscheidungen fehlen Realitätsbezug und eine Berücksichtigung der Bedarfe in der Zukunft.

Weitere Abwertungen wurden vorgenommen, weil Eigenverantwortung und daraus resultierende Aktivitäten nur begrenzt wahrgenommen werden. Kennzeichnend ist das Beispiel einer allein erziehenden Mutter. In wichtigen Angelegenheiten, die die finanzielle Situation ihrer Familie sowie die Schulschwierigkeiten ihres Sohnes betreffen, ist sie nicht in der Lage, angemessene Aktivitäten zu ergreifen. Sie ergibt sich in gewisser Weise dem ‚Lauf der Dinge' und nutzt auch Hinweise professioneller Helfer, wie die einer Schulpsychologin nicht, ihre Lage mit Hilfe gebotener Mittel zu verbessern.

Neben Passivität kann sich ein Mangel an Alltagskompetenzen – und hier insbesondere ein Mangel an Eigenverantwortung – in einer vornehmlich kritisierenden Haltung ausdrücken. So werden beispielsweise ambulante Maßnahmen der Jugendhilfe vielfach kritisiert, ohne dass sie zum Anlass genommen werden, eigene Bemühungen um die Kinder zu verstärken. Ein weiteres Beispiel bieten Gespräche um Arbeitsplätze, wenn dem einerseits deutlich geäußerten Wunsch nach einer Berufstätigkeit auf der anderen Seite ausschließlich wortreiche Begründungen gegenüberstehen, warum diese oder jene Tätigkeit nicht in Frage kommt. Realistische und tatsächliche umsetzbare Wege werden nicht gesucht.

Niedrige Alltagskompetenzen
Drei Haushalte zeichnen sich durch ein sehr hohes Maß der Abgabe von Verantwortung aus. Dies betrifft sowohl die Verantwortung für das Wohl der Kinder als auch die für die langfristige Sicherstellung des Haushaltseinkommens. In allen Haushalten sind Kinder fremdplatziert. Der Aufenthalt der noch oder wieder bei den leiblichen Eltern lebenden Kindern wird intensiv durch ambulante Jugendhilfemaßnahmen begleitet. Die Haushalte beziehen langfristig Sozialhilfe. Einkommensalternativen werden nicht bzw. nicht ernsthaft in Betracht gezogen.

In diesen Haushalten finden wir auch einen Mangel an hauswirtschaftlichen Kompetenzen im engeren Sinne. Es besteht ein geringes Anspruchsniveau in den Bereichen Nahrungszubereitung und/oder Wohnungspflege.

Alle Haushalte der Untersuchung verfügen über ein Mindestmaß an Alltagskompetenzen. Eine Bewertung mit null Punkten wurde nicht vorgenommen; wir würdigen damit die Tatsache, dass alle Familien in der Lage sind, einen eigenen Haushalt zu führen, mit welchen Hilfen auch immer. Eine Bewertung mit null Punkten würde bedeuten, dass Menschen in Heimen untergebracht sind oder ‚auf der Straße' leben.

5. Armutslagenbezogene Haushaltstypologie

Die Darstellung von Lebenslagen in einem Gitternetz mit zwölf Indikatoren ermöglicht auch eine zusammenfassende Einschätzung des Grades der wirtschaftlichen und sozialen Benachteiligung der Projekthaushalte. Wie in Kap. V.2.2 bereits dargestellt, bezeichnen wir die Haushalte als arm, die bei mindestens sechs Merkmalen einen Wert von maximal einem Punkt erhalten haben. Demgegenüber sehen wir bei Haushalten, die bei mindestens sechs Merkmalen mehr als zwei Punkte bekommen, keinen Hilfebedarf. Haushalte, die weder zur ersten noch zur zweiten Gruppe gehören, ordnen wir in die Kategorie „prekäre Lebenslage" ein.

Nach dieser Abgrenzung weisen von den Projekthaushalten nur zwei Lebenslagen auf, die als relativ unproblematisch beschrieben werden können; acht

Haushalte gehören demgegenüber in die Gruppe armer Haushalte. Die meisten Haushalte, zwölf an der Zahl, finden sich im Bereich prekärer Lebenslagen. Zu den „armen" Haushalten gehören die Haushalte B., E., F., K., M., P., T. und U. Die Haushalte D. und O. sind weder bei arm noch bei prekär zugeordnet. Dementsprechend bleiben als Haushalte in prekären Lebenslagen die Haushalte A., C., G., H., I., L., N., R., S., V., W. und X.

Vergleicht man die Haushaltsgröße und -zusammensetzung innerhalb der drei Gruppen, so zeigt sich, dass darin keine aussagekräftige Typisierung begründet werden kann. Allein Erziehende und Paarhaushalte mit Kindern finden sich in alle drei Gruppen. Tragfähiger erwies sich eine Typisierung nach dem Haushaltsstil, die auf der Basis der im Gitternetz dargestellten „Muster" entwickelt werden konnte, die die Lebenslage beschreiben.

Auf der Grundlage der vergleichenden Interpretation von 12 Lebenslagenindikatoren[4] im vorangegangenen Abschnitt wurde eine *haushaltsstilbezogene Armutstypologie*, entwickelt, der alle untersuchten Haushalte analytisch eindeutig zugeordnet werden konnten. Das steht nicht im Widerspruch zu der Tatsache, dass sich bestimmte Charakteristika eines Typs durchaus auch bei einem anderen finden lassen und umgekehrt. Typologien erfüllen die Aufgabe, komplexe Sachverhalte zu bündeln und die Aufmerksamkeit auf typische Verhaltensweisen respektive Problemkonstellationen zu lenken. Die vier nachfolgenden Typen weisen unterschiedliche Problemlagen und Hilfebedarfe auf:

Typ 1:   Die verwalteten Armen
Typ 2:   Die erschöpften EinzelkämpferInnen
Typ 3:   Die ambivalenten JongleurInnen
Typ 4:   Die vernetzten Aktiven

Die verwalteten Armen (Typ 1: Haushalte C., I., M., U.)
Dieser Armutstyp ist durch das soziale Phänomen einer *Generationen übergreifenden* Armut charakterisiert. Seine RepräsentantInnen verfügen über vielfältige und langjährige Erfahrungen und Routinen im Umgang mit Armut, aber auch mit den Behörden und Institutionen, die – verwaltungstechnisch gesehen – für diverse Probleme von verstetigter Armut zuständig sind. Hier sind insbesondere das Sozial- und das Jugendamt zu nennen. Umgekehrt sind diese Haushalte in den entsprechenden Einrichtungen seit langem bekannt.

Ohne institutionelle Netzwerke gelingt die Alltagsbewältigung kaum noch. Typisch sind regelmäßige Kontakte zum Allgemeinen Sozialen Dienst (ASD)

---

4   Es handelt sich um folgende Merkmalsbereiche: Äquivalenzeinkommen, Anteil Erwerbseinkommen, Mietbelastung, Wohnungsgröße, zeitliche Situation, Bildung, Gesundheit, psychosoziale Situation, institutionelles Netzwerk, familiales Netzwerk, sonstiges Netzwerk (Freunde, Bekannte, Nachbarn) sowie Alltagskompetenzen.

oder zu VertreterInnen der sozialpädagogischen bzw. haushaltsbezogenen Familienhilfe, um die Eltern-Kind-Beziehungen zu stabilisieren oder die Grundversorgung des Haushalts zu gewährleisten.

Charakteristisch sind vergleichsweise niedrige Alltagskompetenzen und eine eher geringe Erwerbsorientierung. Der 42-jährige Herr M. beispielweise begründet seine Arbeitslosigkeit mit einer Erkrankung, obwohl ihm ein Gutachten bescheinigt „dass (...) [er] gesundheitlich in der Lage sein müsste (...), eine halbschichtige, leichte bis mittelschwere Tätigkeit ohne Zeitdruck und ohne besondere psychische Beanspruchung zu verrichten. Erwerbsunfähigkeit (...) besteht derzeit noch nicht." Ursache der Einschränkung sei ein vor ca. zehn Jahren zufällig im Zusammenhang mit einer Augenverletzung entdeckter Tumor. Herr M. fährt fort. „Die [gemeint ist das Sozialamt] haben mich zum Beispiel schon in 'ne Fußbodenfirma hingeschickt, da sagt der Chef zu mir: ‚Wann können Sie denn anfangen?', ‚Nächste Woche. Nur geben Sie mir Brief und Siegel, ich arbeite auch, ich bin drei Wochen krank.' ‚Wie, Sie sind drei Wochen krank?' ‚Ich hab's mit dem Herz, ich hab' schon zwei Herzinfarkte, hab' 'en Gehirntumor, bin auf einem Auge blind.' ‚Ja, da schickt mir das Arbeitsamt so Leute!', hat er gesagt. Also jüngere Leute müssten die mal (...)" (Interview Haushalt M.: 19).

Man trifft auf das Phänomen „entglittener" Zeitstrukturen; es bereitet oftmals schon Mühe, zwei bis drei Termine pro Woche zu koordinieren. So ergeht es Frau U., deren objektiv gemessene Zeitbelastung 6,5 Stunden pro Tag beträgt. Obwohl Herr und Frau U., zu deren Haushalt zwei Kinder gehören (zwei weitere sind fremdplatziert), nicht erwerbstätig sind, empfindet Frau U. ihre Zeit als knapp: „Und dann, wenn ich dann auf die Ämter oder so gehe, dann dauert das natürlich eine ganze schöne Zeit. Dann muss ich sie ja um halb eins wieder – also mein Tagesablauf geht nach der Uhr. (...) Also Sie sehen ja, was ich an Zeit habe. Ich bin ja immer nur unterwegs. Ich weiß ja nicht, wie das werden soll, wenn ich noch arbeiten gehe. Dann wird's ein bisschen schwierig. Weil mein Mann hilft mir ja so gut wie er kann, das ist ja eigentlich gar kein Thema" (Interview: 19, 24).

Als Eltern sind die Erwachsenen des Typs der „verwalteten Armen" weder mental noch alltagspraktisch in der Lage, ihren Kindern Daseinskompetenzen wie Bindungs- und Konfliktfähigkeit, Durchhaltevermögen, emotionale Stabilität oder haushälterische Grundkompetenzen zu vermitteln. Selbst bei gutem Willen besteht eine ausgeprägte Hilflosigkeit, den Kindern zu einem Schulerfolg zu verhelfen, was angesichts der problematischen elterlichen „Schul- und Ausbildungskarrieren" kaum überraschen kann.

Erste Priorität in der Arbeit mit diesen Familienhaushalten hat die Gewährleistung von Wohl und Gesundheit der Kinder. Es geht dabei in einigen Fällen schlicht und einfach um lebensrettende Maßnahmen. Vernachlässigung, mitun-

ter auch körperliche und sexuelle Gewalt führen dazu, dass Kinder vorübergehend oder auf Dauer aus der Familie heraus genommen und in Pflegefamilien
oder in Heimen untergebracht werden. Gefragt nach dem Grund für die Fremdplatzierungen seiner Kinder antwortet Herr M.: „Ich war früher bös druff. Ich
glaub' das kann man so sagen. Also ich hab' früher bös druff gehauen und Möbel randaliert und lauter so Dinge. Ich war kein unbeschriebenes Blatt. Also ich
bin bekannt auf dem Jugendamt wie ein bunter Hund. Mich kennt jeder" (Interview Haushalt M.: 1).

Die Kombination aus Fremdunterbringung und ambulanten Maßnahmen der
Jugendhilfe waren bei den analysierten Haushalten gut aufeinander abgestimmt;
Tendenzen der „Überversorgung" durch fehlende Vernetzung wurden in den
armuts- und krisenintervenierenden Handlungsfeldern nicht festgestellt. Demgegenüber besteht ein großer, bisher keineswegs gedeckter Handlungsbedarf im
Bereich der systematischen Armutsprävention, um diese Kinder vor dauerhaften
und massiven Benachteiligungen in den Bereichen Wohnen, Bildung und Gesundheit zu schützen und den Teufelskreis der intergenerationellen Weitergabe
von Armut zu durchbrechen. Hier sind armutspräventive Maßnahmen einer
sensiblen Kinder- und Jugendarbeit von der gezielten Frühförderung über eine
verlässliche Begleitung und Unterstützung dieser Kinder in der Schulzeit bis hin
zu einem gelingenden Ausbildungsabschluss von Nöten.

Die erschöpften EinzelkämpferInnen (Typ 2: Haushalte A., B., E., F., K., V.)
Typ 2 umfasst sowohl allein erziehende Eltern als auch Paare mit Kindern. Er
zeichnet sich durch eine überproportionale Arbeitsbelastung im Familien- und
Berufsalltag aus, ohne jedoch in Berufen wie Bürokauffrau oder Verwaltungsangestellter im einfachen öffentlichen Dienst ein Einkommen oberhalb des sozio-kulturellen Existenzminimums zu erreichen. Die allein erziehende Frau E.,
die die Versorgung und Erziehung ihrer drei Kinder ohne jede Unterstützung
durch ein familiales Netzwerk bewältigen muss, ist halbtags erwerbstätig. Das
führt zu einer extrem hohen zeitlichen Belastung, ihr Einkommen ist dennoch so
gering, dass ergänzende Ansprüche auf Hilfe zum Lebensunterhalt bestehen.
Haushalt A. zeigt, dass eine achtköpfige Familie trotz eines Durchschnittsver-
dienstes des Vaters Ansprüche auf einmalige Beihilfen im Rahmen der Hilfe
zum Lebensunterhalt hat.

Neben einer zeitlichen Überlastung führen Krankheiten und deren Folgen,
oft verbunden mit der Erfahrung, auch von offizieller Seite „damit allein gelassen" zu werden, zu chronischen Erschöpfungszuständen. Es handelt sich um
Haushalte, die den Alltag für sich und ihre Kinder mit den vergleichsweise
niedrigsten Äquivalenzeinkommen bewältigen müssen.

Armutslagen treten in der Regel als Folge eines „kritischen" Lebensereignisses wie Trennung bzw. Scheidung auf, aber auch als Folgen von Kinderreichtum

oder der Geburt eines (weiteren) Kindes. Der Umgang mit Armut ist selten als Generationen übergreifende Erfahrung vorhanden, ebenso wenig der Umgang mit den zuständigen Ämtern und Einrichtungen der Kinder- und Jugendhilfe. Auffällig ist das Defizit an institutionellen Hilfen, die auf die Bedarfslagen der „erschöpften EinzelkämpferInnen" und ihrer Kinder abgestimmt sind. Diese Erfahrung musste die allein erziehende Frau F. machen, als sie erschöpft und heulend, wie sie sagt, beim Jugendamt um Unterstützung bei der Betreuung ihrer schwerkranken Zwillinge bat. Damit wurde sie zunächst nicht ernst genommen und bekam keine Hilfe. Als allerdings eine Sozialarbeiterin etwas später eins der Kinder unbekleidet sah, wurde ihr indirekt unterstellt, sie kümmere sich nicht genug um ihre Kinder und würde sie nicht richtig ernähren; ihr wurde vorgeschlagen, die Kinder in einer Pflegefamilie unterzubringen. "Erschöpfte EinzelkämpferInnen" erhalten entweder gar keine Unterstützung, weil sie keine auffälligen Probleme im Sinne des KJHG zeigen, oder den verantwortungsvollen Müttern werden völlig unangemessene Angebote ("Fremdunterbringung der Kinder") unterbreitet, wie sie für die "verwalteten Armen" möglicherweise angezeigt wären, und vorhandene Ressourcen der Mütter werden missachtet.

Frau E. formuliert es so: „Man muss entweder ganz unterste Schublade sein oder man muss auf jeden Fall auf einem Level sein, dass man ganz starke Probleme mit seinen Kindern hat, dass man entweder betteln gehen muss oder dass man gefragt wird. So diese extreme Nordstadt, da wird Hilfe angeboten, egal in welcher Form, aber die Mitläufer, die so im Strom schwimmen, kriegen nichts, das ist es, was mich stört" (Interview Haushalt E.: 3).

Aus Gründen wie Unkenntnis, Überforderung oder Scham beantragen „erschöpfte EinzelkämpferInnen" zustehende Leistungen zu spät oder gar nicht. Die Energien sind stattdessen in einem hohen Maße darauf gerichtet, Einsparungen bei den Ausgaben vorzunehmen oder weitere Erwerbsquellen zu erkunden. Es finden sich gehäuft Formen unterlassener Information, Aufklärung oder Hilfe, etwa wenn ein Umzug in eine nach den Kölner Empfehlungen viel zu kleinen Wohnung erfolgt, um Miete zu sparen, obwohl ein Anrecht auf Übernahme der Kosten im Rahmen der Sozialhilfe besteht.

Familiale Netzwerke erweisen sich häufig weniger als Ressource denn als zusätzliche Verpflichtung, etwa, wenn die allein Erziehenden zusätzlich ihre Mütter mit versorgen, die an beginnender Demenz oder an psychischen Problemen leiden.

Wenn die RepräsentantInnen diesen Typs infolge eigener Erwerbstätigkeit ergänzende Sozialhilfe oder andere Sozialleistungen wie Befreiung von Rundfunkgebühren oder Wohngeld beantragen, ist ein deutlich höherer Verwaltungsaufwand erforderlich als in Haushalten, die überwiegend von Sozialhilfe leben. Jede noch so geringfügige Einkommensänderung muss bei allen Geld gebenden

Stellen angezeigt werden. Dadurch verstärkt sich der Zeitdruck in den betroffenen Haushalten, und die Motivation, erwerbstätig zu bleiben, wird nicht unterstützt, sondern konterkariert.

Die VertreterInnen des Typs 2 tragen durch die fatale Verknüpfung von materieller Benachteiligung dieser Lebensform und die durch Kinderbetreuung entstehenden Lücken in ihrer Erwerbsbiografie, zumal in schlecht bezahlten Frauenberufen das Risiko, der Armutslage zeitlebens nicht mehr zu entkommen.

Für Typ 2 erweist sich die gerechtere Ausgestaltung des Familienleistungsausgleichs im Sinne der angemessenen Berücksichtigung von Kosten und Leistungen der Kindererziehung als besonders dringend geboten. Auch die gegenwärtig diskutierten Modelle zu einer der Sozialhilfe vorgelagerten Existenzsicherung von Kindern und Jugendlichen (Stichwort: Grundsicherung für Kinder) würden den Alltag der „erschöpften EinzelkämpferInnen" und ihrer Kinder sichtlich erleichtern und sie von Sozialhilfe unabhängig machen.

Zielgruppenspezifische Hilfen für Typ 2 müssen dezidiert auf die Vermeidung von Erschöpfungszuständen der Bezugsperson gerichtet sein, indem die vorhandenen Eigeninitiativen mit ambulanten, passgerechten Hilfen zur Alltagsbewältigung verknüpft werden. Darüber hinaus benötigen Mütter und Väter dieses Typs gezielte Hilfearrangements unter Einschluss verlässlicher und qualitativ hochwertiger Angebote zur Kinderbetreuung für alle Altersgruppen, um eine Erwerbstätigkeit aufnehmen oder ihre Ausbildung beenden zu können.

Nicht hinnehmbar ist der ermüdende und frustrierende „Behördenmarathon", dem die „erschöpften EinzelkämpferInnen" ausgesetzt sind, wenn sie aufgrund der Rückkehr ins Erwerbsleben die ihnen gesetzlich zustehenden Sozialleistungen bei noch so geringfügigen Einkommensveränderungen in mehreren Ämtern stets neu beantragen müssen.

Die ambivalenten JongleurInnen (Typ 3: Haushalte H., L., P., R., T., W.)
Bei den RepräsentantInnen diesen Typs handelt es sich um Menschen, die in vielen Fällen zwar familienbiographisch zumindest durch sequentielle Erfahrungen mit Armut geprägt sind, die aber objektiv betrachtet, durchaus Handlungsoptionen besaßen, ihre Lebenssituation entweder zu verbessern oder zu ihrem Nachteil zu verändern.

Psychologisch begründbare ambivalente Persönlichkeitsstrukturen münden in Verhaltensweisen, die üblicherweise als unvernünftig bezeichnet werden. Mitmenschen, darunter auch professionelle HelferInnen, reagieren gelegentlich mit Kommentaren wie „Wie kann man nur?!"
Es werden hohe Kredite aufgenommen, ohne in hinreichendem Maße die damit verbundenen finanziellen Verpflichtungen zu bedenken, die das für die Zukunft nach sich zieht. Es dominieren Verhaltensmuster, diese Konsequenzen zu verdrängen oder man setzt auf das Prinzip „Hoffnung", dass sich schon alles zum

Guten wenden werde, so beispielsweise Frau H.: „Und da war ich dann grad da
drin [bei der (...)-Bank], da war ein ganz netter Mann und der hat gesagt: „Sie
könnten auch bei uns ein Konto eröffnen. Bei uns könnten sie jetzt sofort 3000
Mark (...) Und da hab' ich damals genau 3000 Mark gebraucht, da musst ich
wieder irgendwas ganz dringend bezahlen. Da stand mir's Wasser wieder bis
hier. Da hab' ich die 3000 Mark genommen und dann hat er gesagt: ,Sie brauchen sich um nichts zu kümmern, mit der Volksbank, das machen wir alles.
Eine Unterschrift, ich hole mir die ganzen Unterlagen.' Ich war ja ganz glücklich, dass das alles so ging, ich hatte ja keinen Bürgen. (...) Und ein Dispokredit-
Limit hab' ich gehabt von 5000 und hab' 1400 verdient. Da hab' ich gedacht,
wenn du soviel überziehen kannst, kannst du ja alles bezahlen, is' ja nicht
schlimm, kannst dir noch was holen. Bis letztes Jahr im Oktober (...)" (Interview
Haushalt H.: 7).

Auffällig ist des Weiteren, dass trotz einer bestehenden Überschuldung des
Haushalts keine Hilfe bei der Schuldnerberatung gesucht wird, obwohl die Ü-
berschuldungssituation teilweise bereits hoffnungslos unübersichtlich und psychisch durchaus als belastend empfunden wird. Beispielhaft sei Frau T. zitiert,
deren Haushalt als kinderreich und einkommensarm auch Charakteristika der
,erschöpften EinzelkämpferInnen' trägt. Die Familie hat mehrfache Lohnpfändungen, aufgrund derer Herr T. bereits verschiedene Arbeitsplätze verloren hat,
sowie Wohnungswechsel wegen Räumungsklagen hinter sich. Die vielen Schulden sind unübersichtlich. „(...) Depressionen, hoch und runter, wie eine Achterbahn. Die Kinder sind ein Halt. Es sind zwar auch die, die mich fertig machen,
aber die Kinder geben mir dann auch wieder einen Halt, dass das Weitermachen
geht. Rücken kaputt halt, dass es manchmal auch schon psychisch ist, was auf
den Rücken dann schlägt, halt. Dass ich dann nur hier rumkrabbel und kann gar
nichts mehr machen. (...) Zähne halt, ja die sind kaputt von den Kindern, aber
kann ich mir auch keine Neuen leisten, wie gesagt. Und ja, die Nerven halt. Und
dieses Jahr ist es ganz schlimm, und es wird auch alles schlimmer. (...) mit der
Schuldenberatung das ist ja auch nicht so, alles so komische Sachen, da muss
ich alles zusammen haben. Den ganzen Kram und ach - ich müsste es machen,
klar müsste ich es machen. (...) Man hat halt immer irgendwo irgendwelche
Angst. Dann geht's mal ein paar Tage gut und man denkt – ach alles o.k., alles
ist klasse, dann kommt wieder irgendwo ein Schlag her" (Interview Haushalt T.:
63).

In Haushalten dieses Typs werden vergleichsweise teure Wohnungen angemietet, die allerdings voraussetzen, dass der befristete Arbeitsplatz in einen
unbefristeten verlängert wird oder dass sich eine andere Erwerbsmöglichkeit
eröffnet, was jedoch mit einem erheblichen Risiko behaftet ist. Ausbildungen
werden kurz vor dem Berufsabschluss abgebrochen, ohne sich zu vergegenwär-

tigen, dass sich damit die Bedingungen auf einen Einstieg in das Erwerbsleben
massiv verschlechtern.

Festzuhalten bleibt allerdings, dass die Verhaltensweisen, die für ambivalente JongleurInnen typisch sind, auch bei Menschen jenseits von armen und prekären Lebenslagen anzutreffen sind. Die Konsequenzen sind allerdings bei insgesamt besseren bildungsmäßigen und materiellen Ressourcen weniger dramatisch.

Beratungsprozesse mit VertreterInnen diesen Typs müssen darauf ausgerichtet sein, gemeinsam mit den Betroffenen solche Beratungsziele zu entwickeln,
die von ihnen mitgetragen und mitverantwortet werden. Hilfeplanung schließt
dabei die Berücksichtigung von psychologischen Ressourcen und Grenzen der
Ratsuchenden gleichermaßen ein.

Haushaltsbezogene Bildung zum Umgang mit Geld und Behörden kann bei
Typ 3 zumindest auf der kognitiven Ebene die Konsequenzen „unvernünftigen"
Verhaltens vor Augen führen. Das hohe Ausmaß von Überschuldungen, wie es
bei den ambivalenten JongleurInnen vergleichsweise häufig anzutreffen ist,
wäre allerdings ohne entsprechende Kreditvergabepraktiken seitens einschlägiger Finanzdienstleistungsunternehmen nicht möglich. Im Sinne einer vorausschauenden Schadensbegrenzung muss hier dringend über rechtzeitig einsetzende Barrieren, letztlich im Interesse dieses Personenkreises ebenso wie der Gesellschaft nachgedacht werden.

Die vernetzten Aktiven (Typ 4: Haushalte D., G., N., O., S., X.)
Das hervorstechende Charakteristikum der vernetzten Aktiven besteht in ihrem
Eingebundensein in ein unterstützendes familiales Netzwerk und/oder in ihrer
Fähigkeit, institutionelle Hilfen selbstbewusst und aktiv in ihren Alltag zu integrieren. Unter diesem Typ befinden sich allein erziehende Mütter, die studieren
oder ein Studium absolviert haben. Obwohl sie, insbesondere durch das Verhalten der Kindesväter schwere persönliche Enttäuschungen verkraften mussten,
zeigen sie als Sozialhilfe beziehende Mütter ein gewisses Selbstbewusstsein und
sind in der Lage, ihre Situation nicht als individuelles Versagen zu deuten, sondern mit einem gewissen Selbstbewusstsein den Alltag mit ihren Kindern bestmöglich zu gestalten. Frau D. bringt es zum Ausdruck: „Natürlich bin ich unzufrieden, nach dem Motto Sozialhilfe halt, aber so über alles gesehen und für
mein Lebensgefühl bin ich echt zufrieden. Da habe ich das Optimale raus geholt. Das klingt jetzt vielleicht blöd, weil ich ja mit zwei Kindern allein Erziehende bin. Für meine Situation war es aber das Beste" (Interview Haushalt D.:
6). „Vernetzte Aktive" nehmen die Sozialhilfe als ein ihnen zustehendes Grundrecht in Anspruch und loten die Möglichkeiten, die das Bundessozialhilfegesetz
zur Verbesserung ihrer Lebenssituation bietet, kenntnisreich aus.

Über die gängigen Hilfen der Sozial- und Jugendhilfe hinaus mobilisieren sie, wenn es erforderlich wird, auch andere kommunale AkteurInnen, darunter Frauenbeauftragte oder KommunalpolitikerInnen, wenn sie auf den einschlägigen Verwaltungswegen scheitern. Frau D. berichtet: „Also, was ich toll fand (...) Auf dem Sozialamt wollten die mich irgendwie zwingen. (...) Natürlich möchte ich irgendwann einmal arbeiten, aber durch dieses Sozialhilfegesetz müsste ich ja jede Arbeit annehmen und das will ich natürlich nicht. Wenn, dann möchte ich eine Arbeit, die mir Kraft gibt. (...) Das hat mich einfach fertig gemacht, einfach auch dieses Rechtfertigen, obwohl ich eigentlich schon genug mache. Da hat (...) [Name einer Politikerin] mit denen geredet. Die ist von (...) [Name einer politischen Partei]. Das ist einfach ganz praktisch, dass man Kontakte hat, die einen dann unterstützen" (Interview Haushalt D.: 17).

Frau S. – allein erziehende Mutter zweier Töchter im Kindergartenalter – hat eine sehr problematische Trennung von ihrem Ehemann erlebt. Sie konnte MitarbeiterInnen der Kindertagesstätte, die ihre Töchter besuchen, mobilisieren, als sie den Auseinandersetzungen mit dem Vater der Kinder allein nicht mehr gewachsen war: „(...) haben mich unterstützt in den familiären Konflikten, Wege zu und von der Kita begleitet wegen Verfolgungen von Ex-Mann, Umgangsregelung des Kindsvaters läuft über den Kindergarten" (Interview Haushalt S.: 20).

Unterstützung durch die familialen Netzwerke erfolgen in Form von direkten monetären Transfers (zum Beispiel monatliche Geldleistungen durch die Eltern) oder durch indirekte Unterstützungsleistungen (zum Beispiel durch die Mitbenutzung eines Pkw, ohne für mehr als die Benzinkosten aufkommen zu müssen). Darüber hinaus übernehmen die Großeltern teilweise verlässlich und regelmäßig die Betreuung der Kinder oder helfen tatkräftig bei der Wohnungsrenovierung. Die allein erziehende Frau S., die kurz vor der Trennung von ihrem Mann ein Studium aufgenommen hat, ist sich darüber im Klaren: „Ohne Großmutter wäre das nie gegangen" (Interview Haushalt S.: 1).

Die familialen Netze sind kaum zu ersetzen. Der Alltag der RepräsentantInnen des Typs 4 ist zwar ebenso wie der der verwalteten Armen, der erschöpften EinzelkämpferInnen und der ambivalenten JongleurInnen durch eine Vielzahl von Problemen gekennzeichnet, die sie aber aufgrund der ermutigenden und verlässlichen Unterstützung durch familiale Bezugspersonen sowie über die Mobilisierung von institutionellen Hilfen vergleichsweise gut bewältigen. Hinzu kommt, dass es sich um stabile Persönlichkeiten mit Selbstbewusstsein und einem hohen Energiepotenzial handelt, die vielfältige Daseins- und Alltagskompetenzen besitzen und häufig das Glück hatten, selbst in einem unterstützenden und gedeihlichen Umfeld aufgewachsen zu sein.

Gleichwohl bleibt festzustellen, dass die monetären Spielräume in diesen Familienhaushalten überwiegend so eng bemessen sind, dass der Ausfall einer einzigen familialen Netzwerkperson – etwa durch Krankheit oder Tod – das bestehende Arrangement der Alltagsbewältigung in prekärer Lebenslage sofort bedrohlich gefährdet.

VertreterInnen des Typs 4 bleiben nicht nur aus diesem Grund auf eine gerechtere Ausgestaltung des Familienleistungsausgleichs im Sinne der angemessenen Berücksichtigung von Kosten und Leistungen der Kindererziehung angewiesen.

Auch hier würden die gegenwärtig diskutierten Modelle zu einer der Sozialhilfe vorgelagerten Existenzsicherung von Kindern und Jugendlichen (Stichwort: Grundsicherung für Kinder) greifen und den Alltag der „vernetzten Aktiven" und ihrer Kinder spürbar erleichtern und sie von Sozialhilfe unabhängig machen.

Zielgruppenspezifische Hilfen für Typ 4 können sich dezidiert auf die facettenreichen Kompetenzen der vernetzten Aktiven beziehen, indem die vorhandenen Eigeninitiativen der Bezugspersonen mit ambulanten, passgerechten Hilfen zur Alltagsbewältigung abgestimmt und verknüpft werden. Darüber hinaus benötigen gerade auch Mütter und Väter diesen Typs gezielte Unterstützungsarrangements, vor allem verlässliche und qualitativ hochwertige Angebote zur Kinderbetreuung für alle Altersgruppen, um einer Erwerbstätigkeit nachgehen zu können oder um ihre Ausbildung fortzusetzen und erfolgreich zu beenden.

VII. Handlungsspielräume für Haushalte in prekären Lebenslagen

Die zu einem konkreten Zeitpunkt abbildbare Lebenslage eines Haushalts ist immer auch das Ergebnis der Lebensverläufe seiner Mitglieder und der getroffenen Entscheidungen in der Vergangenheit. Aus diesem Grunde wurde der „Vorgeschichte" der untersuchten Haushalte breiter Raum gegeben mit dem Ziel, die Wege in prekäre Lebenslagen nachzuzeichnen. Die aktuelle Lebenslage ist wiederum eine wesentliche Ausgangsbasis für die zukünftige Entwicklung. Sie beschreibt zusammen mit den Rahmenbedingungen des haushälterischen Umfelds die bestehenden Handlungsalternativen. Eine Untersuchung der haushälterischen Handlungsspielräume ermöglicht deshalb auch, Wege aus prekären Lebenslagen heraus zu finden.

1. Wege in und aus prekären Lebenslagen

Mit Hilfe der Gitternetze konnte die Lebenslage der untersuchten Projekthaushalte zum Interviewzeitpunkt konkret für die Indikatoren

- finanzielle Situation (Äquivalenzeinkommen, Anteil des Erwerbseinkommens)
- Wohnsituation (Mietbelastung, Wohnungsgröße)
- Zeitbelastung
- Bildung
- Gesundheit
- psychosoziale Situation
- soziale Netzwerke (institutionelles, familiales und sonstiges Netzwerk)
- Alltagskompetenzen

beurteilt werden.

In den Interviews wurden darüber hinaus wichtige Informationen zu den Wegen in sozial und wirtschaftlich benachteiligte Armutslagen erfragt, die in ihren wesentlichen Zügen in den Einzelfallbeschreibungen dokumentiert sind (vgl. VI.3). Insgesamt kristallisieren sich neun Gründe heraus, auf die prekäre Lebenslagen bzw. Armutssituationen zurückgeführt werden können. Sie werden anschließend aufgelistet, ohne dass mit der Reihung eine Wertung oder Gewichtung vorgenommen werden soll:

- allein erziehend von Geburt eines Kindes an
- hohe Kinderzahl
- Scheidung/Trennung
- Tod von Familienangehörigen
- Ausfall von Netzwerkpersonen
- Erkrankung
- Arbeitsplatzverlust
- Kreditaufnahme(n)
- Generationen übergreifende prekäre Lebenslage.

Abb. 9: Wege in und aus prekären Lebenslagen

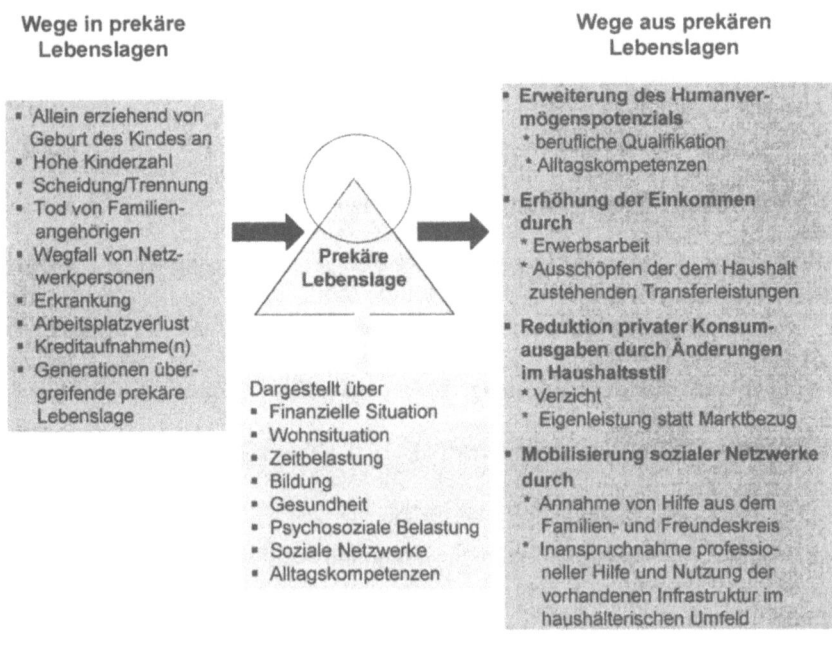

In weniger als der Hälfte der Haushalte lässt sich ein einzelner Grund benennen, der das Hauptproblem des Haushalts verursacht. Dazu gehören alle Haushalte, in denen die prekäre Lebenslage eine Generationen übergreifende Erscheinung ist. Aber auch Arbeitslosigkeit, Krankheit, Scheidung oder die Geburt eines Kindes können als Auslöser ausreichen, um eine prekäre Lebenslage zu verursachen. Demgegenüber finden sich Kreditaufnahmen in keinem unserer Haushalte als alleinige Auslöser, sondern immer in Kombinationen mit Lebensereignissen wie Scheidung, Erkrankung oder Arbeitsplatzverlust. Ebenso tritt in unseren Haushalten eine hohe Kinderzahl nur in Verbindung mit anderen Faktoren auf, weil diese Haushalte mit ihren begrenzten finanziellen Ressourcen besonders diszipliniert umgehen.

Wie die sehr verschiedenartigen Projekthaushalte zeigen, dürfen die genannten Ursachen für prekäre Lebenslage nicht dahingehend missverstanden werden, dass Haushalte zwangsläufig in prekäre Lebenslagen kommen, wenn die Ereignisse eintreten. Zwei Projekthaushalte (D. und O.) zeigen durchaus positive Bewältigungsstrategien.

Prinzipiell sind vier Strategien möglich, die Wege aus prekären Lebenslagen beschreiben, nämlich

- die Erweiterung von Humanvermögenspotenzialen,
- die Erhöhung der Einkommen,
- eine Reduktion von privaten Konsumausgaben sowie
- die Mobilisierung sozialer Netzwerke.

Berufliche Qualifikationen und Alltagskompetenzen spielen für die Bewältigung von prekären Lebenslagen und deren Prävention eine bedeutende Rolle. Da Bildung als eine Grundvoraussetzung für die Umsetzung anderer Strategien zunehmend an Bedeutung gewinnt, wird dieser Aspekt an erster Stelle genannt. Eine Erhöhung der Einkommen kann entweder durch (zusätzliche) Erwerbsarbeit oder durch Ausschöpfen der dem Haushalt zustehenden Transferzahlungen herbeigeführt werden. Um private Konsumausgaben zu reduzieren, müssen Haushalte Änderungen im Haushaltsstil vornehmen, d.h., auf bestimmte Güter und Dienstleistungen ganz verzichten oder diese in Eigenleistung selbst herstellen, statt sie über den Markt zu beziehen. Schließlich können soziale Netzwerke einerseits dadurch mobilisiert werden, dass im Familien- oder Freundeskreis Hilfe und Unterstützung erbeten werden. Andererseits gibt es die Möglichkeit, professionelle HelferInnen anzusprechen und die vorhandene Infrastruktur im haushälterischen Umfeld zu nutzen. In den Projekthaushalten sind alle genannten Strategien vertreten, jedoch je nach Haushaltstyp in unterschiedlicher Intensität. Dies wird im Folgenden kurz erläutert, um bisher nicht ausgeschöpfte Handlungsmöglichkeiten aufzuzeigen und im Rahmen von Simulationen exemplarisch auf Entlastungseffekte zu prüfen.

Erreichen beruflicher Qualifikationen durch Aus- und Weiterbildung
Die Bedeutung beruflicher Qualifikationen für das Finden von Erwerbsarbeitsplätzen und die Einkommenshöhe ist seit langem bekannt und unbestritten eine wesentliche Voraussetzung für Armutsprävention. Dies wird besonders deutlich

an den Haushalten des Typs der „Verwalteten Armen", die wegen mangelnder schulischer und beruflicher Abschlüsse wenig Chancen am Arbeitsmarkt haben. Andererseits zeigen die Lebenslagen der Projekthaushalte (vor allem des Typs 2 der „Erschöpften EinzelkämpferInnen") aber auch, dass das Vorhandensein von Erwerbsqualifikationen nicht automatisch vor Armut schützt. Grund dafür sind nicht in erste Linie strukturelle Veränderungen auf dem Arbeitsmarkt, sondern Lebensereignisse und deren Konsequenzen für die Alltagsversorgung. Deutlich wird dies an der Einkommensarmut in Haushalten mit mehr als zwei Kindern und andererseits an der starken zeitlichen Überlastung bzw. an mangelnden Zeitressourcen für Erwerbsarbeit, wenn Versorgungs- und Betreuungsleistungen für mehrere Personen zu erbringen sind. Einige VertreterInnen der „Vernetzten Aktiven" (Typ 4) zeigen eindrücklich, welche infrastrukurellen Rahmenbedingungen gegeben sein müssen, um eine Vereinbarkeit von Beruf und Familie zu gewährleisten. Auch für die Angehörigen der Typs der „Ambivalenten JongleurInnen" lässt sich sagen, dass es nicht möglich ist, die aktuelle Lebenslage eindimensional mit dem Vorhandensein oder Fehlen von Erwerbsqualifikationen zu erklären.

Verbesserung der Alltagskompetenzen

Aus den Einzelfall- und den Typenbeschreibungen wurde deutlich, dass mangelnde Alltagskompetenzen in vielen der Projekthaushalte nicht das Hauptproblem sind, sondern eher eine „sekundäre Folge der Lebenslage" (Bödeker 2002: 16). Folgende Zusammenhänge zwischen beruflichen Qualifikationen und Alltagskompetenzen sind in den Haushalten vertreten:

• Haushalte mit beruflichen Abschlüssen verfügen immer auch über mittlere bis sehr gute Alltagskompetenzen.

• In Haushalten ohne berufliche Qualifikationen sind sowohl Haushalte mit ungenügenden Kompetenzen für den Alltag zu finden als auch solche, die Alltagsversorgung (recht) kompetent sicherstellen.

• Haushalte mit (sehr) geringen Alltagskompetenzen haben fast immer keinen beruflichen Abschluss.

Im Folgenden wird aufgezeigt, welche Bedeutung eine Verbesserung der Alltagskompetenzen für die vier Haushaltsstiltypen hat.

Den Haushalten der „verwalteten Armen" (Typ 1) fehlt es im Unterschied zu allen drei anderen Typen vielfach an grundlegenden Alltagskompetenzen. Das Alltagsleben hat häufig keine Struktur, in die die einzelnen Versorgungs- und Erziehungsleistungen eingeordnet sind. Stabile, bedarfsgerechte und verlässliche Alltagsstrukturen sind aber eine wesentliche Voraussetzung für das Gelingen von beruflichen Qualifizierungsmaßnahmen (vgl. Hartmann-Can 2003) bzw. die Aufnahme einer Erwerbstätigkeit und gleichzeitig verbessern sie die

Chancen der Kinder, Generationen übergreifende Armutslagen zu verlassen. Ein Zuwachs an Kompetenzen in der Alltagsbewältigung wirkt sich doppelt positiv aus, weil er nicht nur direkte positive Wirkungen auf die Kinder hat, sondern auch das Wohlbefinden der Erwachsenen steigert und damit das Familienklima verbessert. Gerade deshalb sind geeignete Bildungsmaßnahmen für diesen Typ so überaus wichtig. Dies konnte in mehreren, vom Bundesfamilienministerium geförderten Praxisprojekten hauswirtschaftlicher Verbände und Institutionen eindrücklich gezeigt (Pörschmann 2003; Feulner 2003; Meier, Küster, Kraft, Schäfer 2002). Dazu benötigen diese Haushalte intensive, am besten zugehende Hilfen, die sie nicht nur auf der intellektuellen Ebene ansprechen, sondern ihnen durch Vor- und Mitmachen Schritt für Schritt zeigen, wie der Haushalt besser organisiert, die einzelnen Arbeiten durchgeführt und finanzielle Dispositionen getroffen werden können.

In Haushalten des Typs 3 „Ambivalente JongleurInnen" sind die grundlegenden Alltagskompetenzen (Wahrnehmung von Bedarfen der Haushaltspersonen, Realitätsbezug und Eigenverantwortlichkeit) im Wesentlichen vorhanden. Die Haushalte verfügen über geeignete Alltagsstrukturen für die Versorgungsleistungen und ein Basiswissen zum Umgang mit Geld („Rechnen kann heute fast jeder", Interview Haushalt R.: 24). Allerdings fehlt es in diesen Haushalten vielfach an realistischen Einschätzungen der Konsequenzen haushälterischen Handelns. Auch Änderungen in den Anforderungen an die Haushaltsführung, wie sie Lebensereignisse mit sich bringen, werden nicht in ausreichendem Maße vorausschauend bedacht. Haushalte dieses Typs sind eher gegenwarts- als zukunftsorientiert und haben eine optimistische Grundeinstellung, ohne sich dessen vielleicht bewusst zu sein. Bildungsmaßnahmen speziell für Vertreter und Vertreterinnen dieses Typs dürfen sich deshalb nicht in Wissensvermittlung erschöpfen, sondern sollten auch die Chancen und Risiken von Lebensereignissen und Haushaltsentscheidungen verdeutlichen. Sie sollten vor allem die finanziellen Dispositionen von Haushalten im mittel- bis langfristigen Kontext vor dem Hintergrund des familialen Wandels thematisieren (wie Verschuldung, Risikoabsicherung und die langfristige Einkommenssicherung), aber auch dem Thema Bildung insgesamt große Bedeutung beimessen.

In Haushalten des Typs 2 „Erschöpfte EinzelkämpferInnen" und des Typs 4 „Vernetzte Aktive" fanden wir ein unerwartet hohes Maß an Alltagskompetenzen vor. Allerdings sind dabei generationenspezifische Unterschiede zu berücksichtigen. Die Älteren unter den Befragten verfügen tendenziell über bessere hauswirtschaftliche Kenntnisse und Fertigkeiten und wenden diese – häufig verbunden mit einer ausgeprägten Verzichtsbereitschaft - auch im Alltag erfolgreich an. Den Jüngeren wurden dagegen in der Schule kaum alltagspraktische Kompetenzen vermittelt, auf die sie nun zurückgreifen könnten. Aus diesem Grunde halten wir eine systematische Vermittlung von Basiskompetenzen zur

Alltagsbewältigung in Allgemeinbildenden Schulen für alle Mädchen und Jungen für *die* entscheidende Voraussetzung der Armutsprävention. Mit einer derartigen Grundqualifikation wären Haushalte, die in schwierige Lebenssituationen gelangen, besser gerüstet, eigene Wünsche und Bedarfe zu reflektieren, auftauchende Wissenslücken zu identifizieren und zielgerichtet zu schließen bzw. mangelnde Fertigkeiten in den entsprechenden Bildungsangeboten freier Träger in zielgruppenbezogenen Aufbaukursen zu erlernen. Dazu gehört auch die selbstbewusste Inanspruchnahme der ihnen zustehenden finanziellen und infrastrukturellen Hilfen etc., um das Maß an verdeckter Armut zu verringern.

Erhöhung der Einkommen durch Erwerbsarbeit
Bei den „verwalteten Armen" ist die Vermittelbarkeit in den ersten Arbeitsmarkt aufgrund fehlender beruflicher Qualifikationen, (massiver) gesundheitlicher Beeinträchtigungen und z.T. begrenzter Motivation der Betroffenen vielfach ausgesprochen schwierig, so dass der Weg aus der prekären Lebenslage über eine Erwerbsarbeit für diesen Typ eher die Ausnahme darstellt. Häufig wechseln sich auch Phasen von Erwerbsarbeit und Erwerbsarbeitslosigkeit ab, so dass nachhaltige Erfolge im Hinblick auf Armutsbekämpfung und -prävention nur durch intensive Hilfe, Motivation und Unterstützung zu erwarten sind.

Bezogen auf den zweiten Typ der „erschöpften Einzelkämpferinnen" lassen sich zwei Gruppen erwachsener Haushaltspersonen unterscheiden. Die erste ist bereits in einem Ausmaß erwerbstätig, das aufgrund der Zeitbelastung durch Erwerbs- und Haushaltsarbeit keine Ausweitung der Erwerbsarbeit erlaubt. Die andere Gruppe ist zwar (noch) nicht erwerbstätig, aber durch Zahl und/oder Alter der zu versorgenden Kindern bereits zeitlich so ausgelastet, dass die Aufnahme von Erwerbsarbeit zu absehbaren Überlastungen führen würde, es sei denn, flexible, ganztägige und qualitativ hochwertige Betreuungseinrichtungen für die Kinder werden im Wohnumfeld geschaffen. Gleichwohl ist auch zu akzeptieren, wenn Mütter (und Väter) einen Teil der Erziehungs- und Betreuungsarbeit selbst übernehmen wollen, zumal dann, wenn ein Kind z.B. unter der Trennung der Eltern leidet.

Der dritte Typ der „ambivalenten JongleurInnen" ist in dem Bestreben, Erwerbsarbeit aufzunehmen oder auszuweiten, häufig ebenso ambivalent wie in anderen Lebensbereichen. Einerseits wird bei einigen VertreterInnen des Typs der dringende Wunsch geäußert, einer Erwerbstätigkeit nachzugehen, andererseits kann an den konkreten Handlungen nicht abgelesen werden, dass von Seiten des Haushalts alle notwendigen Schritte unternommen werden, um auch wirklich eine Erwerbsarbeit zu finden. In diesen Haushalten besteht die Herausforderung darin, gemeinsam mit den Betroffenen Beratungsziele zu entwickeln, die diese mittragen und mitverantworten. Im Beratungsprozess selbst müssen Ambivalenzen berücksichtigt und thematisiert werden.

Die „vernetzen Aktiven" als vierter Typ betrachten ihre Situation im längerfristigen Kontext unter Abwägen aller Wirkungszusammenhänge im Gesamtsystem des Haushalts. Wenn dabei die Aufnahme einer Erwerbstätigkeit zur Verbesserung der Gesamtlage des Haushalts führt, wird diese Option offensiv genutzt. Eine fehlende berufliche Erstausbildung wird zielstrebig abgeschlossen. Führt Erwerbsarbeit nicht zu einer deutlichen Verbesserung der Lebenssituation, ist der Haushalt auch mit suboptimalen Lösungen zufrieden.

Ein Mangel an Arbeitsplätzen, die den Qualifikationen der Arbeitsuchenden entsprechen, kann jedoch für alle Typen gleichermaßen den Handlungsspielraum der Betroffen stark einengen und sich spürbar begrenzend auf die Umsetzung dieser Handlungsoption auswirken, wie das Beispiel von Frau G. deutlich macht.

Erhöhung der Einkommen durch Ausschöpfen aller dem Haushalt zustehenden Transferleistungen
Diese Handlungsstrategie wird von allen Projekthaushalten mehr oder minder intensiv genutzt. Von allen vier Haushaltstypen scheinen die Haushalte der „erschöpften Einzelkämpferinnen" in diesem Bereich noch die größten Handlungsspielräume durch die Beantragung einzelner Beihilfen im Rahmen des BSHG zu haben. Allerdings steht der Zeitbedarf für die Beantragung angesichts der sowieso angespannten Zeitsituation in diesen Haushalten in keinem Verhältnis zum erwartbaren Einkommenszuwachs.

Reduktion privater Konsumausgaben durch Verzichtsleistungen
Bis auf wenige Ausnahmen können die Projekthaushalte bei ihren Konsumausgaben nur das sozialkulturelle Minimum realisieren, so dass weitere Einsparungsmöglichkeiten nicht gegeben sind. In den Haushalten mit höherem Konsumniveau steht auch ein höheres Einkommen zur Verfügung.

Reduktion privater Konsumausgaben durch Eigenleistung statt Marktbezug
Unter unseren Projekthaushalten befindet sich einer (Haushalts X.), der diese Strategie virtuos beherrscht. Er kann damit seinen Alltagversorgung trotz der mit Arbeitslosigkeit und Krankheiten verbundenen Belastungen zur Zufriedenheit der Haushaltsmitglieder gestalten. Auf andere Haushalte ist dieser Haushaltstil einer Natural- und Tauschwirtschaft jedoch nicht so einfach zu übertragen, da er geeignete Wohnverhältnisse, hauswirtschaftliche Kompetenzen, Kontaktfreudigkeit, Organisationstalent und vor allem freie Zeitressourcen erfordert.

Für die übrigen Projekthaushalte ist es nicht möglich, ein Einsparungspotenzial konkret zu beziffern, da die Erhebungen nicht bis in die Einzelheiten der hauswirtschaftlichen Versorgung gingen. Aufgrund der hohen Zeitbelastung speziell im Typ der „erschöpften Einzelkämpferinnen" dürften einer Ausdehnung der Eigenleistungen jedoch enge Grenzen gesetzt sein. Die Vertreter dieser Haushaltsgruppe sind ebenso wie Angehörige der „vernetzten Aktiven" aufgrund ihrer hohen Alltagskompetenzen durchaus in der Lage, sinnvolle Einsparungsmöglichkeiten zu finden und umzusetzen. Demgegenüber hätten Haushalte des Typs der „verwalteten Armen" Zeitressourcen für zusätzliche Haushaltsarbeit übrig; mangelnde Alltagskompetenzen wirken hier jedoch limitierend.

Der Typ der „ambivalenten JongleurInnen" scheint sich in diesem Kontext nicht so einfach einordnen zu lassen. Für diesen Typ gilt es jedoch wie für die anderen drei zu bedenken, dass die Haushalte bereits mit existenzminimalen Budget auskommen müssen, Veränderungen der Versorgungsleistungen dementsprechend nur auf eine Qualitätsverbesserung (z.B. gesundheitliche Aspekte der Ernährung, vgl. Lehmkühler 2002) gerichtet sein können und sollten.

Mobilisierung sozialer Netzwerke durch Annahme von Hilfe aus dem Familien-
und Freundeskreis
Die Mobilisierung von Hilfen aus dem Familien- und Freundeskreis setzt geeignete Netzwerkpersonen voraus. Das es daran besonders in den Haushalten mangelt, die diese Hilfe besonders nötig hätten, ist bereits bei der Beschreibung der Merkmalsdimensionen „Familiales Netzwerk" und „Sonstiges Netzwerk" in den Gitternetzen deutlich geworden. Weiterhin müssen sich die Haushaltspersonen ihren Hilfebedarf eingestehen und aktiv auf potenzielle Helfer zugehen, was weniger den VertreterInnen des Typs der „vernetzten Aktiven", sondern in erster Linie den „erschöpften Einzelkämpferinnen" schwer fällt. Für die Haushalte der „verwalteten Armen" sind Kontaktabbrüche zu Angehörigen weit verbreitet bzw. die Verlässlichkeit eines Netzwerkes ist häufig nicht gegeben. Auch bei dieser Haushaltstrategie nehmen die „ambivalenten JongleurInnen" wieder eine Zwischenstellung ein. Sofern geeignete Netzwerkpersonen vorhanden sind, werden deren Hilfe- und Unterstützungsleistungen angenommen und – sofern erforderlich – erwidert. Für die Projekthaushalte ergeben sich auf der Basis der Interviews allerdings nur in einem Haushalt sinnvolle Ansatzpunkte, um realistische Entlastungen mittels Simulationen zu prüfen.

Mobilisierung sozialer Netzwerke durch Inanspruchnahme professioneller Hilfe
und Nutzung der vorhandenen Infrastruktur im haushälterischen Umfeld
Wie wir zeigen konnten, wird in den Projekthaushalten professionelle Hilfe in vielen Fällen angenommen. Sie ist vor allem im Typ 1 der „verwalteten Armen" von großer Bedeutung, wo Hilfen auf gesetzlicher Grundlage des KJHG die Verbindung mit Geh-Strukturen (anstelle von Komm-Strukturen) erforderlich

machen. Dadurch sind in diesem Haushaltstyp die Kontakte zu Institutionen im haushälterischen Umfeld besonders zahlreich und intensiv.

Für den Typ 2 der „erschöpften EinzelkämpferInnen" haben wir eindeutige Lücken in den Hilfesystemen diagnostiziert, so dass professionelle Hilfen mit Blick auf die Gesamtsituation des Haushalts gar nicht in Anspruch genommen werden können. Punktuell sind jedoch durchaus wirkungsvolle Hilfsangebote vorhanden, die von den VertreterInnen dieses Haushaltstyps zum Teil bisher deshalb nicht nachgefragt wurden, weil sie die Inanspruchnahme professioneller Hilfsangebote aufgrund ihrer hohen Eigenverantwortlichkeit für ihr Leben nicht in Erwägung ziehen und versuchen, ihre Probleme selber zu regeln. Beispiele hierfür sind Haushalt E. und Haushalt K. im Hinblick auf die bisher nicht genutzte Chance einer Restschuldbefreiung nach der neuen Insolvenzordnung. Besonders für diese Haushalte sind niedrigschwellige und in den Stadtteilen angebotene Erstberatungen von großer Bedeutung, die wiederum mit SpezialistInnen für unterschiedliche Alltagsprobleme (z.B. der Schuldnerberatung) vernetzt sein müssen.

Vorhandene professionelle Hilfen und Einrichtungen werden zum Teil von den potenziellen NutzerInnen auch nicht in Anspruch genommen, weil die Nutzung zu Konflikten mit den eigenen Zielen und Wertvorstellungen führen würde. In Haushalt E. schließt z.B. die Bezugsperson ein institutionelle Ganztagsbetreuung für ihre beiden Söhne mit dem Hinweis aus, dass sie dann um das seelische Gleichgewicht vor allem des älteren fürchtet, der unter der Trennung der Eltern leidet und sich außerdem nur schwer gegenüber Aggressionen Gleichaltriger behaupten kann. Das Beispiel zeigt, wie wichtig passgenaue und auf die Haushaltsstile abgestimmte Lösungen sind.

Typ 3 der „ambivalenten JongleurInnen" ist ebenfalls eine Gruppe, die ihre Situation durch Inanspruchnahme professioneller Hilfen und Nutzung des institutionellen Umfelds verbessern könnte. Auch VertreterInnen dieses Typs schöpfen nicht immer alle bestehenden Möglichkeiten aus. Aufgrund der Persönlichkeitsstrukturen dürften erfolgreiche Hilfen jedoch schwieriger zu geben sein, weil eher als bei Menschen des Typs 2 damit gerechnet werden muss, dass die „ambivalenten JongleurInnen" bei der Umsetzung von gemeinsam erarbeiteten Problemlösungen „vom Weg abkommen".

Abschließend bleibt für den Typ 4 der „vernetzten Aktiven" festzuhalten, dass dieser Typ – wie beschrieben – institutionelle Netzwerke selbstbewusst erkundet, mögliche Hilfen aktiv in die Alltagsbewältigung einbindet und damit die Möglichkeiten dieser Handlungsstrategie weitgehend ausschöpft.

2. Beispiele für Haushaltssimulationen

Auf der Basis der erhobenen Haushaltsanalysedaten sind für die Mehrzahl der Projekthaushalte Haushaltssimulationen durchgeführt worden, die deutlich machen, welche Konsequenzen der Umgang des Haushalts mit seinen Ressourcen hat bzw. haben könnte. Sie werden an dieser Stelle nicht im Einzelnen wiedergegeben, weil sie gezeigt haben, wie begrenzt die Handlungsspielräume in prekären Lebenslagen sind (vgl. Kap. VII.1). Bei den im Folgenden präsentierten Simulationen werden Probleme und Hilfebedarfe, die für die jeweiligen Armutstypen insgesamt charakteristisch sind, exemplarisch an den individuellen Handlungsspielräumen und -grenzen einzelner Projekthaushalte dargestellt.

Methodisch wird dabei überwiegend so vorgegangen, dass die Ausgangssituation in den Haushalten zunächst in einem Grundmodell fortgeschrieben wird. Die konkreten Annahmen zur Familienentwicklung und zu den Tätigkeiten der einzelnen Personen in den verschiedenen Simulationsjahren gehen jeweils aus „Ereignistafeln" hervor. Anschließend werden alternative Entwicklungsverläufe dargestellt und mit dem Grundmodell verglichen, und zwar sowohl aus der zeitlichen als auch der finanziellen Perspektive.

- Als „Arbeitsbelastung" wird die tägliche Arbeitszeit der Person (an 7 Tagen/Woche) ausgewiesen, die hauptverantwortlich für die Arbeitserledigung im Haushalt ist. Je nach Tätigkeitsbereichen dieser Person setzt sich diese Kennzahl zusammen aus Zeiten für Haushaltsarbeit, Erwerbsarbeit und evtl. Netzwerkhilfe.
- Unter der Überschrift „Finanzvermögen" werden die im Laufe der Jahre kumulierten Überschüsse und Defizite aus der Gegenüberstellung von Einkommen und Haushaltsaufwand für den Konsum dargestellt.

Da das neue Stratha-Programm noch nicht voll lauffähig ist, wurden für die Simulationsrechnungen sowohl das alte als auch das neue Instrument kombiniert und die Ergebnisse zum Teil in Handarbeit miteinander vernetzt.[1]

Hilfebedarf der „Verwalteten Armen"

Der Hilfebedarf für Angehörige dieses Typs ist in erster Linie darin begründet, dass die betroffenen Haushalte Schwierigkeiten haben, die grundlegenden Erfordernisse des Alltags zu erfüllen. Stabile, bedarfsgerechte und verlässliche Alltagsstrukturen sind jedoch eine wesentliche Voraussetzung für das Gelingen von Qualifizierungsmaßnahmen bzw. die Aufnahme einer Erwerbstätigkeit. Gleichzeitig verbessern sie die Chancen der Kinder, Generationen übergreifende Armutslagen zu verlassen. Dies wurde in mehreren Praxisprojekten hauswirt-

---

1   Die konzeptionellen Grundlagen sind in den Kapiteln V.1 und V.2 sowie in der weiterführenden Literatur beschrieben (Preuße 1988, Preuße 2000).

schaftlicher Verbände und Institutionen eindrücklich gezeigt (Pörschmann 2003; Feulner 2003; Meier, Küster, Kraft, Schäfer 2002). Um zu lernen, den „Alltag in den Griff zu bekommen" und selbstständig einen Haushalt kompetent zu führen, benötigen diese Haushalte intensive, am besten zugehende Hilfen. Diese sollten die Menschen jedoch nicht nur auf der intellektuellen Ebene ansprechen, sondern ihnen durch Vor- und Mitmachen Schritt für Schritt zeigen, wie der Haushalt besser organisiert, die einzelnen Arbeiten durchgeführt und finanzielle Dispositionen getroffen werden können.

Simulationsbeispiel 1: Verbesserung der Alltagskompetenzen (Haushalt U.)
Für einen typischen Vertreter der „Verwalteten Armen" im Projekt wurden die zeitlichen Konsequenzen einer qualitativen Verbesserung in den Leistungen des Haushalts geprüft. Zu Haushalt U. gehören ein Ehepaar und zwei Kinder von 11 und 7 Jahren; zwei ältere Kinder sind fremdplaziert. Mit Hilfe des Simulationsmodells lässt sich zeigen, dass bedarfsgerechte Versorgungsleistungen des Haushalts auf dem von uns als ‚normal' definierten Niveau ca. 1,5 (Arbeitskraft)Stunden mehr Zeit in Anspruch nehmen würde.

Tägliche Arbeitszeit für Versorgung, Betreuung, Erziehung und Pflege	Frau U.	Herr U.
Aufgrund der Angaben des Haushalts zu Art und Umfang der Arbeiten errechnet	6,5 Std./Tag	3,7 Std./Tag
Versorgungsleistungen auf dem von uns definierten 'normalen' Versorgungsniveau	7,7 Std./Tag	3,8 Std./Tag

Der zeitliche Mehrbedarf löst angesichts der bestehenden großen Zeitreserven des Ehepaares aktuell keine Überlastungen aus. Wichtig an dieser Maßnahme ist jedoch, mit einer quantitativ relativ kleinen Veränderung eine bedeutsame qualitative Verbesserung zu erreichen, die jedoch nicht rechenhaft darstellbar ist.

Hilfebedarf der „Erschöpften EinzelkämpferInnen"
VertreterInnen dieses Typs benötigen Hilfen, die sowohl zeitliche als auch finanzielle Entlastungen bewirken. Daneben brauchen sie aber unbedingt auch AnsprechpartnerInnen, mit denen sie vertrauensvoll Alltagsprobleme besprechen können und die ihnen Kontakte zu anderen Institutionen vermitteln können. Eine Entspannung der zeitlichen und finanziellen Situation kann einerseits durch Maßnahmen erreicht werden, die die geleistete Familientätigkeit stärker anerkennen (z.B. durch kindbezogene Transfers im Rahmen des Familienleistungsausgleichs), andererseits durch solche, die die Vereinbarkeit von Familien- und Erwerbstätigkeit erleichtern. Dazu ist wiederum ein stimmiges Umfeld

institutioneller Hilfen von großer Bedeutung, das eine qualifizierte Kinderbetreuung ebenso sicherstellt wie einfache und trotzdem individuell angepasste
Verwaltungsabläufe, so dass die Haushalte alle Hilfen, die ihnen zustehen, so
unkompliziert wie möglich bekommen. Aufgrund der in den Haushalten vorhandenen Eigenaktivität und -verantwortung dürften individuell zugeschnittene
„Hilfen zur Selbsthilfe" in diesem Armutstyp besonders effektiv sein. Darüber
hinaus liegt darin die Chance, die vorgefundenen Formen von Selbstbeschränkung in diesen Haushalten, die ihren Alltag und die Entwicklungschancen ihrer
Kinder unverhältnismäßig belasten und vielfach zu chronischen Erschöpfungszuständen weiblicher Bezugspersonen führen, zu vermeiden.

Hauptproblem von Familie A., die sich aus einem Ehepaar und sechs Jugendlichen zusammensetzt, ist die Geldknappheit bei gleichzeitig hoher zeitlicher Belastung von Frau A. Zunächst stellt sich die Frage, ob sich diese Situation im Laufe der weiteren Familienentwicklung „von allein" verbessert. Dazu
wurde unterstellt (s. Ereignistafel Haushalt A.), dass die sechs Kinder entsprechend der bereits besuchten Schulformen schulische Abschlüsse erreichen und
anschließend eine Ausbildung im dualen System absolvieren. Im Anschluss an
die Lehre leben sie als Erwerbstätige noch ein bis zwei Jahre im Elternhaus und
gründen danach eigene Haushalte. Während ihrer Ausbildung geben sie (wie der
ältestes Sohn auch jetzt schon) ein Kostgeld von 200 DM/Monat zu Hause ab,
das sich verdoppelt, wenn die Lehre abgeschlossen ist.

Die Darstellung der finanziellen Entwicklung für das Grundmodell zeigt,
dass die Familie trotz des sehr geringen Anspruchsniveaus an den Konsum (von
4900 DM/Vve und Jahr) in den nächsten Jahren nicht mit dem vorhandenen
Einkommen auskommen kann. Grund dafür sind vor allem die zur Finanzierung
des Hauses eingegangenen Verbindlichkeiten und die Überziehung des
Girokontos.

Obwohl Frau A. auch in den nächsten Jahren mit der Familientätigkeit zeitlich eher überlastet als unterausgelastet ist, wird in zwei Alternativen geprüft,
inwieweit eine Umschulung von Frau A. zur Altenpflegerin die finanzielle und
zeitliche Situation verändert. Diese Umschulung, die von Frau A. kurz nach
unserem Interview tatsächlich begonnen wurde, dauert zwei Jahre und führt in
dieser Zeit zu einer Einkommenserhöhung von 1000 DM/Monat. Arbeitet Frau
A. anschließend in diesem Beruf auf einer Vollzeitstelle, rechnet sie mit etwa
2000 DM zusätzlichem Einkommen im Monat. Dies ist aufgrund der Nachfrage
nach examinierten Altenpflegerinnen realistisch.

Simulationsbeispiel 2: Erhöhung des Haushaltseinkommens durch Erwerbsarbeit (Haushalt A.)

Ereignistafel Haushalt A.

Haushalts-person	1999	2000	2001	2002	2003	2004	2005	2006	2007	2008	2009	2010
Bezugs-person	48	49	50	51	52	53	54	55	56	57	58	59
	Grundmodell: Familientätigkeit											
	Ft	Alternative: Umschulung zur Altenpflegerin, Et als Altenpflegerin ab 2002, Ft										

Ehemann	54	55	56	57	58	59	60	61	62	63	64	65
	Erwerbstätigkeit als Verwaltungsangestellter											

Sohn 1	19	20	21	Aus dem Haushalt ausgeschieden					
	Lehre	SJ	Et						

Tochter 1	18	19	20	21	22	Aus dem Haushalt ausgeschieden			
	Schule	Lehre Bankkauffrau			Et				

Tochter 2	16	17	18	19	20	21	22	Aus dem Haushalt ausgeschieden
	Schulische Berufsausbildung		Ausbildung zur Erzieherin		Aner-k.jahr	Erwerbs-tätigkeit		

Tochter 3	14	15	16	17	18	19	20	21	22	
	Schule (Mittl. Reife)				Lehre			Erwerbstätig		

Tochter 4	13	14	15	16	17	18	19	20	21	22	Aus d. Haush. ausgeschieden
	Schule (Mittl. Reife)				Lehre			Erwerbstätigkeit			

Sohn 2	12	13	14	15	16	17	18	19	20	21	22	23
	Schule (Abitur)								SJ	Lehre		
Haushalts-person	1999	2000	2001	2002	2003	2004	2005	2006	2007	2008	2009	2010

Abkürzungen:
Et: Erwerbstätigkeit als
Ft   Familientätigkeit
L: Lehre
SJ: Soziales Jahr (Grundwehrdienst, Zivildienst)

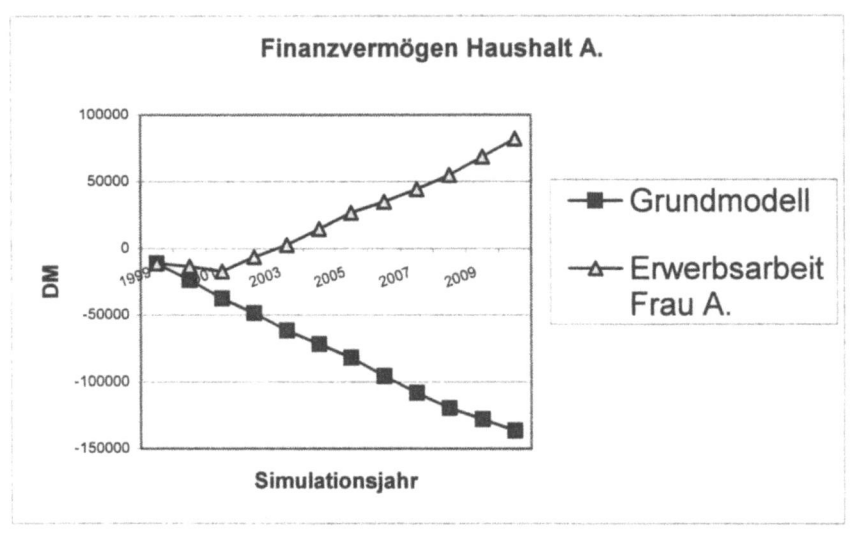

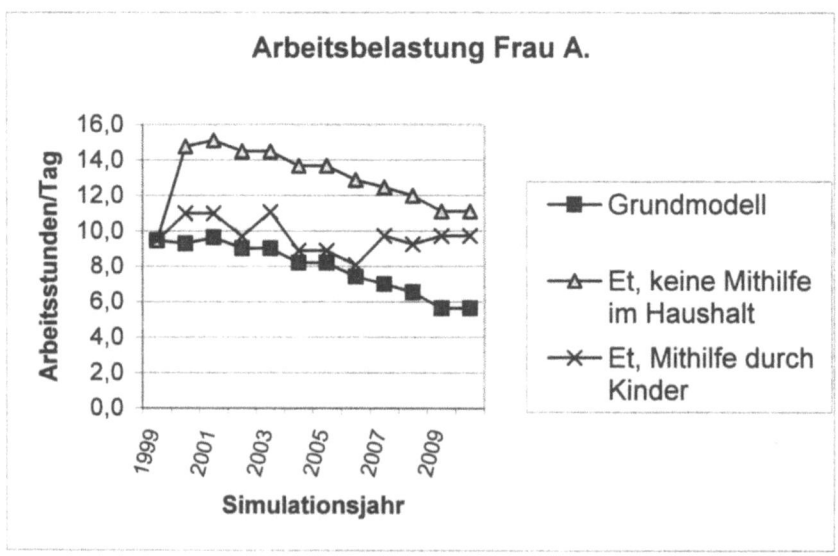

Die Simulation zeigt, dass mit dieser Einkommenserhöhung die finanzielle Situation sich zwar mittelfristig entspannt, allerdings auf Kosten einer extrem hohen Arbeitsbelastung, die überhaupt nur tragbar erscheint, wenn alle Familienangehörigen sich neben den Anforderungen in Schule, Ausbildung und Beruf an der Erledigung der Hausarbeiten in hohem Maße beteiligen. Aber auch dann liegt die tägliche Arbeitsbelastung von Frau A. langfristig um 10 Stunden. Die auffälligen Schwankungen in der Kurve kommen dadurch zustande, dass die Lebensverläufe der Kinder in diesen Jahren zu permanenten Veränderungen in der Verfügbarkeit von Arbeitskräften für den Haushalt und den anfallenden Arbeitsbedarfen für ihre Versorgung führen. Dies erfordert bisher zeitlich nicht berücksichtigte Managementaufgaben durch häufiges Umdisponieren und die Koordination der Arbeitserledigung, die von Frau A. zusätzlich zu leisten sind.

Das Simulationsbeispiel zeigt – stellvertretend für viele andere Projekthaushalte –, wie wichtig es ist, bei Überlegungen zur Aufnahme und Ausdehnung von Erwerbsarbeit die bereits bestehende zeitliche Belastung der Betroffenen durch Haushaltsarbeit zu berücksichtigen.

Simulationsbeispiel 3: Inanspruchnahme professioneller Hilfe bei einer Restschuldbefreiung (Haushalt K.)

In Haushalt K. lebt ein allein erziehender Vater mit seinen vier Kindern im Alter zwischen 10 und 6 Jahren. In den kommenden Jahre sind keine wesentlichen personellen Veränderungen im Haushalt zu erwarten, da alle Kinder weiterhin die Schule besuchen werden.

Ebenso wie Frau A. ist Herr K. mit der Haushaltsarbeit zeitlich ausgelastet, so dass die Aufnahme einer Erwerbsarbeit – obwohl von Herrn K. eigentlich angestrebt – die Grenzen seiner Belastbarkeit deutlich überschreiten und längerfristig vermutlich zu massiven gesundheitlichen Beeinträchtigungen führen würde.

Vergleichbar zwischen den beiden Haushalten ist weiterhin das ausgesprochen niedrige Anspruchsniveau an den Konsum, das in beiden Haushalten deutlich unter den Werten des Sozialhilferegelsatzes einschließlich der Bekleidungsbeihilfe liegt. Nur das Absenken des haushaltsindividuellen Konsumniveaus ermöglicht Herrn K., den Zahlungsverpflichtungen aus Krediten, die von seiner geschiedenen Frau während der Ehe aufgenommen und nun ausschließlich von ihm abgetragen werden, verlässlich nachzukommen.

Die Darstellung der finanziellen Entwicklung im Grundmodell zeigt die enorme Managementleistung, mit der Herr K. trotz Sozialhilfebezug und Kreditrückzahlung (von 8400 DM/Jahr) bis ins Jahr 2006 das Finanzsystem tatsächlich im Gleichgewicht halten kann. Erst dann ergeben sich Spielräume zur Anhebung des Konsumniveaus. Alternative 1 (existenzminimales Konsumniveau) zeigt, dass die Rückzahlung der Schulden nicht möglich wäre, wenn der Haushalt das ihm zustehende existenzminimale Konsumniveau tatsächlich realisieren würde.

Ereignistafel Haushalts K.

Haushalts-person	2000	2001	2002	2003	2004	2005	2006	2007	2008	2009	2010
Bezugs-person	32	33	34	35	36	37	38	39	40	41	42
Familientätigkeit											
Tochter	9	10	11	12	13	14	15	16	17	18	19
	Schule (Mittl. Reife								Lehre		
Sohn 1	8	9	10	11	12	13	14	15	16	17	18
	Schule (Mittl. Reife)									Lehre	
Sohn 2	7	8	9	10	11	12	13	14	15	16	17
	Schule (Mittl. Reife)										Lehre
Sohn 3	5	6	7	8	9	10	11	12	13	14	15
	Kita	Schule, Mittl. Reife									
Haushalts-person	2000	2001	2002	2003	2004	2005	2006	2007	2008	2009	2010

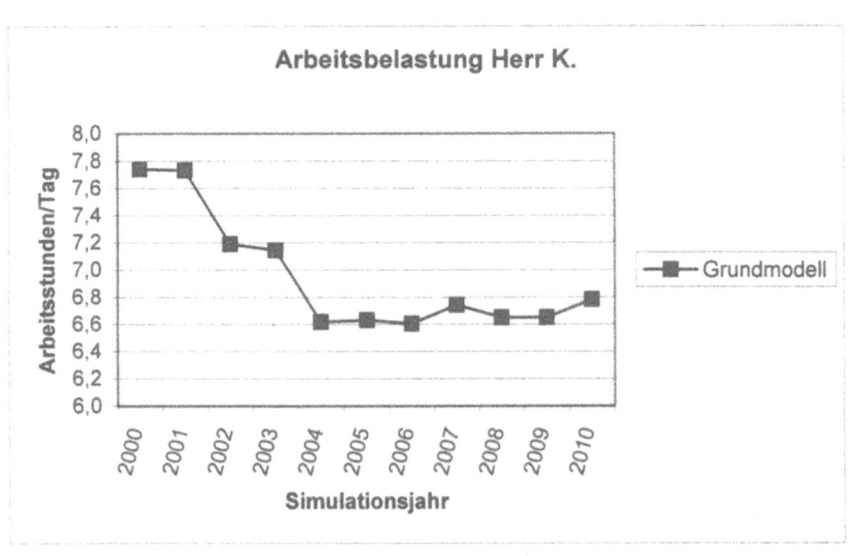

Arbeitsbelastung Herr K.

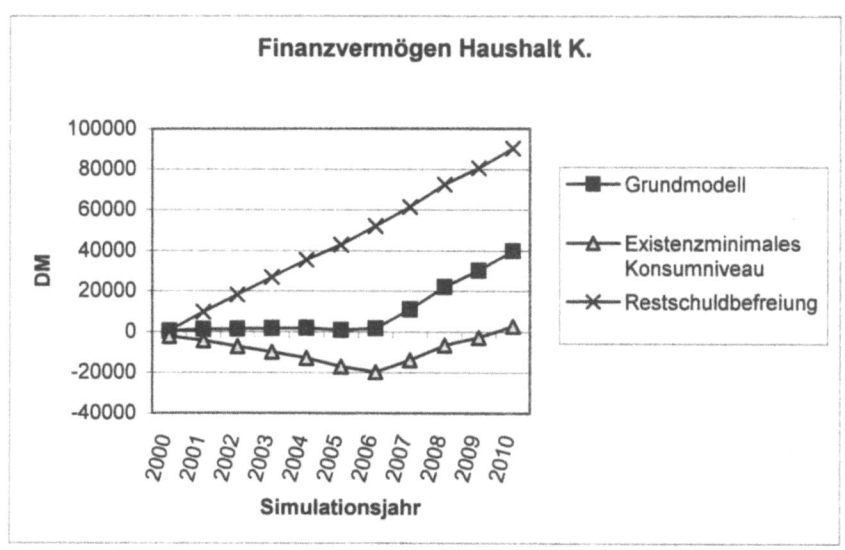

Herr K. zahlt Schulden zurück, für die er zwar juristisch verantwortlich ist, die er aber nicht verursacht hat. Daraus resultiert eine finanzielle Unterversorgung der Familie. Angesichts Herrn K.s verantwortungsvollem und diszipliniertem Umgang mit Geld erscheint es sinnvoll, Herrn K. zu raten, mit Hilfe der Schuldnerberatung eine Restschuldbefreiung anzustreben.

Das Einkommen des Haushalts wird auf alle Fälle so lange unterhalb der Pfändungsfreigrenze liegen, wie der Haushalt Sozialhilfe bezieht. Falls Herr K. ein Erwerbseinkommen erzielen sollte, wird dies nur unwesentlich darüber liegen und die Pfändungsfreigrenze frühestens dann überschreiten, wenn das erste Kind während der Lehre eigene Einkünfte hat.

Der steile Anstieg der Kurve in der zweiten Simulationsalternative (Restschuldbefreiung) zeigt die Auswirkungen einer solchen Lösung auf die finanziellen Mittel. Das bei dieser Rechnung unterstellte äußerst niedrige Konsumniveau der Familie könnte also auf das sozialkulturelle Existenzniveau angehoben werden.

Simulationsbeispiel 4: Erhöhung kindbezogener Transfers (Haushalt E.)
In Haushalt E. lebt eine allein erziehende Mutter mit drei Kindern. Obwohl Frau E. halbtags erwerbstätig ist und eine hohes Maß an Eigeninitiative, Eigenverantwortung und Alltagskompetenzen zur Alltagsbewältigung aufweist, zeichnet sich die Haushaltssituation durch Zeitstress und Geldknappheit aus, die sich negativ auf den Gesundheitszustand von Frau E. auswirken.

Ereignistafel Haushalt E.

Haushalts-person	2000	01	02	03	04	05	06	07	08	09	10	11	12	13	14	15
Bezugs-person	40	41	42	43	44	45	46	47	48	49	50	51	52	53	54	55

Tochter	15	16	17	18	19	20	21	22	23	Aus dem Haushalt ausgeschieden						
	Schule (Abitur)				Lehre			Et								

Sohn 1	8	9	10	11	12	13	14	15	16	17	18	19	20	21	22	23
	Schule (Abitur)											SJ	Lehre			Et

Sohn 2	5	6	7	8	9	10	11	12	13	14	15	16	17	18	19	20
	Kita	Schule (Abitur)													SJ	L.
Haushalts-person	2000	01	02	03	04	05	06	07	08	09	10	11	12	13	14	15

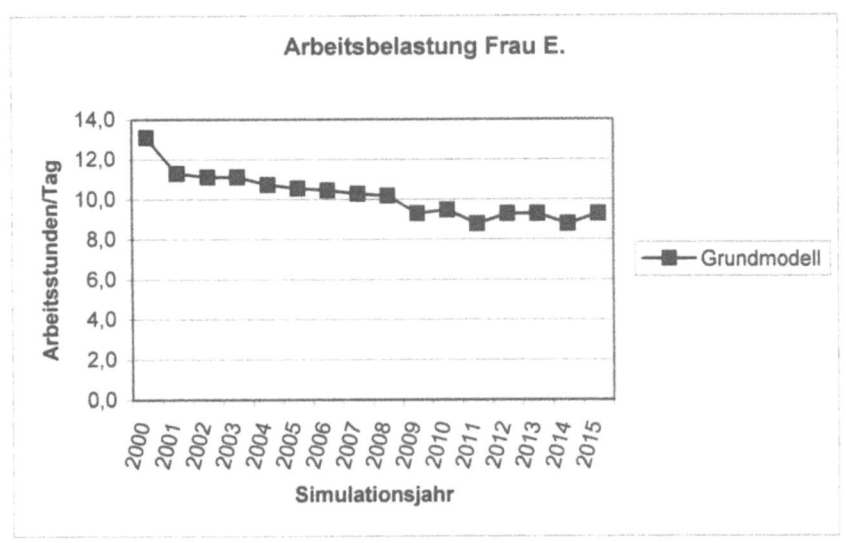

Arbeitsbelastung Frau E.

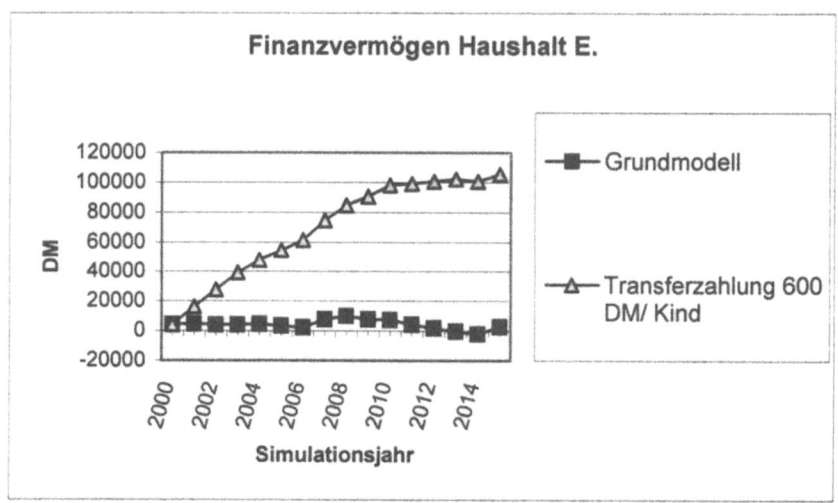

Die Fortschreibung der Ausgangssituation für die nächsten zehn Jahre (Grundmodell) zeigt, dass sich daran sowohl zeitlich als auch finanziell wenig ändern wird. Die Familie hat ihre Konsumausgaben sehr gut auf das zur Verfügung stehende, äußerst bescheidene Einkommen abgestimmt. Das Budget der Familie ist ausbalanciert.

Eine Verbesserung der finanziellen Situation durch eine Ausweitung der Erwerbstätigkeit stößt jedoch an klare zeitliche Grenzen, denn die zeitliche Situation entspannt sich durch das Älterwerden der Kinder in den nächsten Jahren kaum. Ein spürbarer Rückgang der täglichen Gesamtarbeitszeit tritt erst langfristig ein. Auch die Überprüfung anderer Handlungsstrategien ergab, dass Frau E. aufgrund ihrer Eigenaktivität und -verantwortung ihre bestehenden Handlungsspielräume im Wesentlichen ausgeschöpft hat. Dem Haushalt fehlt jedoch ein stimmiges Umfeld institutioneller Hilfen. Eine Ausweitung der Erwerbsarbeit ist nur durch qualitativ hochwertige Betreuung denkbar, die auch die besondere psychische Situation der Scheidungskinder, auf die Frau E. im Interview wiederholt hinweist, und die Erziehungsvorstellungen der Mutter berücksichtigt.

Eine deutliche finanzielle Entlastungswirkung zeigt sich jedoch, wenn man in einer Rechenalternative eine Erhöhung der kindbezogenen Transferzahlungen auf 600 DM/Kind und Monat unterstellt[2], so wie sie von Familienverbänden gefordert wird (Aktionsbündnis 2000).

Das Beispiel zeigt, dass Haushalte von allein Erziehenden mit mehreren Kindern – auch bei kontinuierlicher Ausübung einer Teilzeitbeschäftigung im erlernten Beruf – über den gesamten Simulationszeitraum de facto keine Chance haben, aus ihrer prekären Armutslage herauszukommen. Somit hat sich das Thema eines gerechten Familienleistungsausgleichs gerade für diese Lebensform bisher keineswegs erledigt.

Hilfebedarf der „Ambivalenten JongleurInnen"

„Ambivalente JongleurInnen" benötigen ganzheitliche Hilfe, die es versteht, die drei Ebenen der sozioökonomischer Fakten, der zwischenmenschlichen Beziehungen und der sozialpsychologischen Verfasstheit der Haushaltspersonen in ihren Wechselwirkungen zu sehen und Hilfen miteinander zu vernetzen. Einzelfallberatung sollte methodisch sinnvoll mit Bildungs- und Qualifizierungsmaßnahmen verbunden werden. Dabei kann auf grundlegenden Alltagskompetenzen aufgebaut werden.

Zunächst gilt es, das Hauptproblem des Haushalts zu identifizieren und Lösungsansätze mit den Betroffenen zu diskutieren. Da Haushalte dieses Typs eher gegenwarts- als zukunftsorientiert sind, müssen dabei sowohl die Chancen und Risiken verschiedener Handlungsalternativen und Lebensereignisse zur Sprache kommen als auch die konkreten Mitwirkungserfordernisse. Sie sollten vor allem die finanziellen Dispositionen von Haushalten im mittel- bis langfristigen Kontext vor dem Hintergrund des familialen Wandels thematisieren (wie Verschuldung, Risikoabsicherung und die langfristige Einkommenssicherung).

In einem Hilfeplan sind die angestrebte Ziele und die gewählten Strategien mit konkreten Umsetzungsschritten für alle Beteiligten festzuhalten. Für den Haushaltstyp der „Ambivalenten JongleurInnen" ist Case Management zur zielgerichteten Koordinierung aller Hilfen und Sicherstellung der erfolgreichen Gesamtstrategie von großer Bedeutung.

Simulationsbeispiel 5: Aufzeigen der Risiken von Haushaltsentscheidungen (Haushalt P.)

Zu Haushalt P. gehören eine allein erziehende Bezugsperson und ihr 10-jähriger Sohn. Frau P. hat eine befristeten Arbeitsplatz bei einer Beschäftigungsgesellschaft im Programm „Arbeit statt Sozialhilfe". Trotz dieser unsicheren Erwerbssituation hat sie eine relativ große und teure Wohnung angemietet und für die Einrichtung der neuen Wohnung zusätzlich zu bestehenden Ratenkrediten einen

---

2 Bei der Berechnung wird davon ausgegangen, dass die Erhöhung kindbezogener Transferzahlungen nicht auf die Sozialhilfe angerechnet wird.

weiteren Kredit in Höhe von 10.000 DM aufgenommen, der noch mehrere Jahre zurückgezahlt werden muss.

Ereignistafel Haushalt P.

HhPerson	2000	2001	2002	2003	2004	2005
Bezugsperson	29	30	31	32	33	34
	Et (Besch.ges.)		Grundmodell: Erwerbstätigkeit			
	Et (Besch.ges.)		Alternative: Arbeitslosigkeit			
Sohn	10	11	12	13	14	15
	Schule (Hauptschule)				Lehre	
ZV A	106	53	53	27	27	
ZV G	540	340	340	340	340	340

Die Simulation für Haushalt P. zeigt beispielhaft, dass sich Frau P. durch die Anmietung der neuen Wohnung einem hohen Risiko aussetzt. Auch wenn Frau P. nach Ablauf des Arbeitsvertrages eine neue Arbeitsstelle findet und ein Einkommen in gleichbleibender Höhe erzielt, lässt sich das zum Analysezeitpunkt realisierte Konsumniveau nicht aufrechterhalten. Eine Einkommensminderung oder im Extremfall der Sozialhilfebezug könnte die finanzielle Situation dieses Familienhaushalts rapide verschlechtern und zu seiner Überschuldung führen.

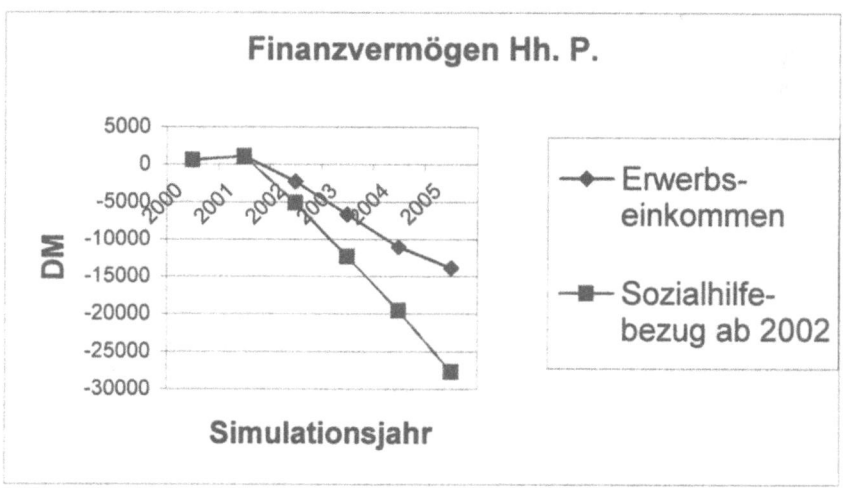

Simulationsbeispiel 6: Mobilisierung privater Hilfenetze (Haushalt R.)
In Haushalt R. leben im Analysezeitraum eine allein erziehende Mutter und ihre zweijährige Tochter. Die Tochter ist gerade in eine Kindertagestätte aufgenommen worden. Die Ganztagsbetreuung würde es der Mutter ermöglichen, eine Erwerbstätigkeit in ihrem erlernten Beruf einer zahnmedizinischen Fachkraft (wieder) aufzunehmen und damit Unabhängigkeit von der Sozialhilfe zu erlangen. Ihre derzeitige Situation von 5,2 Stunden täglicher Arbeitszeit würde es von der durchschnittlich zu erwartenden Zeitbelastung erlauben, eine 2/3-Stelle ins Auge zu fassen. Entscheidende Voraussetzung für die Ausübung der Erwerbsarbeit ist jedoch eine darauf abgestimmte, qualitativ hochwertige und verlässliche institutionelle Kinderbetreuung. Dennoch müsste Frau R. als allein Erziehende eine zufriedenstellende Regelung für die Tage finden, an denen die Tochter krank ist.

Frau R. erwähnt im Interview, dass der vor einigen Jahren abgebrochene Kontakt zu ihrem Vater und ihrer Schwester wiederhergestellt ist, die in einer Nachbargemeinde ihrer Stadt leben. Vater und Schwester sind mittlerweile bereit, Frau R. in ihrer schwierigen Situation zu unterstützen. Die beiden Verwandten könnten Frau R. eine wichtige Sicherheit geben, im Notfall bei der Betreuung ihrer Tochter einzuspringen, wenn weder sie noch die Kindertagesstätte dazu in der Lage sind. Ebenso könnte dabei auch die Nachbarin von Frau R. ein wichtige Rolle spielen, da Frau R. selbst schon viel bei der Kinderbetreuung geholfen hat. Entscheidend für die Umsetzung der Handlungsoption ist das Entwickeln klarer Zielvorstellungen für die nächste Lebensphase und der Mut, andere um Hilfe zu fragen.

Da es in möglichen Handlungsstrategien für dieses Haushaltsbeispiel vor allem auf die Sicherheit, Zuverlässigkeit und Qualität der Unterstützung, weniger auf die Quantität ankommt, wird auf die konkrete Berechnung der zeitlichen und finanziellen Folgen verzichtet. Bei der Berücksichtigung von Zeitbindungen und der Differenzierung zwischen dem normalen Alltag und Ausnahmesituationen stößt das Simulationsprogramm an seine Grenzen.

Hilfebedarf der „Vernetzten Aktiven"
Von allen vier haushaltsstilbezogenen Armutstypen gelingt es den VertreterInnen der „Vernetzten Aktiven" bisher am besten, die bestehenden Hilfestrukturen in die Lösung ihrer Alltagsprobleme einzubinden. Dennoch könnten auch sie von passgenauen Hilfen, vernetzten Beratungsangeboten und günstigeren Infrastrukturen profitieren, denn schließlich ist es auch für diese Gruppe mühsam und aufwändig, Hilfe und Unterstützung ausfindig zu machen und zu organisieren. Dazu zählen sowohl Verbesserungen des Familienleistungsausgleichs und der Vereinbarkeit von Erwerbs- und Familienarbeit als auch Maßnahmen zu

Verwaltungsvereinfachungen, die passgerechte individuelle Hilfen ohne Behördenmarathon ermöglichen.

Simulationen können für diese Gruppe die Auswirkungen ungünstiger Lebensereignisse darstellen, z.b. der Wegfall

- direkter finanzieller Unterstützung durch Netzwerkpersonen
- indirekter finanzieller Unterstützung (Sachleistungen, z.b. verbilligte Miete, Nutzungsmöglichkeit eines Pkw)
- des Erwerbseinkommens wegen Arbeitslosigkeit und der Bezug von Arbeitslosengeld.

Eine konkrete Simulation ist an dieser Stelle für einen Teil der Projekthaushalte aus Gründen des Datenschutzes nicht möglich. Einige vernetzt aktive Familienhaushalte sind – im Vergleich der Projekthaushalte untereinander – in der Lage, Einkommensrückgängen durch Anpassung der Konsumausgaben zu begegnen.

VIII. Gesamtfazit

1. Zusammenfassung der wichtigsten Ergebnisse

1.1 Forschungsansatz und Methode

Das Projektvorhaben zielte auf die Analyse der Komplexität des Alltagsgeschehens in Haushalten, die von Armut betroffen oder von Armut bedroht sind. Um aus der Vielschichtigkeit ihres Alltagslebens typische Handlungsmuster zu identifizieren und zwar im Kontext von vergleichbaren Persönlichkeitsmerkmalen der Haushaltsmitglieder, von praktizierten Haushaltsstilen, konkreten Lebensereignissen und von ökonomischen Parametern, wurde ein *eigenständiger theoretischer Bezugsrahmen* entwickelt, der die Erkenntnisse der einschlägigen Armuts- und haushaltswissenschaftlichen Forschung aufnimmt und synthetisiert: In ihm wird der *inputorientierte Ressourcenansatz*, der auf die Erfassung von Ressourcen wie Geld, Zeit oder Kompetenzen gerichtet ist, *verknüpft mit dem outputorientierten Lebenslagenansatz, der nach der Ressourcenverwendung der Haushalte fragt.*

Unser Erkenntnisinteresse war folglich sowohl auf die möglichst exakte Ermittlung der den Haushalten zur Verfügung stehenden Ressourcen orientiert als auch auf den Umgang des Haushalts mit diesen Ressourcen bei der konkreten Alltagsbewältigung in den Bereichen Finanzen, Wohnen, Bildung, Gesundheit usw. Dadurch geraten die Alltagskompetenzen der Haushaltsmitglieder systematisch in den Blick. Mit den jeweils verfügbaren Ressourcen können, je nachdem, ob die Haushalte über hohe oder über geringe Alltagskompetenzen verfügen, unterschiedliche Ergebnisse („Output") erzielt werden. Dieser theoretische Ansatz hat sich bewährt, insofern die Haushaltsmitglieder als handelnde Akteure, als Subjekte ihres Alltags betrachtet wurden.

Zentral für die methodische Vorgehensweise sind *leitfadengestützte Interviews.* In einer ersten empirischen Phase wurden 15 Expertinnen und Experten befragt, die im beruflichen Alltag mit Menschen in Armut bzw. prekären Lebenslagen Kontakt haben, um neben der Literaturanalyse das Forschungsfeld aus der Perspektive von Gießener PraktikerInnen der Sozialen Arbeit besser kennenzulernen. Die ExptertInnen-Interviews waren außerdem sehr hilfreich bei der Vermittlung von Haushalten, die in der zweiten Phase selbst zu Wort kamen. Ingesamt konnten in 22 Haushalten ausführliche Interviews durchgeführt werden, die einen umfassenden Einblick in das Alltagsleben der Familien und bestehende Probleme bei der Alltagsbewältigung ermöglichten. Insgesamt fanden wir eine unerwartet große Auskunftsbereitschaft auch bei sensiblen Themen wie Einkommen oder Schulden vor. In einigen Haushalten konnten wir auch Sozialhilfebescheide, Kontoauszüge oder andere Dokumente des Haushalts einsehen oder sogar zum Kopieren ausleihen.

Folgende Themen wurden im Rahmen der zweieinhalb- bis dreistündigen Gespräche besprochen

- Haushaltsangehörige/Zusammenleben der Familie
- Geschichte des Haushalts (Lebensereignisse)
- Wohnsituation/Infrastruktur des Wohnstandortes
- Geldsystem: Einnahmen, Ausgaben/Vermögen, Schulden
- Zeitsystem: Tätigkeitsbereiche Erwerbstätigkeit, Haushaltsarbeiten
- Netzwerke: Be- und Entlastungen durch Verwandte, Freunde und Institutionen
- Zukunftswünsche.

Der Datenerhebung und –auswertung der Projekthaushalte liegt die *Methode der Haushaltsanalyse und Haushaltssimulation* von Rosemarie von Schweitzer zugrunde, die an die besonderen Fragestellungen des Projekts methodisch und inhaltlich sowie in Bezug auf die verwendeten PC-Programme angepasst wurde. Die theoriebasierte und klar strukturierte Vorgehensweise bei Analysen und Simulationen ist besonders geeignet, der Komplexität von Familienhaushaltssystemen mehrdimensional gerecht zu werden. Objektivierte Kennziffern erleichtern die Beurteilung von Lebenslagen und Handlungsalternativen und damit die Typisierung der Haushaltsstile und Hilfebedarfe.

1.2 Haushaltsstilbezogene Armutstypologie

Im Ergebnis einer vergleichenden Analyse von 12 Merkmalsausprägungen[1] ergab sich eine haushaltsstilbezogene Armutstypologie. Komplexe Sachverhalte des Alltagsgeschehens in armen und prekären Lebenslagen wurden auf diesem Wege gebündelt, um typische Verhaltensweisen und Problemkonstellationen von Familienhaushalten kenntlich zu machen. Alle untersuchten Haushalte

---

1 Es handelt sich um den Vergleich folgender Merkmalsbereiche: Äquivalenzeinkommen, Anteil Erwerbseinkommen, Mietbelastung, Wohnungsgröße, zeitliche Situation, Bildung, Gesundheit, psychosoziale Situation, institutionelles Netzwerk, familiales Netzwerk, sonstiges Netzwerk (Freunde, Bekannte, Nachbarn) sowie Alltagskompetenzen.

konnten dieser Typologie analytisch eindeutig zugeordnet werden. Das steht nicht im Widerspruch zu der Tatsache, dass sich bestimmte Charakteristika eines Typs durchaus auch bei einem anderen finden lassen und umgekehrt:

Typ 1: Die verwalteten Armen
Typ 2: Die erschöpften EinzelkämpferInnen
Typ 3: Die ambivalenten JongleurInnen
Typ 4: Die vernetzten Aktiven

Armut hat im wahrsten Sinne des Wortes „viele Gesichter". Deshalb ist es weder aus der Sicht der wissenschaftlichen Betrachtung des Armutsphänomens, noch aus der Perspektive einer zielgruppenorientierten Bildungs- und Beratungsarbeit weiterführend und der Problematik angemessen, von „den armen Haushalten" zu sprechen.

Die verwalteten Armen (Typ1: Haushalte C., I., M., U.)
Dieser Armutstyp ist durch das soziale Phänomen einer *Generationen übergreifenden* Armut charakterisiert. Seine RepräsentantInnen verfügen über vielfältige und langjährige Erfahrungen und Routinen im Umgang mit Armut, aber auch mit den Behörden und Institutionen, die – verwaltungstechnisch gesehen – für diverse Probleme von verstetigter Armut zuständig sind. Umgekehrt sind diese Haushalte in den entsprechenden Einrichtungen seit langem bekannt.

Ohne institutionelle Netzwerke gelingt die Alltagsbewältigung kaum noch. Typisch sind regelmäßige Kontakte zum ASD oder zu VertreterInnen der sozialpädagogischen bzw. haushaltsbezogenen Familienhilfe, um die Eltern-Kind-Beziehungen zu stabilisieren oder die Grundversorgung des Haushalts zu gewährleisten.

Charakteristisch sind vergleichsweise niedrige Alltagskompetenzen und eine eher geringe Erwerbsorientierung. Man trifft auf das Phänomen „entglittener" Zeitstrukturen; es bereitet oftmals schon Mühe, zwei bis drei Termine pro Woche zu koordinieren.

Als Eltern sind die Erwachsenen weder mental noch alltagspraktisch in der Lage, ihren Kindern Daseinskompetenzen wie Bindungs- und Konfliktfähigkeit, Durchhaltevermögen, emotionale Stabilität oder haushälterische Grundkompetenzen zu vermitteln. Selbst bei gutem Willen besteht eine ausgeprägte Hilflosigkeit, den Kindern zu einem Schulerfolg zu verhelfen, was angesichts der problematischen elterlichen „Schul- und Ausbildungskarrieren" kaum überraschen kann.

Erste Priorität in der Arbeit mit diesen Familienhaushalten hat die Gewährleistung von Wohl und Gesundheit der Kinder. Es geht dabei in einigen Fällen schlicht und einfach um lebensrettende Maßnahmen. Vernachlässigung, mitunter auch körperliche und sexuelle Gewalt führen dazu, dass Kinder vorübergehend oder auf Dauer aus der Familie herausgenommen und in Pflegefamilien oder in Heimen untergebracht werden. Interventionen dieser Art oder die Kombination aus Fremdunterbringung und ambulanten Maßnahmen der Jugendhilfe waren bei den analysierten Haushalten gut aufeinander abgestimmt; Tendenzen der „Überversorgung" durch fehlende Vernetzung wurden in den armuts- und kriseninterverenierenden Handlungsfeldern nicht festgestellt. Demgegenüber besteht ein großer, bisher keineswegs gedeckter Handlungsbedarf im Bereich der systematischen Armutsprävention, um diese Kinder vor dauerhaften und massiven Benachteiligungen in den Bereichen Wohnen und Bildung zu schützen und den Teufelskreis der intergenerationellen Weitergabe von Armut zu durchbrechen. Hier sind armutspräventive Maßnahmen einer sensiblen Kinder- und Jugendarbeit von der gezielten Frühförderung über eine verlässliche Begleitung und Unterstützung dieser Kinder in der Schulzeit bis hin zu einem gelingenden Ausbildungsabschluss von Nöten.

Die erschöpften EinzelkämpferInnen (Typ 2: Haushalte A., B., E., F., K., V.)
Typ 2 umfasst sowohl allein erziehende Eltern als auch Paare mit Kindern. Er zeichnet sich durch eine überproportionale Arbeitsbelastung im Familien- und Berufsalltag aus, ohne jedoch in Berufen wie Bürokauffrau oder Verwaltungsangestellter im einfachen öffentlichen Dienst ein Einkommen oberhalb des sozio-kulturellen Existenzminimums zu erreichen. Neben einer hohen zeitlichen Belastung führen Krankheiten und deren Folgen, oft verbunden mit der Erfahrung, auch von offizieller Seite „damit allein gelassen" zu werden, zu chronischen Erschöpfungszuständen. Es handelt sich um Haushalte, die den Alltag für sich und ihre Kinder mit den vergleichsweise niedrigsten Äquivalenzeinkommen bewältigen müssen.

Armutslagen treten in der Regel als Folge eines „kritischen" Lebensereignisses wie Trennung bzw. Scheidung auf, aber auch als Folge der Geburt eines (weiteren) Kindes oder von Kinderreichtum. Der Umgang mit Armut ist selten als generationenübergreifende Erfahrung vorhanden, ebenso wenig der Umgang mit den zuständigen Ämtern und Einrichtungen der Kinder- und Jugendhilfe.

Auffällig ist das Defizit an institutionellen Hilfen, die auf die Bedarfslagen der „erschöpften EinzelkämpferInnen" und ihrer Kinder abgestimmt sind: Entweder erhalten sie keinerlei Unterstützung, weil sie keine auffälligen Probleme im Sinne des KJHG zeigen, oder den verantwortungsvollen Müttern werden völlig unangemessene Angebote („Fremdunterbringung der Kinder") unterbreitet, wie sie für die „verwalteten Armen" möglicherweise angezeigt wären. Außerdem finden sich gehäuft Formen unterlassener Information, Aufklärung oder Hilfe, etwa wenn ein Umzug in eine nach den Kölner Empfehlungen viel zu kleine Wohnung erfolgt, um Miete zu sparen, obwohl ein Anrecht auf Wohngeld besteht. Umgekehrt kommen die „erschöpften EinzelkämpferInnen" oft gar nicht von sich aus auf die Idee, dass es bestimmte gesetzliche Möglichkeiten der Unterstützung für sie gibt, oder aber sie scheuen den Gang zum Sozial- oder Jugendamt, weil sie befürchten, stigmatisiert zu werden.

Familiale Netzwerke erweisen sich häufig weniger als Ressource denn als zusätzliche Verpflichtung, etwa wenn die allein Erziehenden zusätzlich ihre Mütter mitversorgen, die an beginnender Demenz oder an psychischen Problemen leiden.

Wenn die RepräsentantInnen diesen Typs infolge eigener Erwerbstätigkeit ergänzende Sozialhilfe oder andere Sozialleistungen wie Befreiung von Rundfunkgebühren oder Wohngeld beantragen, ist ein deutlich höherer Verwaltungsaufwand erforderlich als in Haushalten, die überwiegend von Sozialhilfe leben. Jede noch so geringfügige Einkommensänderung muss bei allen Geld gebenden Stellen jeweils angezeigt werden. Dadurch verstärkt sich der Zeitdruck und die Motivation, erwerbstätig zu bleiben, wird nicht unterstützt, sondern konterkariert.

Die VertreterInnen des Typs 2 tragen durch die fatale Verknüpfung von materieller Benachteiligung dieser Lebensform und der durch Kinderbetreuung entstehenden Lücken in ihrer Erwerbsbiografie – zumal in schlecht bezahlten Frauenberufen – das Risiko, der Armutslage zeitlebens nicht mehr zu entkommen.

Für Typ 2 erweist sich die gerechtere Ausgestaltung des Familienleistungsausgleichs im Sinne der angemessenen Berücksichtigung von Kosten und Leistungen der Kindererziehung als besonders dringend geboten. Auch die gegenwärtig diskutierten Modelle zu einer der Sozialhilfe vorgelagerten Existenzsicherung von Kindern und Jugendlichen (Stichwort: Grundsicherung für Kinder) würden den Alltag der „erschöpften EinzelkämpferInnen" und ihrer Kinder sichtlich erleichtern und sie von Sozialhilfe unabhängig machen.

Zielgruppenspezifische Hilfen für Typ 2 müssen dezidiert auf die Vermeidung von Erschöpfungszuständen der Bezugsperson gerichtet sein, indem die vorhandenen Eigeninitiativen mit ambulanten, passgerechten Hilfen zur Alltagsbewältigung verknüpft werden. Darüber hinaus benötigen Mütter und Väter dieses Typs gezielte Hilfearrangements unter Einschluss verlässlicher und qualitativ hochwertiger Angebote zur Kinderbetreuung für alle Altersgruppen, um eine Erwerbstätigkeit aufnehmen oder ihre Ausbildung beenden zu können.

Nicht hinnehmbar ist der ermüdende und frustrierende „Behördenmarathon", dem die „erschöpften EinzelkämpferInnen" ausgesetzt sind, wenn sie aufgrund der Rückkehr ins Erwerbsleben die ihnen gesetzlich zustehenden Sozialleistungen bei noch so geringfügigen Einkommensveränderungen in mehreren Ämtern stets neu beantragen müssen.

Die ambivalenten JongleurInnen (Typ 3: Haushalte H., L., P., R., T., W.)
Bei den RepräsentantInnen diesen Typs handelt es sich um Menschen, die zwar familienbiografisch zumindest durch sequentielle Erfahrungen mit Armut geprägt sind, die aber objektiv betrachtet, durchaus Handlungsoptionen besaßen, ihre Lebenssituation entweder zu verbessern oder zu ihrem Nachteil zu verändern. Psychologisch begründbare ambivalente Persönlichkeitsstrukturen münden in Verhaltensweisen, die üblicherweise als unvernünftig bezeichnet werden. Mitmenschen, darunter auch professionelle HelferInnen reagieren gelegentlich mit Kommentaren wie „Wie kann man nur."

Es werden hohe Kredite aufgenommen, ohne in hinreichendem Maße die damit verbundenen finanziellen Verpflichtungen zu bedenken, die das für die Zukunft nach sich zieht. Es dominieren Verhaltensmuster, diese Konsequenzen zu verdrängen oder man setzt auf das Prinzip „Hoffnung", dass sich schon alles zum Guten wenden werde. Auffällig ist des Weiteren, dass trotz einer bestehenden Überschuldung des Haushalts keine Hilfe bei der Schuldnerberatung gesucht wird, obwohl die Überschuldungssituation teilweise bereits hoffnungslos unübersichtlich und psychisch durchaus als belastend empfunden wird.

Es werden vergleichsweise teure Wohnungen angemietet, die allerdings voraussetzen, dass der befristete Arbeitsplatz in einen unbefristeten verlängert wird oder dass sich eine andere Erwerbsmöglichkeit eröffnet, was jedoch mit einem erheblichen Risiko behaftet ist. Ausbildungen werden kurz vor dem Berufsabschluss abgebrochen, ohne sich zu vergegenwärtigen, dass sich damit die Bedingungen auf einen Einstieg in das Erwerbsleben massiv verschlechtern.

Festzuhalten bleibt allerdings, dass die Verhaltensweisen, die für ambivalente JongleurInnen typisch sind, auch bei Menschen jenseits von armen und prekären Lebenslagen anzutreffen sind. Die Konsequenzen erweisen sich allerdings bei insgesamt besseren bildungsmäßigen und materiellen Ressourcen als weniger dramatisch.

Beratungsprozesse mit VertreterInnen dieses Typs müssen darauf ausgerichtet sein, gemeinsam mit den Betroffenen solche Beratungsziele zu entwickeln, die von ihnen mitgetragen und mitverantwortet werden. Hilfeplanung schließt dabei die Berücksichtigung von psychologischen Ressourcen und Grenzen der Ratsuchenden gleichermaßen ein.

Haushaltsbezogene Bildung zum Umgang mit Geld und Behörden kann bei Typ 3 zumindest auf der kognitiven Ebene die Konsequenzen „unvernünftigen" Verhaltens vor Augen führen. Das hohe Ausmaß von Überschuldungen, wie es bei den ambivalenten JongleurInnen vergleichsweise häufig anzutreffen ist, wäre ohne entsprechende Kreditvergabepraktiken seitens einschlägiger Finanzdienstleistungsunternehmen zweifelsohne nicht möglich. Im Sinne einer vorausschauenden Schadensbegrenzung muss hier dringend über rechtzeitig einsetzende Barrieren, letztlich im Interesse dieses Personenkreises ebenso wie der Gesellschaft nachgedacht werden.

Die vernetzten Aktiven (Typ 4: Haushalte D., G., N., O., S., X.)
Das hervorstechende Charakteristikum der vernetzten Aktiven besteht in ihrem Eingebundensein in ein unterstützendes familiales Netzwerk und/oder in ihrer Fähigkeit, institutionelle Hilfen selbstbewusst und aktiv in ihren Alltag zu integrieren. Darunter befinden sich allein erziehende Mütter, die studieren oder ein Studium absolviert haben. Obwohl sie, insbesondere durch das Verhalten der Kindesväter schwere persönliche Enttäuschungen verkraften mussten, zeigen sie als Sozialhilfe beziehende Mütter ein gewisses Selbstbewusstsein und sind in der Lage, ihre Situation nicht als individuelles Versagen zu deuten, sondern mit einem gewissen Selbstbewusstsein den Alltag mit ihren Kindern bestmöglich zu gestalten. Sie nehmen die Sozialhilfe als ein ihnen zustehendes Grundrecht in Anspruch und loten die Möglichkeiten, die das Bundessozialhilfegesetz zur Verbesserung ihrer Lebenssituation bietet, kenntnisreich aus.

Über die gängigen Hilfen der Sozial- und Jugendhilfe hinaus mobilisieren sie, wenn es erforderlich wird, auch andere kommunale AkteurInnen, darunter Frauenbeauftragte oder KommunalpolitikerInnen, wenn sie auf den einschlägigen Verwaltungswegen scheitern.

Unterstützung durch die familalen Netzwerke erfolgt in Form von direkten monetären Transfers (zum Beispiel monatliche Geldzahlungen durch die Eltern) oder durch indirekte Unterstützungsleistungen (zum Beispiel durch die Mitbenutzung eines Pkw, ohne für mehr als die Benzinkosten aufkommen zu müssen). Darüber hinaus übernehmen die Großeltern teilweise verlässlich und regelmäßig die Betreuung der Kinder oder helfen tatkräftig bei der Wohnungsrenovierung.

Diese familialen Netze sind im Grunde kaum zu ersetzen. Der Alltag der RepräsentantInnen des Typs 4 ist zwar ebenso wie die der verwalteten Armen, der erschöpften EinzelkämpferInnen und der ambivalenten JongleurInnen durch eine Vielzahl von Problemen gekennzeichnet, die sie aber aufgrund der ermutigenden und verlässlichen Unterstützung durch familiale Bezugspersonen sowie über die Mobilisierung von institutionellen Hilfen vergleichsweise gut bewältigen. Hinzu kommt, dass es sich um stabile Persönlichkeiten mit Selbstbewusstsein und einem hohen Energiepotenzial handelt, die vielfältige Daseins- und Alltagskompetenzen besitzen und überdies häufig das Glück hatten, selbst in einem unterstützenden und gedeihlichen Umfeld aufgewachsen zu sein.

Gleichwohl bleibt festzustellen, dass die monetären Spielräume in diesen Familienhaushalten überwiegend so eng bemessen sind, dass der Ausfall einer einzigen familialen Netzwerkperson – etwa durch Krankheit oder Tod – das

bestehende Arrangement der Alltagsbewältigung in prekärer Lebenslage sofort
bedrohlich gefährdet.

VertreterInnen des Typs 4 bleiben nicht nur aus diesem Grund auf eine gerechtere Ausgestaltung des Familienleistungsausgleichs im Sinne der angemessenen Berücksichtigung von Kosten und Leistungen der Kindererziehung angewiesen.

Außerdem würden auch hier die gegenwärtig diskutierten Modelle zu einer
der Sozialhilfe vorgelagerten Existenzsicherung von Kindern und Jugendlichen
(Stichwort: Grundsicherung für Kinder) greifen und den Alltag der „vernetzten
Aktiven" und ihrer Kinder spürbar erleichtern und sie von Sozialhilfe unabhängig machen.

Zielgruppenspezifische Hilfen für Typ 4 können sich dezidiert auf die facettenreichen Kompetenzen der vernetzten Aktiven beziehen, indem die vorhandenen Eigeninitiativen der Bezugspersonen mit ambulanten, passgerechten Hilfen
zur Alltagsbewältigung abgestimmt und verknüpft werden. Darüber hinaus
benötigen gerade auch Mütter und Väter diesen Typs gezielte Unterstützungsarrangements, vor allem verlässliche und qualitativ hochwertige Angebote zur
Kinderbetreuung für alle Altersgruppen, um einer Erwerbstätigkeit nachgehen
zu können oder um ihre Ausbildung fortzusetzen und erfolgreich zu beenden.

1.3   Zwölf Hauptergebnisse auf einen Blick

Folgende *zusammenfassende Ergebnisse* bedürfen der eingehenden Reflexion
durch Politik, die FachvertreterInnen der Sozialen Arbeit, darunter Bildungs-
und Beratungskräfte, aber auch durch die kommunalen Verwaltungen:

1. Eine zufriedenstellende finanzielle Situation konnte lediglich in den Famili-
    enhaushalten konstatiert werden, wo zumindest ein Haushaltsmitglied er-
    werbstätig ist oder Transferleistungen bezieht, die aus früherer Erwerbsar-
    beit resultieren (Erwerbsunfähigkeits-/Unfallrente). Allerdings sind Be-
    schäftigungsverhältnisse, wie wir sie in den Projekthaushalten gefunden
    haben, oftmals zeitlich befristet oder sie werden um den Preis einer unver-
    hältnismäßig hohen zeitlichen Beanspruchung durch Erwerbs- *und* Fürsor-
    gearbeit für mehrere Kinder eingegangen. Dadurch ist der Gesundheitszu-
    stand der Bezugsperson schon derzeit beeinträchtigt und mittelfristig ernst-
    haft gefährdet.
2. Haushalte, die ihren Alltag mit sehr niedrigen Einkommen gestalten müs-
    sen, sind oder waren durchgängig kinderreich. Es sind Haushalte, die größ-
    tenteils über *hohe Alltagskompetenzen* verfügen und ihre Eigenverantwor-
    tung darauf konzentrieren, mit dem Wenigen zurecht zu kommen. Aus

Schamgefühl oder wegen des hohen bürokratischen Aufwands werden die bestehenden Ansprüche auf ergänzende Sozialhilfe und andere Sozialleistungen nicht ausgeschöpft. Teilweise erlegen sie sich *Formen von Selbstbeschränkung* auf, die ihren Alltag und die Entwicklungschancen ihrer Kinder unverhältnismäßig belasten, etwa, wenn kostengünstige Wohnungen angemietet werden, die unterhalb der gesetzlichen Mindeststandards der Wohnraumversorgung bleiben.

3. Die meisten der (weiblichen) Bezugspersonen erwerben trotz ihrer umfangreichen Fürsorgearbeit für mehrere Kinder, die größtenteils mit diskontinuierlichen Erwerbsbiografien in oft schlecht bezahlten Frauenberufen einhergehen, keine ausreichenden Versorgungsansprüche für das Alter, so dass *Altersarmut* vorhersehbar ist. Daran ändern die hohen Alltagskompetenzen dieser Mütter schlicht gar nichts. Auch aus vorangegangenen ehelichen Verbindungen erlangen sie keine ausreichenden Versorgungsansprüche. Im Gegenteil, ihr ohnehin beschwerlicher Alltag wird vielfach durch Schulden, die aus vorangegangenen Ehen stammen und für die sie aufkommen müssen, zusätzlich belastet.

4. Familienhaushalte, die ihre Kinder bei knappen finanziellen Ressourcen selbst gut versorgen und zusätzlich einer Erwerbstätigkeit nachgehen, stehen unter einer enormen zeitlichen Belastung. Das trifft zumal für diejenigen zu, die keine familialen Netzwerke haben und wegen der „Unauffälligkeit" ihrer Kinder auch ohne nennenswerte institutionelle Hilfen bleiben. Pointiert gesagt: *Eigeninitiative von armen Haushalten führt tendenziell zu einem „Rückzug professioneller Hilfesysteme"*, anstatt die Ressouren der Bezugsperson in dringend erforderliche passgerechte und alltagsunterstützende Dienste einzubinden.

5. Zeitlich objektiv entspannte Verhältnisse finden sich lediglich in den wenigen Familienhaushalten, die über geringe Alltagskompetenzen verfügen, nicht oder nur geringfügig erwerbstätig sind und in denen es aufgrund von Vernachlässigung oder Gewalt teilweise zur Fremdplatzierung der Kinder durch professionelle Hilfesysteme gekommen ist. Es handelt sich um Haushalte, die ihre Verantwortung an institutionelle Netzwerke abgegeben haben. Der dadurch gewonnene zeitliche Freiraum kann aber aufgrund mangelnder Alltagskompetenz und Bildung kaum sinnvoll genutzt werden. Es dominiert das *Phänomen „entglittener Zeitstrukturen"*. Institutionelle Hilfen im Sinne der Armutsintervention erweisen sich im Interesse der Kinder jedoch als unverzichtbar.

6. Familienhaushalte, deren Angehörige zumindest über einen beruflichen Abschluss verfügen, zeichnen sich tendenziell auch durch mittlere und hohe Alltagskompetenzen aus. Allerdings findet sich bei Studentinnen und Aka-

demikerinnen eine deutlich ausgeprägtere Fähigkeit, ihre gesetzlichen Ansprüche („Paragraphen-Dschungel") zu nutzen und institutionelle Netzwerke zu mobilisieren, als das bei Frauen mit Lehrberufsabschluss oder älteren Frauen mit hoher Alltagskompetenz, aber ohne Berufsabschluss der Fall ist. Letztere tendieren eher zu Formen der Selbstbeschränkung und Bescheidenheit, die ihren Alltag mit Kindern oftmals unnötig einschränken. Hier sind *Aufklärung, Information und unbürokratisch-professionelle Hilfen* erforderlich, um Gesundheit und Leistungsfähigkeit der Bezugsperson zu erhalten.

7. *Eine abgeschlossene Berufsausbildung verhindert Armutslagen von kinderreichen Familien keineswegs.* Die Einkommenssituation von Familienhaushalten wird bei der gegenwärtigen Ausgestaltung des Familienleistungsausgleichs wesentlich bestimmt vom Umfang der Erwerbstätigkeit, den die erwachsenen Haushaltsmitglieder zu leisten imstande sind. Das setzt zum einen voraus, dass ein entsprechender Arbeitsplatz vorhanden ist, der sich mit der Sorgearbeit für die Kinder in Einklang bringen lässt (Stichwort: Entfernung zur Wohnung). Zum anderen braucht es adäquate Kinderbetreuungsmöglichkeiten, die jedoch oftmals nicht existieren. Insbesondere allein Erziehende müssen dieses Dilemma „lösen", entweder durch eine enorme zeitliche (Über-)Beanspruchung bei teils problematischen Arrangements der Kinderbetreuung oder indem sie auf Einkommen verzichten.

8. Die *Wohnungssituation* der interviewten Haushalte ist *alles andere als befriedigend.* Bezogen auf die Anzahl der Familienmitglieder sind sie in der Regel zu klein, befinden sich in einem schlechten baulichen Zustand und weisen kaum Abstellmöglichkeiten auf. Hellhörige Wände rauben den ohnehin erschöpften Müttern den dringend benötigten Nachtschlaf oder sie müssen ihre Kinder wegen der Nachbarn ständig zur Ruhe ermahnen. Die Wohnumgebung ist oftmals durch Straßenverkehr und dringend renovierungsbedürftige Außenfassaden gekennzeichnet. In den wenigen Fällen, wo eine angemessene Wohnraumversorgung vorliegt, resultiert diese lediglich aus dem Umstand, dass Kinder bereits ausgezogen sind. Oder aber momentan befriedigende Wohnarrangements können auf Dauer nicht beibehalten werden, weil die Haushalte damit finanziell überfordert sind.

9. Die von uns befragten Haushaltsbezugspersonen weisen überwiegend *gesundheitliche Beeinträchtigungen mittleren und schweren Grades* auf oder sie laufen wegen chronischer oder latenter Erschöpfung Gefahr, ernsthaft zu erkranken. Je älter die Interviewten sind, desto vielfältiger ist das Krankheitsbild. Eine aktive Auseinandersetzung mit den körperlichen und seelischen Krankheiten, ihren Ursachen und Folgen findet lediglich in den Haushalten statt, die über eine entsprechende Bildung verfügen. Andere er

dulden eher ihr Schicksal und sind zudem vergleichsweise hilflos, wenn es darum geht, Krankheiten, Fehlentwicklungen oder Lernbeeinträchtigungen ihrer Kinder zu erkennen und behandeln zu lassen. Alarmierend ist der Erschöpfungszustand von allein erziehenden Müttern und Vätern. Ihnen fehlen die finanziellen Ressourcen, um sich Erholung und gelegentliche Abwechslung vom Alltag zu gönnen und zu organisieren.

10. Die vorliegende Armutsstudie belegt den hohen Stellenwert von familialen Netzwerken sehr eindrücklich: *Intakte familiale Netzwerke von Haushalten in armen und prekären Lebenslagen sind weder durch institutionelle noch durch Netzwerke von Freunden, Bekannten und Nachbarn zu ersetzen.* Insbesondere allein Erziehende können ihren Alltag vergleichsweise gut organisieren, wenn sie von einem familialen Netz getragen werden, sei es, um eine Ausbildung zu beenden, eine Erwerbstätigkeit aufzunehmen oder wenn es darum geht, bezahlbaren Wohnraum im elterlichen Haus anzumieten. Weitere Hilfen gibt es in Form von regelmäßigen Geldzahlungen oder der verlässlichen Zubereitung von Mahlzeiten. Haushalte, die nicht auf Unterstützungsleistungen der Herkunftsfamilie zurückgreifen können, haben es wesentlich schwerer, den Alltag mit ihren Kindern zu organisieren, zumal institutionelle Hilfen erst greifen, wenn die Betroffenen viel Zeit und Verwaltungsaufwand investieren.

11. Ein Projektziel bestand darin, *alltagstaugliche Konzepte für die Bildungs- und Beratungsarbeit zu entwickeln, vornehmlich im Bereich der Armutsprävention.* Deshalb erwies es sich als unverzichtbar, in den qualitativen Interviews die biografisch geronnene Vorgeschichte der Projekthaushalte zu ermitteln. Auf diesem Wege war es möglich, jene kritischen Lebensereignisse aufzuspüren, die zur aktuell sozial und/oder wirtschaftlich benachteiligten Lebenslage geführt haben. Folgende neun Gründe für arme oder prekäre Lebenslagen wurden benannt:

- allein erziehend von der Geburt eines Kindes an;
- hohe Kinderzahl;
- Scheidung/Trennung;
- Tod von Familienangehörigen;
- Ausfall einer Netzwerkperson;
- Erkrankung;
- Arbeitsplatzverlust;
- Kreditaufnahme;
- eine Generationen übergreifende prekäre Lebenslage.

Häufig führten mehrere zeitgleich auftretende Gründe in eine prekäre Lebenslage. Ein kritisches Lebensereignis wie Arbeitslosigkeit, Krankheit oder Scheidung, aber auch die Geburt eines (weiteren) Kindes reichte aller-

dings oftmals auch als Einzelgrund aus, um eine prekäre Lebenslage auszulösen.

12. Durch die einzelfallbezogene Darstellung der Projekthaushalte war es nicht
nur möglich, eine detaillierte Beurteilung ihrer jeweiligen Lebenslage vorzunehmen, sondern auch jene *Bewältigungsstrategien* zu identifizieren, die
ihnen prinzipiell und einzelfallbezogen zur Verfügung stehen, *um Wege aus
einer prekären Lebenslage zu finden*. Grundsätzlich sind drei Strategien
möglich:

- Erhöhung des Haushaltseinkommens
  (durch Aufnahme einer Erwerbstätigkeit oder durch Ausschöpfung aller dem Haushalt rechtlich zustehenden Transferleistungen)
- Reduktion privater Konsumausgaben
  (durch Konsumverzicht oder durch Eigenleistung statt Marktbezug)
- Mobilisierung sozialer Netzwerke
  (durch Annahme von Hilfen aus dem Familien- bzw. Freundeskreis
  oder durch die Inanspruchnahme professioneller Hilfen und durch Nutzung der vorhandenen Infrastruktur im Wohnumfeld).

Die auf der Basis der erhobenen Haushaltsanalysedaten durchgeführten
Haushaltssimulationen geben schließlich Auskunft über die Entwicklung
der finanziellen und zeitlichen Situation ausgewählter Projekthaushalte bis
zum Jahr 2010 bzw. 2015. Ungeachtet der sehr unterschiedlichen Haushaltskonstellationen zeigt sich, dass die Handlungsspielräume insgesamt
eher begrenzt sind. So führt die Aufnahme einer Erwerbstätigkeit in Mehr-
kindfamilien oder in Allein-Erziehenden-Haushalten zwar zu einer etwas
besseren finanziellen Situation, geht aber mit einer sehr hohen zeitlichen
Beanspruchung der betreffenden Haushaltsmitglieder durch Haus-, Fürsor-
ge- und Erwerbsarbeit über Jahre hinweg einher, was zu massiven gesundheitlichen Beeinträchtigungen führen kann. Dagegen könnten professionelle
Hilfen, zum Beispiel in Form einer Restschuldbefreiung für Eltern mit Kindern, die für die Schulden ihrer Partner aufkommen müssen, die Verbesserung ihrer Lebenssituation wesentlich beitragen. Bei allein Erziehenden wäre ein gerechter Familienlastenausgleich hilfreich und könnte den Sozialhilfebezug vermeiden.

2. Familien- und sozialpolitische Handlungsperspektiven

2.1. *Kommunalpolitischer Handlungsbedarf*

Aufgrund der absehbaren gesellschaftlichen Entwicklungen wird auch in Zukunft ein erheblicher Teil der Sozialen Arbeit auf kommunaler Ebene für inter-

venierende Maßnahmen der Armutsbekämpfung gebunden werden. Diese Prognose ergibt sich allein schon aufgrund der Tatsache, dass der Anteil von Kindern, deren Eltern über keine abgeschlossene Berufsausbildung verfügen, seit 1985 stetig zugenommen hat. Einerseits widerspiegelt sich Einkommensarmut in einem ausgeprägten Bedarf an Erziehungshilfen, andererseits gilt, es Eltern mit eigenen problematischen Schul-, Ausbildungs- und Beschäftigungs-"Karrieren" in ihrer Alltags- und Erziehungskompetenz zu stärken, wo immer das möglich ist. Im Interesse des Kindeswohls wird es sich dabei um personal- und kostenintensive Maßnahmen handeln, die auch die vorübergehende bzw. dauerhafte Fremdplatzierung der Kinder in Pflegefamilien oder in Heimen umfassen.

Wir sind im Bereich der Armutsintervention auf keine Formen der „Überversorgung" gestoßen, was in diesem Bereich der Sozialen Arbeit für eine gute Vernetzung der familienunterstützenden Dienste in Gießen spricht.

Demgegenüber besteht ein *großer kommunalpolitischer Handlungsbedarf im Bereich der systematischen Armutsprävention*, um diese Kinder vor dauerhaften und massiven Benachteiligungen in den Bereichen Wohnen und Bildung zu schützen und den Teufelskreis der intergenerationellen Weitergabe von Armut zu durchbrechen. Hier sind armutspräventive Maßnahmen einer sensiblen Kinder- und Jugendarbeit von der gezielten Frühförderung über eine verlässliche Begleitung und Unterstützung dieser Kinder in der Schulzeit bis hin zu einem Ausbildungsabschluss von Nöten.

Stark *entwicklungsbedürftig sind passfähige alltags- und familienunterstützende Dienstleistungen* im Bereich der Armutsprävention *für Haushalte in armen und prekären Lebenslagen, die über Eigeninitiative und mittlere bis hohe Alltagskompetenzen verfügen.*

Diese vorhandenen Fähigkeiten gilt es in armutspräventive Hilfekonzepte ambulanter Dienste einzubinden, die möglichst im Wohnquartier oder in den Kindergärten bzw. in Grundschulen anzusiedeln sind, anstatt diese Haushalte sich weitgehend selbst zu überlassen. Ebenso brauchen sie behördliche Information, Aufklärung, Ermutigung und unbürokratisch-praktische Unterstützung bei der Inanspruchnahme von gesetzlichen Mindeststandards der Versorgung mit Geld, Wohnraum usw. für sich und ihre Kinder. Gerade hier besteht auch im Rahmen von Verwaltungsreformen ein erheblicher Handlungsbedarf im Sinne der Ausprägung von KundInnenorientierung und einem modernen Dienstleistungsverständnis nach dem Motto „Alles aus einer Hand".

Es geht nicht an, dass gerade diejenigen, die unter Einsatz von Zeit- und Bildungsressourcen versuchen, wieder – zumindest teilweise – von Sozialhilfe unabhängig zu werden und eine Erwerbsarbeit aufnehmen, einem entwürdigenden und gedankenlosen Behördenmarathon für Kleinstbeträge mit mehrfachen

Beantragungsverfahren ausgesetzt werden. Was im Bereich des armutsinterve-
nierenden Case Management gelingt, muss auch im Bereich der systematischen
Armutspräventionsarbeit möglich sein, zumal diese Maßnahmen deutlich kostengünstiger sind. Aufgabe einer modernen Verwaltung, die heute in der Regel
über vernetzte Computertechnik verfügt, muss es sein, verschiedene Instanzen
professionell zu koordinieren und nicht vorauszusetzen, dass die Ratsuchenden
zum Beispiel die Details des Sozialhilferechts oder des Kinder- und Jugendhil-
fegesetzes perfekt beherrschen. Das mündet letztlich in eine Ungleichbehand-
lung zwischen informierten und nicht informierten Haushalten.

Es ist uns bewusst, dass Sozialämter heute vor der schwierigen Aufgabe stehen, mit einem konstanten Personalbestand stetig wachsende Fallzahlen bearbeiten zu müssen, die sehr unterschiedliche Problemkonstellationen aufweisen und
dennoch eine am Einzelfall ausgerichtete, passgerechte Hilfe bieten zu müssen.

2.2 Bundespolitischer Handlungsbedarf

Das eben beschriebene Dilemma der Sozialverwaltung auf kommunaler Ebene
hat seine wesentliche Ursache in den „Webfehlern" jener Sicherungssysteme,
die der Sozialhilfe vorgelagert sind. Wenn heute mehr als ein Drittel aller SozialhilfebezieherInnen minderjährig ist und fast 40 Prozent der SozialhilfeempfängerInnen im erwerbsfähigen Alter arbeitslos gemeldet waren, so wird
deutlich, dass die Sozialhilfe ihre ursprüngliche Aufgabe als das letzte soziale
Sicherungsnetz offenkundig verloren hat. Stattdessen spiegelt sich in den hohen
Fallzahlen von Kindern, Jugendlichen, Müttern mit Kindern und Erwerbslosen
mit niedrigen Einkommen in der Sozialhilfe, dass sie zum „Ausfallbürgen" für
einen unzureichenden Familienleistungsausgleich und ein unzureichendes
Lohnersatzleistungssystem geworden ist (vgl. Schneider 2002).

So grundsätzlich richtig einerseits alle Anstrengungen sind, die unternommen werden (sollen), um diejenigen SozialhilfeempfängerInnen wieder ins Erwerbssystem zu integrieren, die dem Arbeitsmarkt zur Verfügung stehen, so
wenig befriedigend kann es andererseits sein, Anstrengungen zur Reform der
Sozialhilfe lediglich auf die voll leistungsfähigen SozialhilfeempfängerInnen
und auf Sozialämter zu konzentrieren. Vielmehr gilt es auch all jene Institutionen in Reformüberlegungen einzubeziehen, die für Lohnersatzleistungen, für die
Alterssicherung und den Familienleistungsausgleich zuständig sind. Ein gerechter, existenzsichernder Familienleistungsausgleich würde beispielsweise dazu
beitragen, dass eine beträchtliche Zahl der heute sozialhilfeabhängigen Kinder
von diesem „letzten" Sicherungsnetz unabhängig werden. In die richtige Richtung geht die Anerkennung von Kindererziehungszeiten in der jüngsten Renten-

reform, durch die sich gerade die Alterssicherung für Frauen mit unterdurchschnittlichen eigenen Rentenanwartschaften verbessert hat. Unbefriedigend und keineswegs im Sinne von sozialer Gerechtigkeit ist allerdings - gerade auch vor dem Hintergrund der Ergebnisse vorliegender Studie - die ersatzlose Streichung der Steuerklasse II für allein Erziehende anzusehen, was letztlich auf eine Diskriminierung einer inzwischen verbreiteten Lebensform hinausläuft.

Eine Entlastung der Sozialämter würde auch durch die Einführung einer Grundsicherung für Kinder im Sinne eines einkommensorientierten Zuschlags zum Kindergeld eintreten, wie von Evangelischer Kirche Deutschlands (EKD) und Diakonie vorgeschlagen (Klose 2002). Wenn darüber hinaus erwerbslose SozialhilfebezieherInnen wieder in den Zuständigkeitsbereich der Arbeitsämter fielen und alte und erwerbsgeminderte Menschen in den Zuständigkeitsbereich der Rentenversicherungsträger, bestünde die Chance, dass Sozialämter ihre Personalpolitik weniger auf Verwaltungs- denn auf sozialarbeiterische Hilfeprozesse konzentrieren und zu Ämtern für soziale Infrastrukturen und Hilfen umgestaltet werden könnten.

Darüber hinaus brauchen Risikogruppen wie Kinderreiche, allein Erziehende, Langzeiterwerbslose und MigrantInnen zwecks Armutsprävention eine Art koordinierende und im Wohnquartier angesiedelte Leitstelle für das Handling von Alltagsfragen, die niedrigschwellige und flexible Hilfen unter Einbeziehung der Ressourcen der Ratsuchenden gibt. Entsprechende Pilotprojekte sollten gestartet, wissenschaftlich begleitet, ausgewertet und multipliziert werden.

Einen wichtigen Beitrag im Sinne von Armutsprävention und Lebensbewältigung sehen wir in der Überwindung der einseitigen Erwerbsfixierung herkömmlicher Curricula in den allgemeinbildenden Schulen. Die Ergebnisse der PISA-Studie (Baumert et al. 2001) haben der deutschen Gesellschaft nicht nur vor Augen geführt, dass Hauptschulen die bildungs- und finanzpolitischen Restschulen der Nation sind, die die Lebenschancen von Kindern aus den unteren Bildungsgruppen massiv beeinträchtigen, statt ein kompensatorisches Gegengewicht zu den teils bedrückenden Herkunftsverhältnissen dieser Kinder zu bieten. PISA hat auch gezeigt, dass deutsche SchülerInnen vergleichsweise schlecht in der Lage sind, erlerntes Wissen auf Alltagsfragen anzuwenden. Die Vermittlung von Daseins- und Alltagskompetenzen zur Berufs-, Lebens- und Familienplanung, zum Umgang mit Geld und Behörden, zur Beziehungs- und Konfliktfähigkeit in einer komplexer gewordenen Welt mit hohen Anforderungen an Eigeninitiative und Flexibilität stehen der Vorbereitung auf einen erfolgreichen Schul- und Ausbildungsabschluss unseres Erachtens in ihrer Bedeutung nicht nach (vgl. auch BMFSFJ 2002b). Beides ist gleichermaßen als unabdingbarer Bestandteil einer systematischen Armutsprävention und befriedigenden Lebensplanung anzusehen – und zwar für Mädchen wie Jungen, für Frauen und

Männer. Die Enttrivialisierung der Arbeit des Alltags wäre zugleich ein wichtiger Schritt, um den evidenten Bedeutungsgehalt der Familien- und Fürsorgearbeit für unsere Gesellschaft und für die Lebensqualität der Menschen – quer durch alle Bildungsgruppen – zu untermauern.

Bildungs- und Beratungsangebote für Haushalt und Familie, für die Lebensplanung und zur Alltagsbewältigung gilt es in allen lebenslaufbegleitenden Institutionen zu verankern, um damit Raum und Zeit für eine neue Balance von alltags- und berufsbezogener Bildung, von Leben und Arbeit zu geben. Eine familien- und haushaltsbezogene Bildung und Beratung, die in sämtlichen Institutionen der Grund-, Berufs- und Weiterbildung systematisch verankert wird, stellt einen zukunftsorientierten und nachhaltigen Beitrag zur Sicherung und Förderung von Daseinskompetenzen im Alltag dar und muss als Kernstück einer aktivierenden Gesellschaftspolitik begriffen werden.

Der politische Willen zur Schaffung und zum Ausbau einer entsprechenden Infrastruktur sowie der erforderlichen Ressourcen wird wesentlich zur Armutsprävention, zur Erhaltung von Lebensqualität und zur Familienfreundlichkeit der deutschen Gesellschaft beitragen. Mittel- und längerfristig werden dadurch auch kostenintensive Maßnahmen der Armutsintervention zurückgefahren werden können. Diese Strategie ersetzt allerdings weder einen gerechten Familienleistungsausgleich noch macht sie den Abbau von bürokratischen Hürden in den kommunalen Verwaltungseinrichtungen überflüssig.

Literaturverzeichnis

AKTIONSBÜNDNIS (2000): Aktionsbündnis „Was sind dem Staat die Kinder wert?" (Hg.): Was sind dem Staat die Kinder wert? Eine Kampagne zur gerechten Entlastung von Familien. Bonn: Deutsche Frauenrat

ALISCH, M.; DANGSCHAT, J. (1998): Armut und soziale Integration. Strategien sozialer Stadtentwicklung und lokaler Nachhaltigkeit. Opladen: Leske + Budrich

ANDRESS, H.-J. (1999): Leben in Armut. Analysen der Verhaltensweisen armer Haushalte mit Umfragedaten. Opladen: Westdeutscher Verlag

ANDRESS, H.-J.; LIPSMEIER, G. (1994): Was gehört zum notwendigen Lebensstandard und wer kann ihn sich leisten? Ein neues Konzept zur Armutsbemessung. In: Aus Politik und Zeitgeschichte, B 7- 8/94, S. 35-49

ANSEN, H. (1998): Armut - Anforderungen an die Soziale Arbeit. Eine sozialstaatliche und systematische Analyse aus der Perspektive der Sozialen Arbeit. Frankfurt/Main: Lang

ARBEITERWOHLFAHRT BUNDESVERBAND (Hg.) (2000): Gute Kindheit - schlechte Kindheit. Armut und Zukunftschancen von Kindern und Jugendlichen in Deutschland. Bonn

ARBEITSKREIS SOZIALHILFE (2002): Sozialhilfe- Leitfaden. Stadt und Kreis Gießen. 5. Aufl., Gießen

BANTLE, A. et al. (2001): Angeleitete Selbstevaluation der Ergebnisqualität in der Sozialpädagogischen Familienhilfe. In: Heil, K. et. al. (Hg.): Evaluation sozialer Arbeit. Frankfurt/Main: Deutscher Verein für öffentliche und private Fürsorge

BARLÖSIUS, E.; LUDWIG-MAYERHOFER, W. (2001): Die Armut der Gesellschaft. In: Dies. (Hg.): Die Armut der Gesellschaft, (Reihe Sozialstrukturanalyse, Bd. 15), Opladen: Leske + Budrich, S. 11-67

BARTELHEIMER, P. (2001): Sozialhilfe als Dienstleistung – Widersprüche einer Dienstleistungsorientierung im Sozialamt. In: Nachrichtendienst des Deutschen Vereins für öffentliche und private Fürsorge, 81. Jg., H. 6, S.188-193

BARTELHEIMER, P. et. al. (1997): Risiken für die soziale Stadt. Erster Frankfurter Sozialbericht. Frankfurt/Main: Eigenverlag des Deutschen Vereins für öffentliche und private Fürsorge

BAUMERT, J. et al. (2001): Deutsches Pisa-Konsortium, Hg.: PISA 2000. Basis-Kompetenzen von Schülerinnen und Schülern im internationalen Vergleich. Opladen: Leske + Budrich

BEIHILFEN NACH § 21 BSHG (2001): http://www.gaarden.net/aloini/leif99/leit18.htm vom 07.10.2001

BFA (2001): Bundesanstalt für Arbeit (Hg.): Merkblatt Kindergeld. Nürnberg

BLOSSER-REISEN, L. (1983): Erfolgsbestimmung in privaten Haushalten mit Hilfe von einzelwirtschaftlichen Analysen. Demonstration der Methode an Fallstudien in Haushalten von Sozialhilfeempfängern. In: Hauswirtschaft und Wissenschaft, 32. Jg., H. 5, S. 240 – 253

BLOSSER-REISEN, L. (1984b): Bedarfsgerechte Versorgung und Sicherung des Lebensunterhalts in Haushalten von Sozialhilfeempfängern. Zur Problematik der Regelsatzbestimmung in der Sozialhilfe aus haushaltsökonomischer Sicht. In: Hauswirtschaft und Wissenschaft, 32. Jg., H. 4, S. 181-194

BLOSSER-REISEN, L.; EID, U.; SEIFERT, M.; STIEFEL, M.-L. (1984a): Ergebnisse von Situationsanalysen in Haushalten von Sozialhilfeempfängern. In: Archiv für Wissenschaft und Praxis der sozialen Arbeit. H. 3. Frankfurt/Main, S. 159-200

BMA (1994): Bundesministerium für Arbeit und Sozialordnung (Hg.): Gesetz zur sozialen Absicherung der Pflegebedürftigkeit (Pflege-Versicherungsgesetz - PflegeVG). Bonn

BMA (1999): Bundesministerium für Arbeit und Sozialordnung (Hg.): Sozialhilfe. Bonn

BMA (2001a): Bundesministerium für Arbeit und Sozialordnung (Hg.): Lebenslagen in Deutschland. Der erste Armuts- und Reichtumsbericht der Bundesregierung. Bonn

BMA (2001b): Bundesministerium für Arbeit und Sozialordnung (Hg.): Lebenslagen in Deutschland. Der erste Armuts- und Reichtumsbericht der Bundesregierung. Daten und Fakten. Materialband zum ersten Armuts- und Reichtumsbericht. Bonn

BMBF (2001): Bundesministerium für Bildung und Forschung (Hg.): Berufsbildungsbericht. Bonn

BMFS (1993): Bundesministerium für Familie und Senioren (Hg.): Familie und Beratung: familienorientierte Beratung zwischen Vielfalt und Integration. (Schriftenreihe des BMFS, Bd. 16), Stuttgart, Berlin, Köln: Kohlhammer

BMFSFJ (1994): Bundesministerium für Familie und Senioren (Hg.): Familie und Familienpolitik im geeinten Deutschland - Zukunft des Humanvermögens. Fünfter Familienbericht. Bonn

BMFSFJ (1999): Bundesministerium für Familie, Senioren, Frauen und Jugend (Hg.): Kinder- und Jugendhilfegesetz. Achtes Buch Sozialgesetzbuch. Berlin

BMFSFJ (2000a): Bundesministerium für Familie, Senioren, Frauen und Jugend (Hg.): Familien ausländischer Herkunft in Deutschland. Leistungen, Belastungen, Herausforderungen. Sechster Familienbericht. Berlin

BMFSFJ (2000b): Bundesministerium für Familie, Senioren, Frauen und Jugend (Hg.): Gerechtigkeit für Familien. Zur Begründung und Weiterentwicklung des Familienlasten- und Familienleistungsausgleichs. Gutachten des Wissenschaftlichen Beirats für Familienfragen. (Schriftenreihe des BMFSFJ, Bd. 202), Stuttgart, Berlin. Köln: Kohlhammer

BMFSFJ (2002): Bundesministerium für Familie, Senioren, Frauen und Jugend (Hg.): Bericht über die Lebenssituation junger Menschen und die Leistungen der Kinder- und Jugendhilfe in Deutschland. Elfter Kinder- und Jugendbericht. Berlin

BMFSFJ (Bundesministerium für Familie, Senioren, Frauen und Jugend (Hg.) (2003): Die Familien im Spiegel der amtlichen Statistik. Erw. Neuaufl., Berlin

BOCK, M. (1992): Das halbstrukturierte- leitfadenorientierte Tiefeninterview. Theorie und Praxis der Methode am Beispiel von Paarinterviews. In: Hoffmeyer-Zlotnik, J. H. P. (Hg.): Analyse verbaler Daten. Opladen: Westdeutscher Verlag

BÖDEKER, S. (1992): Haushaltsführung in einem sozialen Brennpunkt. Eine qualitative Analyse. Frankfurt/Main, New York: Campus-Verlag

BÖDEKER, S. (2002): Maßgeschneiderte Hilfe: Haushalt kann gelernt werden. In: neue caritas. 103. Jg., H. 16, 19.09.02, S. 15-18

BUHR, P. (1995): Dynamik von Arbeit. Dauer und biographische Betreuung von Sozialhilfebezug. Opladen: Westdeutscher Verlag

BURMANN, N.; SELLIN, C.; TRUBE, A. (2000): Ausstiegsberatung für Sozialhilfeempfänger. Konzepte, Instrumente und Ergebnisse eines vergleichenden Modells. (Texte und Materialien, Bd. 16), Frankfurt/Main: Eigenverlag des Deutschen Vereins für öffentliche und private Fürsorge

BURNHAM, J. (1995): Systemische Familienberatung - eine Lern- und Praxisanleitung für soziale Berufe. Weinheim, Basel: Beltz

BUSCH-GEERTSEMA, V.; RUHSTRAT, E.-U. (1992): Kein Schattendasein für Langzeitarme. Wider die Verharmlosung von Langzeitarmut mit der „dynamischen Armutsforschung". In: Nachrichtendienst des Deutschen Vereins für Öffentliche und private Fürsorge, 72. Jg., H. 11, S. 366-370

DEUTSCHER VEREIN FÜR ÖFFENTLICHE UND PRIVATE FÜRSORGE (Hg.) (1997): Fachlexikon der sozialen Arbeit. Stuttgart, Berlin, Köln: Kohlhammer

DEUTSCHER VEREIN FÜR ÖFFENTLICHE UND PRIVATE FÜRSORGE (Hg.) (2000): Bundessozialhilfegesetz. (Kleinere Schriften des Deutschen Vereins für private und öffentliche Fürsorge, H. 33). Stuttgart, Berlin, Köln: Kohlhammer

DGH (2001): Deutsche Gesellschaft für Hauswirtschaft (Hg.): Kompetent im Alltag! Memorandum für eine haushaltsbezogene Bildung: frühzeitig, aufbauend, lebenslang. Wege zu einer zeitgemäßen und zukunftsorientierten Bildung. Bonn – Bad Godesberg

DÖRING, D; HANESCH, W.; HUSTER, E.-U.(1990): Armut als Lebenslage. Ein Konzept für Armutsberichterstattung und Armutspolitik. In: Dies. (Hg.): Armut im Wohlstand. Frankfurt/ Main: Suhrkamp, S. 7-27

DÖRING, D; HANESCH, W.; HUSTER, E.-U.(1990): Armut im Wohlstand. Frankfurt/Main: Suhrkamp

DORN, M. (2003): Armut und prekäre Lebenslagen im Spiegel von Sozialhilfedaten. Diplomarbeit. Justus-Liebig-Universität, Gießen

DÜSSELDORFER TABELLE (2001): In: Nachrichtendienst des Deutschen Vereins für öffentliche und private Fürsorge, 81. Jg. H. 8, S. 236-239

DWHN (2002): Diakonisches Werk in Hessen und Nassau.http://www.dwhn.de/who_we_are/who_we_are.htm vom 02.11.2002

EBLI, H. (1985): Zur Professionalität in der Schuldnerberatung. In: Nachrichtendienst des Deutschen Vereins für öffentliche und private Fürsorge, 75. Jg., H. 8, S. 331-334

EGGEN, B. (2000): Familien in der Sozialhilfe und auf dem Arbeitsmarkt. In: Sozialer Fortschritt. Unabhängige Zeitschrift für Sozialpolitik, 49. Jg., H. 7, S. 149-153

EGGEN, B.: (1998): Privathaushalte mit Niedrigeinkommen. (Schriftenreihe des Bundesministeriums für Gesundheit, Bd. 100), Baden- Baden: Nomos-Verlags-Gesellschaft

FEULNER, M. (2002): Wenn der Alltag über den Kopf wächst. In: neue caritas. 103. Jg., H. 16, 19.09.02, S. 10-14

FEULNER, M. (2003): Erfahrungen mit dem Haushaltsorganisationstraining für die Familienpflege. Unveröff. Vortragsmanuskript, Gießen 27.02.2003

FISCHER, W.; KOHLI, M. (1987): Biographieforschung. In: Voges, W. (Hg.): Methoden der Biographie- und Lebenslaufforschung. Opladen: Leske + Budrich, S. 25-49

FLICK, U. (1996): Qualitative Forschung. Theorie, Methoden, Anwendung in Psychologie und Sozialwissenschaften. Reinbek bei Hamburg: Rowohlt

FRANK, G. (1997): Lebenswelt. In: Deutscher Verein für öffentliche und private Fürsorge (Hg.): Fachlexikon der sozialen Arbeit. 4. Aufl., Stuttgart, Berlin, Köln: Kohlhammer, S. 609 – 611

GEHRMANN, G. (2000): Familie im Mittelpunkt: Effektives Krisenmanagement für Familien. Regensburg: Walhalla-Fachverlag

GEHRMANN, G.; MÜLLER, K. D. (2001): Praxis sozialer Arbeit: Familie im Mittelpunkt. Regensburg, Berlin: Walhalla-Fachverlag

GEISSLER, R. (Hg.) (1994): Soziale Schichtung und Lebenschancen in Deutschland. Stuttgart: Enke

GIESSENER ALLGMEINE VOM 02.03.2002: Magistrat der Universitätsstadt Gießen: Stellenanzeige „Sachbearbeiter/in beim Sozialamt", S. 58

GIESSENER ALLGMEINE VOM 11.02.2002: Hohe Nachfrage nach größeren Wohnungen, S. 12

GLATZER, W.; HÜBINGER, W. (1990): Lebenslagen und Armut. In: Döring, D.; Hanesch, W.; Huster, E.–U. (Hg.): Armut im Wohlstand. Frankfurt/Main: Suhrkamp, S. 31-55

GOTTHARDT, Gabriele (1999): Sozialstrukturdaten zur Beschreibung der Lebenslage von Kindern, Jugendlichen und Familien in der Universitätsstadt Gießen. (Materialien zur Jugendhilfeplanung. Bd. 13), Gießen

GROTH, U.; SCHULZ, R.; SCHULZ -RACKOLL, R. (1994): Handbuch Schuldnerberatung. Neue Praxis der Wirtschaftssozialarbeit. Frankfurt/Main, New York: Campus-Verlag

GRUNWALD, K.; THIERSCH, H. (2001): Lebensweltorientierung. In: Otto, H.-U.; Thiersch, H. (Hg.): Handbuch Sozialarbeit, Sozialpädagogik. 2. überarb. Aufl., Neuwied, Kriftel: Luchterhand, S. 1136-1148

GUTJAHR, G. (1985): Psychologie des Interviews in Praxis und Theorie. Heidelberg: Sauer

HANESCH, W.; KRAUSE, P.; BÄCKER, G. (1994): Armut und Ungleichheit in Deutschland. Der neue Armutsbericht der Hans-Böckler-Stiftung, des DGB und des Paritätischen Wohlfahrtsverbandes. Hamburg: Rowohlt

HARTMANN-CAN, P. (2003): Erfahrungen aus dem „Hauswirtschaftsprojekt" der ZAUG gGmbH Gießen. Unveröff. Vortragsmanuskript, Gießen 27.02.2003

HAUSER, R. (1995): Das empirische Bild der Armut in der Bundesrepublik Deutschland – ein Überblick. In: Aus Politik und Zeitgeschichte, B 31-32, S.3-13

HAUSER, R. (1999): Armut – national. In: Korf, W. et al.: Handbuch der Wirtschaftsethik, Bd. 4, Gütersloh: Gütersloher Verlags-Haus, S. 69-85

HAUSER, R.; NEUMANN, U. (1992): Armut in der Bundesrepublik Deutschland. Die sozialwissenschaftliche Thematisierung nach dem zweiten Weltkrieg. In: Leibfried, S.; Voges, W. (Hg.): Armut im modernen Wohlfahrtsstaat. (Sonderheft 32 der Kölner Zeitschrift für Soziologie und Sozialpsychologie). Opladen: Westdeutscher Verlag, S. 237-271

HAUSTEIN, T. (2000): Ergebnisse der Sozialhilfe- und Asylbewerberstatistik. In: Wirtschaft und Statistik, H. 6, S. 443 – 455

HAUSWIRTSCHAFTLICHE BERATUNG (Hg.) (1998): Gemeinsam Schulden in den Griff bekommen. Nutzenanalyse der hauswirtschaftlichen Beratung. Arbeitsheft. München

HELMIG, E.; SCHATTNER, H.; BLÜML, H. (1999): Handbuch Sozialpädagogische Familienhilfe. 3. überarb. Aufl. (Schriftenreihe des BMFSFJ, Bd. 182), Stuttgart: Kohlhammer

HIRSCH, I. (2002): Haushalte in prekären Lebenslagen in Gießen – beschrieben aus der Perspektive von ExpertInnen in der sozialen Arbeit. Unveröffentlichte Diplomarbeit, Justus-Liebig-Universität, Gießen

HOCK, B.; HOLZ, G.; WÜSTENDÖRFER, W. (2000): Folgen familiärer Armut im frühen Kindesalter – eine Annäherung anhand von Fallbeispielen. Frankfurt/ Main: ISS-Eigenverlag

HÖFT- DZEMSKI, R. (2000): Situation von Familien, Alleinerziehenden und Kindern in sozialen Notlagen. In: Bundesministerium für Familie, Senioren, Frauen und Jugend (Hg.): Lebenslagen von Familien und Kindern. (Materialien zur Familienpolitik, Nr. 11). Frankfurt/Main

HORSCH, E.; SPECK, M. (2002): Patchworkfamilie, http://beepworld.de/members28/appolonia/patchworkfamilie.htm

HRADIL, S.; MÜLLER, D. (1999): Landesarmutsbericht Schleswig-Holstein. Mainz

KARG, G.; PIEKARSKI, J.; KELLMAYER, M. (1984): Kosten einer bedarfsgerechten Ernährung in Sozialhilfeempfänger- Haushalten. In: Hauswirtschaft und Wissenschaft, 32. Jg., H. 4, S. 195-204

KETTSCHAU, I. (2000): Armut in Familien – haushaltswirtschaftliche und haushaltswissenschaftliche Aspekte – Expertise für das Bundesministerium für Familie, Senioren, Frauen und Jugend. In: Bundesministerium für Familie, Senioren, Frauen und Jugend (Hg.): Lebenslagen von Familien und Kindern. (Materialien zur Familienpolitik, Nr. 11), Frankfurt/Main: Campus-Verlag

KETTSCHAU, I.; METHFESSEL, B. (1993): Emanzipation durch haushaltsbezogene Bildung? Allgemeine und schulbezogene Überlegungen. In: Gräbe, S. (Hg.): Der private Haushalt im wissenschaftlichen Diskurs. (Reihe „Stiftung Der Private Haushalt", Bd. 17), Frankfurt/Main, New York: Campus-Verlag, S. 303-330

KLATETZKI, T; WEDEL-PARLOW, U. von (2001): Soziale Arbeit. In: Schäfers, B; Zapf, W.: Handwörterbuch zur Gesellschaft Deutschlands. Bonn: Bundeszentrale für politische Bildung, S. 583-595

KLOSE, R. (2002): Zur Reform der Sozialhilfe. In: Familienpolitische Informationen, 41. Jg., Nr. 3, S. 1-6

KORCZAK, D. (2001): Überschuldung in Deutschland zwischen 1998 und 1999. Gutachten im Auftrag des BMFSFJ. (Schriftenreihe des BMFSFJ, Bd. 198), Stuttgart, Berlin, Köln: Kohlhammer

KTBL (Hg.) (1991): Datensammlung Haushalt. KTBL Schriftenvertrieb im Landwirtschaftsverlag. 4. Auflage, Darmstadt

KTBL (Hg.) (1997): Raumreinigung und Raumpflege. Darmstadt: KTBL Schriftenvertrieb im Landwirtschaftsverlag.

KTBL (Hg.) (1997): Wäschereinigung und Wäschepflege. Darmstadt: KTBL Schriftenvertrieb im Landwirtschaftsverlag.

KTBL (Hg.) (1998): Verpflegung und Service. Darmstadt: KTBL Schriftenvertrieb im Landwirtschaftsverlag.

KUNTZ, R. (2000): Kooperation, Vernetzung und Zielentwicklung bei der Hilfeplanung im Sozialamt. In: Nachrichtendienst des deutschen Vereins für öffentliche und private Fürsorge, 80. Jg., H. 6, S. 174-181

KUNZ, R. (1999): Hilfeplanung im Sozialamt – ein wichtiges Instrument für die Erreichung von mehr Effektivität und Effizienz in der Sozialplanung. In: Nachrichtendienst für öffentliche und private Führsorge, 79. Jg., S. 71-75

LAHN-DILL-KREIS KUNDENSERVICE SCHULDNERBERATUNG (Hg.) (2002): http://www.lahn-dill-kreis.de/service/fb3/infoinso.htm

LANDESHAUPTSTADT WIESBADEN (Hg.) (2001): Amt für Wahlen, Statistik und Stadtforschung (Hg.): Aufbau eines Monitoringsystems zur sozialen Siedlungsentwicklung in Wiesbaden. (Statistische Berichte 2/2001), Wiesbaden 2001

LANDKREIS NEU-ULM (Hg.) (1999): Sozialbericht 1999. Neu- Ulm

LEHMKÜHLER, S. (2002): Die Giessener Ernährungsstudie über das Ernährungsverhalten von Armutshaushalten (GESA) – Qualitative Fallstudien. Dissertation Universität Gießen

LEHMKÜHLER, S.; LEONHÄUSER, I.-U. (1998): Untersuchung des Ernährungsverhaltens von ausgesuchten Familien mit vermindertem Einkommen in der Stadt Gießen. Gießen

LEISERING, L. (1993): Zwischen Verdrängung und Dramatisierung. Zur Wissenssoziologie der Armut in der bundesrepublikanischen Gesellschaft. In: Soziale Welt, 44. Jg., H. 4, S. 486-511

LEVY; R. (1996): Zur Institutionalisierung von Lebensläufen. In: Behrens, J.; Voges, W. (Hg.): Kritische Übergänge. Statuspassagen und sozialpolitische Institutionalisierung. Frankfurt/ Main, New York: Campus-Verlag, S. 73-113

LÖSER, D. (2001): Analyse des Angebots haushaltorientierter Infrastruktur am Beispiel der Giessener Nordstadt. Unveröffentlichte Diplomarbeit. JLU Gießen

LUDWIG, M.; LEISERING, L.; BUHR, P. (1995): Armut verstehen. Betrachtungen vor dem Hintergrund der Bremer Langzeitstudie. In: Aus Politik und Zeitgeschichte, Jg. 1995, B 31-95, S. 24–34

MAGISTRAT DER UNIVERSITÄTSSTADT GIESSEN (2002): http://www.hessennet.de/giessen/ vom 02.11.2002

MAGISTRAT DER UNIVERSITÄTSSTADT GIESSEN (Hg.) (1998): Bericht zur aktivierenden Befragung. (Materialien zur Sozialen Stadterneuerung Gießener Nordstadt, Bd. II). Gießen

MAGISTRAT DER UNIVERSITÄTSSTADT GIESSEN (Hg.) (2000a): Beschlüsse, Erläuterungen und Instrumente. (Materialien zur Sozialen Stadterneuerung Gießener Nordstadt, Bd. I). Gießen

MAGISTRAT DER UNIVERSITÄTSSTADT GIESSEN (Hg.) (2000b): Gemeinwesenbudget: Beitrag zu bürgernäherer Politik und effizienterem Ressourceneinsatz? Tagungsdokumentation. (Materialien zur sozialen Stadterneuerung Gießener Nordstadt, Bd. V). Gießen

MARDORF, S.; MEIER, U.; PREUSSE, H.; WAHL, I.; DORN, M. (2002): Magistrat der Stadt Gießen. Dezernat für Soziales und Jugend (Hg.): Kommunaler Armutsbericht. Gießen

MATTER, H. (1999): Sozialarbeit mit Familien. Eine Einführung. Bern, Stuttgart, Wien: Haupt

MATZKE, P.; KÖBBERICH, M.; PAUL, S. (1998): Aktivierende Befragung in der Giessener Nordstadt. Jetzt erst recht! Wir bleiben und wollen was verändern. Gießen

MAYR-KLEFFEL, V. (1991): Frauen und ihre soziale Netzwerke. Opladen: Leske + Budrich

MEIER, U. (1997): Wirtschaftliche Folgen der Trennung. Die sozioökonomische Situation Alleinerziehender. In: Familie, Partnerschaft, Recht, H. 3, S. 3-8

MEIER, U. (2000a): Die Pluralisierung der Lebensformen und ihre kulturelle Ausdifferenzierung. In: Kettschau, I.; Methfessel, B.; Piorkowsky, M.-B. (Hg.): Familie 2000. Bildung für Familien und Haushalte. Europäische Perspektiven. Baltmannsweiler: Schneider-Verlag Hohengehren, S. 56-69

MEIER, U. (2000b): Einführung in das am Lehrstuhl „Wirtschaftslehre des Privathaushalts und Familienwissenschaft" laufende Projekt „Haushaltsführung im Versorgungsverbund der Daseinsvorsorge – Stärkung von Haushaltsführungskompetenzen durch Aufzeigen von Handlungsalternativen". In: Deutsches Rotes Kreuz Generalsekretariat (Hg.): Dokumentation Armutsprävention. Fachtagung für Mitarbeiter/ innen in der familienorientierten Beratung. Bonn. S. 12-18

MEIER, U. (2000c): Zur Situation von Familien, Alleinerziehenden und Kindern in sozialen Notlagen. Expertise für den 1. Armuts- und Reichtumsbericht der Bundesregierung. In: Bundesministerium für Familie, Senioren, Frauen und Jugend (Hg.): Lebenslagen von Familien und Kindern. (Materialien zur Familienpolitik, Nr. 11), Frankfurt/Main

MEIER, U. (2000d): Humanvermögen – der Stoff, aus dem die Zukunft kommt. In: SPD- Projektgruppe „Zukunft der Familie und sozialer Zusammenhalt" (Hg.): Zukunft Familie. Berlin, S. 47-57

MEIER, U. (2001): Der tiefgreifende Strukturwandel von Familie und Kindheit und seine Folgen für die schulische Bildung. In: Haushalt und Bildung, 78. Jg., H. 4, S. 4-14

MEIER, U. (2002): Allein Erziehende. In: Deutsches Kinderhilfswerk e. V. (Hg.): Kinderreport Deutschland. München: kopaed, S. 57–67

MEIER, U. (2002): Infantilisierung von Armut und kein Ende in Sicht? In: Deutsches Kinderhilfswerk (Hg.): Jugendhilfe, H. 3, S. 132-143

MEIER, U.; KÜSTER, C.; KRAFT, S.; SCHÄFER, K. (2002): „Haushalt gekonnt – Lebensqualität durch Haushaltsführung. Neue Strategien in der kommunalen Familienhilfe". Projektbericht und Tagungsdokumentation zur wissenschaftlichen Begleitung des Projekts. (Konzepte und Modelle zur Armutsprävention, Materialien Bd. 3). Bonn

MEIER, U.; MERZ, G. (2001): Armutsberichterstattung als Mittel der Armutsbekämpfung und – prävention aus Sicht der Kommune. In: Netzwerk für örtliche und regionale Familienpolitik, Kommunale Strategien zur Armutsprävention. Sonderrundbrief 2001 S. 6-8

MEIER, U.; PREUSSE, H.; SUNNUS, E. M. (2001): Projekt der Justus-Liebig-Universität Gießen. Armutsprävention durch Stärkung von Haushaltsführungskompetenzen. In: Die Sparkassen Zeitung, 64. Jg., S. 20

METHFESSEL, B. (1997): Komplexe Lebensbedingungen verlangen mehr Daseinskompetenz für die allgemeine Grundbildung. In: Bundesministerium für Land- und Forstwirtschaft (Hg.): Europa: Herausforderung für die Alltagsbewältigung. Hauswirtschaft als Basis für soziale Veränderungen. Wien, S. 163–169

MEYER, I. (2001): Zeitstrukturen und soziale Zeitbindung in Privathaushalten. Abbildung und Erfassung in ausgewählten Zeitbudgetdaten. Hohengehren

NEUFFER, M. (1997): Case Management. In: Deutscher Verein für öffentliche und private Fürsorge (Hg.): Fachlexikon der sozialen Arbeit. Stuttgart, Berlin, Köln: Kohlhammer

NIEDER, A. (2000): Vorwort. In: Bundesarbeitsgemeinschaft Katholischer Familienbildungsstätten (Hg.): Wirtschaftliche Bewältigungskompetenzen von Familien stärken. Praxismappe. 3. Praxisseminar zur methodisch-didaktischen Entwicklung von Kursangeboten im Rahmen der Armutsprävention für Familien in prekären Lebenslagen. 18.-20. Oktober 2000, Wiesbaden

NIELAND, D. (1991): Antrag auf Graduiertenstipendium zum Thema: Haushaltstypisierung nach Zeitbudgetstrukturen für familienpolitische Untersuchungen. Unveröffentlichter Arbeitsplan zum Dissertationsprojekt.

OTTO, H.-U.; THIERSCH, H. (Hg.) (2001): Handbuch Sozialarbeit, Sozialpädagogik. Neuwied, Kriftel: Luchterhand

PIACHAUD, D. (1992): Wie misst man Armut? In: Leibfried, S.; Voges, W. (Hg.): Armut im modernen Wohlfahrtsstaat (Sonderheft 32 der Kölner Zeitschrift für Soziologie und Sozialpsychologie). Opladen: Westdeutscher Verlag, S. 63-87

PIORKOWSKY; M.-B. (1990): Der Lernbereich „Haushalt" aus der Sicht der Haushaltswissenschaft. In: Rapin, H. (Hg.): Der private Haushalt im Unterricht. Eine Schulbuchanalyse aus haushaltswissenschaftlicher und didaktischer Sicht. (Reihe „Stiftung Der Private Haushalt, Bd. 10), Frankfurt/Main, New York: Campus-Verlag, S. 19-67

PIORKOWSKY; M.-B. (2000a): Armutsprävention durch Stärkung von Haushaltsführungskompetenzen. Hauswirtschaft und Wissenschaft, 48. Jg., H. 2, S. 82-85

PIORKOWSKY; M.-B. (2000b): Konzepte der Armutsprävention. In: Bundesarbeitsgemeinschaft Katholischer Familienbildungsstätten (Hg.): Wirtschaftliche Bewältigungskompetenzen von Familien stärken. Praxismappe. 3.Praxisseminar zur methodisch-didaktischen Entwicklung von Kursangeboten im Rahmen der Armutsprävention für Familien in prekären Lebenslagen. 18.-20. Oktober 2000, Wiesbaden

PÖRSCHMANN, I. (2003): Erfahrungen aus einem Projekt zur Stärkung von Haushaltsführungskompetenzen in Leipzig-Grünau. Unveröff. Vortragsmanuskript, Gießen 27.02.2003

PREUSSE, H. (1988): Finanzwirtschaft landwirtschaftlicher Haushalte. Einkommensverwendung und Einkommenserzielung im Lebenszyklus der Familie. (Gießener Schriften zur Agrar- und Ernährungswirtschaft, H. 17). Frankfurt/Main: DLG-Verlag

PREUSSE, H. (1991): Nutzung der KTBL- Datensammlung „Haushalt" im Rahmen von Haushaltsanalyse und Haushaltssimulation. In: Kuratorium für Technik und Bauwesen in der Landwirtschaft e. V. (Hg.): Nutzungsmöglichkeiten der KTBL- Datensammlung Haushalt. Münster-Hiltrup: Landwirtschaftsverlag, S. 61-80

PREUSSE, H. (1997): Die Methode der Haushaltsanalyse-ein „Handwerkszeug" für Haushaltswissenschaftlerinnen und Haushaltswissenschaftler. In: Meier, U. (Hg.): Vom Oikos zum modernen Dienstleistungshaushalt. (Reihe „Stiftung Der Private Haushalt", Bd. 32) Frankfurt /Main, New York: Campus-Verlag, S. 312 – 337

PREUSSE, H. (2000): Berechenbarkeit des Betreuungsbedarfs für Kinder. In: Recht der Jugend und des Bildungswesens, Zeitschrift für Schule, Berufsbildung und Jugenderziehung, Heft 4/2000, S. 420-439

PREUSSE, H. (2002): Berechenbarkeit des Betreuungsbedarfs für Kinder. In: Neubauer, G.; Fromme, J.; Engelbert, A. (Hg.): Ökonomisierung der Kindheit. Sozialpolitische Entwicklungen und ihre Folgen. Opladen, S. 33-58

REGELSÄTZE NACH § 22 BUNDESSOZIALHILFEGESETZ (2001): In: Nachrichtendienst des Deutschen Vereins für öffentliche und private Fürsorge. 81. Jg., H. 8, S. 242

REIS, C. (1997): Schuldnerberatung. In: Deutscher Verein für öffentliche und private Fürsorge (Hg.): Fachlexikon der sozialen Arbeit. 4. Aufl., Stuttgart, Berlin, Köln: Kohlhammer, S. 798

RENNER, I. (2002): Russlanddeutsche Aussiedler im Bundesdeutschen Alltag. Unveröffentlichte Diplomarbeit, Justus-Liebig-Universität, Gießen

ROLLIK, H. (1999): Problemgruppenintervention/neue Strukturen der Intervention als Armutsprävention unter besonderer Berücksichtigung der Familienhilfe. In: Palentin, C.; Hurrelmann, K.; Herlth, A. (Hg.); Kommunale Strategien der Armutsprävention – Erfahrungen und Perspektiven. (IBS-Materialien, Bd. 46), Bielefeld, S. 55-63

ROSENDORFER, T. (2000): Kinder und Geld. Gelderziehung in der Familie. (Reihe Stiftung DER PRIVATE HAUSHALT, Bd. 36), Frankfurt/M., New York: Campus-Verlag

SCHLEGEL-MATTHIES, K. (1999): Interkulturelle Bildung als Aufgabe haushaltsbezogenen Unterrichts. In: Thiele- Wittig, M. (Hg.): Internationale Perspektiven in Hauswirtschaft und Haushaltswissenschaft. 20 Jahre Beirat. Baltmannsweiler: Schneider-Verlag Hohengehren, S. 25-40

SCHLIPPE, A. von; SCHWEITZER, J. (1999): Lehrbuch der systemischen Therapie und Beratung. 6. Aufl., Göttingen: Vandenhoeck & Ruprecht

SCHMEIL, S. (1986): Schuldnerberatung und Haushaltsführung. In: Hauswirtschaft und Wissenschaft, 34. Jg., H. 5, S. 279-282

SCHMID, R. (2002): Armut macht dick. Jugendärzte berichten. In: Frankfurter Rundschau 12.03.2002

SCHNEEWIND, K. (1999): Familienpsychologie. 2. Aufl., Stuttgart, Berlin, Köln: Kohlhammer

SCHNEIDER, U. (2002): Wem nichts fehlt außer Geld oder Arbeit, gehört nicht ins Sozialamt – eine kritische Würdigung des Bundessozialhilfegesetzes anlässlich des 40. Jahrestages seines Inkrafttretens. In: Sozialer Fortschritt. Unabhängige Zeitschrift für Sozialpolitik, 51. Jg., H. 5, S.109-110

SCHUFA (2002): Schutzgemeinschaft für allgemeine Kreditsicherung: Gehen Sie zu Ihrer Hausbank! http://www.ratenkredit-vergleich.de/service/schufa/schufa.htm vom 23.08.02

SCHWEITZER, R. von (1971): Überlebt der Haushalt das Jahr 2000? „Man" und „Ich" und die Familie. Bad Godesberg

SCHWEITZER, R. von (1983): Haushaltsführung. Stuttgart: Ulmer

SCHWEITZER, R. von (1991): Einführung in die Wirtschaftslehre des privaten Haushalts. (UTB-Taschenbücher, Bd. 1595), Stuttgart: Ulmer

SCHWEITZER, R. von (2001): Hauswirtschaftliche Analphabeten in der Wissensgesellschaft. In: Fundus – Fachmagazin für die Hauswirtschaft, 8. Jg. H.4, S. 32-34

SCHWEITZER, R. v.; HAGEMEIER, H. (1995): Die „werteschaffenden Leistungen" und Belastungen durch Familientätigkeiten. In: Kleinhenz, G. (Hg.): Soziale Ausgestaltung der Marktwirtschaft. (Sozialpolitische Schriften, H. 65), Berlin: Duncker und Humblot, S. 247-274

SPANGENBERG, N. (1994): „Mitten in der erregendsten Fülle machtlos entbehren müssen". Die Auswirkung von Armut auf die familiäre Situation. In: psychosozial, 17. Jg. H 3, S. 71-85

SPINDLER, H. (2002): Rechtliche Rahmenbedingungen der Beratung in der Sozialhilfe. Bestandsaufnahme, Probleme der aktuellen Entwicklung und mögliche Perspektiven. Teil 1. In: Nachrichtendienst des Deutschen Vereins für öffentliche und private Fürsorge. 82. Jg., H. 10, S. 357-363

STADELMANN, L.; MARQUARD, P. (2000): Neuorganisation der Sozialpädagogischen Familienhilfe. In: Nachrichtendienst des Deutschen Vereins für öffentliche und private Fürsorge, 80. Jg., H. 8, S. 234-244

STADT LEIPZIG (1999): Dezernat für Soziales und Gesundheit (Hg.): Lebenslagenreport Leipzig. Bericht zur Entwicklung sozialer Strukturen und Lebenslagen in Leipzig. Leipzig

STIEFEL, M.-L. (1986): Gibt es Armut in Deutschland? In: Hauswirtschaft und Wissenschaft, 34. Jg., H. 5, S. 279-282

TEAM DER KINDERTAGESSTÄTTE HEINRICH-WILL-STRASSE 3 (1997): Kindertagesstätte Heinrich-Will-Straße. Gießen

THIELE-WITTIG, M. (2000): Alltagskompetenzen – Bildungsbedarf in einer komplexeren Welt. Bildung als Voraussetzung für Selbstlernprozesse. In: Kettschau, I.; Methfessel, B.; Piorkowsky, M.-B. (Hg.): Familie 2000. Bildung für Familie und Haushalte. Europäische Perspektiven.Baltmannsweiler: Schneider Verlag Hohengehren, S. 83-95

THIELE-WITTIG, M.; LITSCHKE, I. (1989): Lehrpläne für den Haushaltsunterricht als Rahmenbedingungen für die Förderung oder Behinderung der Gleichstellung der Geschlechter? Untersuchung am Beispiel von Vorgaben für den Haushaltsunterricht in der Volksschule bzw. Hauptschule in Nordrhein- Westfalen, 1949-1980. In: Meyer-Harter, R. (Hg.): Hausarbeit und Bildung. Zur Didaktik der Haushaltslehre. (Reihe „Stiftung Der Private Haushalt", Bd. 6), Frankfurt/Main, New York: Campus-Verlag, S. 159-218

THIERSCH, H. (2002): Positionsbestimmungen der Sozialen Arbeit. Gesellschaftspolitik, Theorie und Ausbildung. München: Juventa-Verlag

TRÄGER, J.; BARDELMANN, J. (1999): Magistrat der Universitätsstadt Gießen (Hg.): Projekt „Soziale Stadterneuerung Giessener Nordstadt". Sozialstrukturdatenanalyse. (Materialien zur Sozialen Stadterneuerung Gießener Nordstadt, Bd. 3) Gießen

UNION INTERNATIONALE DES ORGANISMES FAMILIAUX (1990): Kölner Empfehlungen. Zweite Überarbeitung

UNTERHALTSVORSCHUSS (2000): http://www.bma.bund.de 14.07.2000

URBAN, M. (1999): Hilfeplanung in der Sozialhilfe – von der Behörde zum Dienstleistungsamt Sozialhilfe. In: Nachrichtendienst des deutschen Vereins für öffentliche und private Fürsorge, 79. Jg., H. 2, S. 54-58

VOLKSBANK GIEßEN (Hg.) (1999): Jahresbericht 1999. Gießen

WAHL, I. (2001): Armutsberichterstattung – Möglichkeiten und Grenzen in der Darstellung von Armut in kommunalen Armutsberichten. Unveröffentlichte Diplomarbeit Justus-Liebig-Universität, Gießen. www.diplom.de/welcome.html (siehe unter Oecotrophologie)

WENDT, W. R. (1991): Unterstützung fallweise. Case Management in der Sozialarbeit. Freiburg i. Brg.: Lambertus

WENNER, C. (1994): Überschuldung als Bildungsdefizit – ein haushaltsökonomischer Ansatz zur Begründung von Prävention. In: Soziale Arbeit, H. 9-10, S. 316-321

WIESNER, R. (1997): Kinder- und Jugendhilfegesetz (KJHG). In: Deutscher Verein für öffentliche und private Fürsorge (Hg.): Fachlexikon der sozialen Arbeit. Stuttgart, Berlin, Köln: Kohlhammer, S. 545-546

WOHNBAU GIESSEN GMBH (Hg.) (1996): Satzung der Wohnbau Gießen GmbH. Gießen

ZAUG GmbH (Hg.) (2000): Jahresbericht 2000. Gießen

ZIMMERMANN, G. E. (2000): Ansätze zur Operationalisierung von Armut und Unterversorgung im Kindes- und Jugendalter. In. Butterwegge, C. (Hg.): Kinderarmut in Deutschland. Ursachen, Erscheinungsformen und Gegenmaßnahmen. Frankfurt/Main: Campus-Verlag

Anhang

Anhang 1: Leitfaden ExpertInneninterviews

Soziodemografische Angaben
Angaben zur Person des Experten/der Expertin, Ausbildung, Tätigkeitsfelder und -dauer; Beschreibung des Tätigkeitsfeldes; wie sieht ein typischer Arbeitstag bei Ihnen aus?

Allgemeine Fragen zum Thema Prekäre Lebenslage/Armut/Sozialhilfebezug
Ist die Gesellschaft nach oben wie nach unten durchlässiger geworden?
Ist eine stärkere Tendenz nach 'unten' zu beobachten?
In der Literatur wird die Tendenz beschrieben, dass ein Teil der Bevölkerung durch Armut ausgeschlossen wird/ist. Ist es wirklich so, dass dieser Ausschluss (Exklusion) stattfindet? Oder handelt es sich um die Wahrnehmung derer, die in einer Zeit sozialisiert worden sind, als die finanziellen Ressourcen im Zuge von wirtschaftlicher Prosperität wuchsen? War die Gesellschaft früher wirklich mal offener?
Wie würden Sie Armut definieren?
Würden die Probleme der Menschen gelöst, wenn man in erster Linie für eine Erhöhung des Einkommens sorgen würde, z.B. einer Familie 500,- DM zusätzlich im Monat gäbe?
In welcher Form spiegeln sich die gesellschaftlichen Veränderungen in Ihrer Arbeit wieder?

Haushalte und Familien
Welche Familien (-probleme) stehen hinter Ihren Fällen? Typische Beispiele: Charakteristika von Haushalten in prekären Lebenslagen/von sozial benachteiligten Familien bezüglich Kindererziehung
- Umgang mit Zeit
- Umgang mit Geld
Welche typischen Problemgruppen sehen Sie?
Wie homogen sind die Gruppen, wie differenziert müssen wir sie in den Blick nehmen?

Familiengeschichte(n): Wie häufig trifft man Hilfebedürftige über Generationen hinweg? Warum ist das so?
Welche Ressourcen haben die Menschen, welche haben sie nicht?
Welche Ressourcen lassen sich erkennen, werden aber nicht genutzt und warum werden sie möglicherweise nicht genutzt? Wir fragen nach Ressourcen in Bezug auf
- Kindererziehung,
- Umgang mit Zeit,
- Umgang mit Geld,
- Netzwerke.
Wie sehen die Netzwerke aus?
Welche Personen zählen Sie zum Netzwerk?
Welche sind förderlich, welche hinderlich und warum?
Wie sehen die Beziehungen der Familienmitglieder untereinander und der familiäre Zusammenhalt aus?

MigrantInnen
Wie sind die oben genannten Fragen für Haushalte von MigrantInnen zu beantworten?
Was sind die wesentlichen Unterschiede in den Problemlagen differenziert nach Nationalitäten?

Beschreibung der Nordstadt
Wie ist die Situation in der Nordstadt?
Was sind die positiven und die negativen Seiten der Nordstadt?
Wie angemessen sind die Schlagworte „Armut", „Sozialer Brennpunkt"?
Was hat sich geändert in den letzten Jahren?

Beratungs- und Hilfsangebote
Wie vernetzt arbeiten Beratungsangebote? Mit welchen Institutionen arbeiten Sie zusammen und wie gestaltet sich die Zusammenarbeit?
Gibt es so etwas wie Case-Management?
Welche Erfahrungen machen Sie mit anderen Institutionen?
Wie sähe soziale und beratende Arbeit (im Stadtteil) idealerweise aus (wenn es keine engen finanziellen Grenzen gäbe)?

Sozialhilfe
Im BSHG ist in §1 Folgendes formuliert:
„Die Hilfe soll ihn (den Sozialhilfeempfänger) soweit wie möglich befähigen, unabhängig von ihr zu leben; hierbei muss er nach Kräften mitwirken." Erfüllt die Sozialhilfe dieses Ziel?

Schlussfragen

Welche weiteren InterviewpartnerInnen können Sie uns empfehlen?

Welche „Fettnäpfchen" gibt es bei Haushalten und bei ExpertInnen und wie können wir sie vermeiden?

Anhang 2: Leitfaden Haushaltsinterviews

Allgemeine Fragen

Welche Personen gehören zu Ihrem Haushalt?

- Name
- Alter
- Tätigkeit
- frühere Tätigkeit(en)
- Ausbildung(en), auch nicht beendete
- Seit wann gehört die Person zum Haushalt?

Seit wann besteht der Haushalt in dieser Form? (Diese Frage ist insbesondere dann zu stellen, wenn nicht beide Elternteile mit ausschließlich gemeinsamen Kindern zusammenleben.)

Beziehungen zu anderen Haushaltsangehörigen (Stiefelternverhältnisse und andere Verwandtschaftsgrade, die nicht unmittelbar zu erwarten sind).

Seit wann wohnen Sie in dieser Wohnung?

Wer ist ihr Vermieter? (Die Wohnbau?)

Haben Sie Probleme mit dem Vermieter?

Wie finden Sie es hier?

Sind Sie schon oft umgezogen? Wenn ja, warum, von wo nach wo?

Wer gehörte zum Haushalt und wie lange (erwachsene Kinder, frühere (Ehe-)Partner, fremdplatzierte Kinder, Sonstige)

- Warum (zeitweise nicht)?
- Wann, wie oft, wie lange?

Woher stammen die verschiedenen (erwachsenen) Haushaltsmitglieder, wo sind sie geboren?

Welche Krankheiten haben oder hatten Sie und die anderen Familienmitglieder?

Welche wichtigen Ereignisse gab es außerdem in den letzten Jahren in Ihrer Familie, z.B. finanzieller Art?

Haben Sie Hobbys oder Ehrenämter, wie z.B. Elternvertreter(in)?

Welche Zukunftsvorhaben gibt es bei Ihnen? Wie und wann sollen sie umgesetzt werden?

Welche Bildungs-, Aus- und Weiterbildungswünsche haben Sie?

Welche Zukunftswünsche/-träume haben Sie? Wie realistisch/konkret sind die Wünsche. Wann sollen sie umgesetzt werden?

Wie würden die anderen Haushaltsmitglieder die Fragen nach Hobbys, Wünschen nach (Weiter-) bildung und Erwerbstätigkeit und nach Zukunftswünschen beantworten?
Können Sie Urlaub machen? Oder: Wann haben Sie das letzte Mal Urlaub gemacht? Welche Pläne haben Sie?

1 Erfassung des Wohnstandortes
Wie finden sie es hier?
Im Falle von Interviews in der Gießener Nordstadt: Wir haben unterschiedliche Ansichten über die Nordstadt gehört. Was ist Ihre Meinung?
Lärmbelästigungen?
Gibt es Gefahrenquellen, v.a. für die Kinder (Verkehr, Menschen)? Muss man Angst haben im Dunkeln? Wenn ja, vor was und wem?
Können ihre Kinder allein raus?
Wie ist die Nachbarschaft, mit wem gibt es die meisten Probleme?
War es früher mal besser hier?
Wo kaufen Sie ein?
Welche Verkehrsmittel nutzen Sie?
Wo liegen
-       Bank, Sparkasse,
-       Post,
-       Ärzte, welche nutzen Sie, wo sind die,
-       Apotheke?
Welche Freizeitmöglichkeiten nutzen Sie, welche Ihre Kinder, wo liegen die?
Welche Behörden sind für Sie von Bedeutung und wo liegen die?
Wie beurteilen Sie die Versorgung mit diesen Institutionen insgesamt?
Wo gehen Ihre Kinder jeweils hin?
Wo liegen
-       Kinderkrippe,
-       Kindergarten,
-       Kindertagesstätte,
-       die genutzten Schulen,
-       Spielplatz,
-       Jugendzentrum?
-       Haben Sie Kontakt zur Kirchengemeinde?
Gibt es noch weitere für Sie wichtige Institutionen, nach denen wir nicht gefragt haben?

Wohnsituation/Konsumtivsachvermögen
Wie groß ist Ihre Wohnung?
Wie viele Zimmer haben Sie?

Wie sind welche Zimmer genutzt?
Können wir später noch einen Blick in die Wohnung werfen?
Wer macht Reparaturen?
Steht eine Renovierung an?
Wann haben Sie zuletzt renoviert? Wie teuer war das?
Wie finden Sie diese Wohnung, was hätten sie gerne anders?
Wie hoch ist die Miete?
Wie hoch sind die Nebenkosten?
Haben Sie einen Schrebergarten oder einen Wohnwagen oder etwas Ähnliches?
Wie viel Arbeit macht das?
Haben Sie einen Wohnungsgrundriss, den sie uns zeigen können?
Wie heizen Sie?
Wie ist die Warmwasserversorgung?
Wo können Sie Sachen unterbringen wie
-       Papiere, Akten,
-       Müll (wird hier getrennt gesammelt?),
-       Fahrräder, Kinderwagen?
Wo essen Sie?
Wie groß ist die Küche?
Ist die Küche günstig angelegt?
Was könnte besser sein?
Wo waschen, trocknen und bügeln Sie?
Wo sammeln Sie die Schmutzwäsche?
Wo können Sie Vorräte aufbewahren?
Gibt es Anschaffungen, die in der nächsten Zeit nötig sind?
Wo kaufen Sie Haushaltsgeräte, Fahrräder oder andere größere Gegenstände?
Wir gehen davon aus, dass Herd, Kühlschrank, Fernseher und Rundfunkgerät in
jedem Haushalt vorhanden sind. Deshalb fragen wir nach Geräten, die nicht un-
bedingt selbstverständlich sind:
-       Spülautomat
-       Mikrowelle
-       Gefriergerät
-       Grill
-       Wäschetrockner
-       Handy
-       Computer
-       Wie sind Sie mit Fernseh- und Videogeräten ausgestattet?
-       Videokamera
-       Verkehrsmittel
Haben sie sonst noch Geräte, nach denen wir nicht gefragt haben?

2   Finanzsituation

Wovon leben Sie?

Wer trägt was zum Einkommen bei?

Wie war das in den vergangenen Jahren?

Was wird oder kann sich ändern?

Was hoffen Sie, dass es sich ändert?

Wirtschaftet die ganze Familie gemeinsam oder hat jemand ein eigenes Konto?

Welche Einnahmen und Ausgaben werden von diesem Konto getätigt?

Haben Sie Ersparnisse, auf die Sie zurückgreifen können?

Liste der Einnahmen und Ausgaben: Hier wurden die Erhebungsbögen der Haushaltsanalyse, Abschnitt 6 „Einnahmen und Ausgaben" verwendet.

Haben Sie Schulden?

Haben Sie etwas gespart?

Wie schätzen Sie ihre persönliche finanziellen Situation ein?

Wie empfinden Sie Ihre Situation als Sozialhilfeempfänger(in)?

Wie ist es auf dem Sozialamt?

Zeitverwendung

Wie sieht ein typischer Alltag bei Ihnen aus?

Sind die Wochentage ähnlich? oder: Wie sieht eine typische Woche bei Ihnen aus?

Wie sieht ein typischer Sonn- oder Feiertag bei Ihnen aus?

Was passiert an Weihnachten, Ostern, an Geburtstagen?

Wie ist es in den Schul- oder Kindergartenferien?

Gab es besondere Feste in der letzten Zeit?

Stehen Feste an?

Was sind besonders belastende Zeiten und Tage für Sie?

Fühlen Sie sich manchmal überfordert, woran könnte das liegen?

Wer hilft ihnen bei der Hausarbeit?

Management

Wie viel Arbeit haben Sie mit „Verwaltung"?

-       Schriftwechsel mit Behörden
-       persönliche Behördengänge
-       Bankangelegenheiten
-       Angelegenheiten mit dem Vermieter, Sonstiges wegen der Wohnung
-       Reisevorbereitungen

Wie oft müssen Sie auf das Sozialamt/Jugendamt?

Wo müssen Sie sonst noch hin?

Einkaufen

Was kaufen Sie wo und wie oft ein?

-       die regelmäßigen Einkäufe, insbesondere LM

- Bekleidung

Welche andere regelmäßige Erledigungen (Autowerkstatt, Schuhmacher) müssen Sie machen?

Wie beschaffen Sie sich den Überblick über Einnahmen und Ausgaben?

Wohnungspflege

Wie oft machen Sie sauber?

Wie teilen Sie sich die Arbeit ein?

Ist es Ihnen wichtig, dass immer alles in Ordnung ist?

Was gehört zu Ihrer täglichen Putzroutine?

Was gehört zu Ihrer wöchentlichen Putzroutine?

Wie oft werden die Fenster geputzt?

Was sind seltener anfallende Arbeiten (z.B. Speicher sauber machen, Gardinen waschen)?

Wäschepflege

Wie viele Waschmaschinenfüllungen haben Sie in der Woche?

Wie hoch ist der Anteil an Bügelwäsche?

Nähen Sie, zu Reparaturzwecken, neue Sachen?

Beköstigung

Welche Mahlzeiten nimmt die Familie gemeinsam ein? Oder: Wer nimmt an welchen Mahlzeiten teil?

Wer macht sich was selbst?

Wie sieht ein typisches Frühstück aus, wer nimmt an der Mahlzeit teil? Oder: Was gab es heute zum Frühstück?

Wie sieht ein typisches Mittagessen aus, wer nimmt an der Mahlzeit teil? Oder: Was gab/gibt es heute zum Mittagessen?

Wie sieht ein typisches Abendessen aus, wer nimmt an der Mahlzeit teil? Oder: Was gibt es heute/gab es gestern zum Abendbrot?

Werden noch andere Mahlzeiten zubereitet, zum Beispiel ein zweites Frühstück oder Nachmittagskaffee?

Was nehmen die Kinder mit in die Schule, was kaufen sie sich auf dem Schulweg oder in der Schule?

Wer isst was außer Haus?

Handwerkliche Tätigkeiten

Wer kümmert sich um das Auto, was wird von Ihnen am Auto selbst gemacht?

Fallen Fahrradreparaturen an?

Gibt es weitere Fahrzeuge, um die sie sich kümmern müssen?

Wer repariert gegebenenfalls Möbel und Haushaltsgeräte?

Welche Arbeiten rund ums Haus müssen gemacht werden, wer führt sie aus?

Wie sieht es mit Tapezieren und Streichen aus?

Kinderpflege

Müssen Sie Ihren Kindern bei den Hausaufgaben helfen, wie lange dauert das?

Was machen Sie sonst noch mit ihren Kindern, Spielplatzbesuche z.B.?
Wegezeiten zur Betreuungsinstitution oder Schule?
Andere Wege- und Fahrdienste?
Wie viel Zeit nehmen Kontakte zum Jugendamt, SPFH-Aktivitäten und Ähnliches in Anspruch?
Wie häufig müssen Sie zu Elternabenden?
Wie häufig müssen Sie mit ihren Kindern zu Ärzten und anderen Therapeuten?
Gäste
Haben Sie häufig Besuch, den Sie mitversorgen?
Tierpflege
Welche Tiere haben Sie?
Was muss für die Tiere (jeweils) gemacht werden?
Gibt es weitere Arbeiten in Ihrem Haushalt, nach denen wir nicht gefragt haben?

Netzwerke
Beziehungen zur Verwandtschaft
Zu wem haben Sie Kontakt
Wo wohnen diese Verwandten?
Wie oft sehen Sie sich?
Was machen Sie zusammen?
Welche Hilfe bekommen Sie?
Welche Hilfe leisten Sie?
Gibt es auch finanzielle Unterstützung?
Wie ist die ‚Geschichte' dieser Beziehungen?
Welche Probleme gibt es in der Familie?
Wer versteht sich in ihrer Familie und Verwandtschaft mit wem (nicht), und wenn nicht, woran liegt das?
Beziehungen zu Freunden und Bekannten
Zu wem besteht Kontakt?
Wie lange kennen Sie sich?
Wo wohnen diese Freunde und Bekannten?
Wie oft sehen Sie sich?
Was machen Sie zusammen?
Welche Hilfe bekommen Sie?
Welche Hilfe leisten Sie?
Wie ist die ‚Geschichte' dieser Beziehungen?
Welche Probleme treten in den Freundschaften auf?
Nachbarschaft
Wie sieht die Nachbarschaft generell aus?
Zu wem haben Sie besondere Kontakte?
Was machen Sie zusammen?

In welcher Form helfen Sie sich gegenseitig?

Institutionelle Unterstützung

Welche Unterstützung haben Sie in den letzten Jahren in Anspruch genommen?

Wie haben Sie die Unterstützung empfunden, beispielsweise durch:

- SPFH,
- Stadtteilbüro,
- Jugendamt oder
- die Kindertagesstätte?

Zusammenleben der Familie

Welche Verantwortung für die Familie tragen Sie allein, welche Entscheidungen treffen Sie?

Welche Entscheidungen trifft Ihr Mann, Partner?

Welche Entscheidungen treffen Sie gemeinsam?

Wen fragen Sie sonst noch?

Wo wünschen Sie sich mehr Entlastung oder Unterstützung durch Ihren Partner oder eine andere Person?

Welche gemeinsamen Familienaktivitäten gibt es?

Hilfebedarf aus Sicht des Haushalts

Wo liegt das größte Problem liegt, wo ,drückt der Schuh' am meisten?

Womit wäre Ihnen in Ihrer Situation am meisten geholfen?

Was würde sich an Ihrer Lebenssituation ändern, wenn Sie mehr Geld hätten, beispielsweise 500,- DM im Monat?

Könnten Ihnen andere Menschen und Institutionen helfen, um ihre Situation zu verbessern?

Welche Hilfen hätten Sie in der Vergangenheit gerne gehabt?

Zum Schluss

Kennen Sie einen weiteren Haushalt (weitere Haushalte), den (die) wir auch um ein solches Interview bitten könnten?

Anhang 3: Erfahrungs- und Beobachtungsprotokoll

Hh-Nr: ....

1. Termin   Datum: _____

Kontaktaufnahme

Wie ist der Kontakt zum Haushalt zu-stande gekommen?	
Wie verlief der Erstkontakt?	
Welche Fragen waren bei diesem Erst-kontakt aus Sicht des Haushalts zu klä-ren?	
Terminabsprache, Termineinhaltung	
Besonderheiten	

Interview-Atmosphäre

Situationsbeschreibung

Gesprächsdauer insgesamt	
Wer war anwesend, wer war teilweise anwesend, wer fehlte?	
Gab es störende Einflüsse (z.B. Termindruck, Fernseher, Telefon, Klingeln an Haustür, Haustier(e))	
Umgang der Haushaltsmitglieder miteinander	
Tonbandakzeptanz	
Was wurde vor dem Tonbandlauf besprochen?	
Was wurde nach dem Tonbandlauf besprochen?	

Reaktionsbeschreibung

Die befragte Person war insgesamt auf-geschlossen, verschlossen, zögerlich, ablehnend, übersprudelnd etc. ...?	
Gab es Verständnisprobleme inhaltli-cher oder sprachlicher Art?	
Wurden Aspekte angesprochen, die nicht vorgesehen waren?	
Was waren zentrale Themen der/des Be-fragten? (Was ist das „Lieblingsthema" der/des Befragten?)	
Wo wird wenig oder ausweichend ge-antwortet?	
Wo wird bewusst nicht geantwortet?	
Widersprüchliche Äußerungen, Wider-sprüche in der befragten Person	
Muss(te) „zwischen den Zeilen" gehört werden? Wenn ja, inwiefern?	

Eigene Empfindungen:

Wie habe ich mich als Interviewerin gefühlt?	
Womit war ich unzufrieden, was hätte besser laufen können?	
Was hätte unbedingt vorher geklärt werden müssen?	
Von den Interviewerinnen (unterschiedlich) wahrgenommene Aspekte	

Personenbeschreibung

Bezugsperson	

Gesamteindruck der Wohnung und des Wohnumfelds

Wohnung

Möblierungsstil	
Möbeldichte, Begehbarkeit der Räume und Eignung der Wohnung für die Haushaltsangehörigen	
Anspruchsniveau im Bereich Ordnung und Sauberkeit; Gerüche	

Besonderheiten einzelner Räume:

Wohnzimmer	
Küche	
Bad	
WC	

Kinderzimmer 1	
Kinderzimmer 2	
Kinderzimmer 3	
Schlafzimmer	
Abstellraum	
Balkon (z.B.: ist der Balkon ein Abstellraum?)	
sonstiger Raum	

Wohnhaus

Zahl der Parteien	
baulicher Zustand	

Atmosphäre im Treppenhaus	
Eindruck von Nachbarschaft	

Gesamteindruck von Wohnumfeld

Lage des Wohnhauses, Sauberkeit, Lärm, Begrünung, Haustürbereich, Mülltonnen etc	

Unterlagen

eingesehen und kopiert	
dort eingesehen	
von interviewter Person geholt, vorgelesen, aber von Interviewerinnen nicht eingesehen	

2. Termin   Datum: _____
und weitere Kontakte

Grund und Inhalt nachfolgender Telefonate	
Gesprächsdauer des zweiten Termins	
Was/wie viel musste beim zweiten Gespräch ergänzt werden?	
Was unterschied sich (hinsichtlich o.g. Kriterien) im Vergleich zum ersten Termin?	
Hat ein Vertrauenszuwachs zwischen dem ersten und zweiten Termin stattgefunden?	

Anhang 4: Was im Analysejahr in den Projekthaushalten nach Abzug der festen Kosten zum Leben blieb - das maximal mögliche Anspruchsniveau an die Personengrundversorgung/Vve

Haushalts-bezeichnung	Personengrund-versorgung [1]	Vollversorgungs-einheiten	Anspruchsniveau	Rangplatz
	DM/Jahr	*Vve*	*DM/Vve u. Jahr*	
A. [2]	32438	6,62	4900	19
B.	4146	1,48	2801	21
C.	20239	2,48	8161	10
D.	18191	2,32	7841	11
E.	28518	3,30	8642	8
F.	13784	2,26	6099	17
G.	9135	1,00	9135	4
H.	17719	1,95	9087	6
I.	12903	2,30	5610	18
K.	10632	3,72	2858	20
L.	11487	1,87	6143	16
M.	19560	2,94	6653	15
N. [3]	10718	1,58	6784	14
O.	75618	4,70	16089	1
P. [4]	14025	1,71	8202	9
R.	10044	1,39	7226	13
S.	18270	1,92	9516	3
T.	11574	4,75	2437	22
U.	22894	3,07	7457	12
V. [5]	26831	1,94	13830	2
W.	17473	2,00	8737	7
Z.	38280	4,21	9093	5

1) Die Personengrundversorgung ergibt aus der Rechnung: Gesamteinkommen minus Haushalts-grundversorgung, Haushaltszusatzversorgung, Personenzusatzversorgung, Spar- und Kreditraten, Investitionen

2) Ein kalkulatorischer Mietwert blieb unberücksichtigt, das die Personengrundversorgung sonst unrealistisch niedrig ausgefallen wäre Rücklagen für das Haus sind unmöglich.

3) Begrenzte Aussagekraft der Daten aufgrund mangelnder Datenqualität und Ortswechsel der Haushaltspersonen im Analysejahr

4) Investitionskosten für die Wohnung nicht berücksichtig, da kreditfinanziert.

5) Ein kalkulatorischer Mietwert für das Wohnhaus ist in der Haushaltsgrundversorgung berücksichtigt.

MIX
Papier aus verantwortungsvollen Quellen
Paper from responsible sources
FSC® C105338

If you have any concerns about our products,
you can contact us on
ProductSafety@springernature.com

In case Publisher is established outside the EU,
the EU authorized representative is:
**Springer Nature Customer Service Center GmbH
Europaplatz 3, 69115 Heidelberg, Germany**

Printed by Libri Plureos GmbH
in Hamburg, Germany